Prática CIVIL

O GEN | Grupo Editorial Nacional – maior plataforma editorial brasileira no segmento científico, técnico e profissional – publica conteúdos nas áreas de concursos, ciências jurídicas, humanas, exatas, da saúde e sociais aplicadas, além de prover serviços direcionados à educação continuada.

As editoras que integram o GEN, das mais respeitadas no mercado editorial, construíram catálogos inigualáveis, com obras decisivas para a formação acadêmica e o aperfeiçoamento de várias gerações de profissionais e estudantes, tendo se tornado sinônimo de qualidade e seriedade.

A missão do GEN e dos núcleos de conteúdo que o compõem é prover a melhor informação científica e distribuí-la de maneira flexível e conveniente, a preços justos, gerando benefícios e servindo a autores, docentes, livreiros, funcionários, colaboradores e acionistas.

Nosso comportamento ético incondicional e nossa responsabilidade social e ambiental são reforçados pela natureza educacional de nossa atividade e dão sustentabilidade ao crescimento contínuo e à rentabilidade do grupo.

NATHALY CAMPITELLI ROQUE

Prática CIVIL

SEXTA EDIÇÃO
REVISTA, ATUALIZADA
& REFORMULADA

gen | EDITORA MÉTODO

- A autora deste livro e a editora empenharam seus melhores esforços para assegurar que as informações e os procedimentos apresentados no texto estejam em acordo com os padrões aceitos à época da publicação, e todos os dados foram atualizados pelo autor até a data de fechamento do livro. Entretanto, tendo em conta a evolução das ciências, as atualizações legislativas, as mudanças regulamentares governamentais e o constante fluxo de novas informações sobre os temas que constam do livro, recomendamos enfaticamente que os leitores consultem sempre outras fontes fidedignas, de modo a se certificarem de que as informações contidas no texto estão corretas e de que não houve alterações nas recomendações ou na legislação regulamentadora.

- Fechamento desta edição: *21.12.2021*

- A Autora e a editora se empenharam para citar adequadamente e dar o devido crédito a todos os detentores de direitos autorais de qualquer material utilizado neste livro, dispondo-se a possíveis acertos posteriores caso, inadvertida e involuntariamente, a identificação de algum deles tenha sido omitida.

- **Atendimento ao cliente:** (11) 5080-0751 | faleconosco@grupogen.com.br

- Direitos exclusivos para a língua portuguesa
  Copyright © 2022 *by*
  Editora Forense Ltda.
  Uma editora integrante do GEN | Grupo Editorial Nacional
  Travessa do Ouvidor, 11 – Térreo e 6º andar
  Rio de Janeiro – RJ – 20040-040
  www.grupogen.com.br

- Reservados todos os direitos. É proibida a duplicação ou reprodução deste volume, no todo ou em parte, em quaisquer formas ou por quaisquer meios (eletrônico, mecânico, gravação, fotocópia, distribuição pela Internet ou outros), sem permissão, por escrito, da Editora Forense Ltda.

- Capa: Bruno Sales Zorzetto

- **CIP – BRASIL. CATALOGAÇÃO NA FONTE.
  SINDICATO NACIONAL DOS EDITORES DE LIVROS, RJ.**

R69p
6. ed.

Roque, Nathaly Campitelli
Prática civil / Nathaly Campitelli Roque. – 6. ed., rev. e atual. – Rio de Janeiro: Método, 2022.
464 p.; 23 cm.

ISBN 978-65-596-4260-1

1. Processo civil – Brasil. 2. Processo civil – Prática forense – Brasil. I. Título.

21-74880   CDU: 347.91/.95(81)

Camila Donis Hartmann – Bibliotecária – CRB-7/6472

Para meu pequeno grande Alexandre.

AGRADECIMENTOS

Meus sinceros agradecimentos a todos os que, com suas sugestões e críticas, contribuíram para o aperfeiçoamento do trabalho empreendido, em especial aos alunos dos cursos de Prática Processual, com os quais tive a oportunidade de trabalhar.

NOTA À 6ª EDIÇÃO

Desde a primeira edição desta obra, nosso objetivo é proporcionar ao estudante universitário, ao bacharel que se submeterá a provas e concursos públicos e ao advogado que busca orientações de como atuar no contencioso judicial que tenha por base o Direito Processual Civil material de estudo e de apoio o mais completo e didático.

Com os avanços da informática e a necessidade cada vez maior de atualização, esta obra foi reformulada. Terá o conteúdo dividido entre este livro (a ser acessado de forma física ou digital) e uma plataforma *on-line*. No livro estarão os conhecimentos básicos para qualquer estudante (seja o foco que tiver) elaborar peças processuais. E na plataforma estão exemplos de redação de peças, exercícios resolvidos e material complementar direcionado a cada necessidade específica para estudantes de graduação, estudantes de concursos e profissionais.

Nesta obra, você encontrará uma parte geral, com orientações para elaboração de qualquer peça, e uma parte especial, em que cada peça processual é detalhada: seus elementos, seu procedimento e sua redação. A proposta desta obra é auxiliar na produção autônoma de qualquer peça, de forma correta, precisa e concisa, como pedem os tempos atuais. Ou seja: escrever qualquer peça sem modelos ou formas, para melhor defender seu cliente ou para ter a maior nota possível.

Na parte geral, são apresentados os elementos técnicos e de estilo para a elaboração das peças processuais. Apresentamos o que deve constar de uma manifestação processual e como deve ser apresentado cada um dos elementos de qualquer manifestação. Para tanto, devemos recordar os institutos fundamentais do direito processual civil e situá-los na prática processual, além de apresentar recursos de estilo para elaboração de uma boa manifestação persuasiva – caraterística que deve ter toda a manifestação processual.

Na parte especial, cada manifestação processual terá seus requisitos legais apresentados e haverá um esquema de redação da peça, apontando-se como cada requisito será considerado preenchido. Adotaremos a jurisprudência consolidada como critério orientador das dúvidas que são tratadas na doutrina.

Cada manifestação processual terá exemplos completos de sua redação, disponíveis para consulta *on-line*. São peças elaboradas a partir de questões de provas da OAB e de concursos públicos. Assim, unem-se tanto a preparação para provas quanto os exemplos que podem inspirar a elaboração de peças para casos concretos.

Além disso, você encontrará no material *on-line* dicas sobre o exercício prático da advocacia e de preparação para provas em que haja a necessidade de elaborar peças processuais.

Confiamos que a construção da sua autonomia é a chave do seu sucesso nos estudos e na profissão que você escolher. E que o acesso à justiça depende de profissionais bem qualificados e aptos a assumirem qualquer desafio. Vamos nessa?

QUAL É A IMPORTÂNCIA DE ESTUDAR PRÁTICA JURÍDICA?

Quando estudamos as disciplinas de Direito Processual, percebemos que é prevista na lei a forma de serem praticados diversos atos. Essas previsões são abstratas e, muitas vezes, não parecem fazer muito sentido a uma pessoa leiga.

Como dificuldade adicional, se observarmos com atenção essas regras, veremos que a lei estabelece parte da conduta prática, deixando diversos pontos em aberto. Assim, a possibilidade de perceber intuitivamente como o processo se realiza é quase inviável. E, talvez, por esse motivo, muitos alunos somente passam a se interessar por processo (em especial, o processo civil) quando começam a fazer estágio ou a atuar profissionalmente em demandas judiciais.

Isso porque, com a prática efetiva, tanto os atos processuais como a sua concatenação ganham forma, dimensão e concretude. O processo passa a ser uma entidade viva, em que cada passo gerará o passo seguinte, e assim por diante, até o ato final. Além disso, os atos do processo formam um verdadeiro enredo: cada processo contará uma história escrita em coautoria pelas partes, pelos julgadores e pelos demais intervenientes. E esse enredo pode ser bastante imprevisível, a depender de cada ato processual realmente praticado.

A efetiva prática processual não tem sua previsão completa nos termos das regras de processo, sendo importantes diversas outras regras, muitas delas regimentais e costumeiras. Assim, quando se escreve qualquer petição, todas essas regras devem ser observadas.

Por isso, escrever uma petição é tão importante: a forma pela qual o advogado apresentará a demanda de seu cliente de forma efetiva é a mais apta para verificar o conhecimento que tem o profissional não só do direito pretendido pelo cliente, mas das formas jurídicas em seu significado mais amplo.

E muito do que se tolera na prática e em determinados juízos ou tribunais não é admitido pela norma jurídica, o que pode causar inúmeras confusões, tanto para quem se prepara para uma prova prática quanto para profissionais (mesmo para os mais experientes).

Por esses motivos, estudar prática profissional e se aprofundar nas técnicas de peticionamento permite uma atuação segura, tanto em provas quanto na prática diária, e possibilita o aprimoramento da atividade advocatícia, tanto para assegurar o sucesso profissional do advogado quanto para proporcionar efetivo acesso à justiça aos que buscam o Poder Judiciário.

SUMÁRIO

PARTE I
COMO ESCREVER QUALQUER MANIFESTAÇÃO JUDICIAL

Capítulo 1 – Técnica processual: o que deve conter qualquer petição?	3
Capítulo 2 – Técnicas de redação jurídica	9
Capítulo 3 – Competência	19
Capítulo 4 – Da ação e do processo	27
Capítulo 5 – Das partes e de seus procuradores	33
Capítulo 6 – Despesas processuais e gratuidade da justiça	39
Capítulo 7 – Citação e intimação	45
Capítulo 8 – Nulidades, preclusão e prazos	51
Capítulo 9 – Tutelas provisórias (de urgência e de evidência) – Conceitos fundamentais	59

PARTE II
PETIÇÃO INICIAL

Capítulo 1 – Petição inicial – Regime geral	67
Capítulo 2 – Petição inicial – Passo a passo para sua elaboração	73
Capítulo 3 – Petição inicial com pedido de tutela antecipada (tutela de urgência incidental)	85
Capítulo 4 – Petição inicial com pedido de tutela cautelar (tutela de urgência incidental)	89
Capítulo 5 – Petição inicial com pedido de tutela provisória de urgência antecipada preparatória	95
Capítulo 6 – Tutela provisória de urgência cautelar autônoma	103
Capítulo 7 – Petição inicial com pedido de tutela provisória de evidência	109
Capítulo 8 – Tutela específica das obrigações de fazer, não fazer e entrega de coisa	115

Capítulo 3 – Reconvenção 137

PARTE IV
INTERVENÇÃO DE TERCEIROS E OUTRAS MANIFESTAÇÕES

Capítulo 1 – Intervenções de terceiros 143

Capítulo 2 – Outras manifestações no processo de conhecimento e de execução 151

Capítulo 3 – Saneamento participativo e incidentes da fase probatória 157

PARTE V
PROCEDIMENTOS ESPECIAIS DO CPC/2015

Capítulo 1 – Ação de consignação em pagamento 171

Capítulo 2 – Ação de exigir contas 177

Capítulo 3 – Ações possessórias 183

Capítulo 4 – Inventário e partilha – Outros procedimentos relacionados à sucessão 193

Capítulo 5 – Embargos de terceiro 209

Capítulo 6 – Oposição (arts. 682-686, CPC) 215

Capítulo 7 – Ação monitória 219

Capítulo 8 – Outros procedimentos especiais 225

Capítulo 9 – Jurisdição voluntária 231

PARTE VI
EXECUÇÃO FORÇADA

Capítulo 1 – Noções de tutela executiva 237

Capítulo 2 – Execução de título executivo judicial – Ritos e incidentes 249

Capítulo 3 – Liquidação 257

Capítulo 4 – Impugnação 261

Capítulo 5 – Execução de título executivo extrajudicial – Ritos e incidentes 267

Capítulo 6 – Embargos à execução, embargos de retenção e ação de nulidade de arrematação 273

Capítulo 7 – Outros meios de defesa do devedor 285

Capítulo 8 – Execuções especiais 289

PARTE VII
AÇÕES AUTÔNOMAS DE IMPUGNAÇÃO DE DECISÕES JUDICIAIS

Capítulo 1 – Ação rescisória 295
Capítulo 2 – Ação anulatória (art. 966, § 4º, CPC) 305
Capítulo 3 – Mandado de segurança – Mandado de segurança contra ato judicial 309
Capítulo 4 – Reclamação (arts. 988-993, CPC) 321

PARTE VIII
RECURSOS

Capítulo 1 – Teoria geral dos recursos 329
Capítulo 2 – Apelação (arts. 1.009-1.014, CPC) 337
Capítulo 3 – Agravo de instrumento (arts. 1.015-1.020, CPC) 345
Capítulo 4 – Agravo interno (art. 1.021, CPC) 351
Capítulo 5 – Embargos de declaração (arts. 1.022-1.026, CPC) 355
Capítulo 6 – Recurso ordinário constitucional (arts. 1.027-1.028, CPC) 361
Capítulo 7 – Recurso especial, recurso extraordinário e agravo 367
Capítulo 8 – Embargos de divergência (arts. 1.043-1.044, CPC) 383

PARTE IX
PROCEDIMENTOS ESPECIAIS EM LEI EXTRAVAGANTE

Capítulo 1 – Ações de alimentos, alimentos gravídicos, oferta e exoneração de alimentos 389
Capítulo 2 – Separação, divórcio e reconhecimento e dissolução de união estável............. 397
Capítulo 3 – Ação de investigação de maternidade ou paternidade............................ 409
Capítulo 4 – Locação – Ação de despejo... 415
Capítulo 5 – Locação – Ação de consignação de aluguéis e encargos de locação 419
Capítulo 6 – Locação – Ação revisional de aluguel 423
Capítulo 7 – Locação – Ação renovatória de locação... 427
Capítulo 8 – Juizado Especial Cível 431

Capítulo 9 – Outras ações de procedimento especial 443

Bibliografia 447

Parte I
Como escrever qualquer manifestação judicial

Parte I

CAPÍTULO 1

TÉCNICA PROCESSUAL: O QUE DEVE CONTER QUALQUER PETIÇÃO?

1. O QUE É UMA PETIÇÃO?

A palavra "petição" tem a raiz de "pedido". Ou seja, ao fazer uma "petição", pedimos alguma coisa a alguém.

Lembrando do princípio da inércia da jurisdição (art. 2º, CPC), o processo começa por iniciativa da parte. O que quer dizer que é necessário um pedido de aplicação da lei ao caso concreto para autorizar a atividade do juiz.

Porém, para que esse pedido inicial seja apreciado, diversos outros pedidos são formulados tanto pelo autor como pelo réu ao longo do procedimento: apresentação de defesa, pedido de provas, recursos etc.

Ou seja: o impulso oficial vai se repetir diversas vezes ao longo do procedimento. Haverá pleitos maiores (petição inicial, contestação, reconvenção, recursos) e menores (petições diversas, para cumprimento de outras determinações judiciais), tudo a depender dos atos anteriormente praticados e das providências que o julgador entender compatíveis com o adequado desenvolvimento da causa.

Sendo assim, *petição é o meio formal pelo qual uma parte (ou um terceiro) expressa um pedido ao julgador*. Esse pedido, por mais que possa ter particularidades, parte de uma mesma base comum. Chamaremos essa base de *técnica processual*.

2. IMPORTÂNCIA DOS INSTITUTOS FUNDAMENTAIS DO DIREITO PROCESSUAL CIVIL NA ELABORAÇÃO DE QUALQUER PETIÇÃO

A parte geral do CPC vigente traz diversas diretrizes gerais aplicáveis a todos os processos e procedimentos de jurisdição civil, por força da determinação do art. 15, CPC.

Assim, esses institutos norteiam a atividade básica do juiz, do advogado, do membro do Ministério Público e dos auxiliares da justiça na condução de qualquer procedimento.

Por isso, para redigir qualquer petição, em primeiro lugar, é necessário ter em mente o que esses institutos determinam. Por isso, nas próximas páginas desta parte, trataremos dos seguintes temas:

a) competência;
b) direito de ação e processo;
c) partes e seus procuradores;
d) custas e justiça gratuita;
e) citação e intimação;
f) preclusão e prazos;
g) tutela de urgência.

OBS.: Todos esses temas serão retomados nos capítulos 3 a 9 desta parte 1.

3. A TÉCNICA PROCESSUAL: O QUE É COMUM A QUALQUER PETIÇÃO?

Sendo a petição um pedido dirigido ao juiz, qualquer petição deve ter:

a) a identificação do julgador a quem é dirigido o pedido;
b) a identificação de quem pede e da parte contrária na demanda;
c) os motivos de fato e de direito que fundamentam o pedido;
d) o pedido em si;
e) o fecho.

4. A IDENTIFICAÇÃO DO JULGADOR A QUEM É DIRIGIDO O PEDIDO

Toda petição é dirigida a uma autoridade judiciária. A determinação da autoridade judiciária é trazida pelas regras de competência, estabelecidas na Constituição Federal, no Código de Processo Civil e nas regras de organização judiciária.

Assim, é *encargo do advogado dirigir a petição para a autoridade correta*. O encaminhamento da petição para a autoridade equivocada terá diferentes consequências, de acordo com a petição apresentada.

DICA

a) Na apresentação da petição inicial e de recursos, também atente para as regras constitucionais e aquelas previstas nas leis de organização judiciária e regimentos internos dos Tribunais.
b) Nas demais petições, a regra é endereçar a petição ao órgão judicial que determinou o ato processual.
c) Outros pedidos de iniciativa da parte em processos que já estejam em andamento devem sempre ser direcionados ao órgão prevento (art. 59, CPC).

5. A IDENTIFICAÇÃO DE QUEM PEDE E DA PARTE CONTRÁRIA

Toda petição se inicia com a identificação da parte requerente, com a indicação de seu nome (autor, réu, terceiro interveniente, Ministério Público etc.). Também deve-se indicar quem é a parte contrária. Essa é a expressão dos elementos da ação, que auxiliam na identificação da demanda.

> **IMPORTANTE**
>
> Se a petição for de terceiro ou do Ministério Público, indica-se o nome de ambas as partes. Se for a primeira intervenção do peticionário, deverá ele se identificar, apresentando os dados estabelecidos no art. 319, II, CPC e juntando os documentos que demonstrem essas informações. Se não for a primeira intervenção, dispensa-se nova identificação.

> **DICA**
>
> Em casos de petições intermediárias, usa-se mencionar "já qualificado nos autos", ou expressão equivalente, após o nome do peticionário.

6. OS MOTIVOS DE FATO E DE DIREITO QUE FUNDAMENTAM O PEDIDO

Todo pedido tem fundamento nas regras de direito. Porém, para serem aplicadas, ou seja, para gerarem os efeitos previstos na lei, as regras dependem da verificação dos fatos nelas previstos.

Assim, deverá o advogado apontar os efeitos que pretende, narrando os fatos acontecidos e qual a regra jurídica que concede os efeitos pretendidos.

> **EXEMPLO**
>
> O advogado pretende a rejeição de determinado documento como prova, porque o documento seria falso. Assim, deverá ele, na petição, trazer os fatos que justificam seu pedido (por exemplo, a existência de rasura ou emenda no documento) e a regra que estabelece a falsidade do documento.

> **IMPORTANTE**
>
> a) Em petições intermediárias, a fundamentação pode ser bastante simples, limitada à indicação do dispositivo legal que autoriza o ato (por exemplo, a juntada de rol

de testemunhas), ou até mesmo inexistir (como é o caso das petições de juntada de procuração).
b) Atenção para as petições para fins de juntada de documentos: o art. 435, CPC exige a justificação da juntada de documentos, em especial, daqueles que deveriam acompanhar a petição inicial ou a defesa.

7. O PEDIDO PROPRIAMENTE DITO

Ao fim, deve o peticionário apontar exatamente a providência que espera da autoridade jurisdicional. Para esse requerimento, observa-se, no que for aplicável, o regime do pedido da petição inicial (art. 322, CPC): deve o requerimento ser certo e determinado, e é possível ser cumulado mais de um requerimento, observadas as regras para cumulação (arts. 325 e ss., CPC).

> **IMPORTANTE**
>
> Há divergência na doutrina quanto à forma de denominar os requerimentos intermediários. A fim de evitar confusões com pedido inicial, constante da petição inicial e da reconvenção, usaremos o termo "requerimento" para outros pedidos formulados pelas partes, por terceiros e pelo Ministério Público.

8. A PETIÇÃO COMO EXPRESSÃO DA CAPACIDADE POSTULATÓRIA

No processo civil, além da capacidade civil, exige-se que a parte seja representada por advogado. É a chamada *capacidade postulatória*, que somente está presente se o interessado se faz representar por um advogado.

A petição é um ato que exige capacidade postulatória como regra. A capacidade postulatória se comprova pela outorga de procuração *ad judicia*, que acompanhará a primeira manifestação do advogado, salvo nas hipóteses legais que autorizam sua juntada posterior. Seu conteúdo está descrito no art. 5º, § 1º, da lei (EOAB).

Caso o ato possa ser praticado diretamente pelo cliente, haverá expressa autorização legal.

> **IMPORTANTE**
>
> Os membros do Ministério Público têm capacidade postulatória ampla nos processos judiciais em que atuam (art. 179, CPC). Agem sempre em nome próprio, podendo operar como substitutos processuais (art. 18, CPC).
> O Defensor Público, na jurisdição civil individual, atua como advogado, sendo seu mandato derivado da lei e da investidura no cargo (arts. 185 e ss., CPC). É o mesmo raciocínio que se aplica aos advogados públicos (arts. 182 e 183, CPC).

9. O FECHO

Para encerrar a petição, deve-se apontar a data e o local de peticionamento, além de constar a assinatura e a identificação do advogado (ou dos advogados) responsável pela manifestação.

Em caso de processos eletrônicos, a assinatura será realizada por certificado digital, tipo de senha eletrônica regulamentada pela Medida Provisória nº 2.200-2/2001 (Resolução CNJ nº 185/2013).

> **IMPORTANTE**
>
> Para efeitos de contagem de prazo, a data considerada é a do protocolo da petição (arts. 212, § 3º, e 213, CPC).

CAPÍTULO 2

TÉCNICAS DE REDAÇÃO JURÍDICA

1. REDAÇÃO JURÍDICA

Uma vez ciente do conteúdo de qualquer petição, devemos voltar nossa atenção à forma de redigi-la.

Podemos chamar de *redação jurídica* o conjunto de regras que regulam a expressão do raciocínio e o seu discurso.

O raciocínio jurídico é o conjunto de operações mentais, de caráter eminentemente lógico, pelo qual o intérprete e o aplicador do Direito analisam e sintetizam fatos, normas e valores.

O raciocínio se expressa por meio de linguagem, a qual também se volta a convencer outras pessoas da correção do raciocínio apresentado, tal é o discurso jurídico.

2. TÉCNICA E ESTILO: DIFERENÇAS

O discurso jurídico compreende uma feição técnica e uma feição de estilo.

Por técnica, deve-se entender o conjunto de determinações normativas que regulam o discurso normativo, tais como nomenclaturas (ex.: petição inicial, apelação, recurso em sentido estrito, reclamação trabalhista), estrutura de texto (ex.: art. 319 do Código de Processo Civil, ao determinar que a petição inicial deve ter os fundamentos de fato e de direito, além do pedido com suas especificações) e demais regras técnicas.

Por estilo, deve-se compreender a forma de expressão pessoal do profissional do Direito, manifestada pela preferência por determinadas expressões linguísticas. Ou seja, o estilo é a expressão das regras da técnica da petição.

Tomemos como exemplos os seguintes textos:

> *"Diante do exposto, requer-se a Vossa Excelência a citação do réu para responder à presente demanda no prazo legal e, ao fim de seu trâmite regular, a procedência do pedido de condenação do réu no pagamento*

de R$ 10.000,00 a partir do evento danoso, além das custas processuais e dos honorários advocatícios."

"Diante do exposto, requer-se:

a) a citação do réu para oferecer a resposta que entender cabível, no prazo de 15 dias;
b) a procedência do presente pedido, determinando-se a condenação do réu no pagamento de R$ 10.000,00, a ser acrescido dos consectários legais a partir da ocorrência do fato lesivo;
c) a condenação do réu nos encargos da sucumbência."

Veja-se que ambos representam o pedido de uma petição inicial, requisito essencial a esse ato (art. 319, IV, do Código de Processo Civil). Em que pese o conteúdo dos textos ser o mesmo, o pedido é redigido de forma diferente nos dois casos: o primeiro foi apresentado em um único parágrafo, e o segundo, em tópicos.

> **RESUMINDO**
>
> Técnica = determinação legal, a qual deve ser observada necessariamente pelo candidato.
> Estilo = expressão da regra técnica, de acordo com as preferências de cada profissional.

3. REDAÇÃO DA PETIÇÃO

Tomada a técnica apresentada no capítulo anterior, a redação de qualquer petição observa os seguintes elementos:

a) endereçamento;
b) preâmbulo;
c) exposição dos fatos e do direito;
d) pedido ou requerimento;
e) fecho.

4. O ENDEREÇAMENTO

Toda petição será endereçada a um órgão jurisdicional, conforme as regras de competência, da seguinte forma:

a) Inicia-se com a saudação ao juiz, designada pelos pronomes de tratamento "Excelentíssimo Senhor". É habitual também constar o tratamento "doutor", destinado genericamente a todos os bacharéis em Direito.
b) Após, identifica-se o órgão competente em todas as suas especificações:

Juiz de Direito (na peça, o órgão deve ser identificado com letra maiúscula)	Se a demanda tiver de ser processada na primeira instância da Justiça Estadual.
Juiz Federal	Se a demanda tiver de ser processada na primeira instância da Justiça Federal.
Juiz do Trabalho	Se a demanda for dirigida à primeira instância da Justiça do Trabalho.
Desembargador Relator / Presidente	Se a demanda tiver de ser processada na segunda instância da Justiça Estadual.
Desembargador Federal Relator / Presidente	Se a demanda tiver de ser processada na segunda instância na Justiça Federal.
Ministro Relator / Presidente	Se a demanda tiver de ser processada nos Tribunais Superiores (Supremo Tribunal Federal, Superior Tribunal de Justiça, Tribunal Superior do Trabalho, Superior Tribunal Militar, Tribunal Superior Eleitoral).

Nos tribunais, dirigem-se ao Presidente as ações ou os recursos que necessitarão de distribuição. Posteriormente, as manifestações incidentais serão dirigidas ao relator (por ser responsável pelo processamento do feito).

Caso as demandas sejam apresentadas nos tribunais, deverá ser indicado qual o tribunal competente. Se a competência for dos Tribunais de Justiça dos estados, aponta-se o estado da Federação ao qual pertença; se a competência for dos Tribunais Regionais Federais, assinala-se a região a que o tribunal se refere.

IMPORTANTE

A Região, divisão de competência dos Tribunais Regionais Federais, corresponde a um agrupamento dos estados da Federação. São cinco as regiões:
TRF 1ª Região – Acre, Amapá, Amazonas, Bahia, Distrito Federal, Goiás, Maranhão, Mato Grosso, Minas Gerais, Pará, Piauí, Rondônia, Roraima e Tocantins
TRF 2ª Região – Espírito Santo e Rio de Janeiro
TRF 3ª Região – Mato Grosso do Sul e São Paulo
TRF 4ª Região – Paraná, Rio Grande do Sul e Santa Catarina
TRF 5ª Região – Alagoas, Ceará, Paraíba, Pernambuco, Rio Grande do Norte e Sergipe

A jurisdição dos Tribunais Estaduais é a do respectivo estado ao qual se refere.
A redação do endereçamento é feita da seguinte forma:

Justiça Estadual	EXCELENTÍSSIMO SENHOR DOUTOR JUIZ DE DIREITO DA ... VARA CÍVEL DA COMARCA DE...

Justiça Federal	EXCELENTÍSSIMO SENHOR DOUTOR JUIZ FEDERAL DA ... VARA CÍVEL DA SEÇÃO JUDICIÁRIA DE...
Tribunal de Justiça	EXCELENTÍSSIMO SENHOR DOUTOR DESEMBARGADOR PRESIDENTE DO TRIBUNAL DE JUSTIÇA DO ESTADO DE...
Justiça do Trabalho	EXCELENTÍSSIMO SENHOR DOUTOR JUIZ DO TRABALHO DA ... VARA DA ... REGIÃO
Tribunal Regional Federal	EXCELENTÍSSIMO SENHOR DOUTOR DESEMBARGADOR FEDERAL PRESIDENTE DO TRIBUNAL REGIONAL FEDERAL DA ... REGIÃO
Tribunal Regional do Trabalho	EXCELENTÍSSIMO SENHOR DOUTOR DESEMBARGADOR DO TRABALHO PRESIDENTE DO TRIBUNAL REGIONAL DO TRABALHO DA ... REGIÃO
Superior Tribunal de Justiça	EXCELENTÍSSIMO SENHOR DOUTOR MINISTRO PRESIDENTE DO SUPERIOR TRIBUNAL DE JUSTIÇA
Tribunal Superior do Trabalho	EXCELENTÍSSIMO SENHOR DOUTOR MINISTRO PRESIDENTE DO TRIBUNAL SUPERIOR DO TRABALHO
Supremo Tribunal Federal	EXCELENTÍSSIMO SENHOR DOUTOR MINISTRO PRESIDENTE DO SUPREMO TRIBUNAL FEDERAL

IMPORTANTE

1) Não confunda *Foro* e *Fórum*: a primeira palavra expressa a competência territorial, e a segunda, o prédio onde se localiza a sede da comarca ou da seção judiciária.
2) Na justiça estadual, as divisões territoriais são chamadas *comarcas*; na justiça federal, são chamadas *seções judiciárias*. Assim, a jurisdição do Tribunal de Justiça é subdividida em comarcas, sendo, em cada uma delas, fixados os juízes de primeira instância, de acordo com as regras estabelecidas pela Lei de Organização Judiciária. O mesmo ocorre com as Regiões da Justiça Federal.

DICA

Não se deve indicar o número da vara ou seção judiciária na petição inicial, salvo se a demanda for distribuída por dependência. Nas demais manifestações, é obrigatório indicar o número da vara ou seção judiciária para a qual se dirige a petição.
Nesse último caso, tratando-se de uma peça para uma prova, atente para a indicação do número da vara no texto do problema.

5. PREÂMBULO

É a parte inicial da petição que conterá as seguintes informações:

a) identificação do peticionário (quem apresenta a petição; se for petição inicial, inclui-se qualificação);
b) identificação da demanda (tipo de ação judicial, seu objeto e o procedimento);
c) identificação da parte adversária (indispensável se for petição inicial);
d) identificação na manifestação, caso seja ela típica (ex.: Contestação, Recurso Ordinário, Mandado de Segurança, Reclamação etc.);
e) apontamento dos dispositivos legais que fundamentam o requerimento, caso a norma legal assim exija.

> **IMPORTANTE**
>
> Caso a peça seja petição inicial, a qualificação completa das partes deve constar do preâmbulo.

Sua redação, desde que aponte os requisitos acima, é questão de estilo. Vejam-se os exemplos:

> *"José, já qualificado nos autos da ação de procedimento comum que lhe move Manoel, por seu advogado, vem, respeitosamente a Vossa Excelência, apresentar sua contestação, com fundamento nos artigos 336 e seguintes do Código de Processo Civil, pelos motivos de fato e de direito a seguir apresentados."*

> *"José, já qualificado, nos autos acima mencionados, vem, por seu advogado, apresentar Contestação à Ação de Procedimento Comum movida por Manoel, pelas razões abaixo mencionadas."*

6. O FUNDAMENTO DE FATO E DE DIREITO

Toda petição representa um pedido feito por alguém a um órgão jurisdicional, com fundamento na aplicação de determinada norma legal aos fatos narrados. Por esse motivo, deve o peticionário apresentar os fatos jurídicos que fundamentam seu pedido.

Isso porque fatos somente são jurídicos se houver previsão em regra de direito de que sua ocorrência (ou não ocorrência) gerará efeitos em relação a determinadas pessoas.

Por isso, incumbirá ao peticionário narrar os fatos e defender seu entendimento sobre os efeitos atribuídos pela regra jurídica.

Usam-se os seguintes recursos:

- *Discurso narrativo*, para apontar a sequência dos fatos. Deve-se atentar para informações relevantes quanto à ocorrência, ao momento, ao local, à forma e ao motivo.
- *Discurso descritivo*, para apontar as circunstâncias relevantes, os detalhes que fundamentam a consequência jurídica pretendida pelo peticionário.
- *Discurso argumentativo-persuasivo*, para convencimento do julgador de que a consequência jurídica arguida é correta e que, por esse motivo, o pedido apresentado deverá ser atendido. Para tanto, deve zelar o advogado pela logicidade, clareza e completude de sua manifestação. Pode-se também utilizar de argumentos de doutrina e exemplo de jurisprudência para reforçar os argumentos apresentados.

> **IMPORTANTE**
>
> Em que pese ser qualquer petição uma manifestação persuasiva, a legislação impõe diversos limites para preservar a boa-fé e a paridade de armas.
> Assim, é proibido falsear fatos, alterar fundamentos de fato ou de direito ou usar expedientes inúteis ou desnecessários. Essas condutas (assim como diversas outras) são punidas como ato de litigância de má-fé (arts. 77 e 80, CPC).

7. O SILOGISMO JURÍDICO

É muito usual a expressão do raciocínio jurídico acima mencionado na forma de um silogismo.

Silogismo é a estrutura lógica na qual, a partir da interação entre a premissa maior (que contém uma ideia geral) e a premissa menor (que contém uma ideia particular), deduz-se uma conclusão.

A premissa maior seria a norma jurídica; a premissa menor, os fatos; e a conclusão, a aplicação da norma ao caso concreto.

> **EXEMPLO**
>
> Premissa maior: a norma civil estabelece que são requisitos da responsabilidade civil a existência de evento danoso, dano ao bem ou à pessoa, nexo causal e constatação de dolo ou culpa.
> Premissa menor: os fatos demonstram que o réu causou o acidente, porque dirigia embriagado e que, em razão da colisão entre seu veículo e o do autor, houve danos à lataria do veículo do último, que montam a R$ 5 mil, nos termos dos documentos anexados.
> Conclusão: deve ser deferida a indenização por danos materiais pleiteada, no valor de R$ 5 mil.

IMPORTANTE

Fundamento jurídico é diferente de fundamento legal:

Fundamento jurídico	Fundamento legal
Relação jurídica base que envolve as partes; qualificação que é dada pelo Direito aos fatos narrados pelo autor.	Especificação da norma positivada que o autor entende aplicável aos fatos narrados.

IMPORTANTE

Em alguns casos, a aplicação do modelo de silogismo não é possível, por se tratar de fundamentação jurídica complexa, que envolve a incidência de mais de uma norma ou de analogia, dentre outras situações. De qualquer forma, deve-se observar a coerência do discurso e a sua logicidade.

DICA

Ao elaborar o texto, não use o nome das partes no corpo da petição. Isso confunde o leitor. Prefira usar a posição processual referente (autor/réu, credor/devedor, recorrente/recorrido etc.).
ERRADO: Maria José contratou Francisco Luiz para prestar serviços de pedreiro. Ocorre que Francisco Luiz deixou de arcar com a obrigação como combinado com Maria.
CORRETO: A Autora contratou o Réu para prestar serviços de pedreiro. Ocorre que o Réu deixou de arcar com a obrigação como combinado com a Autora.

Somente se usa a repetição do nome em caso de litisconsórcio, se for necessário identificar precisamente a atuação ou o direito daquela pessoa.

EXEMPLO

A coautora Maria contratou o corréu Francisco para prestar serviços de pintura e o corréu Marcos para prestar serviços de conserto do carro, sendo responsabilidade do coautor Pedro o pagamento das parcelas referentes.

8. O PEDIDO OU REQUERIMENTO

Observados os requisitos legais para a formulação do pedido (arts. 322 e ss., CPC) ou do requerimento, sua redação é questão de estilo do advogado.

> **EXEMPLO**
>
> "Posto isto, requer o autor seja deferida vista dos autos fora de cartório para apresentar manifestação."
> "Diante do exposto, requer-se a procedência do pedido para que o Réu seja condenado no pagamento de R$ 100.000,00 a título de danos morais."
> "Em conclusão, requer-se o provimento do recurso para reformar a decisão impugnada, como medida de Justiça."

9. O FECHO

Toda petição deve conter a data e o local onde foi elaborada, como se determina a todos os atos processuais, e a assinatura do advogado, sob pena de o ato ser considerado não praticado:

Termos em que,
pede deferimento.
Local..., Data...
Advogado.

10. CUIDADOS COM O ESTILO

Em que pese o estilo ser uma marca pessoal de cada profissional, deve-se atentar para algumas regras:

a) *Correção do vocabulário*: os vocábulos devem ser grafados de forma correta, considerando-se a redação oficial do país, contida no *Vocabulário Ortográfico da Língua Portuguesa*, da Academia Brasileira de Letras.

b) *Correção do texto*: regras gramaticais referentes a concordâncias verbal e nominal, regências verbal e nominal, pontuação, paragrafação, entre outras, devem ser observadas com atenção, assim como coerência, clareza e coesão.

> **DICA**
>
> Prefira frases curtas e parágrafos de um mínimo de quatro e um máximo de oito linhas. Adote a ordem direta na construção do tópico frasal: sujeito + verbo + predicado + complemento.

11. DICAS

Seguem algumas recomendações comuns entre os especialistas em língua portuguesa para evitar erros de redação:

a) *Evitar vocábulos e construções rebuscadas*: quanto mais rebuscada a expressão maior a probabilidade de erros. Por esse motivo, prefira vocábulos mais usuais e construções de frases em ordem direta (sujeito + verbo + predicado).
b) *Evitar coloquialismos*: a escrita jurídica é formal. Dessa forma, não se deve utilizar gírias. Também não se deve usar expressões com significado não adotado oficialmente.
c) *Atenção para o uso correto do gerúndio*: o gerúndio é tempo verbal que expressa movimento. Seu uso deve ser restrito a locuções verbais (ex.: estava dirigindo) e, portanto, evitado como meio de conexão entre frases (o famoso *gerundismo*: estava fazendo para estar ganhando e estar recebendo etc.). Prefira o uso de conjunções (ex.: fez para ganhar o valor combinado).
d) *Evitar palavras latinas*: expressões latinas somente devem ser usadas se consagradas, tais como presunção *iuris tantum, fumus boni iuris, periculum in mora*. E atente para a correta grafia delas, caso decida utilizá-las. Na dúvida, prefira usar a língua portuguesa.
e) *Atentar para a aparência da petição*: usar letras muito pequenas, ou de difícil leitura, com pouco espaçamento, torna a leitura difícil e pode prejudicar a compreensão de sua mensagem.

12. CITAÇÕES DE TEXTOS LEGAIS

As citações de texto de lei devem seguir a redação oficial, ou seja, indicação do artigo por seu número e fonte de onde foi extraído.

EXEMPLO

Art. 16, Lei nº 8.906/1994.
Art. 64, parágrafo único, CF.
Art. 319, I e II, CPC.

IMPORTANTE

a) Não é necessário transcrever o texto de normas federais. Essas normas, válidas em todo o território nacional, são abrangidas por presunção do conhecimento de seu teor.
b) Como questão de estilo, pode-se usar a paráfrase do texto legal, a fim de iniciar a argumentação a respeito de sua interpretação e aplicação. Mas, cuidado: não se pode alterar o sentido da norma!
c) Já as normas estaduais, municipais, costumeiras e estrangeiras devem ser transcritas e ter seu teor e vigência demonstrados (art. 376, CPC).

13. SUGESTÕES PARA A CONSTRUÇÃO DE UM TEXTO CORRETO

a) *Quantidade de informação*: escrever demais ou de menos pode prejudicar a avaliação do candidato. Procure trazer, na redação, as informações na exata necessidade para a solução adequada do problema.

b) *Qualidade da informação*: busque as informações que tenham as seguintes qualidades:
- *pertinência*: aquelas que se referem exatamente ao assunto tratado;
- *clareza*: que expressem a informação sem obscuridades (dificuldades de entendimento), ambiguidades (possibilidade de interpretações diferentes) ou contradições (possibilidade de interpretações colidentes);
- *completude*: as informações contidas na resposta devem ser completas, ou seja, não se pode omitir detalhe relevante para a solução do problema.

c) *Citações*: devem ser usadas com moderação, apenas para enfatizar as ideias defendidas ou para trazer maiores esclarecimentos sobre o tema. Seu uso é voltado, na maioria das vezes, para o convencimento do julgador sobre a correção da tese apresentada.

14. ORIENTAÇÕES FINAIS

a) Se a petição for dirigida a processo que já está em curso, deve ser indicado o número dos autos judiciais, nos termos do padrão estabelecido pelo Conselho Nacional de Justiça (CNJ). Costuma-se indicar o número dos autos após a indicação da autoridade judicial, antes da indicação do peticionário.

b) Para fins de cumprimento de intimação judicial, a petição deve ser dirigida ao juízo ou tribunal que determinou o ato, salvo se houver autorização legal para que a petição seja encaminhada a outro órgão (como pode acontecer na apresentação de contestação em processos cuja citação ocorreu por carta precatória ou de ordem).

c) Para fins de peticionamento eletrônico, observe os tutoriais dos tribunais respectivos e evite perdas de tempo!

CAPÍTULO 3

COMPETÊNCIA

1. COMPETÊNCIA

É atribuição de julgamento de cada órgão jurisdicional, estabelecida na Constituição Federal, no Código de Processo Civil e nas leis de organização judiciária. Os *critérios determinadores da competência* são:

Critério	Fundamento	Exemplo
Pessoal	a) O cargo ou função exercida por uma das partes. b) A categoria ou condição de uma delas.	a) Foro do Presidente da República. b) A União tem suas causas julgadas perante a Justiça Federal.
Material	O tipo de lide trazida pelo autor.	Competência da Justiça do Trabalho para causas que envolvam lides relativas a relações trabalhistas.
Funcional	a) A lei considera a atribuição de cada julgador em um mesmo processo. b) Divisão de uma mesma comarca para a melhor administração da justiça.	a) Competência do Tribunal para julgar recursos. b) Divisão entre foros regionais e foro central nas grandes capitais.
Valor	O valor dado à causa, de acordo com as regras do art. 292, CPC.	Competência do Juizado Especial Cível, limitada a 40 salários mínimos.
Territorial	A lei estabelece o local onde a demanda deverá ser ajuizada.	Ajuizamento no domicílio do réu.

2. COMPETÊNCIA ABSOLUTA (ART. 62, CPC) E COMPETÊNCIA RELATIVA (ART. 63, CPC)

Como regra, as partes não podem escolher qual o julgador de sua demanda; devem observar as regras estabelecidas em lei para tanto. Em alguns casos, a parte tem alguma possibilidade de escolha, observadas também as regras aplicáveis.

Os critérios de competências, assim, podem ou não ser derrogados pelas partes (podem exercer a escolha por previsão em contrato ou no momento de ajuizamento da demanda). No primeiro caso, diz-se que a competência é *relativa*, e, no segundo, que é *absoluta*. Confira a distinção entre elas:

Tipo	Competência absoluta	Competência relativa
Prorrogação	Improrrogável (juiz nunca se torna competente).	Prorrogável – ocorre prorrogação de competência (juiz se torna competente).
Momento da alegação	A qualquer tempo e em qualquer grau de jurisdição.	Apenas no prazo para defesa, pelo réu.
Modo de alegação	Preliminar de contestação ou em momento posterior, por petição simples, se a causa for posterior.	Apenas em preliminar de contestação, sob pena de preclusão.
Convalidação	Não convalidável, sendo causa para ação rescisória (art. 966, II, CPC).	Convalidável, caso não haja alegação por parte do réu.
Tipos	Material, pessoal, funcional.	Territorial e valor.
Modificação	Não se modifica por conexão ou continência.	Comporta modificação por conexão ou continência.

A classificação dos critérios de competência em absoluta ou relativa toma por base o regime geral do Código de Processo Civil. Há regimes processuais especiais que tomam competências relativas como absolutas, como é o caso do valor da causa nos Juizados Especiais Federais (Lei nº 10.259/2001) e da Fazenda Pública (Lei nº 12.153/2009).

3. A DETERMINAÇÃO DO ÓRGÃO COMPETENTE (ART. 44, CPC)

Para determinar o órgão competente, seguem-se estes passos:

1º	Determinação da justiça competente
2º	Determinação da instância competente
3º	Determinação do órgão competente da Justiça Comum (Federal ou Estadual)
4º	Determinação do local de ajuizamento

a) *A determinação da Justiça Competente e da respectiva instância originária*. As regras para determinação do órgão competente seguem uma escala hierárquica, partindo-se do órgão especial ao comum, do superior ao inferior. Não sendo o caso das hipóteses abaixo, a demanda *será ajuizada na primeira instância da justiça comum*:

1º	Justiças Especiais (Trabalho, Militar, Eleitoral)	Se a causa for referente a relações de trabalho, crimes militares e direito eleitoral, respectivamente.
2º	Competência Originária dos Tribunais Superiores	Estabelecida nos arts. 102, I (Supremo Tribunal Federal), e 105, I (Superior Tribunal de Justiça), ambos da Constituição Federal.

3º	Competência Originária dos Tribunais Regionais Federais	Estabelecida no art. 108 da Constituição Federal.
4º	Competência Originária dos Tribunais de Justiça	Conforme previsão das Constituições Estaduais (art. 125, § 1º, Constituição Federal).
5º	Justiça Comum Federal ou Estadual, primeira instância	Em não sendo identificada nenhuma das hipóteses anteriores.

> **IMPORTANTE**
>
> O juiz estadual exercerá competência da Justiça Federal nos locais onde não haja sede dessa última. Porém os recursos da decisão dos juízes estaduais nesses casos serão julgados pelo Tribunal Regional Federal (art. 109, §§ 3º e 4º, CF).

> **DICA**
>
> A competência originária deve ser investigada se for necessária a elaboração de uma ação constitucional (mandado de segurança, *habeas data* ou mandado de injunção) ou de ação rescisória.

b) *O órgão da justiça comum competente*. Em sendo competência da Justiça de primeira instância, o próximo passo é determinar se a demanda deve ser ajuizada perante a Justiça Federal ou Estadual, determinando-se a competência de uma ou outra pelas seguintes regras:
- verifique com atenção o art. 109 da CF, pois nele estão previstas as hipóteses de competência dos juízes federais;
- se o tema não estiver ali previsto, a demanda é de competência da justiça comum estadual de primeira instância.

> **DICA**
>
> 1) Caso verifique que uma das partes (ou interessada) é a União, suas autarquias e empresas públicas; Estado estrangeiro ou organismo internacional e município ou se discuta tratado internacional celebrado com a União, a competência será da Justiça Federal de primeira instância.
> 2) Se o litígio ocorrer entre Estado estrangeiro ou organismo internacional e a União, o estado, o Distrito Federal ou o território, a competência será do Supremo Tribunal Federal (art. 102, I, *e*, CF).
> 3) Nas hipóteses de grave violação de direitos humanos, o Procurador-Geral da República, com a finalidade de assegurar o cumprimento de obrigações decorrentes

de tratados internacionais de direitos humanos dos quais o Brasil seja parte, poderá suscitar, perante o Superior Tribunal de Justiça, em qualquer fase do inquérito ou processo, incidente de deslocamento de competência para a Justiça Federal (art. 109, § 5º, CF).

c) *O local competente*. Se a causa for referente à Justiça Federal, sendo a União parte, serão observadas as seguintes regras (art. 109, §§ 1º e 2º, Constituição Federal – art. 51, CPC):

União autora	Domicílio do réu
União ré	Domicílio do autor, local do ato ou fato ou foro de situação da coisa

Em não havendo regra especial estabelecida em lei extravagante, as regras de competência em razão do local são as estabelecidas no Código de Processo Civil:

Fundamento legal	Tipo de demanda	Local
Art. 46	Demandas que envolvam direitos pessoais (obrigações quaisquer) ou direitos reais (reivindicação) sobre coisas móveis.	a) domicílio do réu; b) se o réu tiver mais de um domicílio, em qualquer deles; c) domicílio do autor, se o réu não residir no Brasil; d) qualquer foro, se ambos residirem fora do Brasil; e) em havendo mais de um réu, no domicílio de qualquer deles.
Art. 46, § 5º	Execução fiscal.	Domicílio do réu, de sua residência ou ainda no lugar onde for encontrado.
Art. 47	Demandas que envolvam direitos reais sobre imóveis.	Foro de situação da coisa (local onde está o imóvel) – tem natureza de competência absoluta. Juízo prevento, se o imóvel estiver em mais de uma localidade (art. 60).
Art. 48	Inventário.	Último domicílio do falecido.
Art. 49	Declaração de ausência.	Último domicílio do desaparecido.
Art. 50	Ação em que o incapaz for réu.	Domicílio de seu representante.
Art. 53, I	Divórcio, separação, anulação de casamento e reconhecimento ou dissolução de união estável.	a) domicílio do guardião de filho incapaz; b) último domicílio do casal, caso não haja filho incapaz; c) domicílio do réu, se nenhuma das partes residir no antigo domicílio do casal.

Fundamento legal	Tipo de demanda	Local
Art. 53, I		d) domicílio da vítima de violência doméstica e familiar, nos termos da Lei nº 11.340, de 7 de agosto de 2006 (Lei Maria da Penha).
Art. 53, II	Ação de alimentos.	Domicílio ou residência do titular do direito a alimentos (alimentando).
Art. 53, III, *a*	Réu é pessoa jurídica.	Local da sede.
Art. 53, III, *b*	Cobrança de obrigações de filial de pessoa jurídica.	Local da filial.
Art. 53, III, *c*	Ação contra sociedade sem personalidade.	Local dos negócios habituais.
Art. 53, III, *d*	Ação para cumprimento de obrigação.	Local onde ela deve ser satisfeita.
Art. 53, III, *e*	Direitos do Idoso reconhecidos no Estatuto respectivo.	Residência do idoso interessado.
Art. 53, III, *f*	Reparação por dano causado por notário ou registrador.	Da sede da serventia notarial ou de registro.
Art. 53, IV	Ação de reparação de dano ou em que o réu foi administrador de negócios alheios.	Lugar do ato (do acidente, do não pagamento, p. ex.) ou do fato.
Art. 53, V	Ação de ressarcimento por acidente de trânsito.	Local do fato ou domicílio do autor.
Art. 61	Ação acessória.	Juízo competente para a ação principal.
Art. 286	Distribuição por dependência.	a) conexão ou continência; b) reiteração de causa extinta sem resolução de mérito mesmo que haja litisconsórcio com outras pessoas; c) risco de decisão conflitante ou contraditória (art. 55, § 3º).

DICA

ROTEIRO PARA DETERMINAR A COMPETÊNCIA EM RAZÃO DO LOCAL:
a) caso a lide se refira a bens imóveis, deve-se examinar o art. 47 do CPC;
b) caso a lide envolva espólio ou ausente, há regra especial nos arts. 48 e 49 do CPC;
c) o incapaz tem o domicílio de seu representante (art. 50 do CPC);
d) em não se tratando dos casos acima, deve-se examinar o art. 53 do CPC, para verificar a existência de regra especial de competência em relação ao local;
e) verificar se não é o caso de ação acessória ou de distribuição por dependência;
f) se o caso não se encaixar em nenhuma das regras, a ação deverá ser ajuizada no foro do domicílio do Réu.

4. FORO CENTRAL E FOROS REGIONAIS E JUÍZOS ESPECIALIZADOS: COMPETÊNCIA FUNCIONAL (ABSOLUTA)

Em algumas capitais e grandes cidades (como São Paulo, Porto Alegre etc.), as leis de organização judiciária dividem a comarca em foros central e regionais.

Trata-se de uma forma de melhor dividir a atribuição dos juízes com a mesma competência territorial. Por esse motivo, trata-se de competência absoluta, de categoria funcional.

O mesmo fundamento é empregado para a especialização de determinados juízos (ex.: juízo de família, juízo da Fazenda Pública, juízo de execuções fiscais etc.).

5. PREVENÇÃO (ART. 59, CPC)

É a fixação da competência em favor de um órgão jurisdicional em sendo as ações similares (conexas, continentes ou incidentais). Objetiva-se evitar que sejam proferidas decisões contraditórias.

6. RELAÇÃO ENTRE AÇÕES5

Vínculo entre as ações que pode acarretar a reunião de ações distribuídas a diferentes juízos para julgamento conjunto ou na suspensão de uma delas para aguardar o julgamento da outra. A finalidade das providências é evitar decisões contraditórias.

Fenômeno	Definição	Exemplo	Consequência
Conexão	Relação de semelhança entre duas ou mais demandas que tenham um ou mais elementos constitutivos em comum.	Pleito do mesmo bem, pleito das mesmas partes por fato semelhante, em polos opostos.	Alteração da competência de julgamento, para possibilitar o julgamento conjunto (art. 58, CPC).
Continência (arts. 56 e 57, CPC)	Uma demanda contém a integralidade de outra, por ter objeto mais amplo.	Duas ações de responsabilidade civil ajuizadas pelo mesmo autor contra o mesmo réu sobre os mesmos fatos, sendo que em uma pleiteia apenas dano moral e na outra pleiteia dano moral e material.	Deve-se verificar qual ação foi ajuizada primeiro: a) se for a ação com objeto mais amplo, a de objeto menor deverá ser extinta; b) se for a de objeto mais estrito, ambas serão reunidas.
Prejudicialidade	Uma demanda pode influenciar o julgamento da outra, pois tem como objeto ponto que deve ser essencialmente considerado para o julgamento do mérito da outra.	Ação de investigação de paternidade em relação a ação de petição (pedido) de herança.	Reunião para julgamento conjunto (art. 55, § 3º, CPC), caso tenham os juízos a mesma competência absoluta. Se não tiverem, suspende-se a causa prejudicada (art. 313, V, CPC).
Acessoriedade	Uma ação é considerada acessória à outra, por ser, por força de lei, tratada como principal.	Habilitação dos herdeiros, em caso de falecimento de uma das partes (art. 687, CPC).	O mesmo juiz terá competência para julgamento de ambas (art. 61, CPC).

> **IMPORTANTE**
>
> A reunião dos processos somente poderá acontecer se os juízos distintos tiverem a mesma competência absoluta e se ainda estiverem no mesmo grau de jurisdição.

7. FIXAÇÃO DA COMPETÊNCIA (ART. 43 DO CPC)

Determina-se a competência no momento do registro ou da distribuição da petição inicial, sendo irrelevantes as modificações do estado de fato ou de direito ocorridas posteriormente, salvo quando suprimirem órgão judiciário ou alterarem a competência absoluta. É o que se denomina *perpetuatio jurisdiciones*.

8. ALEGAÇÃO DE INCOMPETÊNCIA

Independentemente de ser a competência absoluta ou relativa, a parte ré deverá alegá-la como preliminar de contestação (art. 64, CPC), podendo apresentar a contestação no domicílio do réu (art. 340, CPC).

> **IMPORTANTE**
>
> Caso não seja alegada a incompetência relativa, haverá a prorrogação de competência (art. 65, CPC). A competência absoluta não se prorroga (arts. 62 e 65, *a contrario sensu*).

9. CONFLITO DE COMPETÊNCIA

Ocorre quando dois órgãos se julgam incompetentes ou competentes para a mesma causa. Seu processamento é tratado no art. 66 do CPC.

CAPÍTULO 4

DA AÇÃO E DO PROCESSO

1. AÇÃO

É o direito público subjetivo de pleitear a tutela jurisdicional em todas as suas modalidades.

2. ELEMENTOS DA AÇÃO

São os termos constantes da petição inicial que possibilitam a identificação e a individualização de uma demanda. São eles:

Partes (art. 319, II, Código de Processo Civil)	Autor (polo ativo). Réu (polo passivo).
Causa de pedir (art. 319, III, Código de Processo Civil)	Fatos (causa de pedir próxima). Fundamento jurídico (causa de pedir remota).
Pedido (arts. 319, IV, 322 e ss., Código de Processo Civil)	Própria pretensão do autor, que se divide em imediato (tutela jurisdicional) e mediato (bem da vida almejado).

3. IDENTIDADE DE AÇÕES (ART. 337, § 2º, DO CPC)

Havendo *coincidência dos elementos da ação*, ou seja, havendo as mesmas partes (mesmo autor e mesmo réu), mesma causa de pedir e mesmo pedido, as *ações serão idênticas*.

Como consequência, uma das ações deverá ser encerrada, sem resolução de mérito, pois será constatada *litispendência* (as duas ações iguais estão em curso – art. 337, §§ 1º e 3º, CPC) ou *coisa julgada* (uma das ações já foi julgada em seu mérito, estando encerrada – art. 337, §§ 1º e 4º, CPC).

4. CONDIÇÕES DA AÇÃO

São os requisitos necessários para o exercício concreto da ação pelas partes, cuja presença viabiliza a apreciação do mérito da causa pelo juiz. Sua ausência leva à extinção do processo sem resolução do mérito (art. 485, VI, do CPC). São elas:

Interesse processual	Demonstração de que há necessidade da atuação judicial e que a via é a correta, ou seja, útil à solução almejada pelo autor.
Legitimidade *ad causam* ou para causa	Somente se pode pleitear em nome próprio direito próprio (é a chamada legitimidade ordinária – art. 18 do CPC), salvo as hipóteses previstas em lei (legitimidade extraordinária) e contra quem figura na relação jurídica objeto da causa. Ou seja: tanto o autor quanto o réu devem ser legitimados para a causa.

Há doutrinadores que entendem não mais existir a categoria de condições da ação no Código de Processo Civil de 2015.

IMPORTANTE

Os incapazes têm legitimidade *ad causam*, porém, não têm capacidade processual (devem estar representados ou assistidos).

5. LEGITIMAÇÃO ATIVA EXTRAORDINÁRIA (ART. 18 DO CPC, *IN FINE*)

É a autorização legal dada a terceiro de pleitear direito alheio em nome próprio (ex.: ação de investigação de paternidade ajuizada em favor de criança pobre pelo Ministério Público).

> No exemplo mencionado, o pleito é apresentado pelo Ministério Público, em nome próprio (é o Ministério Público o autor da ação), porém o direito não é da instituição, mas do menor substituído – ele que terá o vínculo de paternidade com o réu reconhecido.

Havendo substituição processual, o substituído poderá intervir como assistente litisconsorcial (art. 18, parágrafo único, CPC).

6. LITISCONSÓRCIO (ARTS. 113-118 DO CPC)

Caracteriza-se pela existência de mais de uma pessoa como autor ou como réu, ou como autor e como réu. É a chamada *pluralidade de partes* ou *cumulação (ou cúmulo) subjetiva de demandas*. O litisconsórcio pode ser classificado:

Critérios	Espécies
Quanto às partes	a) ativo (de autores); b) passivo (de réus); c) misto (de autores e de réus).
Quanto ao momento	a) inicial ou originário (na petição inicial); b) posterior ou ulterior (no curso do processo, ex.: denunciação da lide).
Quanto à imposição legal para existência	a) necessário (a lei ou a relação jurídica impõem a existência); b) facultativo (por escolha do autor).

Critérios	Espécies
Quanto ao resultado do litígio	a) unitário (ação terá necessariamente o mesmo resultado para todos os litisconsortes); b) simples (a ação comporta diferentes resultados para os litisconsortes).

> **IMPORTANTE**
>
> O litisconsórcio multitudinário é o litisconsórcio facultativo com número excessivo de litigantes. Poderá esse ser reduzido pelo juiz, devolvendo-se, por inteiro, o prazo para defesa se o excesso acontecer no polo passivo da demanda. O critério para determinação do número máximo de litisconsortes costuma ser previsto nos regimentos internos dos tribunais.

7. PROCESSO

É o meio de atuação da jurisdição, o qual regula a atividade das partes e do juiz a fim de ser obtida a regra concreta que solucionará a lide.

8. PRESSUPOSTOS PROCESSUAIS

São requisitos legais mínimos que devem ser observados no processo para sua instauração e seu desenvolvimento válido. São divididos em:

De existência	De validade	Negativos
Jurisdição	Juiz imparcial (arts. 144-145 do CPC); juízo competente (arts. 21 e ss. do CPC).	Litispendência (art. 337, § 3º, do CPC).
Petição inicial	Petição inicial apta (arts. 319 e 330 do CPC).	Coisa julgada (art. 337, § 4º, do CPC).
Citação	Citação válida (arts. 238 e ss. do CPC).	Perempção (consiste em três extinções da mesma causa por abandono – art. 486, § 3º, do CPC).
Capacidade postulatória	Capacidade para ser parte (art. 75 do CPC).	Convenção de arbitragem (art. 337, X, § 5º, do CPC).

> **IMPORTANTE**
>
> Há doutrinadores que identificam a capacidade postulatória como pressuposto de validade.

RESUMINDO

Elementos da ação: verificação da identidade de ações ou da existência de vínculo entre as ações (conexão, continência, prejudicialidade, acessoriedade etc.).

> Condições da ação: possibilidade do exercício concreto do direito de ação; devem estar preenchidas tanto no ajuizamento quanto no desenvolvimento da causa.
> Pressupostos processuais: verificação da existência do processo e da sua validade.

9. VERIFICAÇÃO DO PREENCHIMENTO DAS CONDIÇÕES DA AÇÃO

Condição da ação	Preenchimento	Exemplo
Legitimidade *ad causam*	a) o autor será parte legítima se ele demonstrar na inicial e pelos documentos juntados que ele é o titular da relação jurídica de direito material em discussão; b) o réu será parte legítima se da narração trazida na inicial e dos documentos juntados ficar evidente ter ele a relação jurídica indicada pelo autor; c) na legitimação extraordinária, além da autorização legal, deve-se verificar se o substituído tem relação jurídica com o réu.	João afirma ser titular da propriedade do imóvel "A", o qual foi invadido por Pedro. Sendo assim, se constar que João é o Autor e Pedro é o Réu, ambos são legitimados para a causa. Na legitimação extraordinária, é exemplo o ajuizamento de ação de investigação de paternidade pelo Ministério Público em favor de criança pobre em localidade onde não haja Defensoria Pública.
Interesse processual	a) sendo o caso de procedimento especial, deve-se demonstrar a adequação do procedimento e sua utilidade. b) no procedimento comum, é suficiente demonstrar não haver outra forma de satisfazer o direito que não pela via de ação.	a) na ação, disputa-se posse, por isso é adequada e útil a ação possessória; b) foram tentados todos os meios de solução e o réu não cumpriu o contrato.

> **IMPORTANTE**
>
> Superada a fase de defesa, caso fique provado que não havia uma das condições da ação quando do ajuizamento da demanda, o julgamento será de mérito (teoria da asserção, adotada pelo STJ). Caso se constate que havia a condição da ação, mas que deixou de existir ao longo da demanda, esta será extinta sem resolução de mérito.

10. DEMONSTRAÇÃO DO NÃO PREENCHIMENTO DAS CONDIÇÕES DA AÇÃO PELO RÉU

Condição da ação	Alegação do réu	Exemplo
Ausência de legitimidade *ad causam*	a) Ativa: deve o réu alegar e provar por documentos que o autor não é o titular do direito material.	a) O réu demonstra que o autor não é o proprietário do imóvel reivindicado.

Condição da ação	Alegação do réu	Exemplo
	b) Passiva: deve o réu alegar e provar por documentos que ele não tem vínculo jurídico com o autor, mas que este tem o vínculo com terceira pessoa.	b) O réu demonstra que não foi ele quem celebrou o contrato, mas seu irmão.
Interesse processual	a) Deve o réu demonstrar que o procedimento especial não é cabível.	a) Não é cabível a ação possessória, pois se disputa a propriedade.
	b) Deve o réu demonstrar que não há motivo jurídico para o ajuizamento da demanda.	b) O título executivo ainda não está vencido.

11. PREENCHIMENTO DOS PRESSUPOSTOS PROCESSUAIS NO CASO CONCRETO

Todos os pressupostos processuais positivos devem estar preenchidos.

Se a petição inicial for inepta ou a parte não tiver capacidade processual, ou, ainda, o advogado não apresentar a procuração, passado o prazo para regularização do defeito, o processo será extinto sem resolução de mérito (art. 485, I e III, CPC).

Se o vício for referente à imparcialidade do juiz, incompetência absoluta ou falta de citação, deverá haver a correção do defeito, sob pena de nulidade absoluta do processo.

Caso se constate um dos pressupostos processuais negativos, a causa deverá ser extinta sem resolução do mérito (art. 485, V e VI, CPC).

Qualquer um dos temas pode ser alegado por qualquer das partes, desde que aquele que a alegar não tenha dado causa à nulidade (art. 276, CPC) e na primeira oportunidade de falar no processo. Por exemplo, se o vício ocorrer na inicial, é dever do réu alegar o tema em contestação.

Além disso, tais assuntos são passíveis de reconhecimento de ofício pelo julgador. É exceção o conhecimento acerca da convenção de arbitragem, a qual depende de arguição pelo réu em contestação.

CAPÍTULO 5

DAS PARTES E DE SEUS PROCURADORES

1. PARTE

São as pessoas envolvidas na demanda judicial. Podem ser pessoas físicas ou jurídicas, nacionais ou estrangeiras, além do Poder Público (art. 75, CPC).

Menores e incapazes podem ser partes, mas deverão ser representados por seus pais (ou responsáveis), no primeiro caso, e pelo curador (pessoa nomeada pelo juiz para zelar pelos interesses do incapaz), no segundo.

Quem apresenta a demanda, fazendo um pedido dirigido ao juiz, é chamado de *autor*. Quem é demandado, que deverá atender ao pedido do autor caso este seja vitorioso, é chamado *réu*.

EXEMPLO

Imaginando que Maria queira cobrar uma dívida de Pedro judicialmente, Maria será a autora e Pedro, o réu.

2. CAPACIDADE PROCESSUAL

Além de ter legitimidade para a causa, deve a parte ter capacidade processual para atuar em juízo.

3. CAPACIDADE PROCESSUAL DAS PESSOAS FÍSICAS

Para as pessoas físicas, a capacidade processual coincide com a capacidade de aquisição de direitos. Por esse motivo, toda pessoa que se encontre no exercício de seus direitos tem capacidade para estar em juízo.

Se a pessoa física *for incapaz*, será representada ou assistida por seus pais, por tutor ou por curador, na forma da lei.

4. NOMEAÇÃO DE CURADOR ESPECIAL (ART. 72, CPC)

O juiz nomeará curador especial ao:

a) incapaz, se não tiver representante legal ou se os interesses deste colidirem com os daquele, enquanto durar a incapacidade;

b) réu preso revel, bem como ao réu revel citado por edital ou com hora certa, enquanto não for constituído advogado.

> **IMPORTANTE**
>
> A curatela especial será exercida pela Defensoria Pública, nos termos da lei.

5. CONSENTIMENTO DO CÔNJUGE

O cônjuge necessitará do consentimento do outro para propor ação que verse sobre direito real imobiliário, salvo quando casados sob o regime de separação absoluta de bens.

6. LITISCONSÓRCIO NECESSÁRIO ENTRE OS CÔNJUGES

Ambos os cônjuges serão necessariamente citados para a ação:

a) que verse sobre direito real imobiliário, salvo quando casados sob o regime de separação absoluta de bens;

b) resultante de fato que diga respeito a ambos os cônjuges ou de ato praticado por eles;

c) fundada em dívida contraída por um dos cônjuges a bem da família;

d) que tenha por objeto o reconhecimento, a constituição ou a extinção de ônus sobre imóvel de um ou de ambos os cônjuges.

Nas ações possessórias, a participação do cônjuge do autor ou do réu somente é indispensável nas hipóteses de composse ou de ato por ambos praticado.

> **IMPORTANTE**
>
> 1) Aplicam-se as normas acima mencionadas à união estável comprovada nos autos.
> 2) O consentimento negado sem justo motivo ou impossível de ser obtido pode ser suprido judicialmente.
> 3) A falta de consentimento, quando necessário e não suprido pelo juiz, invalida o processo.

7. REPRESENTAÇÃO JUDICIAL DAS PESSOAS JURÍDICAS E DE ENTES DESPERSONALIZADOS

As pessoas jurídicas podem atuar em juízo, desde que representadas pelas pessoas enunciadas no art. 75, CPC/2015:

Ente	Representante
União	Advocacia-Geral da União, diretamente ou mediante órgão vinculado
Estado e Distrito Federal	Procuradores do Estado ou do Distrito Federal, respectivamente
Município	Prefeito ou procurador
Autarquia e fundação de direito público	Por quem a lei do ente federado designar
Massa falida	Administrador judicial
Herança jacente ou vacante	Curador
Espólio	Inventariante
Pessoa jurídica	Por quem os respectivos atos constitutivos designarem ou, não havendo essa designação, por seus diretores
Sociedade e associação irregulares e outros entes organizados sem personalidade jurídica	Pessoa a quem couber a administração de seus bens
Pessoa jurídica estrangeira	Gerente, representante ou administrador de sua filial, agência ou sucursal aberta ou instalada no Brasil
Condomínio	Administrador ou síndico

IMPORTANTE

1) Quando o inventariante for dativo, os sucessores do falecido serão intimados no processo no qual o espólio seja parte.
2) A sociedade ou a associação sem personalidade jurídica não poderá opor a irregularidade de sua constituição quando demandada.
3) O gerente de filial ou agência presume-se autorizado pela pessoa jurídica estrangeira a receber citação para qualquer processo.
4) Os estados e o Distrito Federal poderão ajustar compromisso recíproco para prática de ato processual por seus procuradores em favor de outro ente federado, mediante convênio firmado pelas respectivas procuradorias.

8. PROCURADOR

Pode a parte constituir procurador, ou seja, outorgar poderes a alguém para, em seu nome, praticar atos ou administrar interesses. A procuração é o instrumento do mandato (art. 653, CC). Trata-se de um contrato civil e deve seguir, para ser válido, as disposições contidas nos arts. 653 e ss., CC.

Em sentido processual, o procurador é o advogado, que atua em nome da parte na demanda.

> **EXEMPLO**
>
> Maria, para cobrar a dívida, precisará contar com um advogado, que elaborará as petições dirigidas ao juiz em seu nome. O advogado será seu procurador em juízo. Mas também poderá constituir João como seu mandatário, que deverá, em nome de Maria, contratar um advogado para a defesa judicial dos interesses dela.

9. CAPACIDADE POSTULATÓRIA

É o poder dado pela lei ao advogado para praticar atos em nome de seu cliente no processo. Somente o advogado tem capacidade postulatória, somente esse profissional poderá apresentar petições, recursos, manifestações e terá a palavra em audiências.

Para ser advogado, deve o bacharel em Direito preencher os requisitos estabelecidos pelo art. 8º da Lei nº 8.906/1994. Deve se sujeitar aos deveres ali estabelecidos e terá os direitos previstos no art. 7º do mesmo diploma legal. Além disso, o advogado é sujeito a outros atos regulamentadores, como o Código de Ética e Disciplina.

A lei dispensa advogado para atuação no Juizado Especial Cível, em causas de até 20 salários mínimos.

10. A PROCURAÇÃO

É a prova de que o advogado foi constituído para a defesa da parte. Deve acompanhar necessariamente a petição inicial, nos termos do art. 287, CPC, sob pena de cancelamento da distribuição, salvo para evitar preclusão, decadência ou prescrição, nos termos do art. 104, CPC, devendo juntar o instrumento em 15 dias, período passível de prorrogação, se deferido pelo juiz.

A procuração *ad judicia* confere ao advogado autorização legal para exercer suas funções no processo, tais como apresentar petições e recursos, participar de audiências, ter vistas dos autos, receber intimações dos atos processuais (art. 105, 1ª parte, CPC).

A cláusula *extra judicia* deve ter previsão expressa na procuração. Assim, para o advogado ter poderes do art. 105, 2ª parte, CPC, cada uma daquelas funções deve ser prevista expressamente. Trata-se de poderes de disposição de direitos e, por isso, devem ser expressamente mencionados na procuração.

A procuração pode ser assinada digitalmente pelo cliente. Se postular em causa própria, deve o advogado observar as disposições do art. 106, CPC.

11. VERIFICANDO A CAPACIDADE PARA SER PARTE NO PROCESSO

A capacidade processual é exigida de qualquer participante do processo. Por isso, atente para o seguinte:

a) A capacidade para ser parte se comprova pelo documento de identidade ou pela certidão de nascimento.

b) Se a parte pessoa física for casada, deve ser juntada aos autos sua certidão de casamento.

c) A união estável da parte se prova pela juntada de qualquer documento idôneo, como a escritura de união estável, o termo de reconhecimento de união estável para fins previdenciários, sentença de processo judicial que declarou a união estável etc.

d) Sendo incapaz a parte, deverá também ser informado na petição o nome de seu representante ou assistente, juntando-se aos autos um comprovante da representação ou da assistência exercida (ex.: certidão de nascimento, certidão de tutela, certidão de curatela). O assistente ou representante deverá ser mencionado em todas as manifestações judiciais do incapaz.

e) Sendo o peticionário pessoa jurídica, o seu representante deverá ser indicado na petição inicial e na contestação. Nas demais manifestações, indica-se apenas o nome da pessoa jurídica.

f) É o representante legal da pessoa jurídica quem deve assinar a procuração dada ao advogado. E deve ser juntado aos autos o contrato ou o estatuto social da pessoa jurídica, documento indispensável para verificar se a pessoa tem poderes ou não para representação em juízo.

g) O mesmo regime se aplica aos entes despersonalizados que têm capacidade processual.

h) Para as pessoas jurídicas de direito público, não é necessário indicar o nome do representante, mas apenas o cargo na petição inicial e na defesa. Indica-se apenas o nome da entidade nas demais manifestações (ex.: União, estado de São Paulo, município de Santos etc.).

i) Os Advogados Públicos podem ser dispensados de apresentação de mandato caso a lei que institua a carreira assim disponha. Haverá, assim, mandato legal.

CAPÍTULO 6

DESPESAS PROCESSUAIS E GRATUIDADE DA JUSTIÇA

1. DESPESAS, HONORÁRIOS ADVOCATÍCIOS E MULTAS

Custa	Definição	Regime jurídico
Despesas processuais	Valores fixados em lei devidos pela prática de atos processuais, ajuizamento da demanda e interposição de recursos. Têm natureza jurídica tributária (são taxas de prestação de serviços).	a) Devem ser adiantados pelo autor, como regra, e pagos em definitivo pelo perdedor da demanda. b) O autor residente fora do Brasil ou que deixar de residir no país ao longo da tramitação de processo deverá prestar caução, nos termos do art. 83, CPC. c) Não haverá adiantamento de despesas em favor da Fazenda Pública, da Defensoria Pública e do Ministério Público, devendo ser pagas ao final pelo perdedor. d) Há regimes especiais de custas, previstos ao longo do texto do CPC. d) Na jurisdição voluntária, serão adiantadas pelo requerente e divididas entre os interessados. e) Nos juízos divisórios em que não houver litígio, as despesas serão divididas de acordo com os quinhões. f) Despesas com perícias e assistentes técnicos: arts. 91 e 95, CPC/2015.
Honorários advocatícios de sucumbência	São devidos ao advogado do vencedor pela parte perdedora.	a) No art. 85, há diversas regras para determinação de seu valor. b) Se houver sucumbência recíproca, os honorários serão divididos entre eles, na medida de sua sucumbência. c) Havendo litisconsórcio entre os perdedores, será o montante dividido entre eles.
Multas	Previstas em lei, são devidas em caso de inobservância de deveres processuais.	As hipóteses de multa e seus patamares são sempre previstos em lei. Pode ser requisito para a prática de determinado ato processual, desde que tal esteja previsto em lei.

> **IMPORTANTE**
>
> 1) Proferida sentença com fundamento em desistência, em renúncia ou em reconhecimento do pedido, as despesas e os honorários serão pagos pela parte que desistiu, renunciou ou reconheceu, sendo proporcional se a desistência, a renúncia ou o reconhecimento forem parciais.
> 2) Será cancelada a distribuição do feito se a parte, intimada na pessoa de seu advogado, não realizar o pagamento das custas e despesas de ingresso em 15 dias (art. 290, CPC).

2. DESCONTOS DE CUSTAS E HONORÁRIOS ADVOCATÍCIOS

Como forma de incentivar a rápida solução do litígio, o CPC estabelece descontos nas custas e nos honorários advocatícios:

a) reconhecimento jurídico do pedido e cumprimento simultâneo da obrigação: redução dos honorários pela metade (art. 90, § 4º, CPC);

b) transação antes da sentença: dispensa as partes do pagamento das custas remanescentes, se houver (art. 90, § 3º, CPC);

c) pagamento integral do valor cobrado no prazo de três dias, no processo de execução: desconto de metade dos honorários (art. 827, § 1º, CPC).

3. GRATUIDADE DA JUSTIÇA

Tem direito à gratuidade da justiça, na forma da lei, pessoa natural ou jurídica, brasileira ou estrangeira, com insuficiência de recursos para pagar as custas, as despesas processuais e os honorários advocatícios.

> **IMPORTANTE**
>
> A Lei nº 1.060/1950 ainda está em vigor, já que foram mantidos os seus arts. 1º, 5º, 8º, 9º, 10, 13 a 16, 18 e 19. Essas disposições tratam de outros temas relacionados à gratuidade processual e à advocacia dativa.

4. ABRANGÊNCIA DA GRATUIDADE

a) as taxas ou as custas judiciais;

b) os selos postais;

c) as despesas com publicação na imprensa oficial, dispensando-se a publicação em outros meios;

d) a indenização devida à testemunha que, quando empregada, receberá do empregador salário integral, como se em serviço estivesse;
e) as despesas com a realização de exame de código genético – DNA – e de outros exames considerados essenciais;
f) os honorários do advogado e do perito e a remuneração do intérprete ou do tradutor nomeado para apresentação de versão em português de documento redigido em língua estrangeira;
g) o custo com a elaboração de memória de cálculo, quando exigida para instauração da execução;
h) os depósitos previstos em lei para interposição de recurso, para propositura de ação e para a prática de outros atos processuais inerentes ao exercício da ampla defesa e do contraditório;
i) os emolumentos devidos a notários ou registradores em decorrência da prática de registro, averbação ou qualquer outro ato notarial necessário à efetivação de decisão judicial ou à continuidade de processo judicial no qual o benefício tenha sido concedido.

> **IMPORTANTE**
>
> A concessão de gratuidade não afasta a responsabilidade do beneficiário pelas despesas processuais e pelos honorários advocatícios decorrentes de sua sucumbência. Tal cobrança poderá ser feita posteriormente, estando sujeita a prazo prescricional de cinco anos, desde que o credor demonstre a modificação de situação financeira do favorecido. Não afasta, porém, a responsabilidade pelas multas, que deverão ser pagas ao final da causa.

5. PERÍCIA A REQUERIMENTO DO BENEFICIÁRIO DA JUSTIÇA GRATUITA (ART. 95, § 3º)

Quando o pagamento da perícia for de responsabilidade de beneficiário de gratuidade da justiça, ela poderá ser:

a) custeada com recursos alocados no orçamento do ente público e realizada por servidor do Poder Judiciário ou por órgão público conveniado;
b) paga com recursos alocados no orçamento da União, do estado ou do Distrito Federal, no caso de ser realizada por particular, hipótese em que o valor será fixado conforme tabela do tribunal respectivo ou, em caso de sua omissão, do Conselho Nacional de Justiça.

> **IMPORTANTE**
>
> Para os fins *supra*, é vedada a utilização de recursos do fundo de custeio da Defensoria Pública (art. 95, § 5º).

6. REGRAS ESPECIAIS SOBRE A GRATUIDADE PROCESSUAL

a) A gratuidade poderá ser concedida em relação a algum ou a todos os atos processuais, ou consistir na redução percentual de despesas processuais que o beneficiário tiver de adiantar no curso do procedimento.

b) Conforme o caso, o juiz poderá conceder direito ao parcelamento de despesas processuais que o beneficiário tiver de adiantar no curso do procedimento.

c) No caso da gratuidade dos atos notariais decorrentes do processo judicial (art. 98, IX, CPC/2015), as regras acima são aplicáveis, sendo possível a revogação do benefício, no caso do § 8º do art. 98 do CPC/2015.

d) A assistência do requerente por advogado particular não impede a concessão de gratuidade da justiça. Nesse caso, o recurso que verse exclusivamente sobre valor de honorários de sucumbência fixados em favor do advogado de beneficiário estará sujeito a preparo, salvo se o próprio advogado demonstrar que tem direito à gratuidade.

e) O direito à gratuidade da justiça é pessoal, não se estendendo a litisconsorte ou a sucessor do beneficiário, salvo requerimento e deferimento expressos.

f) Requerida a concessão de gratuidade da justiça em recurso, o recorrente estará dispensado de comprovar o recolhimento do preparo, incumbindo ao relator, nesse caso, apreciar o requerimento e, se indeferi-lo, fixar prazo para realização do recolhimento.

> **IMPORTANTE**
>
> Presume-se verdadeira a alegação de insuficiência deduzida exclusivamente por pessoa natural.

7. PROCEDIMENTO DA GRATUIDADE PROCESSUAL

a) Requerimento na petição inicial, na contestação, na petição para ingresso de terceiro no processo ou em recurso, ou, ainda, por petição autônoma, se a situação se verificar posteriormente a essas oportunidades.

b) Deferido o pedido, a parte contrária poderá oferecer impugnação na contestação, na réplica, nas contrarrazões de recurso ou, nos casos de pedido superveniente ou formulado por terceiro, por meio de petição simples, a ser apresentada no prazo de 15 dias, nos autos do próprio processo, sem suspensão de seu curso.

c) Revogado o benefício, a parte arcará com as despesas processuais que tiver deixado de adiantar e pagará, em caso de má-fé, até o décuplo de seu valor a título de multa, que será revertida em benefício da Fazenda Pública estadual ou federal e poderá ser inscrita em dívida ativa.

d) Contra a decisão que indeferir a gratuidade ou a que acolher pedido de sua revogação caberá agravo de instrumento, exceto quando a questão for resolvida na sentença, contra a qual caberá apelação (arts. 101 e 1.015, V, CPC). O recolhimento do preparo será diferido até a apreciação do recurso pelo relator, caso o agravante seja o requerente do benefício.

Nota de parede: não é previsto recurso no caso de indeferimento da impugnação aos benefícios da justiça gratuita, diante do regime de cabimento taxativo do recurso de agravo de instrumento. Em princípio, o tema pode ser alegado em preliminar de apelação, caso a rejeição tenha ocorrido por decisão interlocutória.

e) Restando definitiva a decisão sobre a não concessão ou revogação do benefício, deverão ser pagas as custas e demais despesas, sob pena de extinção do processo (se for o requerente autor) ou impedimento de seu prosseguimento (para os demais casos).

DICA

a) Atente para os provimentos do Tribunal quanto à forma correta do recolhimento das custas. Neles são indicados as guias próprias e os bancos autorizados a receber os pagamentos.
b) O não recolhimento correto das custas implica o seu não pagamento. Isso é especialmente importante para as custas de recurso, em que pese a possibilidade de saneamento trazida pelo art. 1.007, § 7º, CPC.
c) Os atos sujeitos a pagamentos de custas e seus valores são indicados em leis do estado ao qual o tribunal está vinculado ou em lei federal. Consulte sempre o *site* do Tribunal para verificar o correto valor.
d) Caso seja recolhido valor a maior, verifique o procedimento para receber o excedente de volta. Este costuma se disciplinado nos provimentos dos tribunais.
e) Caso recolhido valor a menor, deve o juiz assinalar prazo para complementação. Tal também se aplica às custas recursais (preparo).
f) É importante a realização de contrato de prestação de serviços entre o advogado e seu cliente. As regras são fixadas no Estatuto da OAB, no seu Regulamento e no Código de Ética e Disciplina. Isso evita diversos dissabores futuros.
g) É possível a qualquer advogado patrocinar causas de pessoas pobres, mesmo que não vinculado a qualquer órgão de assistência judiciária. Tome o cuidado de esclarecer o motivo de seu patrocínio na causa (não cobrará honorários, cobrará valor simbólico ou outra causa).
h) É conveniente que o pretendente aos benefícios da gratuidade processual realize uma declaração de pobreza.

CAPÍTULO 7

CITAÇÃO E INTIMAÇÃO

1. CITAÇÃO (ART. 238, CPC)

É o ato pelo qual são convocados o réu, o executado ou o interessado para integrar a relação processual. Sem esse ato, o processo será nulo (art. 239, CPC).

Dispensa-se a citação no caso de indeferimento da inicial e de improcedência liminar. Mas, se dessas decisões o autor recorrer, o réu será citado para responder ao recurso que vier a ser apresentado (art. 331, § 1º, e art. 332, § 4º, CPC).

2. QUEM É CITADO

É feita a citação na pessoa do réu, de seu procurador ou representante legal. Na ausência do citando, a citação será feita na pessoa de seu mandatário, administrador, preposto ou gerente, quando a ação se originar de atos por eles praticados.

A citação da União, dos estados, do Distrito Federal, dos municípios e de suas respectivas autarquias e fundações de direito público será realizada perante o órgão de Advocacia Pública responsável por sua representação judicial (art. 242, § 3º, CPC).

A citação poderá ser feita em qualquer lugar em que se encontre o réu, o executado ou o interessado (art. 243, CPC). Sendo o citando militar em serviço ativo, será ele citado na unidade em que estiver servindo, se não for conhecida sua residência ou nela não for encontrado.

Não se fará a citação, salvo para evitar o perecimento do direito (art. 244, CPC):

a) de quem estiver participando de ato de culto religioso;
b) de cônjuge, de companheiro ou de qualquer parente do morto, consanguíneo ou afim, em linha reta ou na linha colateral em segundo grau, no dia do falecimento e nos sete dias seguintes;
c) de noivos, nos três primeiros dias seguintes ao casamento;
d) de doente, enquanto grave o seu estado.

Não se fará citação quando se verificar que o citando é mentalmente incapaz ou está impossibilitado de recebê-la. Deverá o oficial de justiça proceder nos termos do art. 245 do CPC.

3. NULIDADE DA CITAÇÃO

A alegação de nulidade de citação deve ser deduzida como preliminar de contestação (art. 337, I, CPC/2015).

Porém, se rejeitada a alegação de nulidade, haverá as seguintes consequências.

a) se for processo de conhecimento, o réu será considerado revel, prosseguindo-se o feito;
b) se for processo de execução, o feito terá seguimento, com a adoção dos demais atos processuais referentes.

4. COMPARECIMENTO ESPONTÂNEO DO RÉU OU DO EXECUTADO

Supre a falta ou a nulidade da citação, fluindo a partir dessa data o prazo para apresentação de contestação ou de embargos à execução (art. 239, § 1º, CPC).

Porém, se for rejeitada a alegação de nulidade, o réu será considerado revel (se na ação de conhecimento) ou a execução prosseguirá (se na execução).

5. EFEITOS DA CITAÇÃO VÁLIDA (ART. 240, CPC)

Ainda quando ordenada por juízo incompetente, implica os seguintes efeitos:

a) induz litispendência;
b) torna litigiosa a coisa;
c) constitui em mora o devedor, exceção feita à obrigação a termo e à obrigação decorrente de ilícito (arts. 397 e 398, CC);
d) interrompe a prescrição.

6. INTERRUPÇÃO DA PRESCRIÇÃO

Ainda que proferida por juízo incompetente, retroagirá à data de propositura da ação.

Incumbe ao autor adotar, no prazo de 10 dias, as providências necessárias para viabilizar a citação, sob pena de não retroagir o termo de interrupção da prescrição.

IMPORTANTE

1) A parte não será prejudicada pela demora imputável exclusivamente ao serviço judiciário.
2) O efeito retroativo aplica-se à decadência e aos demais prazos extintivos previstos em lei.

7. FORMAS DE CITAÇÃO

Após a edição da Lei nº 14.195/2021, o meio preferencial de citação é o eletrônico, nos termos da regulamentação do CNJ.

Meio	Cabimento	Formalidades
Correio	Feita a qualquer comarca do país, exceto nas hipóteses em que a lei impuser outra forma.	O escrivão ou o chefe de secretaria remeterá ao citando cópias da petição inicial e do despacho do juiz e comunicará o prazo para resposta, o endereço do juízo e o respectivo cartório, devendo a carta conter as informações estabelecidas no art. 250, CPC.
Oficial de justiça	Quando frustrada a citação por carta e nas demais hipóteses previstas em lei (art. 249, CPC).	a) Os requisitos do mandado de citação estão no art. 250, CPC, e o procedimento a ser seguido pelo oficial de justiça está no art. 251, CPC. b) Citação com hora certa, nos casos de suspeita de ocultação dolosa do citando (arts. 252 a 254, CPC). c) Prática da diligência em comarcas contíguas de fácil comunicação e nas que se situem na mesma região metropolitana (art. 255, CPC).
Escrivão ou chefe de secretaria	Se o citando comparecer em cartório.	Termo de citação, devidamente assinado pelo réu (art. 209, CPC).
Edital	Hipóteses do art. 256, CPC/2015.	Arts. 257 a 259, CPC.
Meio eletrônico	Conforme regulado em lei (atualmente, art. 9º da Lei nº 11.419/2006).	É a regra geral.

IMPORTANTE

1) Sendo o citando pessoa jurídica, será válida a entrega do mandado a pessoa com poderes de gerência geral ou de administração, ou, ainda, a funcionário responsável pelo recebimento de correspondências (art. 248, § 2º, CPC/2015).
2) Nos condomínios edilícios ou nos loteamentos com controle de acesso, será válida a entrega do mandado a funcionário da portaria responsável pelo recebimento de correspondência, que, entretanto, poderá recusar o recebimento, se declarar, por escrito, sob as penas da lei, que o destinatário da correspondência está ausente (art. 248, § 4º, CPC).
3) Devem as pessoas jurídicas, de direito público e de direito privado (estas, de caráter empresarial), manter cadastro nos sistemas de processo em autos eletrônicos, para efeito de recebimento de citações e intimações, as quais serão efetuadas preferencialmente por esse meio, exceção feita às microempresas e às empresas de pequeno porte.
4) Se a citação precisar ocorrer por oficial de justiça e o endereço de citação se situar fora da comarca (e não forem comarcas contíguas de fácil comunicação ou que se situem

> na mesma região metropolitana), deverá ser requerida a expedição de carta precatória ou rogatória, conforme o endereço se referir a local no Brasil ou no exterior.
> 5) Se o citando estiver no exterior, será expedida carta rogatória se o Brasil tiver tratado internacional para tal finalidade com o país onde o citando estiver. Caso não haja tratado ou este estiver suspenso, a citação ocorrerá por edital.

8. INTIMAÇÃO

É o ato pelo qual se dá ciência a alguém dos atos e dos termos do processo (art. 269, CPC/2015).

O juiz determinará de ofício as intimações em processos pendentes, salvo disposição em contrário.

9. FORMAS DE INTIMAÇÃO

Meio	Intimando	Meio
Eletrônico	Advogados e partes	Conforme fixado em lei própria. É o meio preferencial.
Pessoal, pelo escrivão ou chefe de secretaria	Parte, seus advogados, terceiros	a) Por carta, instruída com cópia do ato do pronunciamento ou ordem judicial (art. 274, CPC). b) Por oficial de justiça, se não permitida a intimação por carta ou se esta falhar (art. 275, CPC).
Pessoal, pelo advogado	Advogado da outra parte	Pelo correio, juntando aos autos, a seguir, cópia do ofício de intimação e do aviso de recebimento.
Pelo *diário oficial* (físico ou eletrônico)	Advogados	a) Pode ser realizada, a pedido do advogado, apenas no nome da sociedade a que pertençam, desde que devidamente registrada na OAB. b) Sob pena de nulidade, é indispensável que da publicação constem os nomes das partes e de seus advogados, com o respectivo número de inscrição na OAB, ou, se assim requerido, da sociedade de advogados. c) A grafia dos nomes das partes não deve conter abreviaturas. d) A grafia dos nomes dos advogados deve corresponder ao nome completo e ser a mesma que constar da procuração ou que estiver registrada na OAB. e) Constando dos autos pedido expresso para que as comunicações dos atos processuais sejam feitas em nome dos advogados indicados, o seu desatendimento implicará nulidade.
Por carga dos autos	Advogados, Ministério Público, Advocacia Pública e Defensoria Pública	a) Advogados: pela retirada dos autos de cartório. b) Ministério Público, Defensoria Pública e Advocacia Pública: pela remessa dos autos ou pela retirada destes em cartório, sendo contado o prazo apenas da vista pessoal.

> **IMPORTANTE**
>
> Presumem-se válidas as intimações dirigidas ao endereço constante dos autos, ainda que não recebidas pessoalmente pelo interessado, se a modificação temporária ou definitiva não tiver sido devidamente comunicada ao juízo, fluindo os prazos a partir da juntada aos autos do comprovante de entrega da correspondência no primitivo endereço.

10. INTIMAÇÃO DA FAZENDA PÚBLICA

A intimação da União, dos estados, do Distrito Federal, dos municípios e de suas respectivas autarquias e fundações de direito público será realizada perante o órgão de Advocacia Pública responsável por sua representação judicial.

11. NULIDADE DE INTIMAÇÃO

A parte arguirá a nulidade da intimação em capítulo preliminar do próprio ato que lhe caiba praticar, o qual será tido por tempestivo se o vício for reconhecido.

Não sendo possível a prática imediata do ato diante da necessidade de acesso prévio aos autos, a parte limitar-se-á a arguir a nulidade da intimação, caso em que o prazo será contado da intimação da decisão que a reconheça.

> **IMPORTANTE**
>
> Lembre-se de que a nulidade de citação ou intimação são absolutas, mas devem ser alegadas no primeiro momento, por dever de boa-fé e para evitar maiores prejuízos à defesa da parte.

CAPÍTULO 8

NULIDADES, PRECLUSÃO E PRAZOS

1. NULIDADES

Verifica-se sempre que o ato processual que não observar a forma prevista em lei não é apto a atingir sua finalidade, trazendo prejuízo a uma das partes. São espécies de nulidade:

Instituto	Nulidade relativa (art. 276, CPC).	Nulidade absoluta (art. 277, CPC).
Quem alega	Parte prejudicada.	Parte e juiz, de ofício.
Oportunidade de alegação	Na primeira fala nos autos.	Até trânsito em julgado.
Previsão legal	Ato gera prejuízo à parte, não há necessidade de previsão expressa.	Expressa na lei processual, como regra.
Prejuízo à parte	Deve ser demonstrado por quem se prejudicou pela nulidade.	É, via de regra, presumido.

> **IMPORTANTE**
>
> A nulidade de citação na ação de conhecimento pode ser alegada em impugnação à execução de título executivo judicial (art. 525, § 1º, I, CPC).

2. CONSEQUÊNCIAS DA DECRETAÇÃO DA NULIDADE

A nulidade de um ato atinge todos os outros atos dele dependentes (decorrentes). Por força da aplicação do *princípio da causalidade*, não serão decretados nulos os atos processuais que não decorrerem do ato nulo (art. 281, CPC).

No caso de *atos complexos* (p. ex., audiência), vigora o *princípio da conservação dos atos processuais*, ou seja, se for possível dividir o ato, as partes que possam ser tidas como autônomas poderão ser preservadas.

Caso a parte aponte, em sua petição inicial, procedimento diferente do que estabelecido na lei, há a nulidade do processo (*erro de procedimento* – art. 283, CPC).

Porém haverá o aproveitamento do maior número de atos possíveis, desde que não haja prejuízo para defesa. Isso visa à economia processual, evitando o refazimento de atos que não causaram nenhum prejuízo à defesa de qualquer parte.

3. COMO ALEGAR A NULIDADE EM UM PROCESSO

A nulidade relativa deve ser suscitada por petição dirigida ao juízo da causa na primeira oportunidade para se manifestar nos autos, sob pena de preclusão.

A nulidade absoluta, apesar de não precluir, também deve ser suscitada por petição na primeira oportunidade, por dever de boa-fé processual.

Caso haja nulidade de citação, incumbe ao réu alegá-la na contestação, sob pena de ocorrer o comparecimento voluntário, que supre a nulidade.

Incumbe a quem alegar a nulidade demonstrá-la de forma precisa, indicando o ato nulo, qual o defeito que nele se constata e a demonstração de prejuízo para o exercício do direito de defesa da parte.

4. PRECLUSÃO

É a perda da oportunidade de prática de ato processual pela parte. Seu objetivo é fazer o processo se desenvolver independentemente das omissões das partes. Tem três categorias:

Tipo	Temporal	Lógica	Consumativa
Como se verifica	Decurso do prazo assinalado em lei para a prática do ato.	Prática de ato incompatível com outro já praticado.	Ato já praticado não pode ser refeito, salvo se declarado nulo.

A preclusão é matéria de ordem pública, mas deve ser arguida pela parte a quem ela aproveita na primeira oportunidade de manifestação, por dever de boa-fé. Deve ser deduzida por petição ao órgão judicial, na qual se apresenta qual ato foi atingido pela preclusão e qual a sua causa.

5. PRAZOS PROCESSUAIS (ARTS. 218 A 235, CPC)

É o lapso de tempo assinalado para a prática de um ato processual. Os atos processuais serão realizados nos prazos estabelecidos em lei. Quando esta for omissa, o juiz determinará os prazos, tendo em conta a complexidade da causa.

Quando a lei ou o juiz não determinar prazo, as intimações somente obrigarão a comparecimento após decorridas 48 (quarenta e oito) horas.

Inexistindo preceito legal ou prazo determinado pelo juiz, será de cinco dias o prazo para a prática de ato processual a cargo da parte.

6. EXTINÇÃO DO PRAZO

Decorrido o prazo, extingue-se o direito de praticar ou de emendar o ato processual, independentemente de declaração judicial, ficando assegurado, porém, à parte provar que não o realizou por justa causa.

7. JUSTA CAUSA

Considera-se justa causa o evento alheio à vontade da parte e que a impediu de praticar o ato por si ou por mandatário. É exemplo a constatação de problema técnico do sistema e de erro ou omissão do auxiliar da justiça responsável pelo registro dos andamentos (art. 197, parágrafo único, CPC).

Verificada a justa causa, o juiz permitirá à parte a prática do ato no prazo que lhe assinar.

EXEMPLO

Enchente de grandes proporções na comarca.

8. PRAZOS PEREMPTÓRIOS E PRAZOS DILATÓRIOS

Prazo peremptório é aquele em que a lei não admite alteração por acordo das partes.

EXEMPLO

Prazos para apresentação de defesas e de recursos.

Prazos dilatórios, ao contrário, são os que podem ser modificados pela vontade das partes, desde que feita antes do vencimento do prazo e se fundada em justo motivo.

EXEMPLO

Prazos de suspensão do feito para tentativa de acordo.

9. SUSPENSÃO DE PRAZOS NO FIM DE ANO

Para fins de garantir férias aos advogados no final do ano, os prazos processuais são suspensos nos dias compreendidos entre 20 de dezembro e 20 de janeiro, inclusive.

Ressalvadas as férias individuais e os feriados instituídos por lei (Natal, Ano-Novo etc.), os juízes, os membros do Ministério Público, da Defensoria Pública e da Advocacia Pública e os auxiliares da Justiça exercerão suas atribuições durante tal período, mas não se realizarão audiências nem sessões de julgamento.

10. SUSPENSÃO DO PRAZO (ART. 221, CPC)

Iniciado o prazo, não há qualquer suspensão, salvo os casos previstos em lei, que são:

a) por obstáculo criado em detrimento da parte;
b) nas hipóteses de suspensão do processo, estabelecidas no art. 313;
c) durante a execução de programa instituído pelo Poder Judiciário para promover a autocomposição, incumbindo aos tribunais especificar, com antecedência, a duração dos trabalhos.

Será o prazo restituído por tempo igual ao que faltava para sua complementação.

11. PRAZOS DIFERENCIADOS

Têm todos os prazos dobrados:

a) os litisconsortes com diferentes advogados, de diferentes escritórios, sendo o processo físico (art. 229, CPC);
b) o representante judicial da Fazenda Pública (art. 183, CPC), que terá todos os prazos dobrados, salvo se houver prazo próprio para o ente público;
c) o Defensor Público, que terá todos os prazos dobrados (art. 186, CPC), benefício que é estendido aos escritórios de assistência judiciária mantidos por Faculdades de Direito devidamente registrados perante a OAB;
d) o Ministério Público, atuando como parte ou como fiscal da ordem jurídica (art. 180, CPC).

> **IMPORTANTE**
>
> Os arts. 226 a 228 estabelecem prazos para a prática dos atos pelo juiz e pelos serventuários de justiça.

12. TERMO INICIAL DOS PRAZOS (ARTS. 230-232, CPC)

O prazo para a parte, o procurador, a Advocacia Pública, a Defensoria Pública e o Ministério Público será contado da citação, da intimação ou da notificação.

Salvo disposição em sentido diverso, considera-se dia do começo do prazo (art. 231, CPC):

Forma de cientificação	Termo inicial
Citação ou intimação pelo correio.	Data de juntada aos autos do aviso de recebimento devidamente assinado pelo citando ou intimando.
Citação ou intimação por oficial de justiça, inclusive na citação com hora certa.	Data de juntada aos autos do mandado cumprido.
Citação ou intimação por ato do escrivão ou do chefe de secretaria.	Data de ocorrência da citação ou da intimação.
Citação ou intimação por edital.	Dia útil seguinte ao fim da dilação assinada pelo juiz.
Citação ou intimação eletrônica.	Dia útil seguinte à consulta ao teor da citação ou da intimação ou ao término do prazo para que a consulta se dê.
Citação ou intimação em cumprimento de carta.	Data de juntada do comunicado de que trata o art. 232 ou, não havendo esse, data de juntada da carta aos autos de origem devidamente cumprida.
Intimação pelo *Diário da Justiça* impresso ou eletrônico.	Data de publicação (se o *Diário Oficial* for eletrônico, considera-se haver a publicação no dia seguinte à disponibilização).
Intimação por meio da retirada dos autos, em carga, do cartório ou da secretaria.	Dia da carga.
Ato praticado diretamente pela parte ou por quem, de qualquer forma, participe do processo, sem a intermediação de representante judicial.	O dia do começo do prazo para cumprimento da determinação judicial corresponderá à data em que se der a comunicação.
Citação realizada por meio eletrônico.	Quinto dia útil seguinte à confirmação, na forma prevista na mensagem de citação, do recebimento da referida mensagem.

a) Quando houver mais de um réu, o dia do começo do prazo para contestar corresponderá à juntada do último mandado ou do último aviso de recebimento, se não for o caso de audiência de mediação e conciliação (art. 334, CPC).
b) Havendo mais de um intimado, o prazo para cada um é contado individualmente.

IMPORTANTE

Nos termos do art. 212, § 2º, CPC, independentemente de autorização judicial, as citações, as intimações e as penhoras poderão realizar-se no período de férias forenses, onde as houver, e nos feriados ou dias úteis fora do horário estabelecido nesse artigo, observado o disposto no art. 5º, inciso XI, da Constituição Federal.

Essa norma estabelece que a casa é asilo inviolável do indivíduo, ninguém nela podendo penetrar sem consentimento do morador, salvo em caso de flagrante delito ou desastre, ou para prestar socorro, ou, durante o dia, por determinação judicial.

> Sendo assim, deve haver ordem judicial para cumprir ordens judiciais que necessitem a entrada na casa de uma pessoa.

EXEMPLO

Cumprimento de ordem de arresto, penhora, busca e apreensão.

13. CONTAGEM DOS PRAZOS (ART. 224, CPC)

Salvo disposição em contrário, os prazos serão contados excluindo o dia do começo e incluindo o dia do vencimento.

Os dias do começo e do vencimento do prazo serão protraídos para o primeiro dia útil seguinte, se coincidirem com dia em que o expediente forense for encerrado antes ou iniciado depois da hora normal, ou houver indisponibilidade da comunicação eletrônica.

A contagem do prazo terá sempre início no primeiro dia útil que seguir ao da intimação. Contam-se apenas os *dias úteis*, salvo disposição em lei especial. São feriados os sábados, os domingos e os dias em que não haja expediente forense (art. 216, CPC).

Para contar corretamente o prazo, deve-se atentar para o seguinte:

a) verifique o termo inicial do prazo, conforme as regras do art. 231, CPC (tabela anterior);

b) o termo inicial não é computado. Assim, verifique no calendário se o dia seguinte ao do ato é dia útil. Se for, é este o primeiro dia a ser contado;

c) conte apenas os dias úteis, atentando para os feriados eventualmente existentes (art. 216, CPC). Caso o feriado seja local, não esqueça de documentá-lo nos autos (p. ex., junte a portaria que suspendeu o expediente naquele dia);

d) o último dia é computado no prazo, devendo o ato ser praticado até tal data. Lembre-se de que a prorrogação somente acontece nos casos previstos em lei;

e) se o processo for físico, o ato deve ser praticado até o encerramento do protocolo; se for digital, até às 23h59 do último dia.

EXEMPLO

Imaginando que houve a juntada do mandado de intimação no dia 10 de um mês para a prática de um ato processual em 10 dias. Sendo o dia 11 dia útil, conta-se dia a dia, excluindo os dias não úteis (sábados e domingos, e eventuais feriados).
Assim, se dia 11 for uma terça-feira, o dia de vencimento será dia 25 daquele mês (contaram-se os dias 12, 13, 14, 17, 18, 19, 20, 21, 24 e 25. Os dias 15, 16, 22 e 23 são dias não úteis e, por isso, excluídos da contagem).

Se o último dia do prazo, dia 25, for um feriado ou se o expediente se encerrar antes ou se iniciar antes da hora normal, o ato poderá ser praticado até o dia útil seguinte, dia 26 daquele mês.

Caso a intimação ocorra por *Diário de Justiça Eletrônico*, considera-se como data de publicação o primeiro dia útil seguinte ao da disponibilização da intimação.

Assim, caso a intimação seja disponibilizada na segunda-feira, considera-se publicada na terça-feira, caso seja a data dia útil. Assim, o prazo apenas começa a contar na quarta-feira, também se for dia útil.

IMPORTANTE

Caso se suspenda, o prazo volta a contar pelo tempo que faltava. Caso se interrompa, volta a contar do começo.

O Superior Tribunal de Justiça firmou entendimento segundo o qual, quando houver **duplicidade das intimações eletrônicas** previstas na Lei nº 11.419/2006 – especificamente pelo *Diário da Justiça Eletrônico (DJe)* e pelo portal eletrônico –, deve prevalecer, para efeitos de contagem de prazos processuais, a intimação que tiver sido realizada no portal eletrônico.

DICA

1) Em algumas provas, é indicado no enunciado que a medida deve ser apresentada no último dia do prazo. Ao elaborar a peça, não se esqueça de fazer a contagem do prazo e indicá-la na data, antes da assinatura.
2) Na vida prática, procure não deixar seus "prazos" para a última hora. Organize-se e procure fazer suas petições com antecedência. Isso evita surpresas desagradáveis, como trânsito para chegar no fórum ou queda do sinal de telefone ou internet.
3) Em caso de indisponibilidade do sistema no último dia do prazo, dependendo de sua duração, poderá haver prorrogação dos prazos para o dia seguinte. Tome o cuidado de documentar no processo esse fato (junte o comunicado do tribunal informando tal ocorrência).

CAPÍTULO 9

TUTELAS PROVISÓRIAS (DE URGÊNCIA E DE EVIDÊNCIA) – CONCEITOS FUNDAMENTAIS

1. DEFINIÇÃO

A tutela provisória é aquela concedida pelo juiz, por decisão fundamentada, em caráter precário e revogável, a pedido da parte que demonstrar os requisitos previstos em lei.

Visa afastar risco de dano irreparável ou inverter o ônus do tempo de demora do processo, caso haja prova suficiente da pretensão do autor.

É cabível tanto no processo de conhecimento (em qualquer fase) quanto no processo de execução.

> **IMPORTANTE**
>
> Aplicam-se as restrições de liminares previstas nas Leis nº 8.437/1992, arts. 1º a 4º, e nº 12.016/2009, art. 7º, § 2º, à tutela provisória requerida contra a Fazenda Pública.

2. ESPÉCIES

a) Tutela de urgência, subdividida em tutela cautelar e antecipada.
b) Tutela de evidência.

3. CARACTERÍSTICAS DA TUTELA PROVISÓRIA

a) Revogabilidade: pode ser revogada a qualquer tempo, se seu fundamento não mais se justificar.
b) Modificabilidade: pode ser modificada ou substituída por outra medida, caso se constate modificação no quadro de fato ou de direito.
c) Conservação dos efeitos: conserva sua eficácia na pendência do processo, até mesmo durante a suspensão do processo, exceto se, nesse último caso, houver determinação judicial em contrário.

> **IMPORTANTE**
>
> Na decisão que conceder, negar, modificar ou revogar a tutela provisória, o juiz motivará seu convencimento de modo claro e preciso.

4. CUMPRIMENTO

A efetivação da tutela provisória observará as normas referentes ao cumprimento provisório da sentença, no que couber.

> **IMPORTANTE**
>
> A tutela de urgência de natureza cautelar pode ser efetivada mediante arresto, sequestro, arrolamento de bens, registro de protesto contra a alienação de bem e qualquer outra medida idônea para asseguração do direito.

5. TUTELA DE URGÊNCIA

Será sujeita à demonstração de elementos que evidenciem a probabilidade do direito e o perigo de dano ou o risco ao resultado útil do processo. Pode ser concedida liminarmente ou após justificação prévia.

Presta-se a assegurar a eficácia de um processo de conhecimento ou de um processo de execução.

6. COMPETÊNCIA

Pedido incidente	a) ao órgão perante o qual estiver tramitando a causa;
	b) se a demanda tramitar perante o Tribunal, será competente aquele que tiver competência para o mérito da ação ou do recurso, salvo disposição em contrário.
Pedido antecedente	a) ao órgão competente para a ação principal;
	b) se competente o Tribunal, ao órgão com atribuição para apreciar o mérito da ação principal, salvo disposição legal em contrário.

7. CONTRACAUTELA

Para a concessão da tutela de urgência, o juiz pode, conforme o caso, exigir caução real ou fidejussória idônea para ressarcir os danos que a outra parte possa vir a sofrer, podendo a caução ser dispensada se a parte economicamente hipossuficiente não puder oferecê-la.

8. RESPONSABILIDADE POR DANOS

Independentemente da reparação por dano processual, a parte responde pelo prejuízo que a efetivação da tutela de urgência causar à parte adversa, se:

a) a sentença lhe for desfavorável;
b) obtida liminarmente a tutela em caráter antecedente, não fornecer os meios necessários para a citação do requerido no prazo de cinco dias;
c) ocorrer a cessação da eficácia da medida em qualquer hipótese legal;
d) o juiz acolher a alegação de decadência ou prescrição da pretensão do autor.

A indenização será liquidada nos autos em que a medida tiver sido concedida, sempre que possível.

9. REQUISITOS PARA A CONCESSÃO

Demonstração da probabilidade do direito e perigo de dano ou risco ao resultado útil do processo. No caso de ser o pedido antecipatório, o pleito deve ser reversível.

Nota de parede: há entendimento doutrinário de que a expressão "perigo de dano" se referiria à tutela antecipada, e "risco ao resultado útil", à tutela cautelar.

10. PROCEDIMENTO DA TUTELA DE URGÊNCIA (ANTECIPADA OU CAUTELAR) INCIDENTAL

Ocorre quando já existe um processo em curso, por petição fundamentada, dirigida ao juiz competente, com a demonstração do preenchimento dos requisitos legais. A decisão que conceder ou negar a providência é passível de impugnação pelo recurso de agravo de instrumento (art. 1.015, CPC).

11. PROCEDIMENTO DA TUTELA ANTECIPADA REQUERIDA EM CARÁTER ANTECEDENTE

Ocorre quando ainda não existe um processo em curso e a parte pretende pleitear a tutela de urgência antecipada. Segue o procedimento:

a) requerimento por petição inicial, que pode se limitar aos seguintes requisitos: requerimento da tutela antecipada e da indicação do pedido de tutela final, com a exposição da lide, do direito que se busca realizar e do perigo de dano ou do risco ao resultado útil do processo e valor da causa que deve levar em consideração o pedido de tutela final;

IMPORTANTE

Nessa oportunidade, devem ser pagas as custas iniciais e deve o autor requerer a oportunidade de emenda (art. 303, § 5º, CPC/2015).

b) se concedida a tutela antecipada, o autor deverá aditar a petição inicial, com a complementação de sua argumentação, a juntada de novos documentos e a confirmação do pedido de tutela final, em 15 dias ou em outro prazo maior que o juiz fixar, sob pena de extinção do feito sem resolução do mérito;

c) caso entenda que não há elementos para a concessão de tutela antecipada, o órgão jurisdicional determinará a emenda da petição inicial em até cinco dias, sob pena de ser indeferida e de o processo ser extinto sem resolução de mérito;

d) em qualquer caso, o aditamento da petição inicial ocorrerá nos mesmos autos, sem incidência de novas custas processuais;

e) o réu será citado e intimado para a audiência de conciliação ou de mediação, tomando a causa o rito comum.

12. ESTABILIZAÇÃO DA TUTELA ANTECIPADA (ART. 304, CPC/2015)

A tutela antecipada antecedente, concedida, torna-se estável se da decisão que a conceder não for interposto o respectivo recurso, sendo o processo extinto.

A tutela antecipada conservará seus efeitos enquanto não revista, reformada ou invalidada por decisão de mérito proferida na ação de revisão.

13. REVISÃO DA ESTABILIZAÇÃO DA TUTELA ANTECIPADA

Qualquer das partes poderá demandar a outra com o intuito de rever, reformar ou invalidar a tutela antecipada estabilizada, requerendo o desarquivamento dos autos para instruir a petição inicial. Trata-se de ação de procedimento comum.

O direito de rever, reformar ou invalidar a tutela antecipada extingue-se após dois anos, contados da ciência da decisão que extinguiu o processo.

IMPORTANTE

A decisão que concede a tutela não fará coisa julgada se for estabilizada. Sendo assim, não cabe ação rescisória de seu teor.

14. PROCEDIMENTO DA TUTELA CAUTELAR REQUERIDA EM CARÁTER ANTECEDENTE

a) A petição inicial da ação que visa à prestação de tutela cautelar em caráter antecedente indicará a lide e o seu fundamento, a exposição sumária do direito que se objetiva assegurar e o perigo de dano ou o risco ao resultado útil do processo.

> **IMPORTANTE**
>
> 1) Caso entenda que o pedido tem natureza antecipada, o juiz o tratará como tal.
> 2) O pedido principal pode ser formulado conjuntamente com o pedido de tutela cautelar, porém, a causa de pedir poderá ser aditada no momento de formulação do pedido principal.
> 3) Apresentado o pedido principal, as partes serão intimadas para a audiência de conciliação ou de mediação, na forma do art. 334, por seus advogados ou pessoalmente, sem necessidade de nova citação do réu.

b) O réu será citado para, no prazo de cinco dias, contestar o pedido e indicar as provas que pretende produzir.

c) Não sendo contestado o pedido, os fatos alegados pelo autor presumir-se-ão aceitos pelo réu como ocorridos, caso em que o juiz decidirá dentro de cinco dias.

d) Contestado o pedido no prazo legal, será observado o procedimento comum.

e) Efetivada a tutela cautelar, o pedido principal terá de ser formulado pelo autor no prazo de 30 dias, caso em que será apresentado nos mesmos autos em que deduzido o pedido de tutela cautelar, não dependendo do adiantamento de novas custas processuais.

15. CESSAÇÃO DA EFICÁCIA DA MEDIDA CAUTELAR ANTECEDENTE

A cessação da eficácia da medida cautelar antecedente ocorre se:

a) o autor não deduzir o pedido principal no prazo legal;
b) não for efetivada dentro de 30 dias;
c) o juiz julgar improcedente o pedido principal formulado pelo autor ou extinguir o processo sem resolução de mérito.

> **IMPORTANTE**
>
> Se, por qualquer motivo, cessar a eficácia da tutela cautelar, é vedado à parte renovar o pedido, salvo sob novo fundamento.
> O indeferimento da tutela cautelar não obsta a que a parte formule o pedido principal, nem influi no julgamento desse, salvo se o motivo do indeferimento for o reconhecimento de decadência ou de prescrição.

16. TUTELA DA EVIDÊNCIA (ART. 311, CPC/2015)

A tutela da evidência será concedida, independentemente da demonstração de perigo de dano ou de risco ao resultado útil do processo, quando:

a) ficar caracterizado o abuso do direito de defesa ou o manifesto propósito protelatório da parte;
b) as alegações de fato puderem ser comprovadas apenas documentalmente e houver tese firmada em julgamento de casos repetitivos ou em súmula vinculante;
c) se tratar de pedido reipersecutório fundado em prova documental adequada do contrato de depósito, caso em que será decretada a ordem de entrega do objeto custodiado, sob cominação de multa;
d) a petição inicial for instruída com prova documental suficiente dos fatos constitutivos do direito do autor, a que o réu não oponha prova capaz de gerar dúvida razoável.

IMPORTANTE

Apenas nas hipóteses "b" e "c" o juiz poderá decidir liminarmente, ou seja, sem a oitiva do réu. E, em todas as hipóteses, não admite forma antecedente.

Parte II
Petição inicial

CAPÍTULO 1

PETIÇÃO INICIAL – REGIME GERAL

1. A PETIÇÃO INICIAL

Tendo em vista ser a jurisdição inerte (art. 2º, CPC), deverá o interessado provocar sua atuação. Para tanto, será apresentada, pelo advogado constituído, a *petição inicial*.

A petição inicial é a manifestação mais importante do autor. É nessa oportunidade que o autor fixa os limites do pedido, o qual vinculará a sentença (arts. 141 e 492, CPC).

2. REQUISITOS FORMAIS DA PETIÇÃO INICIAL

A petição inicial é uma manifestação formal do direito de ação e deverá observar os requisitos previstos em lei, sob pena de inviabilizar o atendimento do pedido do autor (art. 330, CPC).

Os requisitos da petição inicial são (art. 319, CPC):

a) o juízo a que é dirigida;
b) os nomes, os prenomes, o estado civil, a existência de união estável, a profissão, o número de inscrição no Cadastro de Pessoas Físicas ou no Cadastro Nacional da Pessoa Jurídica, o endereço eletrônico, o domicílio e a residência do autor e do réu;
c) o fato e os fundamentos jurídicos do pedido;
d) o pedido com as suas especificações;
e) o valor da causa;
f) as provas com que o autor pretende demonstrar a verdade dos fatos alegados;
g) a opção do autor pela realização ou não de audiência de conciliação ou de mediação;
h) a instrução com os documentos indispensáveis à propositura da ação, como a procuração outorgada ao advogado (art. 287, CPC) e o comprovante do pagamento das custas processuais (art. 290, CPC).

> **IMPORTANTE**
>
> 1) O nome da ação não é requisito da petição inicial, determinando-se a causa pela conjugação entre causa de pedir e pedido (substanciação da causa de pedir). Porém é costume jurídico dar um nome à demanda, que constará em meio à qualificação das partes e consistirá em um resumo do pedido formulado.
> 2) Apesar de o requerimento de citação não constar mais do rol de requisitos da petição inicial, deverá ser ele realizado, já que cabe ao autor providenciar a cientificação do réu. E tal pleito se torna indispensável caso o autor pretenda a citação do réu por oficial de justiça (art. 247, V, CPC), ou caso seja necessária a citação por edital (art. 259, CPC), como no caso da Ação de Usucapião.

Além desses requisitos, a petição inicial *não poderá apresentar* os seguintes defeitos (art. 330, CPC):

a) ser inepta;
b) a parte ser manifestamente ilegítima;
c) o autor carecer de interesse processual;
d) não serem atendidas as prescrições dos arts. 106 (endereço de intimação do advogado) e 321 (determinação judicial de emenda da petição inicial), ambos do CPC.

Considera-se inepta a petição que tiver um dos seguintes defeitos:

a) faltar pedido ou causa de pedir;
b) o pedido for indeterminado, ressalvadas as hipóteses legais em que se permite o pedido genérico;
c) da narração dos fatos não decorrer logicamente a conclusão;
d) contiver pedidos incompatíveis entre si.

> **RESUMINDO**
>
> Na redação da petição inicial, deve-se atentar tanto para o preenchimento dos requisitos quanto para não haver as causas de indeferimento da petição inicial.

3. DADOS DO RÉU

A fim de perfeitamente identificar o réu, todos seus dados devem ser fornecidos na petição inicial, sob pena de indeferimento. Por isso, caso não os disponha o autor, deverá requerer ao juiz diligências necessárias à sua obtenção.

Mesmo sem a identificação perfeita do réu, a petição inicial não será indeferida nas seguintes situações:
a) se, a despeito da falta de informações for possível a citação do réu;
b) se a obtenção de tais informações tornar impossível ou excessivamente oneroso o acesso à justiça.

4. PEDIDO

É o que o autor pretende que seja reconhecido com a demanda. Envolve um comportamento do réu (fazer, não fazer, entregar coisa ou dinheiro) e uma prestação do Estado que assegure o cumprimento do comportamento desejado. Deve seguir as regras abaixo:
a) ser certo;
b) ser determinado, admitindo-se pedido genérico, ou seja, no qual não há especificação do valor pleiteado, quando não for possível ao autor determinar a extensão da obrigação (art. 324, § 1º, I a III, do CPC).

> **IMPORTANTE**
>
> 1) Compreendem-se no principal os juros legais, a correção monetária e as verbas de sucumbência, inclusive os honorários advocatícios.
> 2) A interpretação do pedido considerará o conjunto da postulação e observará o princípio da boa-fé.

5. DETERMINAÇÕES ESPECIAIS QUANTO A ALGUNS PEDIDOS

a) Na ação que tiver por *objeto cumprimento de obrigação em prestações sucessivas*, essas serão consideradas incluídas no pedido, independentemente de declaração expressa do autor, e serão incluídas na condenação, enquanto durar a obrigação, se o devedor, no curso do processo, deixar de pagá-las ou de consigná-las (art. 323 do CPC).

b) Nas ações que tenham por *objeto a revisão de obrigação decorrente de empréstimo, de financiamento ou de alienação de bens*, o autor terá de, sob pena de inépcia, discriminar na petição inicial, dentre as obrigações contratuais, aquelas que pretende controverter, além de quantificar o valor incontroverso do débito. Nessa hipótese, o valor incontroverso deverá continuar a ser pago no tempo e no modo contratados (art. 330, §§ 2º e 3º, CPC).

6. CUMULAÇÃO DE PEDIDOS

Em uma mesma petição inicial, autoriza-se a elaboração de mais de um pedido contra o mesmo réu. São seus requisitos (art. 327, § 1º, do CPC):

a) que os pedidos sejam compatíveis entre si;
b) que seja competente para conhecer deles o mesmo juízo;
c) que seja adequado para todos os pedidos o tipo de procedimento.

7. ESPÉCIES DE CUMULAÇÃO DE PEDIDOS

Simples	São realizados vários pedidos contra o mesmo réu ou os mesmos réus, ainda que entre eles não haja conexão (art. 327, *caput*, do CPC).
Subsidiária	São formulados dois ou mais pedidos, a fim de que o juiz conheça do posterior, em não podendo acolher o anterior (art. 326 do CPC).
Alternativa	Quando, pela natureza da obrigação, o devedor puder cumprir a prestação por mais de um modo (art. 325, *caput*, do CPC). Tal possibilidade será assegurada ao réu mesmo que o autor não tenha deduzido pedido alternativo.

8. ADITAMENTO DA PETIÇÃO INICIAL (ART. 329, CPC)

A petição inicial pode ser aditada, ou seja, ter acrescentado causas de pedir ou pedidos, nos seguintes momentos:

a) até a citação, aditar ou alterar o pedido ou a causa de pedir, independentemente de consentimento do réu;
b) até o saneamento do processo, aditar ou alterar o pedido e a causa de pedir, com consentimento do réu, assegurado o contraditório mediante a possibilidade de manifestação deste no prazo mínimo de 15 dias, facultado o requerimento de prova suplementar.

> **IMPORTANTE**
> As regras sobre o aditamento da inicial também se aplicam à reconvenção.

9. EMENDA À PETIÇÃO INICIAL

Se o juiz verificar que a petição inicial não preenche os requisitos legais (arts. 319 e 320, ambos do CPC) ou que apresenta defeitos e irregularidades capazes de dificultar o julgamento de mérito, determinará que o autor, no prazo de 15 dias, a emende ou a complete, indicando com precisão o que deve ser corrigido ou completado.

Caso não seja atendida a determinação, a petição inicial será indeferida.

> **RESUMINDO**
>
> Aditamento = acréscimos de pedidos, causa de pedir e partes na petição inicial.
> Emenda = correção da petição inicial defeituosa.

10. INDEFERIMENTO DA PETIÇÃO INICIAL (ART. 330, CPC)

O indeferimento será decretado nas hipóteses antes descritas e, no caso de defeitos passíveis de correção, se a emenda não for cumprida no prazo de 15 dias ou se, mesmo havendo a emenda, o vício não for sanado.

O indeferimento será veiculado por sentença, impugnável por recurso de apelação (prazo de 15 dias). Admite-se a retratação do juiz, a ser exercida no prazo de cinco dias. Em não havendo a retratação, será o réu citado para contrarrazões, no prazo de 15 dias.

Se for provida a apelação, será designada a audiência de mediação ou conciliação (art. 334, CPC), ou, se não houver interesse das partes, o prazo de defesa do réu se iniciará com a baixa dos autos.

CAPÍTULO 2

PETIÇÃO INICIAL – PASSO A PASSO PARA SUA ELABORAÇÃO

1. O JUIZ OU TRIBUNAL A QUE É DIRIGIDA (ART. 319, I)

Como primeiro requisito, deverá ser apontada a autoridade competente para julgar a causa, de acordo com as regras da Constituição Federal e do CPC.

Essa informação constará do endereçamento, que ficará nas primeiras linhas da petição inicial, no alto da primeira página, e deve seguir os critérios técnicos, lembrados no capítulo 2 da Parte I desta obra.

> **IMPORTANTE**
>
> Endereçar a causa para juízo incompetente não implica indeferimento da petição inicial. Porém, em uma prova prático-profissional, implica erro grave, que pode comprometer a aprovação do candidato e, em um caso concreto, causará demora adicional na conclusão do processo.

2. IDENTIFICAÇÃO E QUALIFICAÇÃO DAS PARTES (ART. 319, II, CPC)

As partes, tanto o autor quanto o réu, devem ser identificadas. Tal identificação visa estabelecer quem são as pessoas que estarão sujeitas à sentença de mérito e quem são os terceiros (art. 506, CPC).

Dados das partes que devem constar da qualificação:

Pessoas físicas	Nomes, prenomes, estado civil, existência de união estável, profissão, número de inscrição no Cadastro de Pessoas Físicas, endereço eletrônico, domicílio e residência.
Pessoas jurídicas	Razão social, nome empresarial (caso haja), inscrição no Cadastro Nacional de Pessoas Jurídicas (CNPJ), endereço da sede ou da filial. Também deve ser indicado e qualificado o representante legal da pessoa jurídica, conforme constar do seu contrato ou estatuto social.

> **IMPORTANTE**
>
> 1) Em havendo litisconsórcio, seja ele necessário ou facultativo, todos os coautores e corréus devem ser qualificados.
> 2) Atente para as normas que tratam da legitimidade das partes e da representação processual de incapazes, pessoas jurídicas e entes despersonalizados.
> 3) Não se esqueça de observar se é o caso de formação de litisconsórcio necessário.
> 4) Devem tanto as partes quanto os advogados declinar, no primeiro momento que lhes couber falar nos autos, o endereço residencial ou profissional onde receberão intimações, atualizando essa informação sempre que ocorrer qualquer modificação temporária ou definitiva (art. 77, V, CPC).
> 5) A integral qualificação do réu é requisito da petição inicial, devendo ser requerida ao juízo as diligências para a identificação do réu, nos termos no art. 319, § 1º, CPC. Não será necessária tal providência se for possível citar o réu ou se a obtenção dos dados tornar muito oneroso ou impossível o acesso à justiça (art. 319, §§ 2º e 3º, CPC).

3. FATOS QUE FUNDAMENTEM O PEDIDO (ART. 319, III, PRIMEIRA PARTE, CPC)

Os fatos fazem parte da causa de pedir da demanda, expressando as condições de tempo, local, modo etc. que se verificaram e que proporcionam o direito ao autor. Sua ausência leva à *inépcia da petição inicial*.

> **DICA**
>
> Para a narração envolver dados suficientes, devem ser respondidas na redação as questões *O quê? Onde? Como? Quando? Por quê? Quanto? Para quê?* E também se deve referir às provas de cada fato.

> **EXEMPLO**
>
> O quê? O Autor foi agredido fisicamente pelo Réu.
> Onde? Na Rua X, no bairro Y.
> Como? Foi agredido com um pedaço de madeira, por diversas vezes, causando fratura do braço esquerdo, contusões no ombro esquerdo e escoriações no rosto. As agressões somente pararam quando transeuntes seguraram o Réu.
> Por quê? O Réu teria confundido o Autor com o suposto amante de sua esposa, Joana.
> Quando? Na data Z.
> Quanto? O Autor teve gastos com fisioterapia (R$ 1.000,00), remédios (R$ 500,00), além de ter ficado incapacitado para o trabalho de vendedor autônomo, deixando de ganhar R$ 45.000,00.

A redação do texto anterior poderia ter a seguinte forma:

EXEMPLO

O Autor caminhava pela Rua X, no bairro Y, na data de Z, às W horas, quando o Réu passou a agredi-lo física e verbalmente, o que foi presenciado por diversas pessoas. O Réu, armado com um pedaço de madeira, atingiu o Autor diversas vezes na cabeça e em diversas partes do corpo, causando fratura do braço esquerdo, contusões no ombro esquerdo e escoriações no rosto, conforme demonstram os documentos anexados, dentre os quais o boletim de ocorrência lavrado junto à Delegacia de Polícia do bairro Y.
As agressões somente pararam quando transeuntes seguraram o Réu, que teria confundido o Autor com o suposto amante de sua esposa, Joana.
O Autor teve gastos com fisioterapia (R$ 1.000,00), remédios (R$ 500,00), além de ter ficado incapacitado para o trabalho de vendedor autônomo, deixando de ganhar R$ 45.000,00, conforme demonstram os documentos anexados, devendo o Autor ser ressarcido dos danos que sofreu.

IMPORTANTE

É dever de boa-fé expor os fatos em juízo conforme a verdade (art. 77, I, CPC).

4. FUNDAMENTOS JURÍDICOS DO PEDIDO (ART. 319, III, SEGUNDA PARTE, CPC)

Por fundamentos jurídicos devemos entender a determinação da relação jurídica que envolve as partes e que justifica a pretensão do autor em vê-la atendida, mesmo que coercitivamente. A ausência de fundamentos jurídicos leva à *inépcia da petição inicial*.

IMPORTANTE

1) Fundamento jurídico é diferente de fundamento legal (mera indicação do artigo de lei). Assim, a causa de pedir somente estará correta se for apontada a relação jurídica que baseia o direito do autor e sua aplicação aos fatos narrados.
2) Se o juiz determinar, a parte deverá, dentro dos fundamentos jurídicos, comprovar a vigência do direito estrangeiro, lei estadual e municipal, assim como o costume jurídico (art. 376, CPC).

DICA

1) Uma boa forma de não se confundir na construção do fundamento jurídico do pedido é adotar a forma de *silogismo*.

2) O silogismo tem a seguinte estrutura:
   a) premissa maior: que consiste na premissa geral. No caso do silogismo jurídico, será(ão) a(s) norma(s) jurídica(s) que tutela(m) o direito, conforme o entendimento do autor;
   b) premissa menor: consiste na situação particular, a qual se pretende vincular à premissa geral. No caso do silogismo jurídico, será a vinculação dos fatos concretos aos fatos abstratamente estabelecidos na norma jurídica;
   c) conclusão: consiste na vinculação ou não da premissa menor à premissa maior. No caso do silogismo jurídico, corresponderá à demonstração de haver o fato jurídico concreto que ensejará a aplicação da norma ou das normas jurídicas apontadas pelo autor.
3) Em havendo mais de um fundamento jurídico, a operação deverá ser repetida com cada um deles, sob pena de inépcia da petição inicial.

EXEMPLO

Tomando os fatos narrados no exemplo anterior, a causa de pedir jurídica seria estruturada da seguinte forma:
Estabelece a lei civil: aquele que causar dano, por culpa sua, fica responsável por sua indenização. A responsabilidade civil subjetiva se configura se presentes quatro requisitos: evento danoso, dano (dano emergente e lucro cessante), nexo de causalidade e culpa. (Premissa maior)
No caso acima narrado, fica evidente, pelos fatos apresentados, o preenchimento dos requisitos legais:
a) Em primeiro, verifica-se que o Réu, ao agredir o Autor, não cumpriu com seu dever de respeitar a integridade física de outrem, o que demonstra a ocorrência do evento e da culpa do Réu.
b) Tal evento causou danos físicos ao Autor e sua incapacidade para o trabalho, ficando evidente o nexo de causalidade.
c) Além do mais, os prejuízos também estão evidenciados e consistem no valor gasto com medicamentos, valor dos contratos perdidos e dos negócios perdidos, que têm o valor total de R$ ... (Premissa menor)
Diante do quadro acima narrado e da resistência do Réu em compensar o Autor pelos prejuízos sofridos, outra alternativa não resta ao Autor senão se valer da presente medida para receber os valores que lhe são devidos. (Conclusão)

5. O PEDIDO, COM SUAS ESPECIFICAÇÕES (ART. 319, IV, CPC)

Na petição inicial, deverá ser realizado tanto o pedido imediato (de atuação da tutela jurisdicional) quanto o mediato (bem da vida objetivado pelo autor). Sua falta acarreta a *inépcia da petição inicial*.

O pedido deverá ser lícito e possível, além de certo e determinado, como regra.

> **IMPORTANTE**
>
> Na redação do pedido, deve-se atentar para a sua relação lógica com a causa de pedir, para evitar a inépcia da petição inicial (art. 330, § 1º, III, CPC).

Conforme o tipo de pretensão (declaratória, constitutiva ou condenatória), o pedido deverá lhe corresponder, sob pena de incongruência entre causa de pedir e pedido. Em sendo a pretensão condenatória, deverá ser apontado o valor exato pretendido pelo autor.

	Exemplos de Redação
Pedido declaratório	Posto isso, requer a autora a procedência do pedido para reconhecer a existência da relação jurídica entre a autora e o réu, consistente na convivência de ambos no período de 2001 até o presente momento.
Pedido constitutivo	Posto isso, requer o autor a procedência do pedido para resilir o contrato existente entre as partes, por força do inadimplemento do réu.
Pedido condenatório	Posto isso, requer o autor a procedência do pedido para condenar o réu a indenizar o autor no montante de R$ 10.000,00 (dez mil reais).

Poderá ser *feito pedido genérico* nas seguintes hipóteses:

Hipótese	Exemplo
Quando a ação tratar de bens universais, de valor que o réu não possa aferir.	Lides sobre herança, bibliotecas.
Quando não for possível determinar, de modo definitivo, as consequências do ato ou do fato.	Autor ainda está convalescendo ou ainda não há como aferir os danos causados a um imóvel.
Quando a determinação do valor da condenação depender de ato que deva ser praticado pelo réu.	O réu detém todos os documentos que possibilitam a fixação do montante devido ao autor e se nega a entregá-los.

São os seguintes os casos de cumulação de pedidos:

Espécie	Caso	Exemplo
Alternativo (art. 325, CPC)	A obrigação é alternativa, nos termos do art. 252 do CC, em cabendo a escolha ao réu.	O réu se desonera da dívida entregando R$ 6.000,00 ou uma moto, sendo que a escolha a ele cabe.
Subsidiário (art. 326, CPC)	Quando o primeiro pedido não puder ser acatado.	Caso o contrato não seja anulado por vício de consentimento, deverá ser rescindido, por conta do inadimplemento do réu.
Cumulado (art. 327, CPC)	Mais de um pedido é formulado, pretendendo o autor o atendimento de todos, sendo eles autônomos entre si.	O autor pretende indenização por dano moral e material decorrente de um ato ilícito.
Sucessivo	São formulados dois ou mais pedidos, mas o acolhimento dos demais depende do acolhimento do primeiro.	Investigação de paternidade e fixação de alimentos (para ter os alimentos, é necessário que o réu seja o pai do autor).

Vale lembrar os requisitos para a cumulação de pedidos:

a) que os pedidos sejam compatíveis entre si (pedidos incompatíveis geram a inépcia da petição inicial);
b) que seja competente para conhecer deles o mesmo juízo;
c) que seja adequado para todos os pedidos o tipo de procedimento.

Quando, para cada pedido, corresponder tipo diverso de procedimento, será admitida a cumulação se o autor empregar o procedimento comum, sem prejuízo do emprego das técnicas processuais diferenciadas previstas nos procedimentos especiais a que se sujeitam um ou mais pedidos cumulados, que não forem incompatíveis com as disposições sobre o procedimento comum.

EXEMPLO

Posto isso, é a presente para requerer o regular processamento e ao final, a procedência do pedido, a fim de condenar o Réu no pagamento do valor de R$ 500,00 (quinhentos reais), devidos pelos medicamentos; R$ 1.000,00 (mil reais) referentes às sessões de fisioterapia; e mais R$ 45.000,00 (quarenta e cinco mil reais) a título de lucros cessantes, acrescidos de juros legais e correção monetária a partir da data do evento danoso.

IMPORTANTE

É dever das partes não formular pretensão ou apresentar defesa quando cientes de que são destituídas de fundamento (art. 77, II, CPC).

6. OUTROS REQUERIMENTOS

Condenação nos ônus da sucumbência	Deve constar da petição inicial o pedido de condenação nas custas processuais e nos honorários de advogado, que serão determinados pelo juiz de acordo com as regras do art. 85 do CPC.
Intimação do advogado	Deverá o advogado indicar o endereço em que receberá as intimações referentes ao processo, nos termos do art. 106, I, CPC.
Intimação do Ministério Público	Deve ser requerida a intimação do membro do Ministério Público para, no prazo de 30 dias, intervir como fiscal da ordem jurídica nas hipóteses previstas em lei ou na Constituição Federal e nos processos que envolvam: I – interesse público ou social; II – interesse de incapaz; III – litígios coletivos pela posse de terra rural ou urbana (art. 178, CPC).

Justiça gratuita	Caso o problema faça menção de que o autor seja pessoa pobre, poderá ser beneficiária da isenção de taxas judiciárias, nos termos dos arts. 98 a 102 do CPC.
Observância de prazo diferenciado	Caso o autor seja beneficiário de prazos diferenciados, como é o caso do Ministério Público (art. 180, CPC), da Advocacia Pública (art. 183, CPC) e do Defensor Público (art. 186, CPC).
Prioridade de tramitação do processo (art. 1.048, CPC)	Poderá ser solicitado o benefício da prioridade da tramitação: a) se atuar como parte ou interessado pessoa com idade igual ou superior a 60 anos ou portadora de doença grave, assim compreendida qualquer das enumeradas no art. 6º, inciso XIV, da Lei nº 7.713, de 22 de dezembro de 1988; b) nos processos regulados pelo Estatuto da Criança e do Adolescente; c) em que figure como parte a vítima de violência doméstica e familiar, nos termos da Lei nº 11.340, de 7 de agosto de 2006 (Lei Maria da Penha); d) em que se discuta a aplicação do disposto nas normas gerais de licitação e contratação a que se refere o inciso XXVII do *caput* do art. 22 da Constituição Federal.
Segredo de justiça (art. 189, CPC)	Devem tramitar em segredo de justiça as seguintes demandas: I – em que o exija o interesse público ou social; II – que versem sobre casamento, separação de corpos, divórcio, separação, união estável, filiação, alimentos e guarda de crianças e adolescentes; III – em que constem dados protegidos pelo direito constitucional à intimidade; IV – que versem sobre arbitragem, inclusive sobre cumprimento de carta arbitral, desde que a confidencialidade estipulada na arbitragem seja comprovada perante o juízo.
Denunciação da lide	Caso a demanda envolva relação de garantia mantida entre o autor e terceiro enquadrável em uma das hipóteses do art. 125, CPC, pode ser feito pedido na petição inicial de denunciação da lide (tratado no Capítulo 1 da Parte IV desta obra).

7. O VALOR DA CAUSA

Redigido o pedido, deverá ser determinado o valor da causa, conforme as regras do art. 292, CPC, que são:

Objeto da ação	Valor da causa
Cobrança de dívida	Soma monetariamente corrigida do principal, dos juros de mora vencidos e de outras penalidades, se houver, até a data de propositura da ação.
A existência, a validade, o cumprimento, a modificação, a resolução, a resilição ou a rescisão de ato jurídico	Valor do ato ou de sua parte controvertida.

Objeto da ação	Valor da causa
Alimentos	Soma de 12 prestações mensais pedidas pelo autor.
Divisão, de demarcação e de reivindicação	Valor de avaliação da área ou do bem objeto do pedido.
Indenização, inclusive a fundada em dano moral	Valor pretendido.
Cumulação de pedidos	Soma dos valores de todos eles.
Pedidos alternativos	O de maior valor.
Se houver pedido subsidiário	Valor do pedido principal.
Prestações vencidas e vincendas	De umas e outras: o valor das prestações vincendas será igual a uma prestação anual, se a obrigação for por tempo indeterminado ou por tempo superior a um ano, e, se por tempo inferior, será igual à soma das prestações.

IMPORTANTE

Tem o valor da causa relação direta com o pedido, porém não necessariamente corresponde ao valor da condenação pretendida nem com a condenação a ser obtida ao final da causa, caso o pedido seja julgado procedente.

Poderá o valor da causa ser corrigido pelo juiz, de ofício ou por arbitramento, quando verificar que não corresponde ao conteúdo patrimonial em discussão ou ao proveito econômico perseguido pelo autor, caso em que se procederá ao recolhimento das custas correspondentes.

Mesmo em caso de pedido genérico, a causa deverá ter um valor (art. 291, CPC).

8. OPÇÃO DO AUTOR PELA REALIZAÇÃO OU NÃO DE AUDIÊNCIA DE CONCILIAÇÃO OU DE MEDIAÇÃO

Deverá o autor indicar, na petição inicial, se tem ou não interesse na autocomposição. Assim:

- se o autor demonstrar interesse, obrigatoriamente a audiência vai se realizar, o réu será citado para comparecer, podendo o réu recusar a audiência até dez dias antes do ato (art. 334, § 5º, CPC);
- se o autor nada falar na petição inicial, presume que ele quer a audiência, já que se não quiser terá de ser expresso nesse sentido (art. 334, § 4º, I);
- se o autor não quiser a audiência ou o direito não for passível de autocomposição, o réu será citado para contestar, nos prazos do art. 231 do CPC.

Quanto ao estilo, pode ser feito tópico próprio ou ser mencionado no pedido, ao ser formulado o requerimento de citação do réu.

EXEMPLO

Tópico próprio
Manifesta o Autor seu interesse / desinteresse na audiência de tentativa de conciliação e mediação
No requerimento de citação
"Requer seja citado o Réu para comparecer à audiência do art. 334, CPC, para tentativa de conciliação ou mediação, já que o Autor tem interesse na autocomposição"
"Requer seja citado o Réu para contestar o presente feito, já que não há interesse por parte do Autor na realização da audiência"
"Requer seja citado o Réu para contestar o presente feito, já que o interesse discutido não comporta autocomposição"

IMPORTANTE

Apesar de o requerimento de citação do réu não constar expressamente como requisito da petição inicial, deverá ser ele realizado, especialmente se o autor pretender citação por oficial de justiça (art. 249, CPC) ou por edital (art. 256, CPC).

9. AS PROVAS COM QUE O AUTOR PRETENDE DEMONSTRAR A VERDADE DOS FATOS

Ao final, deverão constar da petição inicial as provas com as quais o autor pretende provar suas alegações. Os documentos essenciais devem acompanhar a petição inicial (art. 320, CPC), sendo as demais provas produzidas na fase de instrução.

São documentos essenciais:

a) os documentos de identificação do autor (cópia de certidão de nascimento – se menor, do RG e do CPF); se pessoa jurídica, cópia dos atos constitutivos atualizados (contrato ou estatuto social);

b) a procuração outorgada ao advogado (art. 287, CPC);

c) o comprovante do pagamento de custas, salvo se tiver pedido de gratuidade de justiça (art. 290, CPC);

d) caso o direito se prove por escritura pública, a juntada da certidão desta (ex.: certidão do cartório de registro de imóveis);

e) caso se discuta pagamento, os comprovantes de quitação;

f) quaisquer outros escritos, fotos e outros meios que demonstrem os fatos narrados na inicial, observadas as disposições referentes à força probante dos documentos (art. 405, CPC).

> **IMPORTANTE**
>
> Em relação às custas processuais, deve o advogado consultar as leis de custas, para proceder ao recolhimento no valor e na forma corretos.

10. O FECHO

Toda petição tem um fecho, consistente na expressão: "Termos em que, pede deferimento", na especificação de local e data e a assinatura do advogado.

Esquema: petição inicial do procedimento comum

```
EXCELENTÍSSIMO SENHOR DOUTOR [autoridade competente - regras da Cons-
tituição Federal e CPC]
[Espaço de dez linhas para despacho judicial]
                    AUTOR, [nacionalidade], [estado civil
(indicação de união estável, se existir)], [profissão], RG n°... e CPF
n°..., (endereço eletrônico), residente e domiciliado no endereço...
      ou
                    AUTOR, pessoa jurídica de direito privado,
devidamente inscrita no CNPJ/MF sob o n°... com sede no endereço..., (endereço
eletrônico) representada por seu administrador Sr. ... [nacionalidade,
estado civil], portador da cédula de identidade RG n°..., devidamente
inscrito no CPF/MF sob o n°..., residente e domiciliado na Rua...
                    pelo advogado abaixo assinado, que receberá
intimações no endereço..., vem, respeitosamente, à Vossa Excelência propor
/ ajuizar / apresentar a presente
                    AÇÃO [nome da demanda], pelo procedimento
comum,
                    em face de RÉU, [nacionalidade], [profissão],
[estado civil], RG n° e CPF n°..., residente e domiciliado no endereço
      ou
                    RÉU, pessoa jurídica de direito privado,
devidamente inscrita no CNPJ/MF sob o n°..., com sede no endereço...,
neste ato representado por seu sócio / gerente / administrador, Sr(a).
...(qualificação)
                    pelas razões de fato e de direito a seguir
expostas:
      [Espaço de duas linhas]



           I - DOS FATOS
      [Espaço de uma linha]
```

[Narrar os fatos como descritos no problema, respondendo às questões Como? Onde? Por quê? Quando? Quanto? Para quê?]
[Espaço de duas linhas]

II – DO DIREITO
[Espaço de uma linha]
[Apresentar o fundamento jurídico do pedido, fazendo a relação entre os fatos e sua qualificação jurídica de forma a apresentar como conclusão a necessidade de ser atendida a pretensão do Autor]
[Espaço de duas linhas]

III – DO PEDIDO
[Espaço de uma linha]

De todo o exposto, requer-se:

a) a citação do Réu por carta [ou oficial de justiça, se hipótese do art. 249, CPC, ou por edital, na hipótese dos arts. 256 e 259, CPC], para comparecer à audiência de tentativa de conciliação, já que tem o Autor interesse no ato ou

a) a citação do Réu para contestar a presente demanda, sob pena de sofrer os efeitos da revelia, já que não tem o Autor interesse na audiência / o direito em discussão não admite autocomposição;

b) a procedência do pedido para [conforme a pretensão seja declaratória, constitutiva ou condenatória, lembrando que o pedido deve ser certo e determinado, exceto nas hipóteses do art. 342, § 1º, CPC, em que se pode realizar pedido genérico];

c) a condenação do Réu nos ônus da sucumbência e dos honorários de advogado;

d) [indicação de outros pedidos, como intimação do Ministério Público, Segredo de Justiça, Benefícios da Justiça Gratuita, prioridade da tramitação do processo, observância de prazo diferenciado].
[Espaço de duas linhas]

IV – DAS PROVAS
[Espaço de uma linha]
Protesta provar o alegado por todos os meios de prova em direito admitidos, consistentes nos documentos juntados, oitiva do Réu em depoimento pessoal, oitiva de testemunhas, perícias e todas as que se fizerem necessárias ao longo da presente demanda.
[Espaço de duas linhas]

V – DO VALOR DA CAUSA
[Espaço de uma linha]

Dá-se à causa o valor de [conforme as regras do art. 292, CPC]
[Espaço de uma linha]

                       Termos em que,

                          pede deferimento.

[Espaço de uma linha]

                          Local e data.

[Espaço de uma linha]

                            Advogado...

CAPÍTULO 3

PETIÇÃO INICIAL COM PEDIDO DE TUTELA ANTECIPADA (TUTELA DE URGÊNCIA INCIDENTAL)

1. PROCEDIMENTO DA TUTELA DE URGÊNCIA ANTECIPADA INCIDENTAL

Como exige requerimento da parte, a tutela antecipada terá causa de pedir e pedido próprios, a serem formulados na petição inicial (procedimento comum).

> **IMPORTANTE**
>
> A decisão que conceder ou negar a providência é passível de impugnação pelo recurso de agravo de instrumento (art. 1.015, I, CPC).

2. REQUERIMENTO DE TUTELA DE URGÊNCIA ANTECIPADA EM CARÁTER INCIDENTAL

a) *A causa de pedir da tutela de urgência antecipada*. A causa de pedir será a demonstração do preenchimento dos requisitos legais pelo autor, decorrente da descrição dos fatos, da seguinte forma:

Requisito	Demonstração	Exemplo
Probabilidade do direito	Estabelecer que os fatos e as suas consequências jurídicas são plausíveis, ou seja, que a versão do autor seja consistente, de acordo com prova unilateral. Deve dar a impressão de que o autor tem do direito que almeja ver reconhecido.	Há o contrato de prestação de serviços de saúde entre as partes, que o autor está doente e necessita de operação, e que houve a negativa no atendimento do autor pelo réu, havendo documentos nesse sentido.

Requisito	Demonstração	Exemplo
Risco de dano ao direito	Estabelecer que o direito do autor pode perecer, caso se aguarde o término da demanda, devendo ser imediatamente atendido.	O autor tem doença grave e deve ser prontamente operado.
Não haver perigo de irreversibilidade da medida	Significa que, se for constatada uma concessão indevida da medida, ela poderá ser cassada e seus efeitos jurídicos cessarão, restaurando-se o estado anterior das coisas.	Sendo realizada a operação e indevida a prestação, o plano de saúde poderá cobrar pelo serviço prestado.

b) *O pedido de antecipação de tutela*. Demonstrada a presença dos requisitos legais, deverá o autor deduzir pedido específico referente à tutela antecipada.

IMPORTANTE

Podem ser objeto de antecipação obrigações de pagar, fazer, não fazer, de entrega da coisa. Porém, se a pretensão for declaratória ou constitutiva, não é possível a antecipação da própria declaração ou da constituição (por exemplo, o reconhecimento da paternidade ou o decreto do divórcio ou desfazimento do contrato), mas é possível antecipar os efeitos deste (por exemplo, pagamento de pensão alimentícia ou separação de corpos).

EXEMPLO

Posto isso, requer de Vossa Excelência:
a) a concessão de tutela de urgência, na categoria antecipada, ao autor, no sentido de autorizar a imediata realização da cirurgia cardíaca, já que demonstrado o preenchimento dos requisitos legais para a medida;
(...)

Esquema: petição inicial com pedido de tutela de urgência do tipo tutela antecipada

```
EXCELENTÍSSIMO SENHOR DOUTOR [autoridade competente - regras Constituição Federal e CPC]
    [Espaço de dez linhas para despacho judicial]
                    AUTOR, [nacionalidade], [estado civil
(indicação de união estável, se existir)], [profissão], RG n°... e CPF
```

n°..., (endereço eletrônico), residente e domiciliado no endereço...

ou

AUTOR, pessoa jurídica de direito privado, devidamente inscrita no CNPJ/MF sob o n°... com sede no endereço..., (endereço eletrônico) representada por seu administrador Sr. ... [nacionalidade, estado civil], portador da cédula de identidade RG n°..., devidamente inscrito no CPF/MF sob o n°..., residente e domiciliado na Rua...

pelo advogado abaixo assinado, que receberá intimações no endereço..., vem, respeitosamente, à Vossa Excelência ajuizar a presente

AÇÃO (nome da demanda), COM PEDIDO DE TUTELA DE URGÊNCIA ANTECIPADA

em face de RÉU, [nacionalidade], [profissão], [estado civil], RG n°... e CPF n°..., residente e domiciliado no endereço

ou

RÉU, pessoa jurídica de direito privado, devidamente inscrita no CNPJ/MF sob o n°..., com sede no endereço...,

pelas razões de fato e de direito a seguir expostas:

[Espaço de duas linhas]

I – DOS FATOS

[Espaço de uma linha]

[Narrar os fatos como descritos no problema, respondendo às questões Como? Onde? Por quê? Quando? Quanto? Para quê?]

[Espaço de duas linhas]

II – DO DIREITO

[Espaço de uma linha]

[Apresentar o fundamento jurídico do pedido, fazendo a relação entre os fatos e sua qualificação jurídica de forma a apresentar como conclusão a necessidade de ser atendida a pretensão do Autor]

[Espaço de duas linhas]

III – DA TUTELA ANTECIPADA

[Espaço de uma linha]

[Demonstração do preenchimento dos requisitos da tutela antecipada, nos termos dos fatos narrados]

[Espaço de duas linhas]

IV – DO PEDIDO

[Espaço de uma linha]

De todo o exposto, requer-se:

a) a concessão de tutela antecipada ao Autor, já que preenchidos seus requisitos legais, no sentido de [providência pleiteada], intimando-se o Réu para seu cumprimento, sob as penas da lei;

b) a citação do Réu por carta / oficial de justiça, para a comparecer à audiência do art. 334, CPC / para apresentação de defesa no prazo de quinze dias, sob pena de sofrer os efeitos da revelia;

c) a procedência do pedido para [nos termos do problema, conforme a pretensão seja declaratória, constitutiva ou condenatória, lembrando que o pedido deve ser certo e determinado, exceto nas hipóteses do art. 296, CPC, em que se pode realizar pedido genérico];

d) a condenação do Réu nos ônus da sucumbência e dos honorários de advogado;

e) [manifestação de interesse ou desinteresse na audiência prévia de conciliação].

[Espaço de duas linhas]

V – DAS PROVAS

[Espaço de uma linha]

Protesta provar o alegado por todos os meios de prova em direito admitidos, consistentes nos documentos juntados, oitiva do Réu em depoimento pessoal, oitiva de testemunhas, perícias e todas as que se fizerem necessárias ao longo da presente demanda.

VI – DO VALOR DA CAUSA

[Espaço de uma linha]

Dá-se à causa o valor de R$ [conforme regras do art. 292, CPC]

[Espaço de uma linha]

Termos em que,

pede deferimento.

[Espaço de uma linha]

Local e data.

[Espaço de uma linha]

Advogado...

CAPÍTULO 4

PETIÇÃO INICIAL COM PEDIDO DE TUTELA CAUTELAR (TUTELA DE URGÊNCIA INCIDENTAL)

1. TUTELA DE URGÊNCIA CAUTELAR INCIDENTAL

A tutela cautelar se distingue da tutela antecipada por visar a uma medida de proteção à eficácia do processo que não se confunde com o pedido principal.

É o caso, por exemplo, da medida de arresto em relação à ação de cobrança. O objetivo da ação de cobrança é o recebimento do crédito pelo autor. O arresto se presta apenas a garantir que os bens do devedor não se dissipem, de forma a garantir que, caso o autor vença a causa, haverá patrimônio do devedor para ser penhorado na fase de cumprimento de sentença.

2. REQUERIMENTO DE TUTELA DE URGÊNCIA CAUTELAR EM CARÁTER INCIDENTAL

a) *A causa de pedir da tutela de urgência cautelar*. A causa de pedir será a demonstração do preenchimento dos requisitos legais pelo autor, decorrente da descrição dos fatos, da seguinte forma:

Requisito	Demonstração	Exemplo
Probabilidade do direito	Estabelecer que os fatos e suas consequências jurídicas são plausíveis, ou seja, que a versão do autor seja consistente, de acordo com prova unilateral. Deve dar a impressão de que o autor tem do direito que almeja ver reconhecido.	Houve a expedição de nota promissória em favor do exequente, que deveria ter sido paga e não o foi. Em diligências de cobrança, verificou o credor que o réu está se desfazendo de todo seu patrimônio, com o objetivo de se reduzir à insolvência.

Requisito	Demonstração	Exemplo
Perigo de dano ou risco ao resultado útil do processo	Estabelecer que o direito do autor pode perecer, caso se aguarde o término da demanda, devendo ser imediatamente atendido.	Caso o devedor se desfaça de todo seu patrimônio, há risco real de o crédito do credor restar não atendido e, por isso, deve ser imediatamente adotada providência judicial para impedi-lo de tal intento.

b) *O pedido de tutela de urgência cautelar.* Demonstrada a presença dos requisitos legais, deverá o autor deduzir pedido específico referente à tutela cautelar.

3. TIPOS DE PROVIDÊNCIA QUE PODEM SER DETERMINADAS PARA CUMPRIMENTO DA TUTELA CAUTELAR

Qualquer providência idônea poderá ser determinada, sendo exemplificativo o rol do art. 301, CPC atual. Abaixo seguem algumas delas, baseadas no CPC/1973:

Providência	Definição	Exemplo
Arresto	Constrição provisória de bens para garantir futura execução de quantia, quando há justo receio de dilapidação do patrimônio do devedor por ato doloso dele. Na fase apropriada, o arresto se converte em penhora e deverá, por isso, seguir as normas que regem essa última.	Cobrança de dívida na qual se noticia que o réu está vendendo todo o seu patrimônio e, assim, se tornando insolvente.
Sequestro	Constrição de bem (ou bens) certo e determinado, para garantir a futura entrega de coisa certa, quando há justo receio que o bem se extravie por dolo ou culpa do réu. O sequestro se converte em depósito e, por isso, está sujeito ao regime jurídico desse último.	Ação de tutela específica de entrega de um carro.
Arrolamento	Consiste na elaboração de um rol de bens que esteja em poder de uma das partes, quando houver justo receio que os bens se extraviem. No arrolamento, será nomeado um depositário para os bens.	Demandas nas quais se discute a divisão de patrimônio, como o divórcio judicial e a dissolução de sociedade empresarial.
Busca e apreensão	Localizar um bem ou pessoa em poder do réu ou de terceiro, apreendê-lo para devolvê-lo ao autor.	Demanda em que se discute a posse de bem ou a guarda de pessoa incapaz, havendo o risco de o bem se perder ou de o incapaz não ser bem cuidado.
Caução cautelar	Requerer ou ofertar garantia, quando determinado na lei material ou processual.	Caução do objeto da prestação, nos contratos sinalagmáticos, quando o cumprimento da prestação depender da demonstração de pagamento da parte autora. Caução a ser dada por litigante não residente no país e que aqui não tenha bem de raiz.

Providência	Definição	Exemplo
Protesto contra a alienação de bens	Notícia de que não se concorda com a venda ou qualquer outra forma de alienação de um bem. Não se presta a questionar ou invalidar a venda.	Em ação de inventário, que um dos herdeiros não concorda que o inventariante venda um bem.

IMPORTANTE

Há providências que eram previstas no CPC/1973 como medidas cautelares típicas que continuam previstas no CPC atual, seja como incidentes processuais (como é o caso da produção antecipada de provas), seja como procedimento especial (homologação do penhor legal e as notificações e interpelações).

EXEMPLO

Posto isso, requer de Vossa Excelência:
a) a concessão de tutela de urgência, na categoria cautelar, ao autor, no sentido de determinar o arresto dos bens do devedor, já que caracterizada sua intenção de se reduzir à insolvência;
(...)

IMPORTANTE

Se para o cumprimento da ordem judicial for necessário ingressar na casa do Réu ou Devedor, deverá haver pedido específico ao juiz com esse intento, nos termos do art. 5º, XI, CF, e do art. 212, § 2º, CPC.

Esquema: petição inicial com pedido de tutela de urgência do tipo tutela cautelar

```
EXCELENTÍSSIMO SENHOR DOUTOR [autoridade competente - regras Constituição Federal e CPC]
    [Espaço de dez linhas para despacho judicial]
                    AUTOR, [nacionalidade], [estado civil
(indicação de união estável, se existir)], [profissão], RG nº... e CPF
nº..., (endereço eletrônico), residente e domiciliado no endereço...
    ou
                    AUTOR, pessoa jurídica de direito privado,
```

devidamente inscrita no CNPJ/MF sob o nº... com sede no endereço..., (endereço eletrônico) representada por seu administrador Sr. ... [nacionalidade, estado civil], portador da cédula de identidade RG nº..., devidamente inscrito no CPF/MF sob o nº..., residente e domiciliado na Rua...

pelo advogado abaixo assinado, que receberá intimações no endereço..., vem, respeitosamente, a Vossa Excelência ajuizar a presente

AÇÃO (nome da demanda), COM PEDIDO DE TUTELA DE URGÊNCIA CAUTELAR

em face de RÉU, [nacionalidade], [profissão], [estado civil], RG nº... e CPF nº..., residente e domiciliado no endereço

ou

RÉU, pessoa jurídica de direito privado, devidamente inscrita no CNPJ/MF sob o nº..., com sede no endereço...,

pelas razões de fato e de direito a seguir expostas:

[Espaço de duas linhas]

I - DOS FATOS

[Espaço de uma linha]

[Narrar os fatos como descritos no problema, respondendo às questões Como? Onde? Por quê? Quando? Quanto? Para quê?]

[Espaço de duas linhas]

II - DO DIREITO

[Espaço de uma linha]

[Apresentar o fundamento jurídico do pedido, fazendo a relação entre os fatos e sua qualificação jurídica de forma a apresentar como conclusão a necessidade de ser atendida a pretensão do Autor]

[Espaço de duas linhas]

III - DA TUTELA CAUTELAR

[Espaço de uma linha]

[Demonstração do preenchimento dos requisitos da tutela cautelar, nos termos dos fatos narrados]

[Espaço de duas linhas]

IV - DO PEDIDO

[Espaço de uma linha]

De todo o exposto, requer-se:

a) a concessão de tutela cautelar ao Autor (pôr

a providência), já que preenchidos seus requisitos legais, no sentido de [providência pleiteada], além de ser concedida autorização ao Sr. Oficial de Justiça, nos termos do art. 212, § 2º, *in fine*, CPC, para ingressar na casa do Réu a fim de cumprir a ordem judicial;

b) a citação do Réu por carta / oficial de justiça, para a apresentação de defesa no prazo de quinze dias, sob pena de sofrer os efeitos da revelia / para comparecimento em audiência de tentativa de conciliação ou mediação, já que tem o Autor interesse na autocomposição;

c) a procedência do pedido para [conforme a pretensão seja declaratória, constitutiva ou condenatória, lembrando que o pedido deve ser certo e determinado, exceto nas hipóteses do art. 324, § 1º, CPC, em que se pode realizar pedido genérico];

d) a condenação do Réu nos ônus da sucumbência e dos honorários de advogado.

[Espaço de duas linhas]

V – DAS PROVAS

[Espaço de uma linha]

Protesta provar o alegado por todos os meios de prova em direito admitidos, consistentes nos documentos juntados, oitiva do Réu em depoimento pessoal, oitiva de testemunhas, perícias e todas as que se fizerem necessárias ao longo da presente demanda.

VI – DO VALOR DA CAUSA

[Espaço de uma linha]

Dá-se à causa o valor de R$ [conforme regras dos arts. 291 e 292, CPC]

[Espaço de uma linha]

Termos em que,

pede deferimento.

[Espaço de uma linha]

Local e data.

[Espaço de uma linha]

Advogado...

CAPÍTULO 5

PETIÇÃO INICIAL COM PEDIDO DE TUTELA PROVISÓRIA DE URGÊNCIA ANTECIPADA PREPARATÓRIA

1. REQUISITOS

Para a concessão de tutela de urgência antecipada antecedente, deverá a parte demonstrar a existência de três requisitos:

Requisito	Demonstração	Exemplo
Probabilidade do direito	Estabelecer que os fatos e suas consequências jurídicas são plausíveis, ou seja, que a versão do autor seja consistente, de acordo com prova unilateral. Deve dar a impressão de que o autor tem do direito que almeja ver reconhecido.	Há o contrato de prestação de serviços de saúde entre as partes, que o autor está doente e necessita de operação, e que houve a negativa no atendimento do autor pelo réu, havendo documentos nesse sentido.
Perigo de dano ao direito ou risco ao resultado útil do processo	Estabelecer que o direito do autor pode perecer, caso se aguarde o término da demanda, devendo ser imediatamente atendido.	O autor tem doença grave e deve ser prontamente operado.
Não haver perigo de irreversibilidade da medida	Significa que, se for constatada uma concessão indevida da medida, ela poderá ser cassada e seus efeitos jurídicos cessarão, restaurando-se o estado anterior das coisas.	Sendo realizada a operação e indevida a prestação, o plano de saúde poderá cobrar pelo serviço prestado.

Uma vez presentes esses requisitos, o juiz deverá conceder a medida, sempre por meio de decisão fundamentada. Da mesma forma, para negar a medida antecipada requerida, deverá apontar em seus fundamentos os motivos pelos quais os requisitos não se encontram preenchidos no caso concreto.

> **IMPORTANTE**
>
> Poderá o juiz, para evitar o dano, autorizar ou vedar a prática de determinados atos, ordenar a guarda judicial de pessoas e depósito de bens e impor a prestação de caução, além de outras medidas que se revelem adequadas para tutelar o direito da parte.

2. PROCEDIMENTO

O procedimento para obtenção de tutela de urgência antecipada preparatória é tratado no art. 303, CPC.

Competência (art. 299, CPC)	Juízo competente para a ação principal
Petição inicial	Deve referir os seguintes pontos: a) haver urgência contemporânea à propositura da ação; b) causa de pedir relacionada à tutela antecipada: exposição da lide, do direito que se busca realizar e do perigo de dano ou do risco ao resultado útil do processo; c) requerimento de tutela antecipada e indicação do pedido de tutela final; d) deverá ser informado o valor da causa do pedido principal e sobre ele serem recolhidas as custas processuais.
Justificação prévia (art. 300, § 2º, Código de Processo Civil)	Pode ser requerida pelo autor ou determinada pelo juiz, de ofício. Nessa audiência, o autor deverá comparecer e poderá o juiz intimar o réu para participar dela também, nos termos do art. 139, VIII, CPC.
Aditamento da inicial	a) Concedida a tutela antecipada antecedente, o autor deverá aditar a petição inicial, com a complementação de sua argumentação, a juntada de novos documentos e a confirmação do pedido de tutela final, em 15 dias ou em outro prazo maior que o juiz fixar, sob pena de extinção do feito sem resolução do mérito. b) Não concedida a tutela antecipada antecedente, o órgão jurisdicional determinará a emenda da petição inicial em até cinco dias, sob pena de ser indeferida e de o processo ser extinto sem resolução de mérito. c) Em qualquer caso, o aditamento da petição inicial ocorrerá nos mesmos autos, sem incidência de novas custas processuais.
Duração da tutela antecipada	a) Para garantir seus efeitos, deverá haver o aditamento da petição inicial em 15 dias contados da concessão da medida, podendo o prazo ser aumentado pelo juiz. b) Se não houver o aditamento, o feito será extinto, sem resolução de mérito, cessando os efeitos da medida. Tal ocorre sem prejuízo da indenização por perdas e danos ao réu, nos termos do art. 302, III, CPC. c) Aditada a inicial, os efeitos perdurarão até sua revogação ou modificação.

Cumprimento da tutela antecipada	Adotará o rito da execução provisória. O oficial de justiça poderá cumprir a ordem a qualquer hora do dia (art. 212, CPC). Se for necessário o ingresso na casa do réu, deve observar o art. 5º, XI, CF. O juiz poderá determinar caução, nos termos do art. 300, § 1º, CPC. Será dispensado da caução o autor que for economicamente hipossuficiente e não puder oferecê-la.
Prazo para defesa	A defesa será apresentada pelo réu por contestação, após sua citação e realização (ou não) da audiência de mediação ou conciliação (art. 334, CPC). O prazo para recurso de agravo de instrumento (art. 1.015, I, CPC) se conta da intimação para cumprimento da tutela antecipada (juntada do mandado cumprido aos autos do processo).
Procedimento	Após o aditamento, o feito se processa pelo procedimento comum.

IMPORTANTE

Nessa petição, o autor traz apenas alguns elementos apenas da causa principal, pois seu maior objetivo é resguardar o perigo que o direito da parte corre.

É o caso, por exemplo, de ser necessária a imediata internação do autor para atendimento médico, mas a íntegra do contrato não foi entregue a ele e não se tem exatamente ideia, naquele momento, de qual cláusula contratual traz a restrição à internação, havendo apenas o esclarecimento do atendente ou um *e-mail* de negação de atendimento. Assim, para que o juiz entenda quem tem razão e qual o motivo, deverá haver o aditamento depois.

3. ESTABILIZAÇÃO DA TUTELA ANTECIPADA ANTECEDENTE (ART. 304, CPC)

Poderá a pretensão do autor se restringir à satisfação da tutela antecipada. Sendo assim, fará o autor pedido de que tutela antecipada concedida torne-se estável caso o réu não recorra da respectiva decisão.

É a chamada tutela satisfativa, na qual é desnecessário o desenvolvimento completo do contraditório, seja porque já houve reconhecimento judicial do direito do autor ou porque a situação comporta modificação futura.

IMPORTANTE

É exemplo a ação autônoma de busca e apreensão (de incapazes ou de bens).

Assim, a demanda será extinta e a tutela antecipada conservará seus efeitos enquanto não revista, reformada ou invalidada por decisão de mérito proferida na ação de revisão.

4. REVISÃO DA ESTABILIZAÇÃO DA TUTELA ANTECIPADA

Qualquer das partes poderá demandar a outra com o intuito de rever, reformar ou invalidar a tutela antecipada estabilizada nos termos do § 2º do art. 304.

Qualquer das partes poderá requerer o desarquivamento dos autos em que foi concedida a medida, para instruir a petição inicial dessa ação de revisão, prevento o juízo em que a tutela antecipada foi concedida.

O direito de rever, reformar ou invalidar a tutela antecipada extingue-se após dois anos, contados da ciência da decisão que extinguiu o processo.

> **IMPORTANTE**
>
> A decisão que concede a tutela não fará coisa julgada, mas a estabilidade dos respectivos efeitos só será afastada por decisão que a revir, reformar ou invalidar, proferida em ação ajuizada por uma das partes.

5. PASSO A PASSO DA TUTELA PROVISÓRIA DE URGÊNCIA ANTECIPADA PREPARATÓRIA: PREENCHENDO SEUS REQUISITOS

A petição inicial da ação antecipada deve ter seus requisitos preenchidos de acordo com as informações do problema, observado o seguinte:

Competência	Ao juízo ou Tribunal que seria competente para a ação principal.
Partes	Autor: o pretendente da antecipada. Réu: a pessoa que deverá suportar seus efeitos.
Causa de pedir	Demonstração dos requisitos para a medida, como acima mencionado.
Pedido	Deferimento da tutela antecipada, com a imediata intimação do réu para seu cumprimento. Requerimento de prazo de 15 dias (ou mais) para aditar a inicial, nos termos do art. 303, § 1º, I, CPC.
Citação do réu	Para audiência de mediação ou conciliação, ou para apresentar defesa, caso não haja interesse na audiência.
Provas	Protesto genérico por provas. Juntada dos documentos essenciais a demonstrar o direito que se pretende antecipar, procuração e comprovante do pagamento de custas. Pode ser requerida a realização de audiência de justificação prévia, nos termos do art. 300, § 2º, CPC.
Valor da causa	É o do bem da vida objeto do provimento final, que deverá observar as regras do art. 292, CPC.

Esquema: tutela antecipada antecedente

EXCELENTÍSSIMO SENHOR DOUTOR JUIZ DE DIREITO DA ...ª VARA CÍVEL DA COMARCA DE... ESTADO DE...

ou

EXCELENTÍSSIMO SENHOR DOUTOR JUIZ FEDERAL DA ...ª VARA FEDERAL DA SEÇÃO JUDICIÁRIA DE...

[Espaço de dez linhas para despacho judicial]

AUTOR, nacionalidade..., estado civil..., profissão..., RG n°... e CPF n°..., residente e domiciliado na Rua..., n°..., cidade...

ou

AUTOR, pessoa jurídica de direito privado, devidamente inscrita no CNPJ/MF sob o n°... com sede na Rua..., n°..., cidade..., representada por seu administrador Sr. ... nacionalidade..., estado civil..., portador da cédula de identidade RG n° ..., devidamente inscrito no CPF/MF sob o n° ...,

Pelo advogado abaixo assinado, que receberá intimações na Rua..., n°..., cidade..., vem, respeitosamente, à Vossa Excelência, com fundamento no art. 303 do Código de Processo Civil, requerer o presente

PEDIDO DE TUTELA ANTECIPADA ANTECEDENTE,

face de RÉU, nacionalidade..., estado civil..., profissão..., RG n°... e CPF n°..., residente e domiciliado na Rua..., n°..., cidade ...

ou

RÉU, pessoa jurídica de direito privado, devidamente inscrita no CNPJ/MF sob o n° ..., na Rua..., n° ..., cidade...., representada por seu administrador Sr. ... nacionalidade..., estado civil..., profissão..., RG n° ... e CPF n° ..., residente e domiciliado na Rua..., n°..., cidade..., pelas razões de fato e de direito a seguir expostas:

I - DOS FATOS

[Narrar a situação jurídica que determine a urgência do pleito, sua contemporaneidade com o pedido principal, a existência dos requisitos legais. Também sintetizar a lide principal.

[Espaço de duas linhas]

II - DO DIREITO

[Espaço de uma linha]

Para a concessão da providência antecipada, é necessária a demonstração dos requisitos legais de probabilidade do direito, perigo de dano ou risco ao resultado útil do processo, além de não ser a medida irreversível. E estão eles preenchidos presentes no caso concreto.

Consiste a probabilidade do direito em [apontar os fundamentos de fato e de direito que evidenciem o direito, além de referir à prova documental referente].

O risco de dano ao direito / risco ao resultado útil do processo também está configurado, pois [demonstrar o risco que corre o direito do requerente].

Além disso, a medida pleiteada não é irreversível, pois [justificar como ela poderá ser revertida].

[Espaço de duas linhas]

DO ADITAMENTO DA PETIÇÃO INICIAL

Informa que será realizado o aditamento da petição inicial estabelecido no art. 303, parágrafo 1°, do Código de Processo Civil, sendo necessário para tanto a concessão do prazo de [estabelecer o prazo e justificar sua necessidade].

[Espaço de duas linhas]

IV - DO PEDIDO

[Espaço de uma linha]

Diante de todo o exposto, requer:

a) a concessão de tutela antecipada em caráter antecedente em favor do Autor, já que presentes os requisitos legais para a medida, imediatamente ou mediante justificação prévia a ser designada com urgência por Vossa Excelência;

b) Após a concessão da medida, a intimação do Réu para seu cumprimento (ou outra providência necessária para tanto;

c) a citação do Réu para comparecimento da audiência de mediação e conciliação, nos termos do art. 334, CPC / para apresentar defesa no prazo legal;

d) a concessão de prazo de 15 (quinze) ou mais dias para aditamento da inicial;

[Espaço de duas linhas]

V - DAS PROVAS

[Espaço de uma linha]

Protesta em provar o alegado por todos os meios de prova em direito admitido, especialmente pela juntada de documentos, depoimento pessoal do Réu (ou de seu representante, se pessoa jurídica) e de testemunhas.

[Espaço de duas linhas]

VI - DO VALOR DA CAUSA

[Espaço de uma linha]

Dá-se à causa o valor de R$ ... [conforme regras do art. 292 do CPC].

[Espaço de uma linha]

Nesses termos,

pede deferimento.

[Espaço de uma linha]

Local e data.

[Espaço de uma linha]

Advogado...

CAPÍTULO 6

TUTELA PROVISÓRIA DE URGÊNCIA CAUTELAR AUTÔNOMA

1. REQUISITOS

Para a concessão de medida cautelar antecedente, deverá a parte demonstrar a existência de dois requisitos:

Requisito	Demonstração	Exemplo
Probabilidade do direito	Estabelecer que os fatos e as suas consequências jurídicas são plausíveis, ou seja, que a versão do autor seja consistente, de acordo com prova unilateral. Deve dar a impressão de que o autor tem do direito que almeja ver reconhecido.	Há dívida de valor a ser cobrada, representada por título executivo que vencerá em 20 dias.
Perigo de dano ao direito ou risco ao resultado útil do processo	Estabelecer que o direito do autor pode perecer, caso se aguarde o término da demanda, devendo ser imediatamente atendido.	O devedor está dilapidando propositadamente seu patrimônio e em breve será insolvente.

Uma vez presentes esses requisitos, o juiz deverá conceder a medida, sempre por meio de decisão fundamentada. Da mesma forma, para negar a medida cautelar requerida, deverá apontar em seus fundamentos os motivos pelos quais os requisitos não se encontram preenchidos no caso concreto.

> **IMPORTANTE**
>
> Para fins de tutela cautelar, as providências indicadas no Capítulo 4 poderão ser deferidas também em sede antecedente.

2. PROCEDIMENTO

O procedimento para obtenção de medidas cautelares inominadas é tratado nos arts. 305 a 310, CPC.

Competência (art. 292, CPC)	Ao juiz competente para conhecer da ação principal.
Petição inicial	Referirá o preenchimento dos requisitos legais supramencionados, além de trazer uma breve menção à demanda principal.
Justificação prévia	É possível, nos termos do art. 300, § 2º, CPC. A depender do caso, poderá o juiz mandar intimar o réu para o ato, nos termos do art. 139, VIII, CPC.
Duração da medida cautelar	A medida determinada durará enquanto não revogada ou modificada. Além disso, perderá os efeitos a providência (art. 309, CPC): a) se o autor não intentar a ação principal no prazo de 30 dias, contados da efetivação da medida; b) se a medida não for efetivada em 30 dias; c) se o juiz julgar improcedente o pedido principal formulado ou extinguir o processo sem resolução de mérito. Caso haja perda dos efeitos e houver prejuízo ao réu, haverá direito de indenização por perdas e danos, nos termos do art. 302, III, CPC.
Prazo para defesa (art. 306, CPC)	Deferida a petição inicial, será determinada a citação do requerido para, no prazo de cinco dias, contestar o pedido, indicando as provas que pretende produzir. Conta-se o prazo para defesa da juntada aos autos do mandado de citação devidamente cumprido.
Defesa do réu	Por contestação, sob pena de incorrer nos efeitos da revelia.
Procedimento	Após a efetivação da medida, deverá ser apresentada a ação principal nos mesmos autos (deverá cumprir os requisitos da petição inicial) em 30 dias, tomando a ação o procedimento estabelecido em lei para a tutela daquele direito (processo de conhecimento de procedimento comum, procedimento especial, execução).

3. PASSO A PASSO DA TUTELA PROVISÓRIA DE URGÊNCIA CAUTELAR PREPARATÓRIA: PREENCHENDO SEUS REQUISITOS

A petição inicial da ação cautelar deve ter seus requisitos preenchidos de acordo com as informações do problema, observando o seguinte:

Competência	Ao juízo ou Tribunal que seria competente para a ação principal.

Partes	Autor: aquele que ajuizará a ação principal. Réu: a pessoa que deverá suportar seus efeitos.
Causa de pedir	Demonstração dos requisitos para a medida, como acima mencionado.
Pedido	Deferimento da tutela cautelar, com a imediata intimação do réu para seu cumprimento.
Citação do réu	Para, no prazo de cinco dias, apresentar defesa.
Provas	Protesto genérico por provas. Juntada dos documentos essenciais a demonstrar o direito que se pretende a cautela e o *periculum in mora*, procuração e comprovante do pagamento de custas. Pode ser requerida a realização de audiência de justificação prévia, nos termos do art. 300, § 2º, CPC.
Valor da causa	É o do bem da vida objeto do provimento final, que deverá observar as regras do art. 292, CPC.
Efetivação da medida	O autor também deve disponibilizar os meios de cumprimento, tais como pagamento de diligência do oficial de justiça, disponibilização de cópias da inicial, fornecimento de endereço onde a ordem deve ser cumprida etc. Caso a providência envolva o ingresso do Oficial de Justiça da casa do réu, deverá haver ordem judicial e ser ela cumprida durante o dia, nos termos do art. 5º, XI, CF (art. 212, § 2º, CPC).

IMPORTANTE

Se a medida cautelar for preparatória, deve-se apontar a lide principal e seu fundamento, sob pena de indeferimento da demanda, caso intimado e não cumprir a providência.

Esquema: tutela cautelar antecedente

```
EXCELENTÍSSIMO SENHOR DOUTOR JUIZ DE DIREITO DA ...ª VARA CÍVEL DA COMARCA DE... ESTADO DE...
    ou
EXCELENTÍSSIMO SENHOR DOUTOR JUIZ FEDERAL DA ...ª VARA FEDERAL DA SEÇÃO JUDICIÁRIA DE...
    [Espaço de dez linhas para despacho judicial]
                AUTOR, nacionalidade..., estado civil..., profissão..., RG nº... e CPF nº..., residente e domiciliado na Rua..., nº..., cidade...
    ou
```

AUTOR, pessoa jurídica de direito privado, devidamente inscrita no CNPJ/MF sob o nº... com sede na Rua..., nº..., cidade..., representada por seu administrador Sr. ... nacionalidade..., estado civil..., portador da cédula de identidade RG nº ..., devidamente inscrito no CPF/MF sob o nº ...,

Pelo advogado abaixo assinado, que receberá intimações na Rua..., nº..., cidade..., vem, respeitosamente, à Vossa Excelência requerer

PEDIDO DE TUTELA CAUTELAR ANTECEDENTE

em face de RÉU, nacionalidade..., estado civil..., profissão..., RG nº... e CPF nº..., residente e domiciliado na Rua..., nº..., cidade ...

ou

RÉU, pessoa jurídica de direito privado, devidamente inscrita no CNPJ/MF sob o nº ..., na Rua..., nº ..., cidade..., representada por seu administrador Sr. ... nacionalidade..., estado civil..., profissão..., RG nº ... e CPF nº ..., residente e domiciliado na Rua..., nº..., cidade..., pelas razões de fato e de direito a seguir expostas:

I - DOS FATOS

[Narrar a situação jurídica que determine a urgência do pleito, sua contemporaneidade com o pedido principal, a existência dos requisitos legais. Também sintetizar a lide principal]

[Espaço de duas linhas]

II - DO DIREITO

[Espaço de uma linha]

Para a concessão da providência antecipada, é necessária a demonstração dos requisitos legais de probabilidade do direito, perigo de dano ou risco ao resultado útil do processo, além de não ser a medida irreversível. E estão eles preenchidos presentes no caso concreto.

Consiste a probabilidade do direito em [apontar os fundamentos de fato e de direito que evidenciem o direito, além de referir à prova documental referente].

O risco de dano ao direito / risco ao resultado útil do processo também está configurado, pois [demonstrar o risco que corre o direito do requerente].

DA AÇÃO PRINCIPAL

[Espaço de uma linha]

Informa que será ajuizada no prazo de trinta dias a ação de [especificar o objeto da ação principal], nestes mesmos autos.

[Espaço de duas linhas]

IV - DO PEDIDO

[Espaço de uma linha]

Diante de todo o exposto, requer:

a) a concessão de tutela cautelar em caráter antecedente em favor do Autor, já que presentes os requisitos legais para a medida, imediatamente ou mediante justificação prévia a ser designada com urgência por Vossa Excelência;

b) após a concessão da medida, a intimação do Réu para seu cumprimento (ou outra providência necessária para tanto);

c) a citação do Réu para contestar o presente pedido em cinco dias, sob pena de incorrer nos efeitos da revelia.

[Espaço de duas linhas]

V - DAS PROVAS

[Espaço de uma linha]

Protesta em provar o alega por todos os meios de prova em direito admitido, especialmente pela juntada de documentos, depoimento pessoal do Réu (ou de seu representante, se pessoa jurídica) e de testemunhas.

[Espaço de duas linhas]

VI - DO VALOR DA CAUSA

[Espaço de uma linha]

Dá-se à causa o valor de R$ ... [conforme regras do art. 292 CPC]

[Espaço de uma linha]

Nesses termos,

pede deferimento.

[Espaço de uma linha]

Local e data.

[Espaço de uma linha]

Advogado...

CAPÍTULO 7

PETIÇÃO INICIAL COM PEDIDO DE TUTELA PROVISÓRIA DE EVIDÊNCIA

1. TUTELA DE EVIDÊNCIA

A tutela de evidência é aquela em que o pedido do autor se fundamenta em determinadas circunstâncias jurídicas as quais, por formarem forte convicção a respeito da procedência do direito do autor, tornam o direito pleiteado evidente (quase dotado de certeza).

Assim, distingue-se da tutela de urgência, por não exigir para sua concessão a demonstração do perigo de dano ou risco ao resultado útil do processo. Apenas comporta forma incidental, devendo ser veiculada na petição inicial ou em requerimento autônomo, apresentado no curso da demanda.

> **IMPORTANTE**
>
> A decisão que conceder ou negar a providência é passível de impugnação pelo recurso de agravo de instrumento (art. 1.015, I, CPC).

2. CABIMENTO DA TUTELA DE EVIDÊNCIA

Por sua natureza, a tutela de evidência apenas pode ser requerida na petição inicial, não admitindo pedido antecedente.

Nos termos do art. 311 do CPC, pode ser pleiteada tutela de evidência nas seguintes situações:

Hipótese legal	Exemplo
a) Ficar caracterizado o abuso do direito de defesa ou o manifesto propósito protelatório da parte.	O réu passa a causar demora excessiva do feito, protocolando diversas petições, cada qual juntando um documento diferente.

Hipótese legal	Exemplo
b) As alegações de fato puderem ser comprovadas apenas documentalmente e houver tese firmada em julgamento de casos repetitivos ou em súmula vinculante.	Cobra o fisco determinado imposto considerado inconstitucional por súmula vinculante, sendo que há prova documental de que é esta a atividade em debate.
c) Trata-se de pedido reipersecutório fundado em prova documental adequada do contrato de depósito, caso em que será decretada a ordem de entrega do objeto custodiado, sob cominação de multa.	Demonstrada a existência de depósito voluntário ou legal e a recusa na entrega do bem por parte do depositante, havendo menção à prova do depósito e ao valor da coisa.
d) A petição inicial for instruída com prova documental suficiente dos fatos constitutivos do direito do autor, a que o réu não oponha prova capaz de gerar dúvida razoável.	Ação reivindicatória de imóvel, na qual se junta a escritura de compra e venda, e o documento não é impugnado pelo réu.

IMPORTANTE

Apenas nas hipóteses de robusta prova documental ("b") e de contrato de depósito ("c") é que será possível deferir liminarmente a tutela de evidência.

IMPORTANTE

1) Se para o cumprimento da ordem judicial for necessário ingressar na casa do Réu ou Devedor, deverá haver pedido específico ao juiz com esse intento, nos termos do art. 5º, XI, CF, e do art. 212, § 2º, CPC.
2) Não há mais previsão no Código de Processo Civil de ação de depósito como procedimento especial. A pretensão a receber o depósito voluntário ou miserável deverá ser formulado por ação de procedimento comum, com pedido da tutela de evidência, se houver o comprovante de depósito.

Esquema: petição inicial com pedido de tutela de evidência

```
EXCELENTÍSSIMO SENHOR DOUTOR [autoridade competente - regras Constituição Federal e CPC]
    [Espaço de dez linhas para despacho judicial]
                    AUTOR, [nacionalidade], [estado civil
(indicação de união estável, se existir)], [profissão], RG nº... e CPF
nº..., (endereço eletrônico), residente e domiciliado no endereço...
    ou
```

AUTOR, pessoa jurídica de direito privado, devidamente inscrita no CNPJ/MF sob o nº... com sede no endereço..., (endereço eletrônico) representada por seu administrador Sr. ... [nacionalidade, estado civil], portador da cédula de identidade RG nº..., devidamente inscrito no CPF/MF sob o nº..., residente e domiciliado na Rua...

pelo advogado abaixo assinado, que receberá intimações no endereço..., vem, respeitosamente, à Vossa Excelência ajuizar a presente

AÇÃO (nome da demanda), COM PEDIDO DE TUTELA DE EVIDÊNCIA

em face de RÉU, [nacionalidade], [profissão], [estado civil], RG nº... e CPF nº..., residente e domiciliado no endereço...

ou

RÉU, pessoa jurídica de direito privado, devidamente inscrita no CNPJ/MF sob o nº..., com sede no endereço...,

pelas razões de fato e de direito a seguir expostas:

[Espaço de duas linhas]

I - DOS FATOS

[Espaço de uma linha]

[Narrar os fatos como descritos no problema, respondendo às questões Como? Onde? Por quê? Quando? Quanto? Para quê?]

[Espaço de duas linhas]

II - DO DIREITO

[Espaço de uma linha]

[Apresentar o fundamento jurídico do pedido, fazendo a relação entre os fatos e sua qualificação jurídica de forma a apresentar como conclusão a necessidade de ser atendida a pretensão do Autor]

[Espaço de duas linhas]

III - DA TUTELA DE EVIDÊNCIA

[Espaço de uma linha]

[Demonstração do preenchimento dos requisitos da tutela de evidência dos incisos II e III do art. 311, CPC, nos termos dos fatos narrados]

[Espaço de duas linhas]

IV - DO PEDIDO

[Espaço de uma linha]

De todo o exposto, requer-se:

a) a concessão de tutela de evidência ao Autor (pôr a providência), já que preenchidos seus requisitos legais, no sentido de [providência pleiteada], além de ser concedida autorização ao Sr. Oficial de Justiça, nos termos do art. 212, § 2°, *in fine*, CPC, para ingressar na casa do Réu a fim de cumprir a ordem judicial;

b) a citação do Réu por carta / oficial de justiça, para a apresentação de defesa no prazo de quinze dias, sob pena de sofrer os efeitos da revelia, já que não tem o Autor interesse na autocomposição por audiência; ou

b) a citação do Réu para comparecer à audiência do art. 334, CPC, manifestando o Autor seu interesse no ato;

c) a procedência do pedido para [conforme a pretensão seja declaratória, constitutiva ou condenatória, lembrando que o pedido deve ser certo e determinado, exceto nas hipóteses do art. 324, § 1°, CPC, em que se pode realizar pedido genérico];

d) a condenação do Réu nos ônus da sucumbência e dos honorários de advogado.

[Espaço de duas linhas]

V - DAS PROVAS

[Espaço de uma linha]

Protesta provar o alegado por todos os meios de prova em direito admitidos, consistentes nos documentos juntados, oitiva do Réu em depoimento pessoal, oitiva de testemunhas, perícias e todas as que se fizerem necessárias ao longo da presente demanda.

VI - DO VALOR DA CAUSA

[Espaço de uma linha]

Dá-se à causa o valor de R$ ... [conforme regras dos arts. 258 e 259, CPC]

[Espaço de uma linha]

Termos em que,

pede deferimento.

[Espaço de uma linha]

Local e data.

[Espaço de uma linha]

Advogado...

OBSERVAÇÃO

No caso de depósito, deve-se lembrar que a prisão do depositário infiel é considerada ilegal após a adesão do Brasil ao Pacto de São José da Costa Rica (Recursos Extraordinários nº 466.343/SP e nº 349.703/RS e o HC nº 87.585/TO), o que resultou na edição da Súmula Vinculante nº 25 pelo Supremo Tribunal Federal.
Sendo assim, *não deve ser realizado o pedido de prisão.*

CAPÍTULO 8

TUTELA ESPECÍFICA DAS OBRIGAÇÕES DE FAZER, NÃO FAZER E ENTREGA DE COISA

1. O CUMPRIMENTO DAS OBRIGAÇÕES DE FAZER, NÃO FAZER E DAR COISA

Se, no processo de conhecimento, o autor buscar a condenação do réu em prestação de fazer, não fazer e dar coisa, decorrente de lei ou de ato de vontade não qualificável como título executivo extrajudicial (como é o caso do contrato verbal), a satisfação de sua pretensão, caso reconhecida, ocorrerá nos próprios autos, conforme o procedimento traçado pelos arts. 497, 498 e 536 e 538 do CPC.

Assim, na chamada tutela específica das obrigações de fazer, não fazer e dar, haverá a fusão das fases de conhecimento e de execução forçada, sendo que a última será alcançada por meios diretos ou indiretos de execução, para garantir ao autor a entrega da própria prestação determinada na sentença.

> *Caso se busque o cumprimento de obrigação de fazer, não fazer ou dar coisa constante de título executivo judicial, como é o caso da sentença arbitral ou da sentença estrangeira, será pleiteada, por petição inicial, a citação do devedor para cumprimento sob pena de utilização dos meios de execução previstos para a tutela específica.*

2. REGIME GERAL DAS TUTELAS ESPECÍFICAS (ARTS. 499-500)

a) Será a obrigação preferencialmente cumprida como estipulada pelo autor.

b) Não sendo viável o cumprimento exato da obrigação, buscar-se-á o resultado prático equivalente, ou seja, providência distinta, mas que seja apta a proporcionar o mesmo benefício ao autor.

c) Será a obrigação convertida em perdas e danos se o autor o requerer ou se for impossível a tutela específica ou o resultado prático equivalente.

d) A indenização devida não se confunde com a multa fixada para o cumprimento da obrigação.

3. TUTELA ESPECÍFICA DA OBRIGAÇÃO DE FAZER E NÃO FAZER (ARTS. 497 E 536, CPC)

O processo para condenação em obrigação de fazer e não fazer se inicia e se desenvolve até o trânsito em julgado da sentença nos termos do processo de conhecimento pelo procedimento comum. Admitirá concessão de tutela provisória para antecipação do cumprimento da obrigação de fazer ou não fazer até mesmo antes da citação (*inaudita altera parte*).

> **IMPORTANTE**
>
> Para a concessão da tutela específica destinada a inibir a prática, a reiteração ou a continuação de um ilícito, ou a sua remoção, é irrelevante a demonstração da ocorrência de dano ou da existência de culpa ou dolo.

Com o trânsito em julgado, iniciam-se os atos de cumprimento descritos no art. 536, CPC, em caráter definitivo. A tutela provisória e a sentença que tenham sido impugnadas por recurso recebido apenas no efeito devolutivo comportam cumprimento provisório.

4. TUTELA ESPECÍFICA DA OBRIGAÇÃO DE DAR COISA CERTA OU INCERTA (ARTS. 498 E 538, CPC)

Segue procedimento semelhante ao da obrigação de fazer ou não fazer, com as modificações contidas nos arts. 498 e 538 do CPC. Transitada em julgado a decisão ou em sede de execução provisória, assinalará o juiz prazo para entregar a coisa voluntariamente.

Em se tratando de obrigação de dar coisa incerta, observa-se o seguinte:

a) se a escolha couber a credor, este a apontará na petição;

b) se escolha couber ao réu, este entregará a coisa no prazo apontado pelo juiz.

O não cumprimento da ordem judicial implicará a expedição de mandado de busca e apreensão (para coisa móvel ou semovente) ou de imissão na posse (para coisa imóvel).

5. MEIOS DE CUMPRIMENTO DA TUTELA ESPECÍFICA (ART. 536, § 1º, CPC)

Multa cominatória (art. 537, CPC)	É penalidade imposta ao réu para que cumpra a prestação voluntariamente. Seu valor e periodicidade são fixados pelo juiz. O valor da multa é revertido para o credor.

Medidas de apoio (art. 536, § 1º, CPC)	São medidas determinadas pelo juízo a auxiliar da justiça ou a terceiro para que cumpram a prestação no lugar do réu.
	São meios sub-rogatórios, de substituição da atuação do réu. São exemplos: a busca e apreensão, a remoção de pessoas ou coisas, o desfazimento de obra e impedimento de atividade nociva, sendo possível o emprego de força policial.

6. TUTELA PROVISÓRIA

Em qualquer das modalidades de tutela específica, se o autor demonstrar a presença dos requisitos legais cabíveis, poderá requerer e o juiz deferir a tutela provisoriamente, ou mediante justificação prévia (audiência de colheita de provas), citado o réu.

7. DEFESA DO RÉU

O réu se defenderá, na fase de conhecimento, por contestação e, na fase de cumprimento, provisório ou definitivo, por impugnação, conforme o rito do cumprimento de sentença (art. 536, § 4º, CPC).

8. OBRIGAÇÃO DE EMITIR VONTADE (ART. 501, CPC)

A sentença de procedência transitada em julgado do processo de conhecimento terá os mesmos efeitos da expressão negada pelo réu nos casos de reconhecimento da obrigação do réu em emitir vontade.

Dispensa, assim, fase de cumprimento de sentença. É suficiente o pronunciamento judicial para atender ao direito do autor.

É o caso, por exemplo, da conclusão de contrato, na qual o autor tem uma proposta firmada nos termos da lei civil aplicável e o réu, sem justificativa, não expressa sua vontade em fechar a avença.

9. O PASSO A PASSO DA AÇÃO DE OBRIGAÇÃO ESPECÍFICA (FAZER, NÃO FAZER, DAR): PREENCHENDO SEUS REQUISITOS

Os requisitos da ação de tutela de obrigação específica devem ser preenchidos conforme a descrição no problema, observado o seguinte:

Endereçamento	Como se trata de ação para cumprimento de obrigação, deve-se verificar os envolvidos, a fim de verificar a existência de foro especial (ex.: ação contra a União).
	Caso seja competência da Justiça Comum, a regra a ser aplicada é a do art. 53, III, d, CPC, ou seja, o local onde deve ser satisfeita a obrigação, salvo se houver foro de eleição.
Legitimidade	Ativa: do credor da obrigação.
	Passiva: do obrigado.

Causa de pedir	Fatos: narrar os fatos que representem a existência de obrigação de fazer ou não fazer ou entregar coisa e o não cumprimento por parte do réu. Direito: demonstrar o dever de cumprimento da obrigação e do cabimento da providência.
Tutela provisória	Justificar o cabimento, apontando o preenchimento dos requisitos no caso concreto.
Pedido	De concessão da tutela provisória, para a pronta determinação do fazer ou não fazer ou entregar coisa, sob pena de multa. Procedência do pedido de condenação do réu no fazer/não fazer/entregar coisa. Condenação nas custas processuais e honorários de advogado.
Protesto por prova	Apresentar as provas com as quais se pretende provar o alegado, observado o descrito no problema.
Citação	Citação do réu, para apresentar contestação, no prazo de 15 dias.
Valor da causa	Do benefício material (art. 292, II, CPC).

Esquema: ação de obrigação de fazer / não fazer / dar

EXCELENTÍSSIMO SENHOR DOUTOR [autoridade competente – regras CF e Código de Processo Civil]

[Espaço de dez linhas para despacho judicial]

AUTOR, [nacionalidade], [estado civil (indicação de união estável, se existir)], [profissão], RG nº... e CPF nº..., (endereço eletrônico), residente e domiciliado no endereço...

ou

AUTOR, pessoa jurídica de direito privado, devidamente inscrita no CNPJ/MF sob o nº... com sede no endereço..., (endereço eletrônico) representada por seu administrador Sr. ... [nacionalidade, estado civil], portador da cédula de identidade RG nº..., devidamente inscrito no CPF/MF sob o nº..., residente e domiciliado na Rua...

pelo advogado abaixo assinado, que receberá intimações no endereço..., vem, respeitosamente, à Vossa Excelência propor / ajuizar / apresentar a presente

AÇÃO DE OBRIGAÇÃO DE FAZER / NÃO FAZER / DAR COISA,

em face de RÉU, [nacionalidade], [profissão], [estado civil], RG nº... e CPF nº..., residente e domiciliado no endereço...

ou

RÉU, pessoa jurídica de direito privado, devidamente inscrita no CNPJ/MF sob o nº..., com sede no endereço..., neste ato representado por seu sócio/gerente/administrador, Sr(a). ... (qualificação) pelas razões de fato e de direito a seguir expostas:

[Espaço de duas linhas]

I – DOS FATOS

[Espaço de uma linha]

[Narrar os fatos como descritos no problema, respondendo às questões Como? Onde? Por quê? Quando? Quanto? Para quê?]

[Espaço de duas linhas]

II – DO DIREITO

[Espaço de uma linha]

[Apresentar o fundamento jurídico do pedido, fazendo a relação entre os fatos e sua qualificação jurídica de forma a apresentar como conclusão a necessidade de ser atendida a pretensão do autor]

[Espaço de duas linhas]

III – DA TUTELA PROVISÓRIA

[Espaço de uma linha]

[Demonstração do preenchimento dos requisitos da tutela provisória, nos termos dos fatos narrados]

[Espaço de duas linhas]

IV – DO PEDIDO

[Espaço de uma linha]

De todo o exposto, requer-se:

a) a concessão de tutela provisória (urgência/evidência), já que preenchidos seus requisitos legais, no sentido de [providência pleiteada], com a fixação de multa cominatória diária no caso de não cumprimento;

b) a citação do Réu por carta, para a apresentação de defesa no prazo de quinze dias, sob pena de sofrer os efeitos da revelia, já que não tem interesse na autocomposição; ou

b) a citação do Réu para comparecer à audiência do art. 334, CPC, manifestando o Autor seu interesse na autocomposição;

c) a procedência do presente pedido para condenar o Réu a cumprir a obrigação de fazer / não fazer / entregar a coisa;

d) a condenação do Réu nos ônus da sucumbência e dos honorários de advogado.

[Espaço de duas linhas]

V – DAS PROVAS
[Espaço de uma linha]
Protesta provar o alegado por todos os meios de prova em direito admitidos, consistentes nos documentos juntados, oitiva do Réu em depoimento pessoal, oitiva de testemunhas, perícias e todas as que se fizerem necessárias ao longo da presente demanda.
[Espaço de duas linhas]

VI – DO VALOR DA CAUSA
[Espaço de uma linha]
Dá-se à causa o valor de R$... [conforme regras dos arts. 291 e 292, CPC].
[Espaço de uma linha]

VII – MANIFESTAÇÃO DE INTERESSE NA AUDIÊNCIA PRÉVIA DE CONCILIAÇÃO OU MEDIAÇÃO
Pretende / Não pretende o Autor a participar de audiência prévia de conciliação ou mediação.

Termos em que,

pede deferimento.

[Espaço de uma linha]

Local e data.

[Espaço de uma linha]

Advogado...

PARTE III
DEFESAS DO RÉU

CAPÍTULO 1

CONTESTAÇÃO – REGIME GERAL

1. CONTESTAÇÃO (ARTS. 335 E SS., CPC)

É a resistência do réu ao pedido formulado pelo autor. Tem natureza de *ônus processual*, ou seja, caso o réu não apresente sua defesa, poderá sofrer os efeitos da revelia (art. 344, CPC).

2. PRAZO PARA CONTESTAÇÃO

Conforme estabelece o art. 335, CPC, o prazo é de 15 dias, contados:

a) da audiência de conciliação ou de mediação, ou da última sessão de conciliação, quando qualquer parte não comparecer ou, comparecendo, não houver autocomposição;

b) do protocolo do pedido de cancelamento da audiência de conciliação ou de mediação apresentado pelo réu, quando o réu manifestar seu desinteresse pela audiência prévia;

c) previsto no art. 231 do CPC, de acordo com o modo como foi feita a citação nos demais casos.

> **IMPORTANTE**
>
> 1) O réu deverá se manifestar sobre seu interesse ou não na audiência de conciliação ou mediação, por petição, apresentada com 10 dias de antecedência, contados da data da audiência (art. 334, § 5º, CPC). Ou seja: essa manifestação não é feita na contestação, mas em momento anterior.
> 2) No caso de litisconsórcio passivo, se todos os litisconsortes manifestarem seu desinteresse pela audiência prévia, o termo inicial será, para cada um dos réus, a data de apresentação de seu respectivo pedido de cancelamento da audiência.
> 3) Quando o direito em questão não admitir autocomposição, havendo litisconsórcio passivo e o autor desistir da ação em relação a réu ainda não citado, o prazo para resposta correrá da data de intimação da decisão que homologar a desistência.

Terão prazos em dobro para apresentar contestação:
a) Ministério Público (art. 180, CPC).
b) Advocacia Pública (art. 183, CPC).
c) Defensoria Pública (art. 186, CPC).
d) Litisconsortes que tiverem diferentes procuradores, de escritórios de advocacia distintos, desde que o processo não seja eletrônico (art. 229, CPC).

3. PRINCÍPIOS DA CONTESTAÇÃO

Vigoram na contestação as diretrizes:

	Definição	Exceções
Ônus da impugnação específica	Cabe ao réu contrariar *todos* os fatos apontados pelo autor, sob pena de confissão (art. 341 do CPC).	Não se aplica o efeito da revelia previsto nesse artigo se: a) não for admissível, a respeito da alegação, a confissão; b) a petição inicial não estiver acompanhada de instrumento que a lei considerar da substância do ato; c) estiverem em contradição com a defesa, considerada em seu conjunto. Não são obrigados a impugnar especificamente as alegações do autor o defensor público, o advogado dativo e o curador especial. Podem eles apresentar contestação por negativa geral.
Princípio da eventualidade	Toda a matéria de defesa, mesmo que contraditória, deve ser deduzida na contestação (art. 336, CPC).	Depois da contestação, só é lícito ao réu deduzir novas alegações quando: a) relativas a direito ou a fato superveniente; b) competir ao juiz conhecer delas de ofício; c) por expressa autorização legal, puderem ser formuladas em qualquer tempo e grau de jurisdição.

4. CONTEÚDO DA CONTESTAÇÃO

Na contestação, o réu poderá alegar preliminares e defesa de mérito:

Preliminares	Matérias de índole processual, que podem impedir ou retardar o conhecimento do mérito da lide. São passíveis de reconhecimento de ofício pelo juiz, com exceção do compromisso arbitral. O rol está estabelecido no art. 337 do CPC.
Defesa de mérito direta	Refutação pelo réu dos fatos narrados pelo autor e/ou de sua tese jurídica.
Defesa de mérito indireta	Alegação de fato impeditivo, modificativo ou extintivo do direito do autor.

> **IMPORTANTE**
>
> Por *fato impeditivo* do direito do autor entende-se aquele que impossibilita sua eficácia, como é o caso da inocorrência do termo ou da condição; *fato modificativo* é aquele que alterou qualquer de seus aspectos, como ocorre no caso da concessão de moratória ou do parcelamento a devedor, e *fato extintivo* é aquele que liquida o direito do autor, como ocorre com a alegação de pagamento.
> Em qualquer desses casos, a alegação presume a aceitação de parte dos fatos narrados pelo autor e, por isso, há a modificação do ônus de provar (art. 373, II, CPC).

5. PARTICULARIDADES DE ALGUMAS ALEGAÇÕES

a) **Alegação de ilegitimidade de parte.** Quando alegar sua ilegitimidade, incumbe ao réu indicar o sujeito passivo da relação jurídica discutida sempre que tiver conhecimento, sob pena de arcar com as despesas processuais e de indenizar o autor pelos prejuízos decorrentes da falta de indicação.

Com a indicação, deverá o juiz dar oportunidade de manifestação ao autor no prazo de 15 dias. Poderá o autor:

- aceitar a indicação e proceder à alteração da petição inicial para a substituição do réu, observando-se, ainda, o parágrafo único do art. 338, CPC;
- aceitar a indicação, mas optar por alterar a petição inicial para incluir, como litisconsorte passivo, o sujeito indicado pelo réu;
- não aceitar a indicação.

Realizada a substituição nos termos do item "a" acima, o autor reembolsará as despesas e pagará os honorários ao procurador do réu excluído, que serão fixados entre 3% e 5% do valor da causa ou, sendo este irrisório, nos termos do art. 85, § 8º, CPC.

b) **Alegação de incompetência relativa ou absoluta.** A contestação poderá ser protocolada no foro de domicílio do réu, fato que será imediatamente comunicado ao juiz da causa, preferencialmente por meio eletrônico, observado o seguinte regime:

- a contestação será submetida a livre-distribuição ou, se o réu houver sido citado por meio de carta precatória, juntada aos autos dessa carta, seguindo-se a sua imediata remessa para o juízo da causa;
- alegada a incompetência, será suspensa a realização da audiência de conciliação ou de mediação, se tiver sido designada pelo juízo perante o qual tramita a causa;
- será o autor intimado a se manifestar sobre a alegação, e o juiz decidirá sobre a competência;

Para essa decisão, não está previsto recurso de agravo de instrumento. Assim, eventual irresignação deverá ser manifestada em sede de preliminar de apelação (art. 1.009, § 1º, CPC).

- reconhecida a competência do foro indicado pelo réu, o juízo para o qual for distribuída a contestação ou a carta precatória será considerado prevento;
- definida a competência, o juízo competente designará nova data para a audiência de conciliação ou de mediação, caso esta não tenha se realizado.

CAPÍTULO 2

CONTESTAÇÃO – PASSO A PASSO PARA A SUA ELABORAÇÃO

1. O ENDEREÇAMENTO

A contestação, deduzida por escrito, deverá ser endereçada, como regra, ao juízo ou ao tribunal que determinou sua citação.

EXEMPLO

Excelentíssimo Senhor Doutor Juiz de Direito da 18ª Vara Cível do Foro Central da Comarca de São Paulo.
Excelentíssimo Senhor Doutor Juiz Federal da 3ª Vara Cível da Seção Judiciária de Campinas.
Excelentíssimo Senhor Doutor Desembargador Relator da 14ª Câmara de Direito Privado – Tribunal de Justiça do Estado de São Paulo.
Excelentíssimo Senhor Doutor Desembargador Federal Relator da 5ª Turma do Tribunal Regional Federal da 3ª Região.

IMPORTANTE

Caso haja alegação de incompetência, poderá a contestação ser apresentada no domicílio do réu. A contestação será submetida a livre distribuição ou, se o réu houver sido citado por meio de carta precatória, juntada aos autos dessa carta, seguindo-se a sua imediata remessa para o juízo da causa. O juízo que determinou a citação deverá ser informado desse procedimento, caso adotado pelo réu.

2. IDENTIFICAÇÃO E QUALIFICAÇÃO DAS PARTES

Como as partes já foram qualificadas na petição inicial, não é necessário qualificá-las novamente, salvo se houver alguma incorreção quanto à qualificação do réu.

> **EXEMPLO**
>
> PREÂMBULO
> José João da Silva, já qualificado, nos autos do processo da AÇÃO DE PROCEDIMENTO COMUM ajuizada por Maria Helena Fonseca, vem, respeitosamente, à Vossa Excelência, com fundamento nos arts. 335 e seguintes do Código de Processo Civil, apresentar sua CONTESTAÇÃO, pelos motivos de fato e de direito abaixo expostos.

3. DESENVOLVIMENTO

Na contestação deve ser apresentada toda a matéria de defesa, mesmo que as defesas se mostrem incompatíveis entre si, sob pena de preclusão.

Ou seja, *usa-se uma técnica diferente daquela exigida para a petição inicial*, em que há exigência de exposição dos fatos e do direito de maneira lógica, sendo vedada a dedução de pedidos incompatíveis entre si ou incompatíveis com a causa de pedir.

> **IMPORTANTE**
>
> O texto deve ser sempre claro e coerente. O que se quer dizer é que se pode fazer alegações que, tomadas em seu conjunto, podem parecer contraditórias.
> Por exemplo: suscitar que o processo deve ser extinto sem resolução de mérito e, depois, afirmar que o pedido é improcedente (como dizer que não se pode adentrar no mérito e, depois, adentrar no mérito?).

A defesa deve ser estruturada pela seguinte ordem:

1º	Preliminares
2º	Defesa de mérito direta
3º	Defesa de mérito indireta

4. PRELIMINARES

São matérias previstas no art. 337 do CPC que, se presentes na causa, poderão acarretar a extinção do processo sem resolução de mérito (preliminares peremptórias) ou o atraso no desenvolvimento do processo, por exigir correções de atos processuais (preliminares dilatórias). São as seguintes:

Preliminar	Defeito	Consequência
Inexistência ou nulidade da citação	Não foi realizada a citação ou não houve a observância dos requisitos legais, de forma a inviabilizar a defesa tempestiva do réu.	Devolução do prazo de defesa (preliminar dilatória).
Incompetência absoluta e relativa	A demanda foi ajuizada perante juízo incompetente. A incompetência relativa somente pode ser suscitada na contestação. Já a incompetência absoluta somente poderá ser arguida a qualquer momento, desde que não tenha sido reconhecida de ofício pelo juiz.	Oitiva da parte contrária de decisão do juiz (art. 64, § 2º, CPC). Se acatado, remessa ao juízo competente (art. 64, § 3º, CPC).
Incorreção do valor da causa	O autor não observou as regras contidas no art. 292 do CPC.	Se acatado, o juiz determinará a correção do valor e a complementação das custas processuais.
Inépcia da petição inicial	A petição inicial apresenta algum dos defeitos do art. 330, § 1º, CPC. Tal alegação é cabível se o defeito não foi objeto de emenda da petição inicial.	Determinação de correção do defeito (art. 317, CPC) e, se não corrigido, extinção sem resolução do defeito (art. 485, I, CPC).
Perempção	Três abandonos consecutivos da causa prévios ao ajuizamento da demanda (art. 486, § 3º, CPC).	Extinção do processo sem resolução de mérito (art. 485, V, CPC).
Litispendência	A demanda repete outra já ajuizada (art. 337, §§ 1º e 3º, CPC).	Extinção do processo sem resolução de mérito (art. 485, V, CPC).
Coisa julgada	A demanda repete outra já julgada no mérito (art. 337, § 4º, CPC).	Extinção do processo sem resolução de mérito (art. 485, V, CPC).
Conexão	Existência de ação ajuizada na qual haja relação de conexão. Tal disposição também se aplica à continência e à prejudicialidade (art. 55, § 3º, CPC).	a) no caso de conexão e prejudicialidade, remessa ao juízo prevento (art. 58, CPC); b) no caso de continência, somente haverá reunião se a ação continente (objeto mais amplo) for a posterior. Mas, se a ação posterior for a contida (objeto menos amplo), esta será extinta (art. 57, CPC).
Incapacidade da parte, defeito de representação ou falta de autorização	São defeitos de capacidade processual, pela inobservância das normas contidas nos arts. 70 e ss., CPC.	Deverá ser assinalado prazo para correção, sob pena de extinção do processo sem resolução de mérito (art. 485, IV, CPC).
Convenção de arbitragem	Presença de compromisso arbitral, nos termos da Lei nº 9.307/1996. É desnecessário estar a arbitragem instaurada. Essa matéria não pode ser conhecida de ofício pelo juiz.	Extinção do processo sem resolução de mérito (art. 485, VII, CPC).

Preliminar	Defeito	Consequência
Ausência de legitimidade ou de interesse processual	Não atendimento das condições da ação. No caso da ilegitimidade passiva, incumbirá ao réu apontar aquele que deveria estar no polo passivo em seu lugar.	a) no caso de ilegitimidade ativa e falta de interesse processual, extinção do processo sem resolução do mérito (art. 485, VI, CPC); b) quanto à ilegitimidade passiva, instaura-se o incidente de substituição nos termos do art. 339, CPC.
Falta de caução ou de outra prestação que a lei exige como preliminar	Descumprimento de preceito de lei material ou processual que exige do autor caução (como a caução para litigante não residente no país e que não tenha aqui bens de raiz) ou o cumprimento de prestação (depósito de prestação, nos contratos bilaterais).	Assinalar prazo para correção (art. 317, CPC) sob pena de extinção do processo sem resolução de mérito (art. 485, IV, CPC).
Indevida concessão do benefício de gratuidade de justiça	O autor teve deferido o benefício de gratuidade processual, tendo condições de suportar as custas do processo.	Instauração do incidente previsto no art. 100, CPC.

Na redação, deve-se seguir a estrutura abaixo:
- apontar o defeito;
- descrever em que consiste o defeito no caso concreto;
- consequência do defeito;
- providência a ser tomada pelo juiz em favor do réu.

EXEMPLOS

PRELIMINARMENTE – DA NULIDADE DE CITAÇÃO
O ora Réu foi citado por carta, sendo que, na condição de incapaz, sua citação deveria ter ocorrido por Oficial de Justiça, nos termos do artigo 247, II, CPC. Sendo assim, nula é a citação e deverá ser o ato renovado, a fim de que o Réu tenha condições de adequadamente se defender.

PRELIMINARMENTE – DA AUSÊNCIA DE LEGITIMIDADE PARA A CAUSA
Deduz o Autor que é titular do imóvel objeto do litígio, porém, o bem é de propriedade de seu pai, o Sr. ...., pessoa de quem não se tem notícia de falecimento, como se verifica da escritura juntada a fls... dos presentes autos.
Por conseguinte, não tem o Autor legitimidade ativa para a presente causa, o que fulmina o processo de defeito insanável, qual seja, a ilegitimidade de parte. Sendo assim, deverá a lide ser julgada extinta sem resolução de mérito, nos termos do art. 485, VI, CPC.

> **IMPORTANTE**
>
> A defesa preliminar deve ser analisada cuidadosamente e ser alegada caso realmente exista. Por isso, cabe ao advogado do réu examinar os documentos que acompanham a inicial com atenção.
>
> Numa prova, deve-se atentar ao enunciado, pois normalmente há a indicação de diversos defeitos alegáveis na contestação. A atenção deve ser redobrada nas provas de advocacias públicas e de defensoria pública.

5. DEFESA DE MÉRITO DIRETA

Nessa oportunidade, deve-se impugnar todos os fatos narrados pelo autor, sem exceção de nenhum, sob pena de o fato não impugnado ser considerado confessado (art. 341, CPC). Na redação, deve o texto observar a seguinte estrutura para cada um dos fatos:

- apontar fato narrado pelo autor;
- apresentação da versão do réu;
- fundamentos jurídicos que sustentam a versão do réu;
- provas existentes da versão do réu.

> **EXEMPLO**
>
> O Autor afirma que o Réu foi o responsável pela conduta danosa, porém, ao contrário, verificou-se que o Autor foi o causador dos danos em seu próprio patrimônio ao agir em estado de embriaguez, como foi atestado pela Polícia Militar, no boletim de ocorrência anexo. Dessa forma, o Autor é responsável por sua conduta, não podendo imputá-la ao Réu, já que não se demonstram os requisitos da responsabilidade civil do Réu.

> **IMPORTANTE**
>
> Não haverá a confissão se os fatos narrados pelo autor estiverem em contradição com a defesa, considerada em seu conjunto.
>
> Sendo assim, se a versão dos fatos trazida pelo réu se opuser totalmente à versão trazida pelo autor, o ônus da impugnação específica estará cumprido.

6. DEFESA DE MÉRITO INDIRETA

Caso haja fato impeditivo, extintivo ou modificativo do direito do autor, deverá o réu alegá-la. Para tanto, o texto deve observar a seguinte estrutura:

- descrição do fato narrado pelo autor;

- apontar o fato novo de interesse do réu;
- trazer seu fundamento jurídico;
- consequência jurídica ao direito do autor;
- provas do fato extintivo, impeditivo ou modificativo do direito do autor.

EXEMPLO

Apesar de o Réu ter assinado o contrato e não ter adimplido a prestação, não tem o Autor o direito de exigi-la, já que as partes celebraram acordo para pagamento do débito postergando-o para data posterior, conforme demonstrado no documento anexado.
É a moratória causa impeditiva do direito do Autor, que deverá aguardar o novo prazo para deduzir seu pedido em juízo.

7. REQUERIMENTO

Toda petição é encerrada pelo requerimento da parte dirigida ao juízo ou tribunal. Na contestação, deverá o réu requerer o acatamento de sua defesa, que consistirá no reconhecimento das preliminares apresentadas e na improcedência da demanda, além da condenação do autor nas custas processuais e nos honorários de advogado.

IMPORTANTE

Tecnicamente, apenas o autor faz pedido. Por isso, prefira a designação *requerimento*, mais correta.
Por isso, também é correto chamar esse trecho de "Conclusão".

EXEMPLO

DO REQUERIMENTO
Posto isso, requer o Réu o acolhimento das preliminares apontadas e, caso assim não se entender, a improcedência dos pedidos formulados na demanda, condenando o Autor nas custas processuais e nos honorários de advogado.

IMPORTANTE

Na defesa do réu, deve-se atentar para os deveres impostos às partes pelo art. 77, CPC:
a) expor os fatos em juízo conforme a verdade;

b) não formular pretensão ou apresentar defesa quando cientes de que são destituídas de fundamento;
c) não produzir provas e não praticar atos inúteis ou desnecessários à declaração ou à defesa do direito;
d) cumprir com exatidão as decisões jurisdicionais, de natureza provisória ou final, e não criar embaraços à sua efetivação;
e) declinar, no primeiro momento que lhes couber falar nos autos, o endereço residencial ou profissional onde receberão intimações, atualizando essa informação sempre que ocorrer qualquer modificação temporária ou definitiva;
f) não praticar inovação ilegal no estado de fato de bem ou direito litigioso.

8. PROTESTO POR PROVAS

Na contestação, o réu apontará as provas com as quais provará a sua versão dos fatos. Os documentos devem acompanhar a manifestação. Aqui valem as mesmas observações feitas para os documentos essenciais feitos no capítulo referente à "Petição inicial – Passo a passo".

9. OUTROS REQUERIMENTOS A SEREM FORMULADOS PELO RÉU

Justiça gratuita	Caso o problema faça menção de que o réu seja pessoa pobre, poderá ser beneficiária da isenção de taxas judiciárias, nos termos dos arts. 98 a 102, CPC.
Observância de prazo diferenciado	Caso o réu seja beneficiário de prazos diferenciados, como é o caso do Ministério Público (art. 180, CPC), da Advocacia Pública (art. 183, CPC) e do Defensor Público (art. 186, CPC).
Prioridade de tramitação do processo (art. 1.048, CPC)	Poderá fazer requerimento de prioridade de tramitação: a) se atuar como parte ou interessado, pessoa com idade igual ou superior a 60 anos ou portadora de doença grave, assim compreendida qualquer das enumeradas no art. 6º, inciso XIV, da Lei nº 7.713, de 22 de dezembro de 1988; b) nos processos regulados pelo Estatuto da Criança e do Adolescente.
Segredo de justiça (art. 189, CPC)	Devem tramitar em segredo de justiça as seguintes demandas: I – em que o exija o interesse público ou social; II – que versem sobre casamento, separação de corpos, divórcio, separação, união estável, filiação, alimentos e guarda de crianças e adolescentes; III – em que constem dados protegidos pelo direito constitucional à intimidade; IV – que versem sobre arbitragem, inclusive sobre cumprimento de carta arbitral, desde que a confidencialidade estipulada na arbitragem seja comprovada perante o juízo.
Direito de indenização e de retenção por benfeitorias (art. 538, §§ 1º e 2º, CPC)	Para os casos em que seja objeto da demanda a entrega de coisa, tendo o réu direito de indenização ou de retenção por benfeitorias, conforme o caso.

Denunciação da lide	Caso a demanda envolva relação de garantia mantida entre o réu e terceiro enquadrável em uma das hipóteses do art. 125, CPC, pode ser feito pedido na contestação de denunciação da lide (ver no capítulo referente).
Chamamento ao processo	Caso o réu mantenha relação jurídica com fiador, cofiadores ou outros devedores solidários, poderá deduzir pedido de chamamento ao processo (ver no capítulo referente).

10. FECHO

Toda petição é encerrada com a locução "termos em que, pede deferimento", local e data e assinatura do advogado.

Esquema: contestação de procedimento comum

```
    EXCELENTÍSSIMO SENHOR DOUTOR JUIZ DE DIREITO DA ...ª VARA CÍVEL DA
COMARCA DE ...
    ou
    EXCELENTÍSSIMO SENHOR DOUTOR JUIZ FEDERAL DA ...ª VARA FEDERAL... DA
SUBSEÇÃO JUDICIÁRIA DE...
    ou
    EXCELENTÍSSIMO SENHOR DOUTOR DESEMBARGADOR RELATOR [autoridade que
determinou a citação do Réu, conforme estabelecido no problema]
    [Espaço de dez linhas para despacho]
    Autos nº...
    [Espaço de uma linha]
                        RÉU, já qualificado, nos autos da ação de
procedimento ordinário movida por AUTOR, vem, respeitosamente, à Vossa
Excelência, apresentar CONTESTAÇÃO, nos termos dos artigos 335 e seguintes,
do CPC, pelos motivos de fato e de direito a seguir expostos
    [Espaço de duas linhas]


            I - PRELIMINARMENTE
    [Espaço de uma linha]
    [Apresentar as preliminares dilatórias e peremptórias mencionadas no
problema, seguindo a estrutura:
        a) apresentação do defeito e identificação deste no caso dos autos;
        b) consequência jurídica;
        c) requerimento da providência, conforme o tipo da preliminar deduzida.]
    [Espaço de duas linhas]
```

II - DO MÉRITO
[Espaço de uma linha]
[Apresentar a defesa de mérito direta:
a) fato narrado pelo Autor;
b) apresentação da versão do Réu;
c) fundamentos jurídicos que sustentam a versão do Réu;
d) provas existentes da versão do Réu.

Apresentar defesa de mérito indireta:
a) descrever fato narrado pelo Autor;
b) apontar o fato novo de interesse do Réu;
c) trazer seu fundamento jurídico;
d) consequência jurídica ao direito do Autor;
e) provas do fato extintivo, impeditivo ou modificativo do direito do Autor.]
[Espaço de duas linhas]

III - DO REQUERIMENTO
[Espaço de uma linha]
                Posto isto, requer o Réu o acolhimento das preliminares apontadas [caso existam] e, caso assim não se entender, a improcedência da demanda, condenando o Autor nas custas processuais e nos honorários de advogado.
[Espaço de duas linhas]

IV - DAS PROVAS
[Espaço de uma linha]
                Requer o Réu a produção de todas as provas em direito admitidas e que se mostrarem necessárias para a demonstração dos fatos narrados, especialmente os documentos que acompanham a presente, perícia, oitiva do Autor e das testemunhas a serem oportunamente arroladas.
[Espaço de uma linha]

            Termos em que,

              pede deferimento.
[Espaço de uma linha]

            Local e data.
[Espaço de uma linha]

            Advogado...

CAPÍTULO 3

RECONVENÇÃO

1. RECONVENÇÃO (ART. 343, CPC)

Trata-se de ação do réu contra o autor nos mesmos autos da ação principal. Tem como requisitos:

a) ser fundada em causa conexa com a inicial ou com a matéria de defesa;
b) ser o juiz competente para o pedido deduzido em reconvenção;
c) ser apresentada no corpo da contestação ou em petição autônoma, dispensando-se a contestação (art. 343, § 6º).

Seu processamento é realizado da seguinte forma:

a) citação da parte contrária, na pessoa de seu advogado, para apresentação de defesa, no prazo de 15 dias;
b) réplica do reconvinte, se for o caso;
c) processamento e julgamento conjunto com a causa principal.

IMPORTANTE

1) A reconvenção tem *independência em relação à ação principal*. Como ação conexa, é a reconvenção ação autônoma, podendo ser extinta antes da ação principal (ex.: indeferimento da petição de reconvenção). Em caso de desistência ou extinção da ação principal, a reconvenção poderá prosseguir (art. 343, § 2º, CPC).
2) A reconvenção apresentada por petição autônoma faz as vezes de defesa e evita os efeitos materiais da revelia.
3) Caso se verifique a existência de qualquer matéria preliminar na petição inicial, não basta a reconvenção – já que ela somente pode veicular pedido contra o autor. Nesse caso, o réu deverá entrar com a contestação e a reconvenção para a sua defesa ser total.

4) Se for apresentada contestação, a reconvenção será parte componente daquela! Ou seja: será uma peça só com duas partes autônomas.

2. A RECONVENÇÃO: PREENCHENDO SEUS REQUISITOS

A reconvenção poderá constar do corpo da contestação, em capítulo próprio ou em petição apartada, caso se dispense a apresentação de contestação.

Deve, *obrigatoriamente,* observar os requisitos relativos à causa de pedir, ao pedido, à indicação de provas e de valor da causa exigidos para a petição inicial, independentemente da forma escolhida.

Caso apresentada por petição autônoma, seguirá a forma da petição inicial, com as observações acima, e terá as seguintes adaptações:

a) será endereçada ao juízo ou ao tribunal que determinou a citação;
b) dispensa nova qualificação das partes;
c) autoriza-se que a reconvenção seja proposta contra o autor e terceiro, e que a reconvenção possa ser proposta pelo réu em litisconsórcio com terceiro (art. 343, §§ 3º e 4º, CPC).

EXEMPLO

PREÂMBULO
José João da Silva, já qualificado, nos autos do processo da AÇÃO DE PROCEDIMENTO COMUM ajuizada por Maria Helena Fonseca, vem, respeitosamente, à Vossa Excelência, com fundamento no art. 343 do CPC, apresentar sua RECONVENÇÃO, pelos motivos de fato e de direito abaixo expostos.

IMPORTANTE

A nomenclatura a ser utilizada é Réu-reconvinte (polo ativo) e pelo Autor-reconvindo (polo passivo). Caso haja litisconsorte com terceiro, será nominado este simplesmente de "reconvinte" ou "reconvindo", conforme o polo do qual participar:
(...)
d) Independentemente de ser capítulo da contestação ou petição apartada, deverá haver a demonstração do preenchimento dos requisitos para a admissibilidade da reconvenção, antes da exposição da causa de pedir.

EXEMPLO

DO CABIMENTO DA RECONVENÇÃO NO CASO CONCRETO
No caso concreto, é admissível a apresentação da reconvenção, já que presentes seus requisitos legais:
a) a pretensão do réu reconvinte é conexa com a demanda, já que o réu também tem interesse na resolução do contrato, por inadimplemento do autor, como demonstrará a seguir;
b) é o presente juízo competente para a causa, por não se tratar de causa de competência de órgão especial.

Esquema: reconvenção

EXCELENTÍSSIMO SENHOR DOUTOR [autoridade perante a qual já se processa a demanda]
[Espaço de dez linhas para despacho judicial]
RÉU, já qualificado, por seu advogado, que receberá intimações no [endereço], nos autos da AÇÃO DE PROCEDIMENTO ORDINÁRIO movida pelo AUTOR, já qualificado, vem, respeitosamente, à Vossa Excelência, apresentar RECONVENÇÃO, com fundamento no art. 343 do Código de Processo Civil, pelos motivos de fato e de direito abaixo expostos:
[Espaço de duas linhas]

I - DO CABIMENTO DA RECONVENÇÃO NO CASO CONCRETO
[Espaço de uma linha]
No caso concreto, é admissível a apresentação da reconvenção, já que presentes seus requisitos legais:
a) a pretensão do Réu reconvinte é conexa com a demanda, já que [apresentar a conexão com o pedido ou com o fundamento da defesa], como demonstrará a seguir;
b) é o presente juízo competente para a causa, por não se tratar de causa de competência de órgão especial.
[Espaço de duas linhas]

II - DOS FATOS
[Espaço de uma linha]
[Narrar os fatos como descritos no problema, respondendo às questões Como? Onde? Por quê? Quando? Quanto? Para quê?]
[Espaço de duas linhas]

III - DO DIREITO

[Espaço de uma linha]

[Apresentar o fundamento jurídico do pedido, fazendo a relação entre os fatos e sua qualificação jurídica de forma a apresentar como conclusão a necessidade de ser atendida a pretensão do reconvinte]

[Espaço de duas linhas]

IV - DO PEDIDO

[Espaço de uma linha]

De todo o exposto, requer-se:

a) a citação do Autor-reconvindo, na pessoa de seu advogado, para responder aos termos da presente, sob pena de sofrer os efeitos da revelia;

b) a procedência da presente dos pedidos formulados na presente reconvenção, quais sejam, [nos termos do problema, conforme a pretensão seja declaratória, constitutiva ou condenatória, lembrando que o pedido deve ser certo e determinado, exceto nas hipóteses do art. 324, § 1°, Código de Processo Civil, em que se pode realizar pedido genérico];

c) a condenação do Autor-reconvindo nos ônus da sucumbência e dos honorários de advogado.

[Espaço de duas linhas]

V - DAS PROVAS

[Espaço de uma linha]

Protesta provar o alegado por todos os meios de prova em direito admitidos, consistentes nos documentos juntados, oitiva do Réu em depoimento pessoal, oitiva de testemunhas, perícias e todas as que se fizerem necessárias ao longo da presente demanda.

[Espaço de duas linhas]

VI - DO VALOR DA CAUSA

[Espaço de uma linha]

Dá-se à causa o valor de R$... [conforme arts. 291 e 292, Código de Processo Civil]

[Espaço de uma linha]

Termos em que,

pede deferimento.

[Espaço de uma linha]

Local e data.

[Espaço de uma linha]

Advogado...

Parte IV
Intervenção de terceiros e outras manifestações

CAPÍTULO 1

INTERVENÇÕES DE TERCEIROS

1. INTERVENÇÃO DE TERCEIROS

Consiste em oportunidades legalmente concedidas à pessoa não participante de determinada relação jurídica processual para nela atuar ou ser convocada a atuar, na defesa de interesses jurídicos próprios.

São as seguintes modalidades:

Instituto	Definição	Objetivo	Procedimento
Assistência (arts. 119-124, CPC)	Autorização legal dada a terceiro de ingressar em causa na qual tenha interesse jurídico.	Terceiro pretende auxiliar uma das partes na vitória no feito (*assistência simples*) ou formar litisconsórcio ulterior (*assistência litisconsorcial*).	Requerimento pelo terceiro, que receberá o processo no estado em que se encontrar, e deferimento pelo juiz, depois de ouvidas as partes.
Denunciação da lide (arts. 125-129, CPC)	Autor ou réu pretendem resolver demanda regressiva contra terceiro, em casos de evicção, perda da posse direta ou qualquer outra situação similar.	Resolver a relação entre denunciante e denunciado, caso o denunciante seja derrotado na demanda.	a) deve ser requerida na petição inicial ou na contestação, sendo apreciada pelo juiz; b) citação do denunciado; c) instrução conjunta; d) no fim da demanda, caso derrotado o denunciante, o juiz se pronunciará sobre a relação entre ele e o denunciado (art. 129 do CPC).

Instituto	Definição	Objetivo	Procedimento
Chamamento ao processo (arts. 130-132, CPC)	Autorização dada ao réu de convocar para litigar no polo passivo o devedor, se o fiador for o réu; outros fiadores, se apenas um for acionado ou todos os devedores solidários, se um ou alguns deles for réu na demanda.	Resolver a responsabilidade entre os codevedores na mesma demanda.	Requerimento do réu, na contestação; deferimento pelo juiz e citação dos chamados.
Incidente de desconsideração da pessoa jurídica (arts. 133-137, CPC)	Rito a ser observado nos casos previstos na lei material para ser afastada a pessoa jurídica e para os casos de desconsideração inversa.	Garantir o contraditório ao terceiro, que terá seu patrimônio atingido pela demanda judicial.	a) requerimento pelo interessado; b) suspensão do processo, salvo se o requerimento foi feito pelo autor na petição inicial; c) citação do sócio para resposta, no prazo de 15 dias; d) instrução, se necessária; e) decisão, impugnável por agravo.
Amicus curiae (art. 138, CPC)	Solicitação ou admissão de participação de pessoa natural ou jurídica, órgão ou entidade especializada, com representatividade adequada.	Relevância da matéria, a especificidade do tema objeto da demanda ou a repercussão social da controvérsia demandam a oitiva de entidades especializadas.	a) petição do terceiro ou admissão de ofício; b) fixação dos poderes de atuação, por decisão fundamentada; c) intimação da entidade para proferir parecer em 15 dias, contados de sua intimação; d) não há alteração de competência.

IMPORTANTE

Depois de aceitos, os terceiros terão tratamento de parte, sujeitando-se aos efeitos da sentença e da coisa julgada material formada, com exceção do assistente simples, que estará sujeito à regra do art. 123 do CPC.

2. PASSO A PASSO DO PEDIDO DE ASSISTÊNCIA

Cabimento e legitimidade	Terceiro que tenha interesse jurídico na vitória de uma das partes. É admissível em qualquer procedimento e processo como regra, excetuando-se haver vedação legal expressa.
Forma	Petição própria, dirigida ao juízo ou Tribunal perante o qual se processa a causa.
Momento de apresentação	A qualquer tempo, em qualquer grau de jurisdição.
Causa de pedir	Demonstração do interesse jurídico na vitória (ter relação jurídica com uma das partes e que a causa pode influenciar indiretamente a referida relação).
Requerimento	Acolhimento do pedido de assistência, para ingresso no feito do terceiro, devendo ser intimado de todos os atos do processo.
Fecho	Termos em que pede deferimento, local, data e assinatura do advogado.
Documentos	Procuração ao advogado, comprovante de pagamento de custas (verificar a lei de custas do Tribunal referente), documentos do assistente, quaisquer documentos que demonstrem o vínculo com o assistido e o interesse jurídico do assistente.

Esquema: petição de pedido de assistência

```
EXCELENTÍSSIMO SENHOR DOUTOR JUIZ DE DIREITO [Especificar o juízo]
ou
EXCELENTÍSSIMO SENHOR DOUTOR JUIZ FEDERAL [Especificar a Seção Judiciária]
ou
EXCELENTÍSSIMO SENHOR DOUTOR DESEMBARGADOR RELATOR DO TRIBUNAL [Especificar o tribunal]
[Espaço de dez linhas para despacho judicial]
Autos n°...
[Espaço de uma linha]
                    TERCEIRO, nacionalidade..., estado civil...,
profissão..., RG n°..., CPF n°..., residente e domiciliado no endereço...,
por seu advogado que receberá intimações no endereço..., nos autos da
AÇÃO movida por AUTOR em face do RÉU, vem, respeitosamente, requerer
seu ingresso como ASSISTENTE do [Autor/Réu], pelos motivos de fato e de
direito a seguir expostos:
   [Demonstrar o interesse jurídico com a parte assistida, apresentando
a relação jurídica entre elas existente – assistência simples – com existente com a parte adversária ao assistido – assistência litisconsorcial e
a repercussão que a causa poderá ter ao assistente]
```

Do exposto, requer o acolhimento do presente requerimento, para fins de inclusão do peticionário como assistente do [Autor/Réu], intimando-o de todos os atos do processo.

[Espaço de uma linha]

Termos em que,

pede deferimento.

[Espaço de uma linha]

Local e data.

[Espaço de uma linha]

Advogado...

3. PASSO A PASSO DA DENUNCIAÇÃO DA LIDE

Cabimento e legitimidade	Do autor ou do réu, nos processos de conhecimento em que: a) o alienante, na ação em que terceiro reivindica a coisa, cujo domínio foi transferido à parte, a fim de que esta possa exercer o direito que da evicção lhe resulta; b) o proprietário ou o possuidor indireto quando, por força de obrigação ou direito, em casos como o do usufrutuário, do credor pignoratício, do locatário, o réu, citado em nome próprio, exerça a posse direta da coisa demandada; c) aquele que estiver obrigado, pela lei ou pelo contrato, a indenizar, em ação regressiva, o prejuízo do que perder a demanda.
Forma	Preliminar de petição inicial ou contestação.
Momento de apresentação	Nas oportunidades acima mencionadas, sob pena de preclusão.
Causa de pedir	Demonstração da relação jurídica estabelecida no art. 125, CPC, entre o denunciante (autor ou réu) e o denunciado (terceiro).
Requerimento	Citação do denunciado, na forma do art. 126, CPC, para apresentar defesa ou negar a condição alegada, sob pena de ter reconhecida sua relação jurídica com o denunciante como por este proposta.
Documentos	Que demonstrem o vínculo jurídico entre o denunciante e o denunciado.

Esquema: pedido de denunciação da lide (preâmbulo)

EXCELENTÍSSIMO SENHOR DOUTOR JUIZ DE DIREITO [Especificar o juízo]
ou
EXCELENTÍSSIMO SENHOR DOUTOR JUIZ FEDERAL [Especificar a Seção Judiciária]

[Espaço de dez linhas para despacho judicial]
Autos nº...
[Espaço de uma linha]

I - PRELIMINARMENTE. DA DENUNCIAÇÃO DA LIDE
[Espaço de uma linha]
[Demonstrar a presença de uma das situações apontadas no art. 125 do CPC, apresentando fatos e fundamento jurídico]

Diante desse fato, requer o [Autor/Réu] a citação do terceiro denunciado para, nos termos dos arts. 125 e seguintes do CPC, apresentar defesa ou negar a condição alegada, sob pena de ter reconhecida sua relação jurídica com o denunciante como por esta proposta.

4. PECULIARIDADES QUANTO À MANIFESTAÇÃO DO DENUNCIADO

a) Caso o denunciado pelo autor requeira assumir a posição de litisconsorte do denunciante, deverá se manifestar por petição no prazo assinalado. Se quiser aditar a inicial, deverá observar os requisitos legais impostos para a petição inicial. Também deverá juntar os documentos pertinentes.

b) O denunciado pelo réu pode aceitar sua condição de garantidor e contestar o pedido pelo autor, assumindo a posição de litisconsorte com o denunciante.

c) O denunciado pelo réu também pode confessar os fatos narrados pelo autor, o que autoriza o denunciante a aderir ao reconhecimento e apenas discutir a relação de regresso.

d) Admite-se uma única denunciação sucessiva, promovida pelo denunciado, contra seu antecessor imediato na cadeia dominial ou quem seja responsável por indenizá-lo. O denunciado sucessivo não pode promover nova denunciação, hipótese em que eventual direito de regresso será exercido por ação autônoma.

5. PASSO A PASSO DO CHAMAMENTO AO PROCESSO

Cabimento e legitimidade	Do réu em processo de conhecimento (chamante), nos casos: a) do devedor, na ação em que o fiador for réu; b) dos outros fiadores, quando para a ação for citado apenas um deles; c) de todos os devedores solidários, quando o credor exigir de um ou de alguns deles, parcial ou totalmente, a dívida comum.
Forma	Preliminar de contestação.
Momento de apresentação	Na defesa, sob pena de preclusão.
Causa de pedir	Demonstrar, com fatos e fundamento jurídico, a existência de uma das situações acima mencionadas.

Requerimento	Citação do chamado, para apresentar a defesa, sob pena de formação de título executivo judicial em face do chamado.
Documentos	Que demonstrem a relação jurídica entre o chamante e o chamado.

Esquema: pedido de chamamento ao processo (preâmbulo)

```
EXCELENTÍSSIMO SENHOR DOUTOR JUIZ DE DIREITO [Especificar o juízo]
ou
EXCELENTÍSSIMO SENHOR DOUTOR JUIZ FEDERAL [Especificar a Seção Judi-
ciária]
[Espaço de dez linhas para despacho judicial]
Autos n°...


        I - PRELIMINARMENTE. DO CHAMAMENTO AO PROCESSO
[Espaço de uma linha]
[Demonstrar a presença de uma das situações apontadas no art. 130 do
CPC, apresentando fatos e fundamento jurídico]
                    Diante desse fato, requer o Réu a citação do
terceiro chamado para, nos termos do art. 131 do CPC, apresentar defesa
ou negar a condição alegada, sob pena de formação de título executivo
judicial em face do chamado.
```

6. PASSO A PASSO DO INCIDENTE DE DESCONSIDERAÇÃO DA PESSOA JURÍDICA

Cabimento e legitimidade	Nas situações previstas na lei material, como, por exemplo, art. 50 do CC e art. 28 do CDC. É compatível com qualquer procedimento e processo que envolva obrigação a cumprir. Terá legitimidade ativa o credor da prestação e da legitimidade passiva a pessoa jurídica devedora ou a pessoa física devedora (na desconsideração inversa).
Forma	Como preliminar na petição inicial ou em petição própria.
Momento de apresentação	A qualquer momento no processo.
Causa de pedir	Demonstrar, com fatos e fundamento jurídico, a existência das causas legais que autorizam a desconsideração da pessoa jurídica, direta ou inversa.
Requerimento	Citação dos sócios ou da pessoa jurídica, para apresentar a defesa, sob pena de revelia.

Esquema: pedido de desconsideração da pessoa jurídica

```
EXCELENTÍSSIMO SENHOR DOUTOR JUIZ DE DIREITO [Especificar o juízo]
ou
EXCELENTÍSSIMO SENHOR DOUTOR JUIZ FEDERAL [Especificar a Seção Judiciária]
[Espaço de dez linhas para despacho judicial]
Autos n°...
AUTOR OU RÉU, devidamente qualificados da ação de procedimento comum / especial / de execução, ajuizada em face de (oponente), vem, respeitosamente, à Vossa Excelência requerer a DESCONSIDERAÇÃO DA PESSOA JURÍDICA, pelas razões de fato e de direito a seguir expostas:
[Espaço de uma linha]
[Demonstrar a ocorrência de uma das hipóteses previstas na lei que autorizem o afastamento da pessoa jurídica ou a desconsideração inversa, apresentando fatos e fundamento jurídico]
                Diante desse fato, requer-se a citação dos sócios (qualificar) / da pessoa jurídica (no caso da desconsideração inversa) para apresentar defesa, sob pena de revelia e de ter sua inclusão determinada no presente feito, submetendo-se à constrição de seus bens.
                Termos em que,
                Pede deferimento.
                (data/local)
                Advogado
```

7. PASSO A PASSO DO PEDIDO DE INGRESSO DE *AMICUS CURIAE*

Cabimento e legitimidade	Nos casos em que o juiz ou o relator, considerando a relevância da matéria, a especificidade do tema objeto da demanda ou a repercussão social da controvérsia, poderá, por decisão irrecorrível, de ofício ou a requerimento das partes ou de quem pretenda manifestar-se, solicitar ou admitir a participação de pessoa natural ou jurídica, órgão ou entidade especializada, com representatividade adequada.
Forma	Em petição própria, caso a intervenção seja provocada.
Momento de apresentação	A qualquer momento no processo.
Causa de pedir	Demonstrar, com fatos e fundamento jurídico, a existência das causas legais que autorizam o ingresso de terceiro como entidade especializada e de representação adequada dos temas discutidos na demanda.
Requerimento	Admissão como *custos legis*, com abertura de prazo para manifestação sobre o tema no prazo de 15 dias.

Esquema: pedido de ingresso como *amicus curiae*

```
EXCELENTÍSSIMO SENHOR DOUTOR JUIZ DE DIREITO [Especificar o juízo]
ou
EXCELENTÍSSIMO SENHOR DOUTOR JUIZ FEDERAL [Especificar a Seção Judi-
ciária]
[Espaço de dez linhas para despacho judicial]
Autos n°...
     TERCEIRO, (qualificação), nos autos da ação de procedimento comum /
especial / de execução, na qual figuram como partes (mencionar as partes),
vem, respeitosamente, à Vossa Excelência requerer sua admissão como AMICUS
CURIAE, pelas razões de fato e de direito a seguir expostas:
     [Espaço de uma linha]
     [Apresentar os motivos pelos quais existe no caso concreto a relevân-
cia da matéria, a especificidade do tema objeto da demanda ou a repercussão
social da controvérsia e que o terceiro tem a qualificação para intervir
como amicus curiae]
                             Diante desse fato, requer-se o deferimento do
pedido ora apresentado, para deferir o ingresso do requerente como amicus
curiae na causa, assinalando-se prazo para sua manifestação e determinando
os poderes que o requerente terá na causa.
                         Termos em que,
                         Pede deferimento.
                           (data/local)
                             Advogado
```

8. DEFESA DO TERCEIRO

Nas intervenções provocadas de terceiro (denunciação da lide, chamamento ao processo e desconsideração da pessoa jurídica), terá o terceiro o direito de se defender, caso não aceite a intervenção. A defesa será deduzida por *contestação*, no prazo de 15 dias.

9. REVELIA DO TERCEIRO

Caso o terceiro não conteste, será considerado revel. A consequência da revelia do terceiro depende, em primeiro lugar, da efetivação dos efeitos materiais da revelia (art. 345, CPC) e poderão ser:

a) em relação ao denunciado: caso o denunciante seja derrotado, o denunciado deverá arcar com os prejuízos impostos ao denunciante, nos limites reconhecidos pelo juiz;

b) em relação ao chamado: forma-se título executivo contra ele em favor do chamante;

c) em relação à desconsideração da pessoa jurídica (direta ou inversa): o arresto ou a penhora do patrimônio, conforme a fase processual constatada concretamente.

CAPÍTULO 2

OUTRAS MANIFESTAÇÕES NO PROCESSO DE CONHECIMENTO E DE EXECUÇÃO

1. GENERALIDADES

Além das defesas e das intervenções de terceiros, nosso ordenamento prevê diversas outras manifestações das partes, a fim de prosseguir na condução da causa até o proferimento de sentença, seja no processo de conhecimento, seja no processo de execução.

Todas as manifestações intermediárias, a serem apresentadas pelo autor ou pelo réu, conforme o interesse então discutido, serão dirigidas ao órgão perante o qual tramita a demanda, e terão o seguinte formato:

EXCELENTÍSSIMO SENHOR DOUTOR JUIZ [Da causa]

[Espaço de dez linhas para despacho judicial]

Autos nº...

REQUERENTE [Autor ou Réu], já qualificado, nos autos do processo da AÇÃO [pôr o nome], que tem como parte adversária [Réu ou Autor], por seu advogado abaixo assinado, vem, respeitosamente, à Vossa Excelência, expor e requerer o que segue:

[Apontar os fatos e o direito referentes: concessão de prazo, apresentação de rol de testemunhas, suspensão do processo, apresentação de documentos, apresentação de assistente técnico e quesitos etc.]

Posto isso, é a presente para requerer [a providência objetivada].

[Espaço de uma linha]

Termos em que,

pede deferimento.

[Espaço de uma linha]

Local e data.

[Espaço de uma linha]

Advogado...

Há, porém, manifestações que são tratadas de forma especial pelo CPC. São, entre outras, a réplica, os memoriais, a arguição de impedimento e de suspeição e a arguição de atentado (em substituição à medida cautelar de atentado, prevista no CPC anterior).

2. RÉPLICA

Previsão legal	Arts. 350 e 351 do CPC.
Conteúdo	a) manifestação sobre fato impeditivo, extintivo ou modificativo do direito do autor alegado pelo réu em contestação (art. 350, CPC); b) manifestação sobre a alegação do réu em contestação de uma ou algumas das matérias do art. 337, CPC.
Prazo	15 dias.
Endereçamento	Juízo ou tribunal perante o qual se processa a causa.
Legitimidade	Autor ou réu, em caso de reconvenção.
Forma	Petição autônoma, com os conteúdos acima mencionados, devendo ser reiterados os motivos de procedência da demanda.

IMPORTANTE

Caso não haja nenhuma das hipóteses dos arts. 350 e 351 do CPC e tenha sido juntado pelo réu documento, tem o autor direito à manifestação no prazo de 15 dias, nos termos do art. 437, § 1º, CPC.

3. MEMORIAIS

Previsão legal	Art. 364, § 2º, CPC.
Conteúdo	Manifestação sobre as provas produzidas no processo, devendo a parte (autor ou réu) demonstrar à autoridade jurisdicional como o fato litigioso foi provado da forma que lhe é favorável. Trata-se da oportunidade de as partes convencerem o julgador de que a causa deve ter julgamento a si favorável.
Prazo	É judicial, normalmente fixado em 10 dias, comuns ou sucessivos.
Endereçamento	Juízo ou tribunal perante o qual se processa a causa.
Legitimidade	Autor, réu e Ministério Público, caso participante da demanda.
Forma	Petição autônoma, com os conteúdos acima mencionados, devendo ser reiterados os motivos de procedência ou improcedência da demanda.

CAPÍTULO 2 – OUTRAS MANIFESTAÇÕES NO PROCESSO DE CONHECIMENTO E DE EXECUÇÃO | **153**

> **IMPORTANTE**
>
> É erro comum simplesmente reproduzir a petição inicial ou a defesa em memoriais. Deve a parte vincular os argumentos apresentados em sua manifestação à prova produzida, sob pena de a manifestação não se prestar a influenciar o julgador sobre a pertinência do pedido ou da defesa.

4. ARGUIÇÃO DE IMPEDIMENTO E SUSPEIÇÃO (ARTS. 144 E SS., CPC)

Defeito	Definição	Processamento
Impedimento	Constata-se que o juiz é parcial, por incorrer em uma das hipóteses do art. 144, CPC. É causa para ação rescisória.	a) apresentação por petição específica, na qual deve haver indicação do juízo correto; b) suspensão do processo principal (art. 313, III, CPC); c) se o juiz reconhece a causa de impedimento ou a suspeição, determina a remessa dos autos para seu substituto legal;
Suspeição	Constata-se que o juiz é parcial, por incorrer em uma das hipóteses do art. 145, CPC. Não é causa para ação rescisória.	d) se o juiz não reconhece a causa de impedimento ou de suspeição, deverá mandar o expediente para o Tribunal competente; e) decisão do Tribunal. Se reconhecida a causa de impedimento ou de suspeição, o juiz será condenado em custas e honorários de advogado; f) o Tribunal decretará a nulidade dos atos do juiz, se praticados quando já presente o motivo de impedimento ou de suspeição.

> **IMPORTANTE**
>
> 1) Remetido o incidente à instância superior, o processo ficará suspenso (art. 313, III, CPC), até a decisão do relator que conferir os efeitos ao incidente (art. 146, § 2º, CPC).
> 2) Esse incidente é compatível com qualquer procedimento do processo de conhecimento (comum ou especial) e são admissíveis na execução e no processo cautelar.

5. PASSO A PASSO DA ARGUIÇÃO DE SUSPEIÇÃO E DE IMPEDIMENTO: PREENCHENDO SEUS REQUISITOS

Arguição de suspeição e de impedimento:

Requisito	Como preenchê-lo
Endereçamento	Ao juízo ou ao tribunal que determinou a citação.

Requisito	Como preenchê-lo
Partes	Requerente: qualquer das partes. Requerido: o julgador.
Causa de pedir	A causa de parcialidade do juiz ou do relator. No texto, deve-se apontar o motivo da parcialidade e as provas com as quais se pretende provar a alegação.
Requerimento	Acolhimento do pedido, a manifestação do juiz ou do relator sobre a alegação. Caso não se entenda suspeito ou impedido, apresentação de defesa, a remessa dos autos ao Tribunal competente (se parcialidade de juiz) ou para a Câmara (parcialidade do relator). Também deve haver pedido de condenação em custas e honorários advocatícios.
Fecho	Termos em que pede deferimento, local, data, assinatura do advogado.
Documentos	Que comprovem a situação de suspeição ou impedimento suscitada.

Esquema: arguição de suspeição e de impedimento

EXCELENTÍSSIMO SENHOR DOUTOR JUIZ DE DIREITO [Especificar o juízo]

ou

EXCELENTÍSSIMO SENHOR DOUTOR JUIZ FEDERAL [Especificar a Seção Judiciária]

ou

EXCELENTÍSSIMO SENHOR DOUTOR DESEMBARGADOR RELATOR DO TRIBUNAL [Especificar o tribunal]

[Espaço de dez linhas para despacho judicial]

AUTOR OU RÉU, já qualificado nos autos do processo da AÇÃO [pôr qual é], por seu advogado que receberá intimações no endereço..., movida [pôr autor ou em face do Réu], vem, respeitosamente, ARGUIR A SUSPEIÇÃO / EXCEÇÃO IMPEDIMENTO, pelos motivos de fato e de direito a seguir expostos:

A presente demanda foi ajuizada/distribuída perante este Ilustre [Juízo/Tribunal], porém verifica-se a existência de causa de [suspeição/impedimento], o qual impede este juízo / relator de julgar a presente causa.

[Apontar qual causa de impedimento ou de suspeição estão presentes e apontar seu enquadramento legal em uma das hipóteses dos arts. 144 e 145 do CPC, respectivamente]

A fim de sanar o defeito de parcialidade do juízo, requer o Réu que seja suspenso o feito para que Vossa Excelência declare sua parcialidade ou, caso entenda o contrário, que remeta os autos à Superior Instância com sua defesa, no prazo legal.

[Espaço de uma linha]

```
                        Termos em que,
                    pede deferimento
[Espaço de uma linha]
                        Local e data.
[Espaço de uma linha]
                            Advogado...
```

6. ARGUIÇÃO DE ATENTADO

Regime jurídico da medida:

Objetivo	Restabelecer o estado anterior da coisa litigiosa, de coisa dada em garantia ou a qual será objeto de prova, alterada por ato de uma das partes do processo ou por terceiro, conservando-a até decisão final. É ato punido como atentatório à dignidade da justiça.
Cabimento	Nos termos do art. 77, VI, CPC, atentado consiste em praticar inovação ilegal no estado de fato de bem ou direito litigioso.
Requerimento	Por simples petição do prejudicado nos autos, na qual deve ser informada a inovação ilegal e juntados os documentos que a comprovem e requerida a imposição de multa, até 20% do valor da causa, de acordo com a gravidade da conduta nos termos do art. 77, § 2º, CPC. Quando o valor da causa for irrisório ou inestimável, a multa prevista no § 2º poderá ser fixada em até 10 vezes o valor do salário mínimo. Se não paga, será cobrada como dívida ativa e reverterá aos fundos estabelecidos no art. 97 do CPC.
Responsabilidade civil e criminal	A imposição da multa se dá sem prejuízo das sanções criminais, civis e processuais cabíveis. Assim, no juízo cível, pode-se requerer o desfazimento da inovação e da determinação de indenização, a ser liquidada em apartado. Conforme o caso, cumulada com multa e pedido de indenização. No crime, deve ser apurado o tipo penal infringido.
Procedimento	Por petição nos autos, dirigida ao órgão perante o qual a causa se processa, informando a inovação ilegal e requerendo a imposição de penalidade. Pode-se requerer o desfazimento da inovação, sob pena de multa e fixação de indenização, a ser liquidada em apartado.

CAPÍTULO 3

SANEAMENTO PARTICIPATIVO E INCIDENTES DA FASE PROBATÓRIA

1. CONTEÚDO DA DECISÃO SANEADORA

Estabelece o art. 357, CPC, que, não sendo o caso de extinção do processo, com ou sem resolução do mérito, deverá ser proferida decisão de saneamento e de organização do processo. Essa decisão deve conter:

a) a solução das questões processuais pendentes, se houver;
b) as questões de fato sobre as quais recairá a atividade probatória, especificando os meios de prova admitidos;
c) a definição da distribuição do ônus da prova, podendo o juiz, se for o caso, proceder a distribuição distinta do ônus probatório, nos termos do art. 373, § 1º, CPC;
d) a delimitação das questões de direito relevantes para a decisão do mérito;
e) a designação, se necessário, de audiência de instrução e julgamento.

2. SANEAMENTO PARTICIPATIVO

Realizado o saneamento, as partes têm o direito de pedir esclarecimentos ou solicitar ajustes, no prazo comum de cinco dias.

As partes se manifestarão por petição dirigida ao juízo, indicando precisamente o ponto a ser esclarecido ou a ajustar.

Caso não haja manifestação das partes no prazo fixado, a decisão se torna estável.

> *Não se prevê recurso da decisão que apreciar o pedido de esclarecimento ou ajuste da decisão saneadora. Sendo assim, poderá ser o tema matéria preliminar de apelação.*

Se a causa apresentar complexidade em matéria de fato ou de direito, deverá o juiz designar audiência para que o saneamento seja feito em cooperação com as partes, oportunidade em que o juiz, se for o caso, convidará as partes a integrarem ou esclarecerem suas alegações.

> **IMPORTANTE**
>
> O teor da decisão que decidir sobre a distribuição distinta do ônus da prova (distribuição dinâmica, prevista no art. 373, § 1º, CPC) é impugnável por recurso de agravo de instrumento (art. 1.015, XI, CPC).

3. SANEAMENTO CONSENSUAL

As partes podem apresentar ao juiz, para homologação, delimitação consensual das questões de fato e de direito, a qual, se homologada, vincula as partes e o juiz.

Trata-se de negócio jurídico processual e deve ser veiculado por petição conjunta, devidamente assinada pelos advogados das partes.

Nota de parede: os advogados devem ter poderes especiais para transigir sobre o procedimento.

4. INCIDENTES DA FASE PROBATÓRIA

Na fase de produção de provas, são previstos diversos incidentes, os quais são decididos por decisão interlocutória contra a qual não é previsto recurso. Sendo assim, a decisão será impugnada em sede de preliminar de apelação. Abaixo, segue o rol de alguns desses incidentes:

Tipo de prova	Incidente	Objetivo e previsão legal
Confissão	Anulação de confissão	Anular a confissão obtida por erro de fato ou coação. Deve ser requerida por ação própria a ser distribuída por dependência (art. 393, CPC).
Testemunhal	Arrolamento de testemunha	No prazo fixado pelo juiz, não superior a 15 dias contados da intimação da decisão saneadora (art. 357, § 4º, CPC).
	Contradita de testemunha	Impugnação ao testemunho, por ser a testemunha suspeita ou impedida. É feita oralmente na audiência (art. 457, § 1º, CPC).
	Acareação entre testemunhas ou entre testemunha e parte	Inquirição conjunta para verificar contradições. É feita oralmente na audiência (art. 461, II, CPC).

Tipo de prova	Incidente	Objetivo e previsão legal
Pericial	Perícia simplificada	Inquirição de especialista, dispensado o laudo (art. 464, §§ 2º a 4º, CPC).
	Arguição de impedimento ou suspeição do perito	Alegação de que o perito não é imparcial. As causas são as mesmas para o juiz (art. 465, § 1º, I, CPC).
	Indicação de assistente técnico e de quesitos	A parte pode indicar profissional qualificado de sua confiança para acompanhar a produção da prova e juntar perguntas referentes aos fatos periciados que devem ser respondidos pelo perito (art. 465, II e III, CPC).
	Honorários periciais	O perito faz a proposta de honorários, e as partes devem se manifestar no prazo comum de cinco dias (art. 465, §§ 2º e 3º, CPC).
	Substituição do perito	Se constatada uma das situações do art. 468, CPC.
	Escolha consensual do perito	É negócio jurídico processual, devendo as partes serem capazes e que a causa admita solução por autocomposição (art. 471, CPC).
	Manifestação ou impugnação do laudo	Oportunidade das partes e de seus assistentes técnicos (se indicados) comentarem a prova pericial, requerendo esclarecimentos, no prazo comum de 15 dias (art. 477, CPC).
	Segunda perícia	Quando a matéria não estiver suficientemente esclarecida (art. 480, CPC).

Alguns incidentes têm procedimento mais detalhadamente tratado no CPC. É o caso da produção antecipada de provas e do incidente de falsidade documental. Tratamos abaixo, também, do incidente de exibição de documento ou coisa.

5. PRODUÇÃO ANTECIPADA DE PROVAS

Cabimento (art. 381, CPC)	a) Haja fundado receio de que venha a tornar-se impossível ou muito difícil a verificação de certos fatos na pendência da ação. b) A prova a ser produzida seja suscetível de viabilizar a autocomposição ou outro meio adequado de solução de conflito. c) O prévio conhecimento dos fatos possa justificar ou evitar o ajuizamento de ação.
Natureza	Poderá ter natureza cautelar (proteção da prova ou justificação da demanda) ou satisfativa (evitar ajuizamento da ação ou viabilizar a solução extrajudicial do conflito). A providência cautelar pode ser preparatória ou incidental. Se satisfativa, será necessariamente autônoma.

Legitimidade	Ativa: do interessado na prova. Passiva: do réu da ação principal (ajuizada ou a ajuizar).
Competência	Do juízo do foro onde esta deva ser produzida ou do foro de domicílio do réu. A produção antecipada da prova não previne a competência do juízo para a ação que venha a ser proposta. O juízo estadual tem competência para produção antecipada de prova requerida em face da União, de entidade autárquica ou de empresa pública federal se, na localidade, não houver vara federal.
Procedimento	a) Na petição, o requerente apresentará as razões que justificam a necessidade de antecipação da prova e mencionará com precisão os fatos sobre os quais a prova há de recair. b) O juiz determinará, de ofício ou a requerimento da parte, a citação de interessados na produção da prova ou no fato a ser provado, salvo se inexistente caráter contencioso. c) Os interessados poderão requerer a produção de qualquer prova no mesmo procedimento, desde que relacionada ao mesmo fato, salvo se a sua produção conjunta acarretar excessiva demora. d) O juiz não se pronunciará sobre a ocorrência ou a inocorrência do fato, nem sobre as respectivas consequências jurídicas. e) Nesse procedimento, não se admitirá defesa ou recurso, salvo contra decisão que indeferir totalmente a produção da prova pleiteada pelo requerente originário. f) Os autos permanecerão em cartório durante um mês para extração de cópias e certidões pelos interessados. Findo o prazo, os autos serão entregues ao promovente da medida. Se os autos forem digitais, serão arquivados normalmente.

IMPORTANTE

1) O arrolamento de bens seguirá o mesmo procedimento quando tiver por finalidade apenas a realização de documentação, e não a prática de atos de apreensão. Nesse caso, deverá observar o procedimento da tutela provisória.
2) Também se aplica o procedimento à justificação, ou seja, à documentação da existência de algum fato ou relação jurídica sem caráter contencioso.

6. PASSO A PASSO DA PRODUÇÃO ANTECIPADA DE PROVAS: PREENCHENDO SEUS REQUISITOS

Competência	a) Medida preparatória: onde a prova deverá ser realizada ou no domicílio do réu. b) Medida incidental: ao juízo da causa.

Partes	Ativa: do interessado na prova. Passiva: do oponente da ação principal (ajuizada ou a ajuizar). Todos os réus da demanda, já existente ou a ser ajuizada, deverão ser citados para acompanhar a produção da prova, sob pena de a prova não poder ser utilizada contra o réu não participante, por negar a ele o direito de participação no ato.
Causa de pedir	Deverá ser demonstrada(o) na petição inicial: a) a necessidade da prova e seu objetivo e os fatos que deverão ser provados; b) um dos requisitos do art. 381, I a III; c) o arrolamento da testemunha, a indicação precisa da perícia (com a apresentação de quesitos e a indicação de assistente técnico) ou a intimação para prestar depoimento pessoal; d) ou, ainda, demonstração da necessidade do arrolamento de bens (com a respectiva indicação de onde os bens se localizam e no poder de quem estão) ou da justificação de fato ou relação jurídica (com a indicação das testemunhas a serem inquiridas).
Requerimento	Para deferir a produção da prova a ser produzida.
Provas	Mencionar a existência de prova documental dos elementos da causa de pedir.
Citação do réu	Para acompanhar a produção da prova.
Valor da causa	Deverá ser indicado se a medida for preparatória ou satisfativa, conforme as regras legais contidas nos arts. 291 e 292, CPC.

> **IMPORTANTE**
>
> Na produção antecipada de provas, apenas será realizada a audiência ou a perícia. A valoração da prova ocorrerá na ação principal, no momento processual próprio (proferimento da sentença, como regra). E será nessa oportunidade que as partes poderão apresentar suas razões e, eventualmente, recorrer (diferimento da defesa e do recurso).

Esquema: produção antecipada de provas

```
EXCELENTÍSSIMO SENHOR DOUTOR JUIZ DE DIREITO DA VARA CÍVEL DA COMARCA DE...
    ou
```

EXCELENTÍSSIMO SENHOR DOUTOR JUIZ FEDERAL DA ...ª VARA FEDERAL DA SEÇÃO JUDICIÁRIA DE...

[Espaço de dez linhas]

REQUERENTE, nacionalidade..., estado civil..., profissão..., RG nº... e CPF nº..., residente e domiciliado no endereço...

ou

REQUERENTE, pessoa jurídica de direito privado, devidamente inscrita no CNPJ/MF sob o nº... com sede no endereço..., representada por seu administrador Sr..., nacionalidade..., estado civil..., portador da cédula de identidade RG nº..., devidamente inscrito no CPF/MF sob o nº...,

Pelo advogado abaixo assinado, que receberá intimações no endereço..., vem, respeitosamente, à Vossa Excelência requerer a presente PRODUÇÃO ANTECIPADA DE PROVAS, com fundamento nos arts. 381 e 382 do CPC, em face de

ADVERSÁRIO, nacionalidade..., profissão..., estado civil..., RG nº... e CPF nº..., residente e domiciliado no endereço...

ou

ADVERSÁRIO, pessoa jurídica de direito privado, devidamente inscrita no CNPJ/MF sob o nº..., com sede no endereço..., pelas razões de fato e de direito a seguir expostas:

I - DOS FATOS

[Espaço de uma linha]

[Narrar a situação jurídica que justifica a antecipação da prova, o arrolamento dos bens sem apreensão ou a justificação do fato ou relação jurídica]

[Espaço de duas linhas]

II - DO DIREITO

[Espaço de uma linha]

Deverá ser demonstrada na petição inicial:

a) a necessidade da prova e seu objetivo e os fatos que deverão ser provados;

b) um dos requisitos do art. 381, I a III ou dos parágrafos 1º ou 5º, do art. 381;

c) o arrolamento da testemunha, a indicação precisa da perícia (com a apresentação de quesitos e indicação de assistente técnico) ou a intimação para prestar depoimento pessoal.

[Espaço de uma linha]

III - DO REQUERIMENTO

[Espaço de uma linha]

Diante de todo o exposto, requer:

a) a citação do Réu para acompanhar a produção da prova ou a apresentar a defesa que entender cabível no prazo de cinco dias, sob pena de sofrer os efeitos da revelia;

b) o deferimento da antecipação da prova pretendida, por terem sido demonstrados os requisitos legais para a providência.

[Espaço de duas linhas]

IV – DAS PROVAS
[Espaço de uma linha]

Protesta em provar o alegado por todos os meios de prova em direito admitido, especialmente pela juntada de documentos, depoimento pessoal do Réu (ou de seu representante, se pessoa jurídica) e de testemunhas.

[Espaço de duas linhas]
[VALOR DA CAUSA: SE A MEDIDA FOR PREPARATÓRIA OU AUTÔNOMA, CONFORME AS REGRAS DOS ARTS. 291 E 292, CPC].

Nesses termos,

pede deferimento.

[Espaço de uma linha]

Local e data.

[Espaço de uma linha]

Advogado...

7. INCIDENTE DE ARGUIÇÃO DE FALSIDADE

Objetivo	Demonstrar no processo que determinado documento apresentado pela parte adversária é falso.
Espécies de falsidade	a) falsidade material: o documento verdadeiro foi adulterado, no todo ou em parte; b) falsidade ideológica: documento não adulterado veicula informação falsa; c) falsidade de assinatura: documento não é autêntico, ou seja, não foi produzido ou não foi assinado pela pessoa nele indicada.
Natureza	a) principal: quando for deduzido pedido próprio, em reconvenção ou em ação incidental, para reconhecimento da falsidade; b) incidental: quando deduzido por mero requerimento do interessado nos autos, sem pedido formulado nos termos do CPC.
Legitimidade	Ativa: parte contra quem foi produzido o documento, Ministério Público, quando *custos legis*. Passiva: de quem produziu o documento (quem o trouxe para os autos).
Competência	Juízo ou tribunal perante o qual o documento foi apresentado.

Procedimento	a) alegação pelo oponente, por petição fundamentada, apontando-se precisamente quais seriam a falsidade e os meios de prova a serem utilizados; b) se houver intenção em reconhecimento com conteúdo declaratório, a petição deve conter pedido expresso com tal conteúdo; c) oitiva da parte adversária em 15 dias; d) determinação das provas necessárias, como perícia; e) decisão do juiz: interlocutória, se for mero incidente, ou sentença, se houver pedido declaratório de falsidade.

8. PASSO A PASSO DO INCIDENTE DE FALSIDADE DOCUMENTAL: PREENCHENDO SEUS REQUISITOS

Competência	Do juízo da causa
Partes	Ativa: da parte contra quem o documento foi produzido. Passiva: da parte que o produziu. Todos os réus da demanda deverão ser ouvidos, sob pena de negar a ele o direito de participação no ato.
Causa de pedir	Indicação precisa do documento e da falsidade nele constante.
Requerimento	Para reconhecer a falsidade do documento.
Provas	Mencionar os meios de prova suficientes para demonstrar a falsidade do documento.
Intimação do oponente	Para apresentar sua defesa e acompanhar a prova.

Caso haja o interesse em fazer pedido declaratório de falsidade documental (art. 19, II, CPC), deverá ser ele veiculado por petição inicial e distribuído por dependência ao juízo ou tribunal perante o qual foi produzida a prova, por se tratar de ação conexa ou acessória.

Esquema: incidente de falsidade documental

EXCELENTÍSSIMO SENHOR DOUTOR JUIZ DE DIREITO DA VARA CÍVEL DA COMARCA DE...

ou

EXCELENTÍSSIMO SENHOR DOUTOR JUIZ FEDERAL DA ...ª VARA FEDERAL DA SEÇÃO JUDICIÁRIA DE...

[Espaço de dez linhas]

REQUERENTE, nacionalidade..., estado civil..., profissão..., RG n°... e CPF n°..., residente e domiciliado no endereço...

ou

REQUERENTE, pessoa jurídica de direito privado, devidamente inscrita no CNPJ/MF sob o n°... com sede no endereço..., representada por seu administrador Sr..., nacionalidade..., estado civil..., portador da cédula de identidade RG nº..., devidamente inscrito no CPF/MF sob o nº...,

Pelo advogado abaixo assinado, que receberá intimações no endereço..., vem, respeitosamente, à Vossa Excelência requerer a instauração de INCIDENTE DE FALSIDADE DOCUMENTAL, com fundamento nos arts. 430 a 433 do Código de Processo Civil, em face de

ADVERSÁRIO, nacionalidade..., profissão..., estado civil..., RG nº... e CPF nº..., residente e domiciliado no endereço...

ou

ADVERSÁRIO, pessoa jurídica de direito privado, devidamente inscrita no CNPJ/MF sob o nº..., com sede no endereço..., pelas razões de fato e de direito a seguir expostas:

[Espaço de uma linha]

[apontar:

a) qual é o documento falso e em que consiste sua falsidade;

b) os meios de prova que demonstram tal falsidade.]

[Espaço de três linhas]

Diante de todo o exposto requer:

a) a intimação do Autor/Réu para se manifestar no prazo de 15 dias, a determinação de perícia e o reconhecimento da falsidade do documento apresentado;

b) a determinação do desentranhamento do documento falso.

[Espaço de duas linhas]

Protesta em provar o alegado por todos os meios de prova em direito admitido, especialmente pela juntada de documentos, depoimento pessoal do Réu (ou de seu representante, se pessoa jurídica) e de testemunhas.

[Espaço de duas linhas]

[Se o pedido tiver conteúdo declaratório, deverá ser adotada a forma de petição inicial com todos os requisitos dos arts. 319 e ss., CPC].

Nesses termos,

pede deferimento.

[Espaço de uma linha]

Local e data.

[Espaço de uma linha]

Advogado...

> **IMPORTANTE**
>
> Caso seja necessária outra providência na fase probatória para a qual não haja incidente específico, poderá o interessado (autor ou réu) se valer da tutela provisória de urgência de natureza cautelar, para requerer busca e apreensão, caução etc.

9. EXIBIÇÃO DE DOCUMENTO OU COISA

Regime jurídico da medida:

Objetivo	A exibição tem lugar se houver a necessidade de se conhecer o teor de documento ou coisa a que não tenha acesso a parte interessada. Seu objetivo é trazer a público para ser o objeto (documento ou coisa) visto, tocado ou reproduzido.
Cabimento (art. 396, CPC)	Quando estiver em poder da parte adversária ou de terceiro coisa móvel ou documento e que o requerente repute sua ou tenha interesse em conhecer.
Legitimidade	Ativa: do interessado, nos termos acima. Passiva: do possuidor do bem ou da coisa.
Procedimento	a) documento ou coisa em poder do requerido: arts. 397-399, CPC; b) documento ou coisa em poder de terceiro: arts. 397 e 401-403, CPC.
Recusa justa	A parte e o terceiro se escusam a exibir, em juízo, o documento ou a coisa: a) se concernente a negócios da própria vida da família; b) se a sua apresentação puder violar dever de honra; c) se a publicidade do documento redundar em desonra à parte ou ao terceiro, bem como a seus parentes consanguíneos ou afins até o terceiro grau, ou lhes representar perigo de ação penal; d) se a exibição acarretar a divulgação de fatos, a cujo respeito, por estado ou profissão, devam guardar segredo; e) se subsistirem outros motivos graves que, segundo o prudente arbítrio do juiz, justifiquem a recusa da exibição.
Recusa injusta	O juiz não admitirá a recusa: a) se o requerido tiver obrigação legal de exibir; b) se o requerido aludiu ao documento ou à coisa, no processo, com o intuito de constituir prova; c) se o documento, por seu conteúdo, for comum às partes.

Como a medida cautelar de exibição não foi prevista no CPC, entendemos que o mesmo procedimento deverá ser adotado caso a exibição de documentos ou coisa seja necessária antes do ajuizamento da demanda, deduzida em pedido de tutela cautelar antecedente.

10. PASSO A PASSO DA EXIBIÇÃO DE DOCUMENTO OU COISA

Competência	a) Medida incidental: ao juízo da causa. b) Medida preparatória: foro competente para a causa principal ou domicílio do réu.
Partes	Ativa: do interessado no bem ou coisa. Passiva: possuidor do bem ou do documento, seja o adversário da ação ou terceiro.

Causa de pedir	Deverá ser demonstrada na petição inicial: a) a individuação, tão completa quanto possível, do documento ou da coisa; b) a finalidade da prova, indicando os fatos que se relacionam com o documento ou a coisa; c) as circunstâncias em que se funda o requerente para afirmar que o documento ou a coisa existe e se acha em poder da parte contrária ou de terceiro.
Pedido	Deferimento da exibição do documento ou do bem, sob pena de ser havido como verdadeiro o fato pelo qual se pretende a prova ou a busca e apreensão ou outra medida apta.
Provas	Mencionar a existência de prova documental dos elementos da causa de pedir.
Citação do réu	Se em poder do possível réu da demanda principal: para apresentar o documento ou coisa em cinco dias, ou apresentar defesa, no mesmo prazo. Se em poder de terceiro: para apresentar o documento ou coisa em 15 dias, ou apresentar defesa, no mesmo prazo.
Valor da causa	Conforme as regras dos arts. 291 e 292, CPC, caso a providência seja preparatória ou autônoma.

Parte V
Procedimentos especiais do CPC/2015

CAPÍTULO 1

AÇÃO DE CONSIGNAÇÃO EM PAGAMENTO

1. REGIME JURÍDICO DA MEDIDA

A consignação em pagamento é regida pelos arts. 335 a 345 do CC, e pelos arts. 539 a 549 do CPC:

Objetivo	Exonerar o devedor do vínculo obrigacional ou contratual, diante de obstáculo causado pelo credor para o pagamento (arts. 542 e 543, CPC).
Hipóteses (art. 335, I a V, CC)	a) se o credor não puder, ou, sem justa causa, recusar receber o pagamento, ou dar quitação na devida forma; b) se o credor não for, nem mandar receber a coisa no lugar, tempo e condição devidos; c) se o credor for incapaz de receber, for desconhecido, declarado ausente, ou residir em lugar incerto ou de acesso perigoso ou difícil; d) se ocorrer dúvida sobre quem deva legitimamente receber o objeto do pagamento; e) se pender litígio sobre o objeto do pagamento.
Requisitos (art. 336, CC)	Preenchimento dos demais requisitos do pagamento (pessoas, modo, objeto e tempo).
Petição inicial (art. 542, CPC)	Pedido de depósito da coisa ou do valor, no prazo de cinco dias, e pedido de citação do credor para levantar o depósito ou oferecer defesa.
Consignação de prestações periódicas	Caso a obrigação seja de trato sucessivo, é possível realizar pedido de consignação das parcelas vincendas, na data dos respectivos vencimentos (art. 541, CPC).
Defesa	Na contestação, o réu poderá alegar (art. 544, CPC) que: a) não houve recusa ou mora em receber a quantia ou a coisa devida; b) foi justa a recusa; c) o depósito não se efetuou no prazo ou no lugar do pagamento;

Defesa	d) o depósito não é integral (hipótese em que a demanda ganha natureza dúplice, devendo haver a indicação do valor que entende correto). Cabe, na contestação, a alegação das matérias do art. 337, CPC.
Procedimento	Hipótese de dúvida a quem pagar: citação dos réus para apresentação de defesa. Caso não compareça nenhum pretendente, o depósito será arrecadado como coisa vaga; se comparecer apenas um, o juiz decidirá de plano (sem instauração de fase probatória). Comparecendo mais de um, o juiz declarará efetuado o depósito e extinta a obrigação, prosseguindo o feito em relação aos credores, pelo procedimento comum (art. 548, CPC). Demais casos: citação do réu para levantamento do depósito ou apresentação de defesa, instrução e sentença, com condenação em honorários.
Consignação extrajudicial (art. 539, §§ 1º a 4º, CPC)	a) aplicável para dívidas em dinheiro, não sendo cabível contra a Fazenda Pública nem para dívidas de contratos de aluguel; b) depósito do valor, com a devida atualização e os juros (se o caso) em estabelecimento bancário existente no local do pagamento; c) comunicação ao credor por carta com aviso de recebimento, assinalando prazo de 10 dias para manifestação da recusa; d) se o credor levantar a quantia ou não se manifestar, estará o devedor liberado; e) se houver a recusa, deve ser ajuizada a ação de consignação em pagamento no prazo de um mês, aproveitando-se o mesmo depósito. Se não ajuizada a demanda no prazo, o depósito ficará à disposição do devedor.

IMPORTANTE

a) É apenas cabível para obrigações em dinheiro ou para entrega de coisa. Caso a obrigação seja de fazer ou não fazer, deverá ser ajuizada ação de procedimento comum.
b) Caso o credor alegue insuficiência do depósito, tem o devedor 10 dias para complementá-lo (art. 545, CPC).
c) Havendo o depósito do bem ou da coisa, cessam os encargos da mora (art. 540, CPC).
d) O rito é cabível para o resgate de aforamento (arts. 678 e ss., Código Civil/1916).

2. PASSO A PASSO DA CONSIGNAÇÃO EM PAGAMENTO: PREENCHENDO SEUS REQUISITOS

Competência	Juízo do local do pagamento (art. 540, CPC) – verificar se a dívida é quesível ou portável, conforme o tipo da obrigação exigida.
Partes	Autor: devedor. Réu: credor ou pretendentes ao crédito.

Causa de pedir	Demonstrar a existência de vínculo obrigacional entre as partes e a existência de uma das hipóteses do art. 335, Código Civil, no caso concreto, com a narração dos fatos e a demonstração do fundamento jurídico.
Pedido	Autorização para a realização do depósito, no prazo de cinco dias, e procedência da demanda para declarar extinta a obrigação, exonerar o devedor da prestação, condenação do credor no pagamento das custas e honorários advocatícios.
Provas	Todos os meios em direito admitidos.
Citação do réu	Pelo correio ou por oficial de justiça (nos casos do art. 249, Código de Processo Civil), para levantar o depósito ou apresentar defesa.
Valor da causa	Valor do depósito.

IMPORTANTE

Se houver consignação de parcelas de pagamento, deve-se pedir a autorização para a continuidade dos depósitos, os quais poderão ser realizados até a sentença.

Esquema: consignação em pagamento

```
    EXCELENTÍSSIMO SENHOR DOUTOR JUIZ DE DIREITO DA ...ª VARA CÍVEL DA
COMARCA DE...
    ou
    EXCELENTÍSSIMO SENHOR DOUTOR JUIZ FEDERAL DA ...ª VARA FEDERAL. SEÇÃO
JUDICIÁRIA DE...
    [Espaço de dez linhas para despacho judicial]
                        DEVEDOR, nacionalidade..., estado civil... (ou
união estável), profissão..., RG nº... e CPF nº..., residente e domiciliado
no endereço..., endereço eletrônico,
    ou
                        DEVEDOR, pessoa jurídica de direito privado,
devidamente inscrita no CNPJ/MF sob o nº... com sede no endereço...
representada por seu administrador Sr. ... nacionalidade, estado civil...,
portador da cédula de identidade RG nº..., devidamente inscrito no CPF/MF
sob o nº..., residente e domiciliado (endereço),
                        Pelo advogado abaixo assinado, que receberá
intimações no endereço..., vem, respeitosamente, à Vossa Excelência ajuizar
a presente
                        AÇÃO DE CONSIGNAÇÃO EM PAGAMENTO, fundamentada
nos arts. 334 e seguintes do Código Civil, e arts. 539 e seguintes do
Código de Processo Civil,
```

em face de CREDOR, nacionalidade, profissão, estado civil, RG n°... e CPF n°..., residente e domiciliado no endereço

ou

CREDOR, pessoa jurídica de direito privado, devidamente inscrita no CNPJ/MF sob o n°..., com sede no endereço..., pelas razões de fato e de direito a seguir expostas:

[Espaço de duas linhas]

I - DOS FATOS

[Espaço de uma linha]

[Apresentar, como no problema, os fatos relacionados com a existência da obrigação e de uma das causas do art. 335, Código Civil]

[Espaço de duas linhas]

II - DO DIREITO

[Espaço de uma linha]

[Demonstrar o preenchimento dos requisitos legais, quais sejam, presença de uma das hipóteses do art. 335, Código Civil e de que o pagamento será feito nos termos a avença quanto a pessoas, objeto, modo e tempo]

[Espaço de duas linhas]

III - DO PEDIDO

[Espaço de uma linha]

Por todo o exposto, requer-se:

a) a autorização para a realização do depósito no prazo de cinco dias;

b) a citação do Réu por carta para o levantamento do valor / bem depositado ou para apresentação da defesa que entender cabível, sob pena de ser considerado o Autor liberado da obrigação;

c) a procedência do presente pedido, para declarar extinta a obrigação, exonerando-se o Autor da prestação, condenando-se o Réu nas custas processuais e honorários de advogado.

[Espaço de duas linhas]

IV - DAS PROVAS

[Espaço de uma linha]

Protesta provar o alegado por todos os meios em direito admitidos, especialmente pelos documentos que acompanham a presente, documentos novos, depoimento pessoal do Réu, oitiva de testemunhas a ser oportunamente arroladas, perícias, e demais meios que se fizerem necessários ao longo da demanda.

[Espaço de duas linhas]

```
        V - DO VALOR DA CAUSA
[Espaço de uma linha]
                    Dá-se à causa o valor de R$...
[Espaço de uma linha]
                       Termos em que,
                       pede deferimento.
[Espaço de uma linha]
                        Local e data.
[Espaço de uma linha]
                          Advogado...
```

IMPORTANTE

Havendo mais de um credor no polo passivo, todos devem ser qualificados.

CAPÍTULO 2

AÇÃO DE EXIGIR CONTAS

1. QUEM TEM O DEVER DE PRESTAR CONTAS

Todo aquele que administra patrimônio alheio. São exemplos: o síndico do condomínio de unidades autônomas (Lei nº 4.591/1964), o administrador da falência, o tutor de menor, o curador de incapaz, o administrador judicial, o administrador da pessoa jurídica, entre outros.

Nos termos do art. 553, CPC, o administrador judicial deve prestar as contas nos próprios autos judiciais do processo em que atuou.

2. QUEM TEM DIREITO A EXIGIR CONTAS

O titular do patrimônio, como regra, tem tal direito. Em sendo o administrador nomeado judicialmente, o juiz da causa e o Ministério Público também têm o direito a exigir as contas.

> **IMPORTANTE!**
>
> Conforme a Súmula nº 259, STJ, a ação de exigir contas pode ser ajuizada contra instituições bancárias pelo titular de conta-corrente.
> Porém, no julgamento do tema 615 de recursos repetitivos, o STJ entendeu que o tomador de empréstimo nas modalidades mútuo e financiamento não tem direito à ação de exigir contas.

3. NATUREZA DÚPLICE

A ação de exigir contas tem natureza dúplice, ou seja, pode o réu, em sua defesa, oferecer as contas que entende devidas e requerer sua aprovação.

> **IMPORTANTE**
>
> Nos termos do art. 553, CPC, os administradores nomeados judicialmente (curadores, tutores, administradores judiciais etc.) prestarão contas em autos que serão apensados aos do processo para o qual foram nomeados.

4. AÇÃO DE DUAS FASES

A ação de exigir contas tem duas fases: a primeira, em que se dá a apresentação das contas, e a segunda, na qual há apuração de saldo e de quem tem direito a ele. A sentença proferida nessa fase terá natureza de título executivo judicial (art. 552, CPC).

5. AÇÃO DE EXIGIR CONTAS

Objetivo	Exigir a prestação de contas de quem as deve.
Cabimento	No caso de recusa em prestar contas ou de não sendo realizada a prestação de contas no prazo estipulado em lei ou no contrato.
Legitimidade	Ativa: de quem tem direito a contas. Passiva: de quem tem o dever de prestá-las.
Defesa	Por meio de contestação. Não cabe reconvenção, por força da natureza dúplice da demanda.
Procedimento	Há duas fases (art. 550, CPC): na primeira, determina-se o dever de o réu prestar contas; e, na segunda, estabelece-se o dever de prestar contas propriamente dito.

> **IMPORTANTE**
>
> As contas deverão ser prestadas na forma adequada (art. 551, CPC).

6. PASSO A PASSO DA AÇÃO DE EXIGIR CONTAS

Competência	Local do ato ou do fato (art. 53, IV, *b*, CPC).
Partes	Ativa: de quem tem direito a contas; Passiva: de quem tem o dever de prestá-las.
Causa de pedir	Demonstração do dever de prestar contas do réu e de que este, devendo apresentá-las, assim não procedeu ou não prestou as contas voluntariamente a contento.

Pedido	Procedência do pedido para declarar o dever do réu em prestar contas e condená-lo a fazê-lo, em forma contábil, bem como condenação nas custas processuais e nos honorários de advogado.
Provas	Todas aquelas em direito admitidas.
Citação do réu	Conforme as regras dos arts. 550 e ss., CPC, para, em 15 dias, apresentar as contas ou a defesa que entender cabível.
Valor da causa	Do benefício a ser aferido. Se não conhecido, poderá haver o arbitramento do valor da causa.

IMPORTANTE

Não foi previsto procedimento especial para o caso de o obrigado a prestar contas se desonerar de tal dever em caso de recusa do credor das contas.

Assim, em princípio, deverá ser ajuizada a demanda pelo procedimento comum, prestando-se as contas na inicial, na forma do art. 551, CPC. Há entendimentos de que a ação correta seria a de consignação em pagamento, no caso de haver crédito a ser pago.

Esquema: ação de exigir contas

EXCELENTÍSSIMO SENHOR DOUTOR JUIZ DE DIREITO DA VARA CÍVEL DA COMARCA DE...

ou

EXCELENTÍSSIMO SENHOR DOUTOR JUIZ FEDERAL DA ...ª VARA FEDERAL DA SEÇÃO JUDICIÁRIA DE...

[Espaço de dez linhas para despacho judicial]

AUTOR, nacionalidade..., estado civil... (ou união estável), profissão..., RG nº... e CPF nº..., residente e domiciliado no endereço...

ou

AUTOR, pessoa jurídica de direito privado, devidamente inscrita no CNPJ/MF sob o nº... com sede no endereço..., representada por seu administrador Sr. ... nacionalidade, estado civil..., portador da cédula de identidade RG nº..., devidamente inscrito no CPF/MF sob o nº...,

Pelo advogado abaixo assinado, que receberá intimações no endereço..., vem, respeitosamente, à Vossa Excelência ajuizar a presente

AÇÃO DE EXIGIR CONTAS, fundamentada nos arts. 550 e ss., Código de Processo Civil,

em face de RÉU, nacionalidade, profissão, estado civil, RG nº... e CPF nº..., residente e domiciliado no endereço

ou

RÉU, pessoa jurídica de direito privado, devidamente inscrita no CNPJ/MF sob o nº..., com sede no endereço...,

pelas razões de fato e de direito a seguir expostas:

[Espaço de duas linhas]

I - DOS FATOS

[Espaço de uma linha]

[Apresentar, como no problema, os fatos relacionados com a existência do dever de prestar contas pelo réu e sua recusa em fazê-lo ou não realização no prazo assinalado]

[Espaço de duas linhas]

II - DO DIREITO

[Espaço de uma linha]

[Demonstrar o fundamento jurídico que dá ao autor o direito de exigir a prestação de contas]

[Espaço de duas linhas]

III - DO PEDIDO

[Espaço de uma linha]

Por todo o exposto, requer-se:

a) a citação do Réu para, em 15 dias, apresentar as contas exigidas ou contestar a demanda, sob pena de sofrer os efeitos da revelia, e o deferimento dos benefícios do art. 212, § 2º ao Sr. Oficial de Justiça;

b) a procedência do presente pedido, para declarar o dever do Réu em prestar contas ao Autor e determinar a prestação de contas em 15 dias, conforme o art. 550, § 5º, CPC, sem prejuízo da cobrança de eventual valor devido nesta mesma via;

c) a condenação nas custas processuais e honorários de advogado.

[Espaço de duas linhas]

IV - DAS PROVAS

[Espaço de uma linha]

Protesta provar o alegado por todos os meios em direito admitidos, especialmente pelos documentos que acompanham a presente, documentos novos, depoimento pessoal do Réu, oitiva de testemunhas a ser oportunamente arroladas, perícias, e demais meios que se fizerem necessários ao longo da demanda.

```
     V - DO VALOR DA CAUSA
[Espaço de uma linha]
              Dá-se à causa o valor de R$...
[Espaço de uma linha]
                      Termos em que,
                   pede deferimento.
[Espaço de uma linha]
                       Local e data.
[Espaço de uma linha]
                       Advogado...
```

CAPÍTULO 3

AÇÕES POSSESSÓRIAS

1. AÇÕES POSSESSÓRIAS: ESPÉCIES

A proteção possessória se verifica de acordo com a agressão cometida à posse:

Tipo de agressão à posse	Remédio processual
Turbação	Manutenção de posse
Esbulho	Reintegração de posse
Ameaça de turbação ou esbulho	Interdito proibitório

2. CARACTERÍSTICAS DAS AÇÕES POSSESSÓRIAS

a) *Fungibilidade na proteção possessória:* uma medida pode ser concedida no lugar da outra, caso a agressão à posse se modifique (art. 554, CPC).

b) *Caráter dúplice:* réu pode fazer pedido na própria contestação em face do autor, se houver o mesmo fundamento (art. 556, CPC). Ou seja, pode o réu requerer na defesa medida protetiva de sua posse em face do autor.

3. AÇÃO DE FORÇA NOVA E DE FORÇA VELHA – DISTINÇÃO

Data da agressão	Ação
Esbulho/turbação com menos de ano e dia.	Ação de força nova (procedimentos estabelecidos nos arts. 560-564, CPC).
Esbulho/turbação com mais de ano e dia.	Ação de força velha (procedimento comum, com características possessórias – art. 558, parágrafo único, CPC).

> **IMPORTANTE**
>
> Na pendência de ação possessória é vedado, tanto ao autor quanto ao réu, propor ação de reconhecimento do domínio, exceto se a pretensão for deduzida em face de terceira pessoa.
> Porém não obsta à manutenção ou à reintegração de posse a alegação de propriedade ou de outro direito sobre a coisa.

4. REGIME JURÍDICO DA REINTEGRAÇÃO DE POSSE E DA MANUTENÇÃO DE POSSE – AÇÃO DE FORÇA NOVA (ART. 560, CPC)

Objetivo	Afastar o esbulho ou a turbação à posse do autor.
	É possível a cumulação do pedido possessório com condenação em perdas e danos, cominação de pena em caso de nova turbação ou esbulho ou desfazimento de construção ou plantação feita em detrimento de sua posse.
Legitimidade	Autor: possuidor esbulhado ou turbado.
	Réu: esbulhador ou turbador.
	Haverá litisconsórcio necessário com o cônjuge do autor ou do réu nas hipóteses de composse ou de ato por ambos praticado (art. 73, § 2º, CPC).
Liminar	Se o esbulho ou a turbação tiver menos de ano e dia.
Defesa	Em se tratando de ação dúplice, poderá o réu realizar, na contestação, pedido de manutenção na posse e a indenização dos prejuízos causados pela turbação ou esbulho cometidos pelo autor (art. 556, CPC).
Procedimento	Apreciação da liminar, com ou sem justificação prévia e com ou sem citação do réu, citação do réu para apresentar defesa, no prazo de 15 dias, seguindo a demanda pelo procedimento comum.

> **IMPORTANTE**
>
> a) O detentor não tem legitimidade para ser parte, por não ter direito à proteção possessória (art. 1.198, CC).
> b) A apuração de ser a ação de força velha ou de força nova parte da afirmação e da prova contida na petição inicial.
> c) O art. 212, § 2º, CPC autoriza o Sr. Oficial de Justiça a cumprir ordens de citação, intimação e liminares em dias não úteis e fora do horário do expediente forense.
> d) Nos termos da Súmula nº 637 do STJ, o ente público detém legitimidade e interesse para intervir, incidentalmente, na ação possessória entre particulares, podendo deduzir qualquer matéria defensiva, inclusive, se for o caso, o domínio.

5. PASSO A PASSO DA REINTEGRAÇÃO DE POSSE E DA MANUTENÇÃO DE POSSE

Competência	a) se de imóvel: juízo de direito ou seção judiciária da situação do imóvel (art. 47, § 2º, CPC); b) se de móvel: domicílio do réu (art. 46, CPC).
Partes	Autor: possuidor esbulhado ou turbado. Réu: esbulhador ou turbador. Haverá litisconsórcio necessário com o cônjuge do autor ou do réu nas hipóteses de composse ou de ato por ambos praticado (art. 73, § 2º, CPC).
Causa de pedir (art. 561, CPC)	Demonstração de: a) posse do autor (deve haver a descrição do bem); b) turbação ou esbulho praticado pelo réu ou pelos réus; c) data da turbação ou do esbulho; d) continuação da posse, embora turbada na ação de manutenção, ou a perda da posse, na ação de reintegração; e) caso haja, menção aos prejuízos, risco de novo esbulho, realização de construção ou de plantação.
Pedido (art. 555, CPC)	Deferimento da liminar, procedência do pedido para manter/reintegrar o autor na posse do imóvel e, se for o caso, condenação nas perdas e danos, em preceito cominatório ou no desfazimento de plantação ou de construção, condenação do réu em custas e honorários de advogado.
Provas	Todos os meios em direito admitidos.
Citação do réu	Para comparecer à audiência de justificação prévia ou, se o pedido de liminar for sem oitiva da parte contrária, citação para apresentar defesa no prazo de 15 dias.
Valor da causa	Valor do bem.

Esquema: manutenção/reintegração de posse – ação de força nova

EXCELENTÍSSIMO SENHOR DOUTOR JUIZ DE DIREITO DA ...ª VARA CÍVEL DA COMARCA DE

ou

EXCELENTÍSSIMO SENHOR DOUTOR JUIZ FEDERAL DA ...ª VARA FEDERAL DA SEÇÃO JUDICIÁRIA DE ...

[Espaço de dez linhas para despacho judicial]

AUTOR, nacionalidade..., estado civil..., profissão..., RG nº... e CPF nº..., residente e domiciliado no endereço...

ou

AUTOR, pessoa jurídica de direito privado, devidamente inscrita no CNPJ/MF sob o nº... com sede no endereço... representada por seu administrador Sr. ... nacionalidade, estado civil..., portador da cédula de identidade RG nº..., devidamente inscrito no CPF/MF sob o nº...,

Pelo advogado abaixo assinado, que receberá intimações no endereço..., vem, respeitosamente, à Vossa Excelência ajuizar a presente

AÇÃO DE REINTEGRAÇÃO DE POSSE / MANUTENÇÃO DE POSSE, fundamentada nos arts. 560 e ss., Código de Processo Civil,

em face de RÉU, nacionalidade, profissão, estado civil, RG nº... e CPF nº..., residente e domiciliado no endereço

ou

RÉU, pessoa jurídica de direito privado, devidamente inscrita no CNPJ/MF sob o nº..., com sede no endereço..., pelas razões de fato e de direito a seguir expostas:

[Espaço de duas linhas]

I - DOS FATOS

[Espaço de uma linha]

[Narração dos fatos que apontem a posse do Autor (deve haver a descrição do bem), turbação ou esbulho praticado pelo Réu ou pelos Réus, data da turbação ou do esbulho e continuação da posse, embora turbada na ação de manutenção ou a perda da posse, na ação de reintegração, caso haja, menção aos prejuízos, risco de novo esbulho, realização de construção ou de plantação]

[Espaço de duas linhas]

II - DO DIREITO

[Espaço de uma linha]

[Demonstração do direito à proteção possessória do Autor e dos direitos à indenização, multa cominatória ou desfazimento de construção ou plantação, se cabível]

[Espaço de duas linhas]

III - DA LIMINAR

[Espaço de uma linha]

[Tendo-se em vista que o esbulho/a turbação ocorreu em..., ou seja, a menos de ano e dia, é cabível o deferimento da liminar]

[Espaço de duas linhas]

IV - DO PEDIDO

[Espaço de uma linha]

Por todo o exposto, requer-se:

a) o deferimento da reintegração / manutenção na posse liminarmente, sem a oitiva da parte contrária, com ou sem designação de audiência de justificação prévia;

b) após a apreciação da liminar, a determinação da citação do Réu para apresentar a defesa que entender cabível, sob pena de sofrer os efeitos da revelia;

c) a procedência do presente pedido para reintegrar / manter o Autor na posse do bem (e indenizar o Autor dos danos causados e/ou preceito cominatório para evitar nova ofensa à posse);

d) a condenação do Réu ao pagamento dos honorários advocatícios, bem como ao ressarcimento das despesas processuais.

[Espaço de duas linhas]

V – DAS PROVAS
[Espaço de uma linha]
Protesta provar o alegado por todos os meios em direito admitidos, especialmente pelos documentos que acompanham a presente, documentos novos, depoimento pessoal do Réu, oitiva de testemunhas a ser oportunamente arroladas, perícias, e demais meios que se fizerem necessários ao longo da demanda.
[Espaço de duas linhas]

VI – DO VALOR DA CAUSA
[Espaço de uma linha]
Dá-se à causa o valor de R$...
[Espaço de uma linha]
Termos em que,
pede deferimento.
[Espaço de uma linha]
Local e data.
[Espaço de uma linha]
Advogado...

6. AÇÃO DE REINTEGRAÇÃO DE POSSE/MANUTENÇÃO DE POSSE: AÇÃO DE FORÇA VELHA

A ação de força velha seguirá os moldes da petição inicial do procedimento comum. Manterá, contudo, seu caráter possessório, ou seja:

a) Poderá haver o pedido de indenização, de cominação de multa em caso de novo esbulho e de desfazimento de construção ou plantação.
b) Poderá o réu, na contestação, deduzir pedido a seu favor, para ser mantido ou reintegrado na posse, e de indenização pelos danos causados pelo autor.

7. INTERDITO PROIBITÓRIO

Objetivo	Afastar ameaça de esbulho ou a turbação à posse do autor, por força da concessão de ordem judicial nesse sentido.
Legitimidade	Autor: possuidor ameaçado de esbulho ou turbação. Réu: pretendente ao esbulho ou à turbação. Haverá litisconsórcio necessário com o cônjuge do autor ou do réu nas hipóteses de composse ou de ato por ambos praticado (art. 73, § 2º, CPC).
Liminar	Se a ameaça de esbulho ou a turbação tiver menos de ano e dia.
Defesa	Em se tratando de ação dúplice, poderá o réu realizar, na contestação, pedido de manutenção ou reintegração na posse e a indenização dos prejuízos causados pela turbação ou esbulho cometidos pelo autor.
Procedimento	Apreciação da liminar, com ou sem justificação prévia e com ou sem citação do réu, citação do réu para apresentar defesa, no prazo de 15 dias, seguindo a demanda pelo procedimento comum.

8. PASSO A PASSO DO INTERDITO PROIBITÓRIO: PREENCHENDO SEUS REQUISITOS

Competência	a) se de imóvel: juízo de direito ou seção judiciária da situação do imóvel (art. 47, § 2º, CPC); b) se de móvel: domicílio do réu (art. 46, CPC).
Partes	Autor: possuidor ameaçado de esbulho ou turbação. Réu: pretendente ao esbulho ou à turbação.
Causa de pedir (art. 567, CPC)	Demonstração de: a) posse do autor (deve haver a descrição do bem); b) justo receio de ser molestado na posse pelo réu ou pelos réus.
Pedido	Deferimento da liminar, procedência do pedido para fazer cessar a ameaça, determinar preceito cominatório ao réu em caso de descumprimento da ordem judicial, condenação do réu em custas e honorários de advogado.
Provas	Todos os meios em direito admitidos.
Citação do réu	Para comparecer à audiência de justificação prévia ou, se o pedido de liminar for sem oitiva da parte contrária, citação para apresentar defesa no prazo de 15 dias.
Valor da causa	Valor do bem.

IMPORTANTE

Vale lembrar que o art. 212, § 2º, CPC autoriza o Sr. Oficial de Justiça a cumprir ordens de citação, intimação e liminares em dias não úteis e fora do horário do expediente forense.

Esquema: interdito proibitório

EXCELENTÍSSIMO SENHOR DOUTOR JUIZ DE DIREITO/JUIZ FEDERAL DA ...VARA CÍVEL DA COMARCA DE/DA SEÇÃO JUDICIÁRIA DE...

[Espaço de dez linhas para despacho judicial]

AUTOR, nacionalidade..., estado civil..., profissão..., RG n°... e CPF n°..., residente e domiciliado no endereço...

ou

AUTOR, pessoa jurídica de direito privado, devidamente inscrita no CNPJ/MF sob o n°... com sede no endereço... representada por seu administrador Sr. ... nacionalidade, estado civil..., portador da cédula de identidade RG n°..., devidamente inscrito no CPF/MF sob o n°...,

Pelo advogado abaixo assinado, que receberá intimações no endereço..., vem, respeitosamente, à Vossa Excelência ajuizar o presente

INTERDITO PROIBITÓRIO, fundamentada nos arts. 567 e ss., Código de Processo Civil,

em face de RÉU, nacionalidade, profissão, estado civil, RG n°... e CPF n°..., residente e domiciliado no endereço

ou

RÉU, pessoa jurídica de direito privado, devidamente inscrita no CNPJ/MF sob o n°..., com sede no endereço..., pelas razões de fato e de direito a seguir expostas:

[Espaço de duas linhas]

I – DOS FATOS

[Espaço de uma linha]

[Narração dos fatos que apontem a posse do Autor (deve haver a descrição do bem), a ameaça fundada de turbação ou esbulho praticado pelo Réu ou pelos Réus e, se for o caso, menção a prejuízos]

[Espaço de duas linhas]

II – DO DIREITO

[Espaço de uma linha]

[Demonstração do direito à proteção possessória do Autor e dos direitos a indenização, multa cominatória ou desfazimento de construção ou plantação, se cabível]

[Espaço de duas linhas]

III – DA LIMINAR

[Espaço de uma linha]

Tendo-se em vista que a ameaça ocorreu em..., ou seja, a menos de ano e dia, é cabível o deferimento da liminar.

[Espaço de duas linhas]

IV - DO PEDIDO
[Espaço de uma linha]

Por todo o exposto, requer-se:

a) o deferimento de ordem para afastar a ameaça à posse do Autor, sem a oitiva da parte contrária, com ou sem designação de audiência de justificação prévia;

b) após a apreciação da liminar, a determinação da citação do Réu para apresentar a defesa que entender cabível, sob pena de sofrer os efeitos da revelia;

c) a procedência do presente pedido, para afastar a ameaça à posse do Autor;

d) a condenação do Réu ao pagamento dos honorários advocatícios, bem como ao ressarcimento das despesas processuais.

[Espaço de duas linhas]

V - DAS PROVAS
[Espaço de uma linha]

Protesta provar o alegado por todos os meios em direito admitidos, especialmente pelos documentos que acompanham a presente, documentos novos, depoimento pessoal do Réu, oitiva de testemunhas a ser oportunamente arroladas, perícias, e demais meios que se fizerem necessários ao longo da demanda.

[Espaço de duas linhas]

VI - DO VALOR DA CAUSA
[Espaço de uma linha]

Dá-se à causa o valor de R$ ...

[Espaço de uma linha]

Termos em que,

pede deferimento.

[Espaço de uma linha]

Local e data.

[Espaço de uma linha]

Advogado...

9. LITÍGIO COLETIVO DE POSSE DE TERRAS (ART. 554, §§ 1º A 3º, E ART. 565, CPC)

Terá as seguintes adaptações em relação aos procedimentos acima mencionados:

a) No caso de ação possessória em que figure no polo passivo grande número de pessoas, serão feitas a citação pessoal dos ocupantes que forem encontrados no local e a citação por edital dos demais, determinando-se, ainda, a intimação do Ministério Público e, se envolver pessoas em situação de hipossuficiência econômica, da Defensoria Pública.

b) Para fim da citação pessoal prevista no § 1º do art. 554 do CPC, o oficial de justiça procurará os ocupantes no local por uma vez, citando-se por edital os que não forem encontrados.

c) O juiz deverá determinar que se dê ampla publicidade da existência da ação prevista no § 1º do art. 554 do CPC e dos respectivos prazos processuais, podendo, para tanto, valer-se de anúncios em jornal ou rádio locais, da publicação de cartazes na região do conflito e de outros meios.

d) Quando a turbação ou o esbulho afirmado na petição inicial houver ocorrido há mais de ano e dia, o juiz, antes de apreciar o pedido de concessão da medida liminar, deverá designar audiência de mediação, a realizar-se em até 30 dias, que observará o disposto nos §§ 2º e 4º do art. 565 do CPC.

e) Concedida a liminar, se essa não for executada no prazo de um ano, a contar da data de distribuição, caberá ao juiz designar audiência de mediação, nos termos dos §§ 2º a 4º do art. 554 do CPC.

f) O Ministério Público será intimado para comparecer à audiência, e a Defensoria Pública será intimada sempre que houver parte beneficiária de gratuidade da justiça.

g) O juiz poderá comparecer à área objeto do litígio quando sua presença se fizer necessária à efetivação da tutela jurisdicional.

h) Os órgãos responsáveis pela política agrária e pela política urbana da União, de estado ou do Distrito Federal e de município onde se situe a área objeto do litígio poderão ser intimados para a audiência, a fim de se manifestarem sobre seu interesse no processo e sobre a existência de possibilidade de solução para o conflito possessório.

CAPÍTULO 4

INVENTÁRIO E PARTILHA – OUTROS PROCEDIMENTOS RELACIONADOS À SUCESSÃO

1. DISCIPLINA PROCESSUAL DO INVENTÁRIO

Trata-se de um procedimento voltado à apuração do patrimônio deixado pelo falecido, verificação da existência e espécies de herdeiros, verificação de dívidas e da divisão dos bens entre os herdeiros, após a liquidação das dívidas e observado o direito que cada qual tem sobre o montante a ser partilhado.

A herança é considerada uma coletividade de bens (art. 1.791, CC), e sua divisão deve ser realizada pelo inventário.

2. A INSTAURAÇÃO DA SUCESSÃO

Com o falecimento de uma pessoa, cessa sua personalidade e seus bens serão transmitidos imediatamente aos seus herdeiros (art. 1.784, CC).

3. ESPÉCIES DE SUCESSÃO (ART. 1.786, CC)

a) *Legítima*: decorre da lei, beneficiando as pessoas conforme o nível de parentesco com o falecido, observada a ordem estabelecida no art. 1.829 do CC.

b) *Testamentária*: decorre da vontade do testador, que a manifesta por documento apto para tanto, o testamento (art. 1.789, CC).

IMPORTANTE

a) A lei civil estabelece prazo para a instauração do inventário de 30 dias após o falecimento (art. 1.796, CC). Porém a lei processual estabelece prazo de dois meses (art. 611, CPC).

b) Na transmissão *causa mortis* incide o Imposto Estadual ou Distrital de Transmissão Causa Mortis (art. 155, I, Constituição Federal), sobre o valor transmitido aos herdeiros.
c) Caso haja doações entre os herdeiros (como no caso de um herdeiro ter quinhão maior que o outro), também incide o mesmo tributo, sobre o valor doado (diferença entre quinhões).
d) Caso um herdeiro adquira onerosamente quinhão de outro herdeiro, o imposto que incidirá será o ITBI, devido ao município onde localizado o bem.

4. ESPÉCIES DE INVENTÁRIO

Espécie	Cabimento
Inventário	Existência de herdeiros incapazes ou de testamento, sendo o rito o estabelecido nos arts. 610-658, CPC.
Arrolamento	Existência de acordo quanto à divisão entre herdeiros capazes (art. 659, CPC).
Arrolamento sumário	Se o valor dos bens do espólio for inferior a mil salários mínimos (art. 664, CPC).
Alvará (art. 666, CPC)	Independerá de inventário ou arrolamento o pagamento dos valores previstos na Lei nº 6.858, de 24.11.1980, quais sejam: valores devidos pelos empregadores aos empregados; os montantes das contas individuais do Fundo de Garantia do Tempo de Serviço e do Fundo de Participação PIS-PASEP, não recebidos em vida pelos respectivos titulares; restituições relativas ao Imposto de Renda e outros tributos, recolhidos por pessoa física; se não existem outros bens sujeitos a inventário, aos saldos bancários e de contas de cadernetas de poupança e fundos de investimento de valor até 500 (quinhentas) Obrigações do Tesouro Nacional. O pedido será objeto de procedimento de jurisdição voluntária.
Inventário negativo	Ação declaratória, cujo objetivo é garantir que o falecido não deixou bens. É exigido em casos em que a lei determina prévia partilha dos bens do falecido para a prática de atos pelos herdeiros, como, por exemplo, novo casamento da viúva. Processa-se pelo procedimento comum.

Arrolamento extrajudicial – cabível entre maiores e capazes, nas mesmas hipóteses previstas para o arrolamento (art. 610, §§ 1º e 2º, CPC).

5. COMPETÊNCIA PARA O INVENTÁRIO E ARROLAMENTO

A competência para o inventário, arrolamento e outras medidas referentes à sucessão e à partilha será do juízo do último domicílio do autor da herança, nos termos do art. 48, CPC.

Caso o falecido não tenha domicílio certo, será competente, o foro de situação dos bens imóveis (podendo ser qualquer deles, se os bens se localizarem em diferentes locais) ou o foro de qualquer bem do espólio, se não houver bens imóveis.

Lembramos que o Brasil não reconhece sentença estrangeira referente de partilha de bens situados em seu território (art. 23, II, CPC). Sendo assim, havendo bens no Brasil, deverá haver a abertura da sucessão e partilha perante a Justiça brasileira obrigatoriamente.

> **IMPORTANTE**
>
> Nos termos do art. 612, CPC, o juízo do inventário é competente para apreciar todas as questões de direito e as de fato que se acharem provadas por documentos.
> Somente serão remetidas para a via própria questões de alta indagação ou que exigirem outras provas.

> **EXEMPLO**
>
> a) ação de investigação de paternidade *post mortem*;
> b) reconhecimento de união estável que dependa de prova testemunhal;
> c) cobrança de dívida contestada pelos herdeiros.

6. LEGITIMIDADE PARA REQUERER O INVENTÁRIO

Segundo dispõem os arts. 615-616, CPC, terá legitimidade concorrente para abertura do inventário:

a) aquele que estiver na posse e na administração do espólio;
b) o cônjuge ou companheiro supérstite;
c) o herdeiro;
d) o legatário;
e) o testamenteiro;
f) o cessionário do herdeiro ou do legatário;
g) o credor do herdeiro, do legatário ou do autor da herança;
h) o Ministério Público, havendo herdeiros incapazes;
i) a Fazenda Pública, quando tiver interesse;
j) o administrador judicial da falência do herdeiro, do legatário, do autor da herança ou do cônjuge ou companheiro supérstite.

7. REQUERIMENTO DE INVENTÁRIO

É feito por *petição inicial (art. 615 e parágrafo único, CPC)*, com os requisitos dos arts. 319 e ss. do CPC, apontando o requerente o falecimento e requerendo a nomeação de inventariante. Deverá juntar certidão de óbito do autor da herança e prova de sua legitimidade para requerer o inventário.

8. INVENTARIANTE

É o responsável pela administração do espólio até a partilha, também tendo poderes de representação judicial da massa. A ordem para ser nomeado inventariante é a seguinte (rol preferencial – art. 617, CPC):

a) o cônjuge ou companheiro sobrevivente, desde que estivesse convivendo com o outro ao tempo da morte deste;

b) o herdeiro que se achar na posse e administração do espólio, se não houver cônjuge ou companheiro supérstite ou estes não puderem ser nomeados;

c) qualquer herdeiro, quando nenhum deles estiver na posse e na administração do espólio;

d) o herdeiro menor, por seu representante legal;

e) o testamenteiro, se lhe foi confiada a administração do espólio ou toda a herança estiver distribuída em legados;

f) o cessionário do herdeiro ou do legatário;

g) o inventariante judicial, se houver;

h) pessoa estranha idônea, onde não houver inventariante judicial.

O inventariante, intimado da nomeação, prestará, dentro de cinco dias, o compromisso de bem e fielmente desempenhar o cargo.

Importante!

Enquanto não nomeado o inventariante, poderá haver a nomeação de um administrador provisório (arts. 613 e 614, CPC).

9. ATRIBUIÇÕES DO INVENTARIANTE (ARTS. 618-619, CPC)

a) Representar o espólio ativa e passivamente, em juízo ou fora dele.

b) Administrar o espólio, velando-lhe os bens com a mesma diligência como se seus fossem.

c) Prestar as primeiras e últimas declarações pessoalmente ou por procurador com poderes especiais.

d) Exibir em cartório, a qualquer tempo, para exame das partes, os documentos relativos ao espólio.

e) Juntar aos autos certidão do testamento, se houver.

f) Trazer à colação os bens recebidos pelo herdeiro ausente, renunciante ou excluído.

g) Prestar contas de sua gestão ao deixar o cargo ou sempre que o juiz lhe determinar.

h) Requerer a declaração de insolvência (art. 748).

i) ouvidos os interessados e com autorização do juiz, os atos de disposição da massa, tais como alienar bens de qualquer espécie, transigir em juízo ou fora dele, pagar dívidas do espólio e fazer as despesas necessárias com a conservação e o melhoramento dos bens do espólio.

10. O INVENTARIANTE DATIVO

É o terceiro estranho à relação de parentesco nomeado para administrar o espólio. Nos termos do art. 75, § 1º, CPC, o inventariante dativo não terá legitimidade processual para as ações movidas contra o espólio ou em favor dele ajuizadas.

Sendo assim, todos os herdeiros e sucessores do falecido serão autores ou réus nas ações em que o espólio for parte.

11. PROCEDIMENTO DO INVENTÁRIO

a) Primeiras declarações (art. 620, CPC):

Prazo	Legitimidade	Objeto
20 dias da data da tomada do compromisso	inventariante	a) qualificação do falecido, indicação do local de falecimento e se deixou testamento; b) qualificação dos herdeiros, com a indicação de sua qualidade e grau de parentesco; c) qualificação do cônjuge ou companheiro sobrevivente, com indicação do regime de casamento e da união estável; d) relação completa dos bens do espólio, incluindo os que devem ser colacionados e os bens alheios que neles forem encontrados, com as descrições estabelecidas nas alíneas do inciso IV do art. 620 do CPC.

b) Citações do cônjuge, dos herdeiros, dos legatários (caso estes não tenham participado da abertura do inventário), da Fazenda Pública (federal, estadual e municipal), do Ministério Público, se houver herdeiro incapaz ou ausente, e do testamenteiro, se o finado deixou testamento (art. 626, CPC).

c) Impugnações:

Interessados	Objeto	Prazo
Herdeiros	a) erros e omissões constantes nas primeiras declarações; b) reclamar contra a nomeação do inventariante; c) contestar a qualidade de quem foi incluído no título de herdeiro;	Quinze dias, contados a partir da intimação para ciência das primeiras declarações
Herdeiro excluído	Aquele que se julgar preterido poderá demandar a sua admissão no inventário, requerendo-o antes da partilha. Ouvidas as partes no prazo de 10 dias, o juiz decidirá.	Até a partilha

d) Informação pela Fazenda do valor dos bens imóveis, no prazo de 15 dias (art. 629, CPC).

e) *Colações* (arts. 639-641, CPC): no prazo para a impugnação, é obrigado o herdeiro de bens que recebeu do falecido apresentá-los à colação, ou, se já não os possuir, deverá apontar o valor (arts. 2.002 a 2.012, CC).

f) *Pagamento das dívidas* (arts. 642-646, CPC): antes da partilha, poderão os credores requerer o pagamento das dívidas vencidas e exigíveis. Se a dívida líquida não estiver vencida, o credor deverá se habilitar no inventário (art. 644, CPC).

g) *Avaliação dos bens do espólio* (arts. 630-638, CPC), nomeando-se avaliador ou perito (em havendo cotas de sociedade, será feito balanço patrimonial), havendo também o cálculo dos tributos incidentes sobre a sucessão e eventuais doações entre herdeiros.

h) *Últimas declarações*: correção das primeiras declarações, as quais têm os mesmos requisitos.

i) Requerimento dos quinhões hereditários, no prazo comum de 15 dias (art. 647, CPC).

j) Encaminhamento ao partidor, para organização do esboço de partilha (art. 651, CPC), com fundamento nos arts. 2.013 a 2.022, CC.

k) Manifestação das partes no prazo de 15 dias sobre o esboço de partilha.

l) Comprovação do pagamento dos impostos (art. 654, 1ª parte, CPC).

m) Julgamento da partilha por sentença (art. 654, 2ª parte, CPC).

n) Expedição do formal ou certidão de partilha, após o trânsito em julgado da sentença que julgou a partilha (art. 655, CPC).

IMPORTANTE

a) Se um dos herdeiros for nascituro, o quinhão que lhe couber será reservado em poder do inventariante até seu nascimento (art. 650, CPC).

b) O formal de partilha é título executivo judicial (art. 515, IV, CPC). Assim, quaisquer disputas que envolvam a entrega de bens entre inventariante, herdeiros e legatários serão discutidas pela via do cumprimento de sentença, a ser apresentado perante o juízo do inventário.

c) Eventual divergência quanto ao pagamento de impostos não impede a partilha.

d) A sentença do inventário faz coisa julgada material e será rescindida por ação rescisória ou pelos incidentes específicos previstos em lei.

---

12. INCIDENTES DO INVENTÁRIO

Incidente	Cabimento	Procedimento
Remoção de inventariante	Art. 622, I a VI, CPC (descumprimento, pelo inventariante, de qualquer de seus encargos). Pode ocorrer de ofício.	a) petição apartada, ao juízo do inventário, apresentando as razões para a remoção; b) intimação do inventariante para, no prazo de 15 dias, oferecer defesa; c) decisão, nomeando-se, se for o caso, novo inventariante, observada a ordem legal.

Incidente	Cabimento	Procedimento
Apuração da parte inoficiosa	Constatação de doação superior ao quinhão hereditário devido ao herdeiro (arts. 639-640 CPC).	Por petição própria, o donatário deverá apontar os bens a serem devolvidos ao espólio. Se o bem for imóvel, haverá licitação entre os herdeiros.
Requerimento de colação	Alegação, por outros herdeiros, do dever à colação não praticado pelo herdeiro beneficiado pela doação (art. 641, CPC).	Se o herdeiro negar o recebimento dos bens ou a obrigação de os conferir, o juiz, ouvidas as partes no prazo comum de cinco dias, decidirá à vista das alegações e provas produzidas. Se improcedente a defesa apresentada, deverá o donatário no prazo improrrogável de cinco dias proceder à conferência, sob pena de sequestro ou entrega dos valores ao espólio.
Habilitação de credores	Havendo credores do espólio não apontados nas primeiras declarações. São legitimados também os credores de dívida líquida e certa, mas ainda não vencida.	a) petição subscrita por advogado acompanhada da prova literal da dívida; b) oitiva do inventariante e herdeiros no prazo legal; c) em caso de concordância, reserva de bens para o pagamento; d) não havendo concordância, questão deverá ser discutida em via própria.
Sonegados (arts. 1.992 a 1.996, CC)	Ação autônoma para punir o herdeiro ou o inventariante que se apropriou de bens do espólio, decretando a perda do direito sobre eles.	A ação tomará o procedimento comum: a) com a apresentação de petição inicial, a qual é de legitimidade ativa dos herdeiros ou dos credores da herança, na qual se narrará a apropriação indevida e será pedida a aplicação da pena de perda de direito aos bens. O valor da causa será o do bem (ou bens) sonegado(s); b) pois a ação somente é cabível, conforme estabelece o art. 621, CPC, após a declaração do inventariante de que não há outros bens a inventariar; c) se procedente a ação, a sentença que se proferir na ação de sonegados aproveita aos demais interessados, independentemente da qualidade de autor da demanda.
Sobrepartilha (art. 669, CPC)	Se houver bens: a) sonegados; b) da herança que se descobrirem depois da partilha; c) litigiosos, assim como os de liquidação difícil ou morosa; d) situados em lugar remoto da sede do juízo onde se processa o inventário.	Observará o processo de inventário e partilha e correrá nos autos do inventário do autor da herança.

Incidente	Cabimento	Procedimento
Anulação de partilha (art. 657, CPC)	De partilha amigável, homologada judicialmente ou constante de escritura pública.	Tomará o rito comum, sendo o fundamento o mesmo da invalidade dos atos civis. A demanda deve ser ajuizada em um ano, observados os termos iniciais do art. 657, parágrafo único, CPC.
Rescisão de partilha (art. 658, CPC)	Da sentença do inventário: a) maculada por dolo, coação, erro essencial ou intervenção de incapaz; b) se feita com preterição de formalidades legais; c) se preteriu herdeiro ou incluiu quem não o seja.	Tomará o rito da ação rescisória.
Emenda de partilha (art. 656, CPC)	Correção de erro de fato na descrição dos bens.	a) pode ser requerida até depois de transitada em julgado a sentença do inventário; b) deve haver a concordância de todos os herdeiros.
Cumulação de partilhas (art. 672, CPC)	Quando houver: a) identidade de pessoas entre as quais devam ser repartidos os bens; b) heranças deixadas pelos dois cônjuges ou companheiros; c) dependência de uma das partilhas em relação à outra.	Seguirá o rito do inventário ou do arrolamento, conforme o caso. Se a dependência entre as partilhas for parcial, poderá o juiz determinar seu processamento em apartado, caso seja mais adequado para preservar o interesse das partes ou a celeridade processual. Se houver herança deixada pelos dois cônjuges ou companheiros, sendo o falecimento de um posterior ao do outro, serão preservadas as primeiras declarações e laudo de avaliação, salvo houver alteração no valor dos bens.

IMPORTANTE

Havendo execução em face do espólio, poderá o credor requerer a penhora no rosto dos autos, nos termos do art. 860, CPC. Sem prejuízo dessa providência, é lícito aos herdeiros, ao separarem bens para o pagamento de dívidas, autorizar que o inventariante os nomeie à penhora no processo em que o espólio for executado.

13. ARROLAMENTO, ADJUDICAÇÃO E ALVARÁ

Além do rito do inventário, são previstos os seguintes procedimentos em caso de sucessão:

Rito	Cabimento	Procedimento
Arrolamento amigável (art. 659, CPC)	Herdeiros maiores e capazes, concordes com a partilha	a) apresentação de petição inicial, na qual conste todos os herdeiros e o acordo quanto aos termos da divisão e observância dos arts. 660 a 663, CPC; b) homologação pelo juízo, por sentença; c) após o trânsito em julgado, a expedição de formal de partilha, alvarás e intimação do fisco para apuração do tributo.
Adjudicação	Quando houver apenas um único herdeiro	Mesmo rito do arrolamento amigável.
Alvará	Para as verbas da Lei nº 6.858/1980	a) petição inicial, indicando o falecimento, os herdeiros, qualificação do falecido e dos herdeiros, a inexistência de outros bens a inventariar e a existência das verbas previstas na Lei nº 6.858/1980, com o pedido de seu levantamento; b) apreciação e deferimento pelo juiz. Intervenção do MP se houver herdeiro incapaz.
Arrolamento extrajudicial (art. 610, §§ 1º e 2º, CPC)	Entre herdeiros maiores, capazes e concordes	Feito por escritura pública, nos termos da Lei de Registros Públicos, desde que todos estejam assistidos por advogado ou Defensor Público.

14. DA ABERTURA, DO REGISTRO E DO CUMPRIMENTO DE TESTAMENTOS

Em havendo testamento, deverá haver a instauração do procedimento de abertura, registro e cumprimento, o qual é regulado pelos arts. 735 e ss., CPC.

Deverá ser apresentada petição inicial pelo inventariante, apresentando o testamento ao juízo do inventário e solicitando sua abertura, registro e cumprimento.

Testamento	Procedimento
Cerrado (art. 735, CPC; arts. 1.868 e ss., CC)	Ao receber testamento cerrado, o juiz, após verificar se está intacto, o abrirá e mandará que o escrivão o leia em presença de quem o entregou. Será lavrado em seguida o ato de abertura, com os requisitos do art. 735, § 1º, CPC. Após ouvido o Ministério Público, será registrado e mandado cumprir, exceto se houver algum vício externo que aponte para a sua nulidade ou falsidade. Será nomeado o testamenteiro nele indicado e, caso recuse o encargo ou não haja testamenteiro, será nomeado testamenteiro dativo.
Público (art. 736, CPC; arts. 1.864 e ss., CC)	Qualquer interessado, exibindo-lhe o traslado ou certidão, poderá requerer ao juiz que ordene o seu cumprimento. Feito isso, toma-se o procedimento previsto para o testamento cerrado.

Testamento	Procedimento
Particular (art. 737, CPC; art. 1.876, CC)	Noticiada a existência de testamento particular, o herdeiro, o legatário ou o testamenteiro poderá requerer, depois da morte do testador, a publicação em juízo do testamento particular, inquirindo-se as testemunhas que lhe ouviram a leitura e, depois disso, o assinaram. A petição será instruída com a cédula do testamento particular. Participará do procedimento o Ministério Público e aplica-se, no que couber, o rito do testamento cerrado.
Especiais (arts. 1.886 e ss., CC)	Os testamentos marítimo, militar, aeronáutico, o nuncupativo e o codicilo serão confirmados pelo mesmo rito do testamento particular. Para o testamento marítimo aplica-se, no que couber, o rito dos arts. 766 a 770, CPC (ratificação de protestos marítimos e dos processos testemunháveis formados a bordo).

15. ARRECADAÇÃO DE HERANÇA JACENTE

Em não havendo herdeiros ou todos eles tendo renunciado à herança ou sendo excluídos por qualquer outro motivo da sucessão, os bens deixados pelo espólio serão arrecadados pelo procedimento dos arts. 738-743, CPC:

a) nomeação de curador, para o qual se aplica o regime do depositário e do administrador;
b) arrecadação dos bens: realização, pelo curador, do rol dos bens deixados pelo falecido;
c) edital para a convocação dos possíveis herdeiros;
d) prazo para habilitação dos possíveis herdeiros;
e) alienação dos bens, com autorização judicial;
f) declaração de herança vacante: caso passado um ano da primeira publicação do edital e não havendo herdeiro habilitado nem habilitação pendente, será a herança declarada vacante;
g) os bens vagos serão de titularidade do município onde se localizem os bens, nos termos do art. 1.822 do CC.

> **IMPORTANTE**
>
> Transitada em julgado a sentença que declarou a vacância, o cônjuge, os herdeiros e os credores só poderão reclamar o seu direito por ação própria.

16. ESQUEMAS

```
a) Esquema: pedido de abertura de inventário
   EXCELENTÍSSIMO SENHOR DOUTOR JUIZ DE DIREITO DA ...ª VARA DA FAMÍLIA
E DAS SUCESSÕES / CÍVEL DA COMARCA DE...
   [Espaço de dez linhas para despacho judicial]
```

REQUERENTE, nacionalidade..., estado civil..., profissão.., RG n°... e CPF n°..., residente e domiciliado no endereço..., por seu advogado, que receberá intimações no endereço..., vem, respeitosamente, à Vossa Excelência, requerer o INVENTÁRIO dos bens deixados por FALECIDO, NOME..., nacionalidade..., estado civil..., profissão.., RG n°... e CPF n°..., residente e domiciliado no endereço..., falecido em (cidade e Estado) na data de, como atesta a certidão de óbito anexada (.doc), tendo deixado bens e herdeiros sem ter testamento.

Posto isso, requer:

a) a nomeação do Sr. ... (nome), como inventariante, nos termos da lei;

b) a apresentação das primeiras declarações no prazo legal e prosseguimento do feito nos termos dos arts. 620 e ss. do Código de Processo Civil;

c) a intimação dos órgãos fazendários federal, estadual e municipal para acompanhamento do presente feito.

Dá-se à causa o valor de R$..., protestando pela retificação quando da apresentação das primeiras declarações.

[Espaço de uma linha]

Termos em que,

pede deferimento.

[Espaço de uma linha]

Local e data.

[Espaço de uma linha]

Advogado...

b) Esquema: primeiras declarações

EXCELENTÍSSIMO SENHOR DOUTOR JUIZ DE DIREITO DA ...VARA DA FAMÍLIA E DAS SUCESSÕES DA COMARCA DE ...

[Espaço de dez linhas para despacho judicial]

Autos n°...

[Espaço de uma linha]

INVENTARIANTE, já qualificado, por seu advogado, nos autos do processo do INVENTÁRIO dos bens deixados por FALECIDO, vem, respeitosamente, à Vossa Excelência, requerer a juntada das primeiras declarações anexadas.

[Espaço de uma linha]

Termos em que, requerendo o regular prosseguimento do feito,

pede deferimento.

[Espaço de uma linha]

Local e data.

[Espaço de uma linha]

Advogado...

PRIMEIRAS DECLARAÇÕES

[Espaço de uma linha]

I – DO(DA) AUTOR(A) DA HERANÇA [Qualificar o falecido e apontar seu último domicílio]

II – DOS HERDEIROS [Qualificar os herdeiros]

III – DOS LEGATÁRIOS [Caso haja, qualificar os legatários]

IV – DOS BENS DO CÔNJUGE / COMPANHEIRO SOBREVIVENTE [Caso haja casamento ou união estável à época do falecimento, qualificar o cônjuge / companheiro sobrevivente e especificar o montante a ele cabível em razão do regime de casamento ou de união estável. Declarar também bens do cônjuge ou companheiro que não integram o espólio, por pertencer exclusivamente ao sobrevivente].

V – DO MONTE MOR [Especificar e dar valor aos bens, nos termos do art. 620, IV, CPC]

VI – DAS DÍVIDAS [Especificar e apontar o valor das dívidas]

VII – DOS CRÉDITOS A RECEBER

VIII – DOS LEGADOS [Especificar os bens objeto de legado e dar valor a eles]

IX – DO MONTE PARTÍVEL [Especificar e dar valor aos bens que serão partilhados (total dos bens subtraídos a meação e os legados)]

X – DA PARTILHA [Descrever o montante do espólio a ser recebido por herdeiro. Caso haja apenas um herdeiro, será requerida a adjudicação do bem a ele]

XI – DOS PAGAMENTOS

Os pagamentos deverão ser feitos conforme o quadro abaixo estabelecido:

MONTE MOR:

VALOR DOS BENS PERTENCENTES AO CÔNJUGE / COMPANHEIRO SOBREVIVENTE

VALOR DO LEGADO...

MONTE PARTÍVEL: ...

VALOR A SER PAGO AO HERDEIRO 1

VALOR A SER PAGO AO HERDEIRO 2

VALOR A SER PAGO AO HERDEIRO ...

TOTAL DOS PAGAMENTOS:

XII – DO IMPOSTO CAUSA MORTIS [Apontar o pagamento do imposto causa mortis, de acordo com a legislação estadual ou distrital aplicável]

XIII – DO REQUERIMENTO

[Espaço de uma linha]

Diante do apresentado, requer-se a apreciação das presentes primeiras declarações, com a citação dos interessados e encaminhamento ao Partidor para conferência.

[Espaço de uma linha]

                        Termos em que,
                           pede deferimento.
[Espaço de uma linha]
                            Local e data.
[Espaço de uma linha]
                             Advogado...

c) Esquema: alvará
EXCELENTÍSSIMO SENHOR DOUTOR JUIZ DE DIREITO DA ...ª VARA DA FAMÍLIA E DAS SUCESSÕES

EXCELENTÍSSIMO SENHOR DOUTOR JUIZ DE DIREITO DA ...ª VARA CÍVEL DA COMARCA DE...

[Espaço de dez linhas para despacho judicial]

REQUERENTE, nacionalidade..., estado civil..., profissão..., RG nº... e CPF nº..., residente e domiciliado no endereço..., por seu advogado, que receberá intimações no endereço..., vem, respeitosamente, à Vossa Excelência, requerer o presente
                           PEDIDO DE ALVARÁ
                pelos motivos de fato e de direito que passa a expor:

[Espaço de duas linhas]

        I - DOS FATOS
[Espaço de uma linha]
                    [Apontar o falecimento, o local e os herdeiros, qualificando-os.
                     Mencionar que o falecido não deixou bens passíveis de inventário, salvo as seguintes verbas especificadas na Lei nº 6.858/1980, e descrever o montante]
[Espaço de duas linhas]

        II - DO DIREITO
[Espaço de uma linha]
                    A Lei nº 6.858/1980 estabelece a possibilidade de pagamento aos sucessores de valores não recebidos em vida pelos titulares, a ser indicados em alvará judicial, como estabelecido em seu art. 1º.
                     Sendo os Requerentes herdeiros do falecido [nome], deverá ser deferido alvará judicial para que recebam os valores de direito do falecido acima mencionados.
[Espaço de duas linhas]

III - DO PEDIDO
[Espaço de uma linha]

Diante do exposto o Autor requer à Vossa Excelência:

a) fazer requerimento de gratuidade processual, se os envolvidos preencherem os requisitos legais;

b) o acolhimento do presente pedido de alvará para o levantamento dos valores de titularidade do falecido, acima discriminados;

c) se necessário se mostrar, a expedição de ofício ao banco..., ao Instituto do Seguro Social (INSS), para apontamento dos valores atualizados e devidos esclarecimentos sobre os valores de titularidade do falecido;

d) a intimação do D. membro do Ministério Público para o acompanhamento do presente feito.

[Espaço de duas linhas]

IV - DAS PROVAS
[Espaço de uma linha]

Protesta pela produção de todas as provas admitidas em Direito, principalmente pelos documentos que instruem a presente, bem como outros que fizerem necessários no decurso da demanda.

V - DO VALOR DA CAUSA
[Espaço de uma linha]

Dá-se à causa o valor de R$...,

pede deferimento.

[Espaço de uma linha]

Local e data.

[Espaço de uma linha]

Advogado...

d) Esquema: impugnação

EXCELENTÍSSIMO SENHOR DOUTOR JUIZ DE DIREITO DA ...ª VARA DA FAMÍLIA E DAS SUCESSÕES / VARA CÍVEL DA COMARCA DE

[Espaço de dez linhas para despacho judicial]

Autos nº...

[Espaço de uma linha]

HERDEIRO, já qualificado, por seu advogado, nos autos do processo do INVENTÁRIO dos bens deixados por FALECIDO, vem, respeitosamente, à Vossa Excelência, apresentar IMPUGNAÇÃO às primeiras declarações, pelos motivos abaixo expostos:

[Apresentar os motivos da impugnação: omissão de bem, de herdeiro, contestação da qualidade de herdeiro, valor de bem etc.]

Posto isso, requer seja intimado o inventariante para manifestação, no prazo legal, sob pena de sua remoção, e a correção do dado em sede de últimas declarações.

[Espaço de uma linha]

Termos em que,

pede deferimento.

[Espaço de uma linha]

Local e data.

[Espaço de uma linha]

Advogado...

e) Esquema: habilitação de credor

EXCELENTÍSSIMO SENHOR DOUTOR JUIZ DE DIREITO DA ... ª VARA DA FAMÍLIA E DAS SUCESSÕES / DA COMARCA DE

[Espaço de dez linhas para despacho judicial]

Autos nº...

[Espaço de uma linha]

CREDOR, nacionalidade..., estado civil..., profissão..., RG nº... e CPF nº..., residente e domiciliado no endereço..., por seu advogado, que receberá intimações no endereço..., nos autos do processo do INVENTÁRIO dos bens deixados por FALECIDO, vem, respeitosamente, à Vossa Excelência, requerer a HABILITAÇÃO DE SEU CRÉDITO pelos motivos abaixo expostos:

[Apresentar o crédito, amparado por prova documental]

Posto isso, requer sejam intimados o inventariante e os demais herdeiros para manifestação, no prazo legal, e, após, a habilitação do crédito como requerido.

[Espaço de uma linha]

Termos em que,

pede deferimento.

[Espaço de uma linha]

Local e data.

[Espaço de uma linha]

Advogado...

CAPÍTULO 5

EMBARGOS DE TERCEIRO

1. REGIME JURÍDICO DA MEDIDA

Objetivo	Afastar turbação ou esbulho na posse ou propriedade de bens de terceiros por ato de apreensão judicial. Admite-se também a forma preventiva, em havendo comprovada ameaça à posse ou à propriedade.
Legitimidade	Ativa: do terceiro, ou seja: a) cônjuge quando defende a posse de bens próprios ou de sua meação, aplicando-se ao bem indivisível o regime do art. 843, CPC; b) o adquirente de bens cuja constrição decorreu de decisão que declara a ineficácia da alienação realizada em fraude à execução; c) quem sofre constrição judicial de seus bens por força de desconsideração da personalidade jurídica, de cujo incidente não fez parte; d) o credor com garantia real para obstar expropriação judicial do objeto do direito real de garantia, caso não tenha sido intimado, nos termos legais dos atos expropriatórios respectivos. Pode o possuidor direto alegar o domínio alheio. Passiva: do beneficiário da apreensão judicial. Também será réu seu adversário, caso este tenha indicado o bem de terceiro (art. 677, § 3º, CPC).
Momento processual (art. 675, CPC)	Os embargos podem ser opostos a qualquer tempo no processo de conhecimento enquanto não transitada em julgado a sentença, e, no processo de execução, até cinco dias depois da arrematação, adjudicação ou remição, mas sempre antes da assinatura da respectiva carta.
Liminar (art. 678, CPC)	Está condicionada a demonstração do domínio ou a posse, a ser provada documentalmente ou por justificação prévia (art. 677, § 1º, CPC). Determinará a suspensão das medidas constritivas sobre os bens litigiosos objeto dos embargos, mesmo que ainda não efetivadas (embargos preventivos). Também pode ser requerida a manutenção ou a reintegração provisória da posse liminarmente.

Defesa	Por contestação, a ser apresentada em 15 dias, sendo alegável qualquer matéria de defesa. Caso os embargos tenham sido apresentados por credor com garantia real, somente poderá o embargado alegar que: a) o devedor comum é insolvente; b) o título é nulo ou não obriga a terceiro; c) outra é a coisa dada em garantia.
Procedimento	Após a defesa, segue-se o procedimento comum (art. 679, CPC).

2. PASSO A PASSO DOS EMBARGOS DE TERCEIRO

Competência (art. 676, CPC)	a) Do juízo que determinou a apreensão. b) Se a constrição for praticada por carta, do juízo deprecado, salvo se o bem tiver sido indicado pelo juízo deprecante ou a carta já tiver sido devolvida.
Partes	Ativa: do terceiro, nas condições determinadas pelo art. 674, CPC. Passiva: do beneficiário da apreensão judicial. Haverá litisconsórcio com o adversário, caso este tenha indicado o bem à constrição.
Causa de pedir	a) Demonstração da apreensão do bem, com a descrição da respectiva coisa. b) Demonstração da condição de terceiro. c) Demonstração da posse ou do domínio do embargante, a qual foi turbada ou esbulhada ou sofre ameaça de constrição judicial. Também é possível ao possuidor direto alegar domínio alheio.
Liminar	Para suspender os efeitos da constrição, ou o risco de constrição, devido à prova da posse ou do domínio (é desnecessária a demonstração de risco de dano), liminarmente ou mediante justificação prévia. Caso se pretender a manutenção ou a reintegração provisória, deve também ser feito pedido com esse conteúdo.
Pedido	Procedência do pedido, para deferir os embargos de terceiros, levantando-se a constrição sobre a coisa, restituindo a posse ou mantendo a posse em favor do autor, condenação em custas e honorários de advogado.
Provas	Todas em direito admitidas, especialmente prova documental, que prove a posse do terceiro.
Citação do réu	Para contestar a demanda em 15 dias, sob pena de sofrer os efeitos da revelia. A citação será feita na pessoa do advogado constituído, exceto se não houver advogado constituído, quando a citação será pessoal.
Valor da causa	O do bem objeto de apreensão judicial.

Esquema: embargos de terceiro

EXCELENTÍSSIMO SENHOR DOUTOR JUIZ DE DIREITO DA ...ª VARA CÍVEL DA COMARCA DE...

ou

EXCELENTÍSSIMO SENHOR DOUTOR JUIZ FEDERAL DA ...ª VARA FEDERAL DA SEÇÃO JUDICIÁRIA DE ...

[Espaço de dez linhas para despacho judicial]

Distribuição por dependência

Autos n° ...

[Espaço de uma linha]

AUTOR, nacionalidade..., estado civil..., profissão..., RG n°... e CPF n°..., residente e domiciliado no endereço...

ou

AUTOR, pessoa jurídica de direito privado, devidamente inscrita no CNPJ/MF sob o n°... com sede no endereço... representada por seu administrador Sr. ... nacionalidade, estado civil, portador da cédula de identidade RG n°..., devidamente inscrito no CPF/MF sob o n°...,

Pelo advogado abaixo assinado, que receberá intimações no endereço..., vem, respeitosamente, à Vossa Excelência ajuizar o presente

EMBARGOS DE TERCEIRO, fundamentados nos arts. 674 e ss. do Código de Processo Civil,

em face de RÉU, nacionalidade, profissão, estado civil, RG n°... e CPF n°..., residente e domiciliado no endereço

ou

RÉU, pessoa jurídica de direito privado, devidamente inscrita no CNPJ/MF sob o n°..., com sede no endereço..., pelas razões de fato e de direito a seguir expostas:

(verificar se o adversário indicou ou não o bem objeto de constrição. Se sim, deverá integrar o polo passivo)

[Espaço de duas linhas]

I - DA DISTRIBUIÇÃO POR DEPENDÊNCIA

[Espaço de uma linha]

Nos termos do art. 676, *caput*, Código de Processo Civil, os embargos de terceiro serão distribuídos por dependência ao juízo perante o qual se processa a demanda na qual houve a apreensão judicial injusta.

Como a presente demanda se volta a levantar apreensão judicial realizada por este juízo em processo de [conhecimento / execução no qual litiga o Réu da presente demanda, é desse órgão a competência para o julgamento da causa.

OU

Nos termos do art. 676, parágrafo único, CPC, é competente para os embargos de terceiros o juízo deprecado, se a constrição não vier indicada pelo juízo deprecante e a carta precatória ainda não tiver sido devolvida.

Assim, como o ato decorreu nas condições acima mencionadas, é o presente juízo o competente para a demanda ora apresentada.

[Espaço de duas linhas]

II - DOS FATOS

[Espaço de uma linha]

[Narração dos fatos que apontem:

a) a apreensão do bem, com a descrição da respectiva coisa;

b) a condição de terceiro, nos termos do art. 674, CPC;

c) demonstração do domínio ou da posse do embargante, a qual foi turbada ou esbulhada pela constrição judicial ou sofre ameaça de constrição judicial.]

[Espaço de duas linhas]

III - DO DIREITO

[Espaço de uma linha]

[Demonstração do direito à proteção da propriedade ou da posse do bem do embargante, nos termos do art. 674 e ss., Código de Processo Civil]

[Espaço de duas linhas]

IV - DA LIMINAR

[Espaço de uma linha]

[Demonstrar o domínio ou posse do bem, o que justifica o deferimento da liminar, imediatamente ou mediante justificação prévia]

[Espaço de duas linhas]

V - DO PEDIDO

[Espaço de uma linha]

Por todo o exposto, requer-se:

a) o deferimento da liminar, para fazer cessar a turbação / o esbulho da posse do terceiro ou que não se efetive a ameaça de constrição judicial;

b) a citação do réu para apresentar a defesa que entender cabível em 15 dias, sob pena de sofrer os efeitos da revelia;

c) a procedência do presente pedido, para deferir os embargos de terceiros, fazendo cessar a constrição existente sobre o bem, restituindo sua posse / mantendo sua posse em favor do Autor / para que a constrição não se efetue;

d) a condenação do Réu ao pagamento dos honorários advocatícios, bem como ao ressarcimento das despesas processuais.
[Espaço de duas linhas]

VI - DAS PROVAS
[Espaço de uma linha]
Protesta provar o alegado por todos os meios em direito admitidos, especialmente pelos documentos que acompanham a presente, documentos novos, depoimento pessoal do Réu, oitiva de testemunhas a serem oportunamente arroladas, perícias, e demais meios que se fizerem necessários ao longo da demanda.
[Espaço de duas linhas]

VII - DO VALOR DA CAUSA
[Espaço de uma linha]
Dá-se à causa o valor de R$ ...
[Espaço de uma linha]
Termos em que,
pede deferimento.
[Espaço de uma linha]
Local e data.
[Espaço de uma linha]
Advogado...

CAPÍTULO 6

OPOSIÇÃO (ARTS. 682-686, CPC)

1. REGIME JURÍDICO DA OPOSIÇÃO

Objetivo	Disputar com autor e réu o bem litigioso.
Cabimento	Caso o terceiro pretenda, no todo ou em parte, bem disputado em demanda judicial que esteja em curso em primeira instância.
Legitimidade	Autor: terceiro pretendente ao bem. Réus: autor e réu da ação na qual o bem é disputado (litisconsórcio necessário).
Defesa	Por contestação, apresentada no prazo comum de 15 dias.
Procedimento	a) será a inicial distribuída por dependência; b) se admitida, será processada em apartado e decidida na mesma sentença; c) citação das partes para apresentação de defesa, na pessoa de seus advogados; d) se a oposição for proposta após o início da audiência de instrução, o juiz suspenderá o curso do processo ao fim da produção das provas, salvo se concluir que a unidade da instrução atende melhor ao princípio da duração razoável do processo; e) cabendo ao juiz decidir simultaneamente a ação originária e a oposição, desta conhecerá em primeiro lugar.

A oposição era, no Código de Processo Civil de 1973, classificada como intervenção de terceiros. No Código vigente, acolheu-se o entendimento doutrinário predominante, de que a oposição, na verdade, seria uma ação incidental, do terceiro contra as partes.

2. PASSO A PASSO DA AÇÃO DE OPOSIÇÃO

Cabimento e legitimidade	Terceiro que pretenda o bem ou direito disputado (opoente) entre o autor e o réu (opostos).
Forma	Petição inicial, dirigida ao juízo ou ao Tribunal perante o qual se processa a causa.

Causa de pedir	Demonstração da titularidade do bem pelo terceiro, o que afasta a pretensão tanto do autor quanto do réu.
Pedido	Procedência da oposição, para reconhecer a titularidade do bem pelo terceiro opoente, condenação dos opostos em custas e honorários de advogado.
Citação dos opostos	Realizada na pessoa dos advogados, para contestar em 15 dias.
Provas	São admissíveis todos os meios em direito admitidos.
Valor da causa	O valor do bem ou do direito disputado.
Fecho	"Termos em que, pede deferimento", local, data e assinatura do advogado.

Esquema: oposição

EXCELENTÍSSIMO SENHOR DOUTOR [Juízo da causa]

[Espaço de dez linhas despacho judicial]

Autos n°...

TERCEIRO, nome completo..., nacionalidade..., estado civil..., profissão..., RG n°..., CPF n°..., residente e domiciliado no endereço..., por seu advogado, que receberá intimações no endereço..., vem, respeitosamente, à Vossa Excelência, apresentar a presente

OPOSIÇÃO, com fundamento nos arts. 682 e ss., CPC,

Em face de AUTOR, nome completo..., nacionalidade..., estado civil..., profissão..., RG n°..., CPF n°... residente e domiciliado no endereço..., por seu advogado, que receberá intimações no endereço..., e RÉU nome completo..., nacionalidade..., estado civil..., profissão..., RG n°..., CPF n°... residente e domiciliado no endereço..., por seu advogado, que receberá intimações no endereço..., pelos motivos de fato e de direto que a seguir expõe:

[Espaço de duas linhas]

I – DOS FATOS

[Espaço de uma linha]

[Narrar os fatos que fundamentem a pretensão do opoente sobre o bem]

[Espaço de duas linhas]

II – DO DIREITO

[Espaço de uma linha]

[Apresentar o fundamento jurídico do direito sobre o bem, se propriedade, posse etc.]

[Espaço de duas linhas]

III - DO PEDIDO
[Espaço de uma linha]

De todo o exposto, requer-se:

a) a distribuição da presente oposição por dependência aos autos da ação [pôr qual é];

b) a citação dos opostos na pessoa do advogado, para responder aos termos da presente, sob pena de sofrer os efeitos da revelia;

c) a procedência do pedido de oposição, para reconhecer ao opoente a titularidade do bem [descrever o bem ou direito em questão];

d) a condenação dos opostos nos ônus da sucumbência e dos honorários de advogado.

[Espaço de duas linhas]

IV - DAS PROVAS
[Espaço de uma linha]

Protesta provar o alegado por todos os meios de prova em direito admitidos, consistentes nos documentos juntados, oitiva do Réu em depoimento pessoal, oitiva de testemunhas, perícias e todas as que se fizerem necessárias ao longo da presente demanda.

[Espaço de duas linhas]

V - DO VALOR DA CAUSA

Dá-se à causa o valor de [valor do bem]
[Espaço de uma linha]

Termos em que,

pede deferimento.

[Espaço de uma linha]

Local e data.

[Espaço de uma linha]

Advogado...

CAPÍTULO 7

AÇÃO MONITÓRIA

1. REGIME JURÍDICO DA MEDIDA

Objetivo	Receber soma em dinheiro, entrega de coisa fungível ou infungível de bem móvel ou imóvel e o adimplemento de obrigação de fazer e de não fazer.
Cabimento	Haver prova literal da dívida que não tenha eficácia de título executivo (art. 700, CPC), a qual estabelece obrigação de pagar dinheiro, entrega de coisa fungível ou infungível ou de bem móvel ou imóvel e de adimplemento de obrigação de fazer ou não fazer. A prova escrita pode consistir em prova oral documentada por incidente de antecipação de provas do art. 381, CPC.
Legitimidade	Ativa: do credor. Passiva: do devedor capaz, incluindo a Fazenda Pública.
Defesa	Por meio de embargos, que têm natureza de contestação, independem de prévia garantia do juízo e suspendem o mandado inicial (art. 702, § 4º, CPC). É admissível reconvenção (art. 702, § 6º, CPC).
Procedimento	a) apresentação da petição inicial com os requisitos dos arts. 319 e 700, § 2º, CPC; b) havendo dúvida sobre a idoneidade da prova documental, o autor será intimado para, caso queira, adaptar a petição inicial ao procedimento comum; c) citação do réu, por qualquer meio admitido para o procedimento comum; d) se evidente o direito do autor, será expedido mandado de adimplemento da obrigação, para ser cumprida no prazo de 15 dias; e) havendo dúvida quanto à idoneidade de prova documental apresentada pelo autor, o juiz intimá-lo-á para, querendo, emendar a petição inicial, adaptando-a ao procedimento comum; f) se o réu adimplir a obrigação, arcará com honorários de 5% do valor da causa e será dispensado do pagamento das custas processuais; g) se apresentar defesa, será esta processada, nos termos do art. 702, CPC;

Procedimento	h) se for revel, será constituído título executivo judicial, sendo cabível dessa decisão ação rescisória (art. 701, §§ 2º e 3º, CPC); i) se o réu for a Fazenda Pública, a não apresentação de embargos ensejará execução de título judicial contra a Fazenda Pública, com a expedição de precatório.
Processamento dos embargos	a) os embargos têm natureza e conteúdo de contestação; b) se parciais, os embargos poderão ser autuados em apartado, pelo juiz. Será constituído de pleno direito o título executivo judicial em relação à parcela incontroversa; c) caso se alegue excesso de cobrança, deverá ser indicado o valor correto, por demonstrativo discriminado, sob pena de não ser conhecida a questão; d) no que tocar a parcela incontroversa, deverá ser ela paga, sob pena de ser convertida em título executivo judicial; e) o credor será intimado a apresentar defesa, tendo prazo de 15 dias para tanto; f) cabe apelação da sentença que apreciar os embargos.
Repressão à litigância de má-fé na ação monitória	a) o juiz condenará o autor de ação monitória proposta indevidamente e de má-fé ao pagamento, em favor do réu, de multa de até 10% sobre o valor da causa. b) o juiz condenará o réu que de má-fé opuser embargos à ação monitória ao pagamento de multa de até 10% sobre o valor atribuído à causa, em favor do autor.

> **IMPORTANTE**
>
> Nos termos do art. 701, § 5º, CPC, é possível que o devedor faça, na ação monitória, pedido de parcelamento, estabelecido no art. 916, CPC.

2. PASSO A PASSO DA AÇÃO MONITÓRIA

Competência	Juízo do cumprimento da obrigação (art. 53, III, *d*, CPC).
Partes	Ativa: do credor. Passiva: do devedor capaz, inclusive a Fazenda Pública.
Causa de pedir	Demonstração de haver prova literal da dívida que não tenha eficácia de título executivo e de que há a pretensão a receber soma em dinheiro, entrega de coisa ou bem ou adimplemento de obrigação de fazer ou de não fazer, a qual não foi cumprida pelo réu.
Pedido	Condenação no pagamento, nos termos do mandado inicial, da obrigação e, em havendo revelia, de cumprimento do mandado monitório, condenação nas custas e nos honorários de advogado.

Provas	Documento que comprove a obrigação e todas as demais provas em direito admitidas. A prova escrita pode consistir em prova oral documentada, produzida antecipadamente nos termos do art. 381 (art. 700, § 1º, CPC).
Citação do réu	Para que, em 15 dias, cumpra a obrigação ou apresente embargos, sob pena de conversão do mandado inicial em título executivo judicial.
Valor da causa	O valor da obrigação, nos termos do art. 700, § 2º, CPC.

Esquema: ação monitória

EXCELENTÍSSIMO SENHOR DOUTOR JUIZ DE DIREITO DA ...ª VARA CÍVEL DA COMARCA DE ...

ou

EXCELENTÍSSIMO SENHOR DOUTOR JUIZ FEDERAL DA ...ª VARA DA SEÇÃO JUDICIÁRIA DE...

[Espaço de dez linhas para despacho judicial]

AUTOR, nacionalidade..., estado civil..., profissão..., RG nº... e CPF nº..., residente e domiciliado no endereço...

ou

AUTOR, pessoa jurídica de direito privado, devidamente inscrita no CNPJ/MF sob o nº... com sede no endereço... representada por seu administrador Sr. ... nacionalidade, estado civil), portador da cédula de identidade RG nº..., devidamente inscrito no CPF/MF sob o nº...,

Pelo advogado abaixo assinado, que receberá intimações no endereço..., vem, respeitosamente, à Vossa Excelência ajuizar a presente

AÇÃO MONITÓRIA, fundamentada nos arts. 700 e ss. do Código de Processo Civil,

em face de RÉU, nacionalidade, profissão, estado civil, RG nº... e CPF nº..., residente e domiciliado no endereço

ou

RÉU, pessoa jurídica de direito privado, devidamente inscrita no CNPJ/MF sob o nº..., com sede no endereço..., pelas razões de fato e de direito a seguir expostas:

[Espaço de duas linhas]

I – DOS FATOS

[Espaço de uma linha]

[Apresentar, como no problema, os fatos relacionados com a existência de obrigação de pagar quantia, entregar coisa ou bem ou adimplemento de

obrigação de fazer ou não fazer, a qual conste de documento sem força de título executivo a qual não foi cumprida pelo Réu]
[Espaço de duas linhas]

   II - DO DIREITO
[Espaço de uma linha]
[Demonstrar o fundamento jurídico que dá ao autor o direito à ação monitória]
[Espaço de duas linhas]

   III - DO PEDIDO
[Espaço de uma linha]
         Por todo o exposto, requer-se:
         a) a citação do Réu, bem como a sua intimação para cumprir o mandado de pagamento no prazo de 15 dias ou para oferecer embargos monitórios, sob pena de formação de título executivo judicial e instaurando-se fase de cumprimento de sentença;
         b) a expedição de mandado de pagamento, no valor de R$ ...;
         c) a conversão do mandado de pagamento em título executivo judicial e instauração da fase de cumprimento de sentença, em caso de revelia;
         d) a condenação do Réu nas custas processuais e nos honorários de advogado.
[Espaço de duas linhas]

   IV - DAS PROVAS
[Espaço de uma linha]
         Protesta provar o alegado por todos os meios em direito admitidos, especialmente pelos documentos que acompanham a presente, documentos novos, depoimento pessoal do Réu, oitiva de testemunhas a ser oportunamente arroladas, perícias, e demais meios que se fizerem necessários ao longo da demanda.
[Espaço de duas linhas]

   V - DO VALOR DA CAUSA
[Espaço de uma linha]
         Dá-se à causa o valor de R$... (nos termos do art. 700, § 2°, CPC).
[Espaço de uma linha]

Termos em que,
pede deferimento.
[Espaço de uma linha]
Local e data.
[Espaço de uma linha]
Advogado...

CAPÍTULO 8

OUTROS PROCEDIMENTOS ESPECIAIS

1. AÇÃO DIVISÓRIA E DEMARCATÓRIA

Objetivo	Ação divisória: dividir bem comum. Ação demarcatória: fixar ou aviventar os limites entre dois imóveis. É admitida a cumulação de ambas as demandas.
Legitimidade	a) ao proprietário a ação de demarcação, para obrigar o seu confinante a estremar os respectivos prédios, fixando-se novos limites entre eles ou aviventando-se os já apagados; b) ao condômino a ação de divisão, para obrigar os demais consortes a estremar os quinhões.
Procedimento da demarcação	É estabelecido nos arts. 574-587 e tem duas fases: a primeira, que verifica o direito de demarcação e apresenta o estudo referente; e a segunda, que efetiva a demarcação materialmente.
Procedimento da divisão	É estabelecido nos arts. 588-598, sendo a primeira parte de apuração dos lotes e, a segunda, a da efetivação da divisão.
Divisão ou demarcação extrajudicial	Feita por escritura pública, desde que maiores e capazes os interessados e haja concordância com os termos, observado o procedimento previsto acima.

2. PASSO A PASSO DA PETIÇÃO INICIAL DA AÇÃO DEMARCATÓRIA

Competência	Foro de situação do imóvel (art. 47, CPC).
Partes	a) Autor: proprietário do imóvel (ou qualquer dos coproprietários). b) Réu: seus confinantes.
Causa de pedir	Demonstração da propriedade do imóvel e da situação de confinamento com o imóvel do réu; da existência de dúvida sobre os limites entre os imóveis, seja porque não há prévio estabelecimento de limite ou porque o limite existente se perdeu, descrição precisa dos limites a constituir, aviventar ou renovar.

Pedido	Ser realizada a demarcação do imóvel, como estabelecida na petição inicial, devidamente comprovada pela perícia.
Provas	Todas em direito admitidos, em especial a comprovação documental da propriedade (prova legal) e demais aspectos. Após a defesa, haverá necessária produção de prova pericial.
Citação do réu	Por carta (art. 576, CPC).
Valor da causa	O valor de avaliação da área ou do bem objeto do pedido (art. 292, IV, CPC).

3. PASSO A PASSO DA PETIÇÃO INICIAL DA AÇÃO DIVISÓRIA

Competência	Foro de situação do imóvel (art. 47, CPC).
Partes	a) Autor: proprietário do imóvel (ou qualquer dos coproprietários). b) Réu: seus confinantes.
Causa de pedir	Deverá conter: a) a indicação da origem da comunhão e a denominação, a situação, os limites e as características do imóvel; b) o nome, o estado civil, a profissão e a residência de todos os condôminos, especificando-se os estabelecidos no imóvel com benfeitorias e culturas; c) as benfeitorias comuns.
Pedido	Ser realizada a divisão do imóvel, como estabelecida na petição inicial, devidamente comprovada pela perícia.
Provas	Todas em direito admitidos, em especial a comprovação documental da propriedade (prova legal) e demais aspectos. Após a defesa, haverá necessária produção de prova pericial.
Citação do réu	Por carta (art. 576, CPC).
Valor da causa	O valor de avaliação da área ou do bem objeto do pedido (art. 292, IV, CPC).

4. AÇÃO DE DISSOLUÇÃO PARCIAL DE SOCIEDADE

Cabimento	a) a resolução da sociedade empresária contratual ou simples em relação ao sócio falecido, excluído ou que exerceu o direito de retirada ou recesso; b) a apuração dos haveres do sócio falecido, excluído ou que exerceu o direito de retirada ou recesso; c) somente a resolução ou a apuração de haveres; d) no caso de sociedade anônima de capital fechado quando demonstrado, por acionista ou acionistas que representem 5% ou mais do capital social, que não pode preencher o seu fim; e) no caso de cônjuge ou companheiro do sócio cujo casamento, união estável ou convivência terminou, para requerer a apuração de seus haveres na sociedade, que serão pagos à conta da quota social titulada por este sócio.

Legitimidade	Ativa: a) espólio do sócio falecido, quando a totalidade dos sucessores não ingressar na sociedade; b) sucessores, após concluída a partilha do sócio falecido; c) pela sociedade, se os sócios sobreviventes não admitirem o ingresso do espólio ou dos sucessores do falecido na sociedade, quando esse direito decorrer do contrato social; d) sócio que exerceu o direito de retirada ou recesso, se não tiver sido providenciada, pelos demais sócios, a alteração contratual consensual formalizando o desligamento, depois de transcorridos 10 dias do exercício do direito; e) sociedade, nos casos em que a lei não autoriza a exclusão extrajudicial; f) sócio excluído; g) cônjuge ou companheiro do sócio cujo casamento, união estável ou convivência terminou. Passiva: dos sócios e a sociedade ou só dos sócios, atentando-se para as situações em que a sociedade não seria citada, estabelecida no art. 601, CPC.
Procedimento	a) petição inicial, endereçada ao juízo do local da sede da pessoa jurídica, pelo legitimado, na qual indique o motivo da dissolução parcial e requeira a retirada do sócio ou a apuração de haveres, conforme o caso; b) citação dos sócios e da sociedade (ou só dos sócios, nos termos do art. 601, parágrafo único) para concordarem com o pedido ou apresentarem contestação em 15 dias; c) caso apresente defesa, é lícito à sociedade requerer, em contestação, a indenização por danos, a ser compensado com a apuração de haveres; d) caso se concorde expressa e unanimemente com a dissolução, será instaurada a fase de liquidação, nos termos dos arts. 603-609, CPC.

5. HABILITAÇÃO

Cabimento	No caso de falecimento de uma das partes, para que os interessados possam suceder-lhe no processo. É imprescindível que o direito discutido na demanda seja transmissível. Caso o direito seja personalíssimo, será extinto o feito sem resolução de mérito (art. 485, IX, CPC).
Legitimidade	Da parte adversária, em relação aos sucessores da parte falecida ou destes em relação àquela.
Procedimento	a) feito o requerimento, será suspenso o processo, independentemente da instância em que esteja; b) citação dos requeridos, para se pronunciarem no prazo de cinco dias; c) citação será feita na pessoa do advogado constituído, sendo pessoal caso o réu não tenha representação nos autos; d) decisão de plano, se não houver impugnação ou se esta se fundar em discussão passível de prova apenas documental; e) autuação em apartado e determinação sobre as provas, caso seja necessária instrução;

Procedimento	f) decisão sobre a habilitação pelo juiz, por sentença;
	g) com o trânsito em julgado, é retomado o andamento da causa principal.
Inércia na propositura da habilitação (art. 313, § 2º, CPC)	Caso tome o juiz conhecimento da morte de uma das partes e verifique que não foi ajuizada ação de habilitação, determinará a suspensão do processo e observará o seguinte: a) falecido o réu, ordenará a intimação do autor para que promova a citação do respectivo espólio, de quem for o sucessor ou, se for o caso, dos herdeiros, no prazo que designar, de, no mínimo, dois e, no máximo, seis meses; b) falecido o autor, e sendo transmissível o direito em litígio, determinará a intimação de seu espólio, de quem for o sucessor ou, se for o caso, dos herdeiros, pelos meios de divulgação que reputar mais adequados, para que manifestem interesse na sucessão processual e promovam a respectiva habilitação no prazo designado, sob pena de extinção do processo sem resolução de mérito.

A petição inicial da habilitação:

Competência	Juízo da causa.
Partes	a) Autor: parte contrária ou sucessores. b) Réu: oponente.
Causa de pedir	a) noticiar o falecimento da parte (juntando certidão de óbito ou juntando o atestado de óbito – comprovante provisório de óbito, emitido pela autoridade pública para fins de sepultamento –, requerendo prazo para juntada da certidão); b) caso seja requerido pelo adversário, a indicação dos sucessores, com sua qualificação e demonstração de que o direito litigioso é passível de transmissão; c) caso seja requerido pelos sucessores, demonstração de sua qualidade de sucessor e demonstração de que o direito litigioso é passível de transmissão.
Pedido	Ser realizada a habilitação dos sucessores, suspendendo-se o trâmite do processo principal (art. 313, I, CPC).
Provas	Todas em direito admitidos, em especial a comprovação documental da propriedade (prova legal) e demais aspectos.
Citação do réu	Na pessoa do advogado, caso esteja constituído. Se não houver advogado, a citação será pessoal e observará as regras dos arts. 238 e ss., CPC.
Valor da causa	O da ação principal.

6. HOMOLOGAÇÃO DO PENHOR LEGAL

Definição de penhor legal	O penhor legal consiste na imposição, por lei, de garantia real sobre bens móveis do devedor em favor do credor. As hipóteses são previstas no art. 1.467, CC, e em legislação extravagante.

Cabimento	Tomado o penhor, deverá o credor, ato contínuo, buscar a homologação judicial do ato, conforme estipulam os arts. 1.471, CC, e 703 e ss., CPC. Ou seja: em primeiro lugar, há um ato extrajudicial de tomada dos bens passíveis de penhor pelo credor. Logo após, deve o credor providenciar a homologação do ato pelo órgão judicial.
Legitimidade	Ativa: do credor. Passiva: do devedor.
Liminar	Pode ser deferido liminarmente o penhor, mediante a urgência da medida e risco de dano.
Defesa	A defesa somente pode versar sobre: a) nulidade do processo; b) extinção da obrigação; c) não estar a dívida compreendida entre as previstas em lei ou não estarem os bens sujeitos a penhor legal; d) alegação de ter sido oferecida caução idônea, rejeitada pelo credor.
Procedimento	a) a petição inicial, indicada ao foro do local do cumprimento da obrigação, além dos requisitos do art. 319, CPC, será instruída com o contrato de locação ou a conta pormenorizada das despesas, a tabela dos preços e a relação dos objetos retidos, e o credor pedirá a citação do devedor para pagar ou contestar na audiência preliminar que for designada. O valor da causa será o valor cobrado; b) citação do réu, nos termos acima mencionados; c) homologado o penhor, será consolidada a posse do credor sobre o objeto. d) negado o penhor, o objeto será entregue ao réu, ressalvado ao autor o direito de cobrar a conta pelo procedimento comum, salvo se acolhida alegação de extinção da obrigação.
Homologação extrajudicial (art. 703, §§ 2º a 4º, CPC)	A homologação do penhor legal poderá ser promovida pela via extrajudicial mediante requerimento do credor a notário de sua livre escolha. O requerimento deverá conter os requisitos exigidos para a petição inicial da homologação de penhor legal judicial.

IMPORTANTE

Há, ainda, procedimentos especiais para tratar da regulação de avaria grossa (relacionado a danos no caso de transporte marítimo de mercadorias – arts. 707-711, CPC) e de restauração de autos (quando os autos físicos são extraviados – arts. 712-718, CPC).

CAPÍTULO 9

JURISDIÇÃO VOLUNTÁRIA

1. DEFINIÇÃO

Costuma-se definir a jurisdição voluntária como a administração pública de interesses privados. Ou seja, por meio da jurisdição voluntária, a atuação do órgão judicial é condição de validade ou eficácia de atos jurídicos.

A atuação do órgão jurisdicional é requisito formal desses atos: além da vontade das partes, deverá ser submetida essa vontade à verificação do juiz, o qual averiguará se é livre e desimpedida, o que é feito pela via de processo judicial. É o caso do divórcio consensual, em havendo filhos comuns menores, e da abertura de testamento.

Além desses casos, poderão os interessados levar à homologação judicial qualquer acordo, para que revista a condição de título executivo judicial (art. 515, III, CPC).

2. PROCEDIMENTO GERAL (ARTS. 719 A 725 DO CPC)

a) Terá início por provocação do interessado ou do Ministério Público ou da Defensoria Pública, cabendo-lhes formular o pedido em requerimento dirigido ao juiz, devidamente instruído com os documentos necessários e com a indicação da providência judicial.

b) Serão citados, sob pena de nulidade, todos os interessados, bem como o Ministério Público, nas hipóteses do art. 178, CPC, para se manifestarem no prazo de 15 dias.

c) Os interessados podem produzir as provas destinadas a demonstrar as suas alegações; mas ao juiz é lícito investigar livremente os fatos e ordenar de ofício a realização de quaisquer provas.

d) A Fazenda Pública será sempre ouvida nos casos em que tiver interesse.

e) O juiz decidirá o pedido no prazo de 10 dias.

f) Nesses procedimentos, tem o juiz autorização para decidir por equidade e outros meios que não a legalidade estrita, podendo adotar em cada caso a solução que reputar mais conveniente ou oportuna.

g) Da sentença caberá apelação.

h) O pagamento das custas observa a regra do art. 88, CPC, sendo adiantadas pelo requerente e rateadas pelos interessados.

3. PEDIDOS QUE OBSERVAM O PROCEDIMENTO GERAL (ART. 725, CPC)

a) Emancipação.

b) Sub-rogação.

c) Alienação, arrendamento ou oneração de bens dotais, de menores, de órfãos e de interditos.

d) Alienação, locação e administração da coisa comum.

e) Alienação de quinhão em coisa comum.

f) Extinção de usufruto e de fideicomisso.

g) Expedição de alvará.

h) Homologação e autocomposição extrajudicial, de qualquer natureza ou valor.

O rol é exemplificativo, tomando o procedimento geral qualquer tipo de pleito que não tenha procedimento específico previsto em lei.

4. PROCEDIMENTOS ESPECÍFICOS

A lei processual traz os seguintes procedimentos específicos:

Tipo	Cabimento
Notificação e interpelação (arts. 726-729, CPC)	Manifestar formalmente a sua vontade a outrem sobre assunto juridicamente relevante.
Alienação judicial (art. 730, CPC)	Não haver acordo entre os interessados para alienação do bem, estipulando o rito da alienação pública previsto no processo de execução.
Divórcio e separação consensuais, extinção consensual de união estável e alteração do regime de bens do matrimônio (arts. 731-734, CPC)	Para a homologação de acordo entre as partes sobre tais temas. O art. 733, CPC, estabelece a possibilidade de o divórcio consensual, a separação consensual e a extinção consensual de união estável serem realizados por escritura pública, caso não haja nascituro ou filhos, e observados os requisitos legais.
Testamentos e codicilos (arts. 735-737, CPC)	Abertura e cumprimento desses documentos.
Herança jacente (arts. 738-743, CPC)	Arrecadação e destinação de bens do espólio sem sucessores.
Bens de ausentes (arts. 744-745, CPC)	Realizar a arrecadação e sucessão do patrimônio deixado por pessoa tida como ausente.

Tipo	Cabimento
Coisa vaga (art. 746, CPC)	Dar destinação à coisa perdida.
Interdição (arts. 747-758, CPC)	Verificar a perda da habilitação plena para prática de atos jurídicos em geral e nomear curador.
Tutela e curatela (arts. 759-763, CPC)	Nomeação do responsável pelo incapaz e sua remoção do cargo.
Organização e fiscalização das fundações (arts. 764-765, CPC)	Verificação do preenchimento dos requisitos legais para a instauração de fundação e casos de sua extinção.
Ratificação de protestos marítimos e dos processos testemunháveis a bordo (arts. 766-770, CPC)	Para ratificação judicial dos mencionados atos.

IMPORTANTE

O CPC introduziu modificação na Lei de Registros Públicos, para autorizar o reconhecimento extrajudicial de usucapião. O art. 216-A da Lei nº 6.015/1973 traz os requisitos e o procedimento do ato.

Esquema: petição inicial de jurisdição voluntária

EXCELENTÍSSIMO SENHOR DOUTOR JUIZ DE DIREITO DA ...ª VARA ... COMARCA DE...

ou

EXCELENTÍSSIMO SENHOR DOUTOR JUIZ FEDERAL DA ...ª VARA FEDERAL DA SEÇÃO JUDICIÁRIA DE...

[Espaço de dez linhas para despacho judicial]

REQUERENTE 1, [nacionalidade], [estado civil], [profissão], RG nº ... e CPF nº ..., residente e domiciliado no endereço..., e REQUERENTE 2, [nacionalidade], [estado civil], [profissão], RG nº ... e CPF nº ..., residente e domiciliado no endereço..., por seu advogado, que receberá intimações no endereço..., vêm, respeitosamente, à Vossa Excelência, requerer o presente PEDIDO DE [conforme o caso] pelos motivos de fato e de direito que passa a expor:

[Espaço de duas linhas]

I - DOS FATOS

[Espaço de uma linha]

[Apontar o fato que se quer levar ao conhecimento judicial e cuja homologação se busca, conforme os acima mencionados].

[Espaço de duas linhas]

II - DO DIREITO
[Espaço de uma linha]
[Demonstrar a tese jurídica que garante o direito objetivado].
[Espaço de duas linhas]

III - DO PEDIDO
[Espaço de uma linha]
Diante do exposto, o Autor requer à Vossa Excelência:
a) o acolhimento do presente pedido de... para o fim de ...;
b) a intimação do Digníssimo Representante do Ministério Público para o acompanhamento do presente feito;
c) a condenação dos demais interessados nas custas e nos honorários de advogado, na forma do art. 88, CPC.
[Espaço de duas linhas]

IV - DAS PROVAS
[Espaço de uma linha]
Protesta pela produção de todas as provas admitidas em Direito, principalmente pelos documentos que instruem a presente, bem como outros que fizerem necessários no decurso da demanda.
[Espaço de duas linhas]

V - DO VALOR DA CAUSA
[Espaço de uma linha]
Dá-se à causa o valor de R$...
[Espaço de uma linha]
Termos em que,
pede deferimento.
[Espaço de uma linha]
Local e data.
[Espaço de uma linha]
Advogado...

PARTE VI
EXECUÇÃO FORÇADA

PARTE 2

EXECUÇÃO FORÇADA

CAPÍTULO 1

NOÇÕES DE TUTELA EXECUTIVA

1. CONCEITO DE EXECUÇÃO FORÇADA

Com a tutela jurisdicional executiva, pretende-se a exigência concreta da satisfação da prestação, estabelecida em sentença judicial ou em outro documento idôneo, diante do inadimplemento do devedor. O Estado é compelido a agir em favor do credor, a fim de entregar a este o resultado mais próximo do exato cumprimento voluntário da prestação.

São suas características:

Estatalidade	A execução forçada é monopólio do Poder Judiciário, já que compreende atos concretos voltados a fazer cumprir a prestação.
Definitividade	O cumprimento total da prestação terá o efeito de liberar o devedor do vínculo obrigacional.
Substitutividade	A atuação do Estado substitui a vontade das partes, não sendo necessária a anuência do devedor para o cumprimento da prestação, nem a anuência do credor para a atuação dos meios legais para a medida.

2. MODELOS DE EXECUÇÃO NO CÓDIGO DE PROCESSO CIVIL: EXECUÇÃO AUTÔNOMA E PROCESSO SINCRÉTICO

O sistema vigente no Código de Processo Civil adotou dois modelos para o cumprimento forçado das obrigações:

Tipo de execução	Ação autônoma	Processo sincrético
Características	Processa-se em ação própria, formando relação jurídica processual própria, com procedimento próprio.	Para direitos que necessitem de prévio reconhecimento pelo Poder Judiciário, a execução forçada ocorrerá no próprio bojo do processo de conhecimento, em uma fase de execução, não gerando processo autônomo para o cumprimento do julgado.

Tipo de execução	Ação autônoma	Processo sincrético
Vinculação a processo de conhecimento para a formação do título	Não.	Sim.
Cabimento	Para o caso de inadimplemento de obrigações líquidas, certas e exigíveis contidas em títulos executivos extrajudiciais.	Para o caso de inadimplemento de obrigações contidas em títulos executivos judiciais (art. 515, CPC).

> **IMPORTANTE**
>
> A execução por quantia certa contra devedor insolvente continua a ser regulada pelo CPC de 1973, conforme estabelece o art. 1.052, CPC atual, até a edição de lei específica.

3. MEIOS DE EXECUÇÃO

Consiste no poder dado por lei ao juiz para satisfazer a pretensão do exequente. Os meios de execução são:

Meio	Característica	Quais são
Meios diretos ou de *sub-rogação*	O Estado-juiz invade o patrimônio do devedor, dentro dos limites determinados pelo devido processo legal, a fim de obter o bem ou o crédito devido ao credor.	Penhora, avaliação e alienação forçada.
Meios indiretos ou de *coerção*	Uso de meios intimidatórios do devedor como forma de forçá-lo ao adimplemento voluntário.	Multa cominatória (*astreintes*), outras medidas coercitivas (impedimento de atividade, interdição de estabelecimento etc.), prisão por dívida de alimentos (arts. 528 e 911, CPC).

4. ESPÉCIES DE EXECUÇÃO

Conforme o tipo de obrigação e o tipo de título executivo, define-se a modalidade de procedimento executivo a ser adotado:

	Título executivo judicial	Título executivo extrajudicial
Obrigação de fazer e de não fazer	Tutela específica de obrigação de fazer e de não fazer.	Execução de obrigação de fazer e não fazer.

	Título executivo judicial	Título executivo extrajudicial
Obrigação de dar	Tutela específica de obrigação de dar coisa.	Execução de obrigação para a entrega de coisa.
Obrigação de entregar dinheiro	Cumprimento de sentença, precedida ou não de liquidação, caso se mostre necessário.	Execução por quantia certa contra devedor solvente.
Obrigações especiais	Obrigações de fazer especiais. Execução de alimentos, baseada em título executivo judicial. Execução contra a Fazenda Pública, baseada em título executivo judicial. Legislação extravagante (p. ex., cumprimento de liminares diversas).	Execução contra a Fazenda Pública baseada em título executivo extrajudicial. Execução de alimentos baseada em título executivo extrajudicial. Legislação extravagante (p. ex., Execução Fiscal).

5. PRINCÍPIOS DA EXECUÇÃO

Além dos princípios gerais do processo, a execução forçada é regida pelos seguintes princípios:

Patrimonialidade	A execução é sempre real, ou seja, sempre incide sobre o patrimônio do devedor, sendo vedada a prisão por dívidas, salvo em caso de dívidas de alimentos (art. 5º, LXVII, Constituição Federal). O Supremo Tribunal Federal considerou ilícita a prisão do depositário infiel (Súmula Vinculante nº 25).
Dignidade da pessoa humana	A execução deve satisfazer ao credor, mas sem submeter o devedor à situação degradante.
Especificidade da execução (ou exato cumprimento)	A obrigação deverá ser cumprida exatamente como avençado, sendo a conversão em perdas e danos apenas subsidiária, seja pela impossibilidade do cumprimento da obrigação específica, seja por opção do credor.
Suficiência (ou satisfatividade)	A execução será realizada na exata medida da satisfação do direito do credor (obrigação e seus acréscimos legais ou contratuais).
Menor gravosidade para o devedor	Caso seja possível a prática do ato de execução por mais de uma forma, este será efetivado seguindo a forma menos onerosa para o executado (art. 805, CPC).
Disponibilidade da execução	A execução é realizada no interesse do exequente, sendo voltada a satisfazer, mesmo contra a vontade do executado, a prestação devida (art. 775, CPC). Sendo assim, o exequente pode escolher se ajuíza ou não a execução, se cobra total ou parcialmente o crédito ou se desiste da demanda, no todo ou em parte, entre outros atos.
Lealdade processual	São vedados atos atentatórios à dignidade da justiça, havendo a previsão de sanções (arts. 792 e 774, CPC).

Estatalidade	O Estado age em substituição da vontade das partes, porém, os atos de execução podem ser delegados por lei às partes ou a terceiros, como é o caso da alienação do bem penhorado por particulares ou por leiloeiro, que são expressamente autorizados no Código de Processo Civil.

> **IMPORTANTE**
>
> Na arbitragem, não há poderes para o árbitro executar as decisões por ele proferidas, sendo necessário o ajuizamento de demanda executiva (Lei nº 9.307/1996).

6. PARTES NA EXECUÇÃO FORÇADA

a) Legitimidade ativa:

Rol legal	Como identificar o legitimado
Credores originários (art. 778, CPC)	Aqueles previstos no título executivo.
Ministério Público	Nos casos previstos em lei (p. ex., art. 68, Código de Processo Penal, na hipótese de cumprimento de ação civil *ex delicto*).
Credores derivados (art. 778, § 1º, CPC)	Aqueles que substituem o credor original, independentemente da vontade do consentimento do executado: a) o Ministério Público, nos casos previstos em lei; b) o espólio (conjunto de bens deixados pelo falecido, que tem legitimidade até a homologação da partilha); c) os sucessores (herdeiros e legatários na forma da lei civil); d) os cessionários do crédito (transferência por ato entre vivos); e) o sub-rogado no crédito (que substitui o credor, gozando das mesmas garantias, por força de lei ou contrato).

b) Legitimidade passiva:

Rol legal	Como identificar o legitimado
Devedor originário (art. 779, I, CPC)	Reconhecido como tal no título executivo.
Derivados	a) o espólio, os herdeiros e os sucessores do devedor (art. 779, II, CPC); b) o novo devedor que assumiu o débito com autorização do credor (art. 779, III, CPC);

Rol legal	Como identificar o legitimado
Derivados	a) o espólio, os herdeiros e os sucessores do devedor (art. 779, II, CPC); b) o novo devedor que assumiu o débito com autorização do credor (art. 779, III, CPC); c) o fiador do débito constante em título extrajudicial (art. 779, IV, CPC); d) o responsável titular do bem vinculado por garantia real ao pagamento do débito (art. 779, V, CPC); e) o responsável tributário, na forma da lei vigente (art. 779, VI, CPC, hipótese que se aplica apenas à cobrança de créditos tributários).

> **IMPORTANTE**
>
> O cumprimento da sentença não poderá ser promovido em face do fiador, do coobrigado ou do corresponsável que não tiver participado da fase de conhecimento (art. 513, § 5º, CPC).

7. TÍTULOS EXECUTIVOS

Título executivo é o escrito considerado pela lei como hábil a ensejar a execução forçada. É nele que se consubstancia a obrigação líquida, certa e exigível que ensejará a execução. Divide-se em duas categorias.

a) *Títulos executivos judiciais*. São produzidos por processo judicial ou de arbitragem. Ensejam a execução na forma de cumprimento de sentença ou satisfação de obrigação de pagar quantia certa, dar coisa, fazer ou não fazer. São eles (art. 515, CPC):

Decisão proferida no processo civil que reconheça a exigibilidade de obrigação de fazer, não fazer, entregar coisa ou pagar quantia certa	Decorrente de ação de conhecimento, estando ou não transitada em julgado.
Decisão homologatória de autocomposição judicial	Resultante de acordo realizado nos autos de qualquer feito, desde que preveja obrigação passível de cumprimento. Poderá o título conter até mesmo obrigação não objeto do litígio original.
Decisão homologatória de autocomposição extrajudicial	Acordo que é levado a homologação judicial, pela via dos procedimentos de jurisdição voluntária ou no âmbito de ação judicial, para pôr fim à demanda ou à parte dela.

Formal e certidão de partilha	São documentos que comprovam a partilha dos bens; somente é título executivo perante os herdeiros e sucessores constantes do título, não vinculando terceiros. O processamento da cobrança se processará no mesmo juízo do inventário.
Crédito do auxiliar de justiça, quando as custas, os emolumentos ou os honorários tiverem sido aprovados por decisão judicial	É o caso do crédito a ser pago ao perito judicial.
Sentença penal condenatória transitada em julgado	A sentença penal tem como efeito estabelecer a obrigação de indenizar; o *quantum* deverá ser apurado em fase preparatória de liquidação de sentença. No Juizado Especial Criminal, pode o juiz determinar a composição cível dos danos causados pelo ato criminoso de baixa periculosidade, executando-se o crédito como sentença cível.
Sentença estrangeira homologada pelo Superior Tribunal de Justiça (art. 105, I, *i*, CF)	No procedimento de homologação, não se discute o conteúdo da decisão, mas tão somente a forma. É expedida carta de sentença, a qual constituirá o título executivo, cuja competência para execução será da Justiça Federal (art. 109, X, Constituição Federal).
Decisão interlocutória estrangeira, após a concessão do exequátur à carta rogatória pelo STJ (art. 105, I, *i*, CF)	Tomará o rito de cumprimento provisório de sentença, já que se trata de decisão ainda não transitada em julgado. Será de competência da Justiça Federal (art. 109, X, Constituição Federal).

b) *Títulos executivos extrajudiciais*. São gerados pelos interessados, em situações contratuais como regra. Ensejam ação autônoma de execução, que tomará o rito adequado para a obrigação contida no documento. O rol dos títulos está previsto no art. 784, CPC:

Hipótese legal	Em que consistem
A letra de câmbio, a nota promissória, a duplicata, a debênture e o cheque.	São títulos de crédito, cujos regimes legais são previstos nas legislações específicas.
A escritura pública ou outro documento público assinado pelo devedor.	Qualquer documento produzido por cartório extrajudicial.
O documento particular assinado pelo devedor e por duas testemunhas.	É modalidade residual; caso o documento não se enquadre em uma das modalidades abaixo e as partes quiserem ter um título executivo, deverão obter a chancela de duas testemunhas.

Hipótese legal	Em que consistem
O instrumento de transação referendado pelo Ministério Público, pela Defensoria Pública, pela Advocacia Pública, pelos advogados dos transatores ou por conciliador ou mediador credenciado por tribunal.	Documento produzido por autocomposição extrajudicial na qual tenham participado tais entidades podem ser executados diretamente. É uma forma de incentivar a desjudicialização da fase de conhecimento.
Os contratos garantidos por hipoteca, penhor, anticrese e/ou outro direito real de garantia e aquele garantido por caução.	São modalidades de direitos de garantias. Como decorrência de sua formação nos termos da lei civil, a garantia deles constante poderá ser exigida por processo autônomo de execução. Caso apresente a garantia, dispensa-se a assinatura de duas testemunhas.
Contrato de seguro de vida em caso de morte.	Modalidade de contrato, previsto nos arts. 757 a 777 do CC ou em legislação especial.
O crédito decorrente de foro e laudêmio.	São valores exigidos a título de enfiteuse, modalidade de direito real existente no Código Civil de 1916 e extinta pelo Código Civil de 2002. Porém, como as enfiteuses já realizadas foram mantidas (art. 2.038, CC), a execução é o meio para exigir o crédito delas decorrente.
O crédito, documentalmente comprovado, decorrente de aluguel de imóvel, bem como de encargos acessórios, tais como taxas e despesas de condomínio.	Se celebrado por escrito, o contrato de locação e encargos acessórios é considerado título executivo.
A certidão de dívida ativa da Fazenda Pública da União, dos estados, do Distrito Federal, dos territórios e dos municípios, correspondente aos créditos inscritos na forma da lei.	A dívida ativa é aquela estabelecida pela Lei nº 4.320/1964, constituída na forma da Lei nº 6.830/1980. É o único título executivo desse rol que tem constituição unilateral, já que decorre de processo administrativo prévio de apuração do an e do quantum debeatur.
O crédito referente às contribuições ordinárias ou extraordinárias de condomínio edilício, previstas na respectiva convenção ou aprovadas em assembleia geral, desde que documentalmente comprovadas.	Caso cumpridas todas as disposições legais mencionadas, poderão ser cobrados por execução autônoma, dispensando-se a fase de conhecimento.
A certidão expedida por serventia notarial ou de registro relativa a valores de emolumentos e demais despesas devidas pelos atos por ela praticados, fixados nas tabelas estabelecidas em lei.	Caso cumpridas todas as disposições legais mencionadas, poderão ser cobrados por execução autônoma, dispensando-se a fase de conhecimento
Todos os demais títulos aos quais, por disposição expressa, a lei atribuir força executiva.	Um exemplo é o crédito devido a advogado, por força do art. 24 do Estatuto da Ordem dos Advogados do Brasil (Lei nº 8.906/1994).

> **IMPORTANTE**
>
> Os títulos de crédito e contratos celebrados no exterior poderão ser considerados títulos executivos, desde que se enquadrem em uma das situações acima mencionadas. Também, o título, para ter eficácia executiva, há de satisfazer aos requisitos de formação exigidos pela lei do lugar de sua celebração e indicar o Brasil como o lugar de cumprimento da obrigação.
> Não dependem de homologação pelo Superior Tribunal de Justiça para ensejar a execução forçada.

8. RESPONSABILIDADE PATRIMONIAL (ARTS. 789 A 796, CPC)

Regra geral	Respondem pelos créditos todos os bens presentes e futuros do devedor, salvo as restrições estabelecidas em lei, como é o caso dos bens impenhoráveis.
Falecimento do devedor	Suas obrigações não se extinguem, respondendo os bens deixados (o espólio) por elas. Responderão os herdeiros apenas em relação aos bens e aos valores recebidos como herança.
Bens de terceiros, ou na posse de terceiros, que se sujeitam à execução	a) do sucessor a título singular, tratando-se de execução fundada em direito real ou obrigação reipersecutória; b) do sócio, nos termos da lei; c) do devedor, ainda que em poder de terceiros; d) do cônjuge ou companheiro, nos casos em que seus bens próprios ou de sua meação respondem pela dívida; e) alienados ou gravados com ônus real em fraude à execução; f) cuja alienação ou gravação com ônus real tenha sido anulada em razão do reconhecimento, em ação autônoma, de fraude contra credores; g) do responsável, nos casos de desconsideração da personalidade jurídica.
Penhora de imóvel com direito de superfície	Responderá pela dívida, exclusivamente, o direito real do qual é titular o executado. Assim: a) se o devedor for o proprietário do terreno, recairá a penhora ou outros atos de constrição exclusivamente sobre o terreno; b) se o devedor for o superficiário: sobre a construção ou a plantação.

> **IMPORTANTE**
>
> Terão benefício de ordem:
> a) o fiador, em relação aos bens do afiançado situados na mesma comarca, desde que não tenha aberto mão expressamente desse benefício;
> b) o sócio, em relação aos bens da sociedade.
> Caso o fiador ou o sócio pague a dívida, haverá sub-rogação no crédito, prosseguindo a execução nos mesmos autos contra o devedor.

9. PROTEÇÃO À BOA-FÉ NA EXECUÇÃO FORÇADA (ART. 774, CPC)

Tem o devedor obrigação de proceder de boa-fé, sendo-lhe vedada a prática de qualquer ato que vise frustrar ilicitamente a satisfação do direito do credor.

Assim procedendo, poderá ser responsabilizado pela prática de ato atentatório à dignidade da Justiça. O art. 774 do CPC enuncia os atos dessa natureza:

a) fraude à execução;
b) oposição maliciosa à execução, empregando ardis e meios artificiosos;
c) dificultar ou embaraçar a realização de penhora;
d) resistência injustificada às ordens judiciais;
e) se intimado, não indica ao juiz quais são e onde estão os bens sujeitos à penhora e os respectivos valores, nem exibe prova de sua propriedade e, se for o caso, certidão negativa de ônus.

Havendo a prática de ato atentatório à dignidade da Justiça, o devedor será punido com multa fixada pelo juiz, em montante não superior a 20% (vinte por cento) do valor atualizado do débito em execução, sem prejuízo de outras sanções de natureza processual ou material, multa essa que reverterá em proveito do credor, sendo exigível na própria execução (art. 777, CPC).

10. FRAUDE À EXECUÇÃO

Consiste na dissipação do patrimônio do devedor com a intenção de inviabilizar a execução.

Nos termos do art. 792, CPC, haverá fraude à execução nos atos de oneração ou alienação de bens ocorridos quando:

a) sobre o bem pender ação fundada em direito real ou com pretensão reipersecutória, desde que a pendência do processo tenha sido averbada no respectivo registro público, se houver;
b) tiver sido averbada, no registro do bem, a pendência do processo de execução, na forma do art. 828;
c) tiver sido averbada, no registro do bem, hipoteca judiciária ou outro ato de constrição judicial originário do processo em que foi arguida a fraude;
d) ao tempo da alienação ou da oneração, tramitava contra o devedor ação capaz de reduzi-lo à insolvência;
e) nos demais casos expressos em lei.

A fraude à execução será reconhecida nos próprios autos da demanda executiva e torna sem efeito para a execução a alienação ou a oneração do bem.

> **IMPORTANTE**
>
> 1) Caso haja desconsideração da pessoa jurídica, a fraude à execução se verifica a partir da citação da parte cuja personalidade jurídica se pretende desconsiderar.
> 2) Antes de declarar a fraude à execução, o terceiro adquirente deverá ser intimado para se manifestar, para, se quiser, opor embargos de terceiro no prazo de 15 dias (art. 792, § 4º, CPC).

Fraude à execução se distingue da fraude contra credores:

Defeito	Fraude à execução (art. 792 do CPC)	Fraude contra credores (arts. 158 a 165 do CC)
Características	Em havendo demanda judicial em face do devedor, ocorrendo uma das hipóteses acima descritas.	Há a prática de negócio jurídico anterior à demanda judicial que tenha os seguintes elementos: a) conluio entre devedor e adquirente (o qual é presumido nos negócios gratuitos e no caso de insolvência notória); e b) a redução do devedor à insolvência.
Modo de reconhecimento	Na própria ação de conhecimento ou execução.	Pela ação pauliana, que terá como efeito tornar o negócio ineficaz em relação à massa dos credores.

11. POSSIBILIDADE DE NEGATIVAÇÃO DO NOME DO DEVEDOR (ARTS. 517 E 782, § 3º, CPC)

Como forma de incentivar o pagamento voluntário, estabelece expressamente o CPC a possibilidade de negativação do nome do executado, em caso de não pagamento do título executivo judicial ou extrajudicial.

Assim, a decisão judicial transitada em julgado poderá ser levada a protesto, nos termos da lei, depois de transcorrido o prazo para pagamento voluntário previsto em lei (art. 517, CPC).

E, nos termos do art. 782, § 3º, CPC, o credor poderá requerer ao juiz a inclusão do nome do executado em cadastros de inadimplentes. Assim, será expedido ofício para o órgão ou entidade que mantenha o referido cadastro para efetivar tal determinação.

12. NULIDADE DA EXECUÇÃO

Nos termos do art. 803, CPC, é nula a execução:

a) se o título executivo extrajudicial não corresponder à obrigação certa, líquida e exigível;

b) se o executado não for regularmente citado;
c) se instaurada antes de se verificar a condição ou de ocorrido o termo.

Também haverá nulidade no processo executivo ou no cumprimento de sentença nos casos previstos em lei, devendo ser observadas as formalidades para constrição e alienação de bens, nas cobranças de dívidas pecuniárias, entre diversas outras.

Constatada a nulidade, declaram-se ineficazes os atos decorrentes do ato nulo e determina-se o refazimento dos atos anulados, aplicando-se o regime de nulidades estabelecido no processo de conhecimento.

CAPÍTULO 2

EXECUÇÃO DE TÍTULO EXECUTIVO JUDICIAL – RITOS E INCIDENTES

1. OS RITOS DE EXECUÇÃO DE TÍTULO EXECUTIVO JUDICIAL

Tipo de obrigação reconhecida no título executivo judicial	Meios executórios	Defesa	Procedimento
Fazer, não fazer e entrega de coisa	Multa cominatória e meios instrumentais	Nos próprios autos, por petição	Arts. 536-538, CPC
Pagar quantia certa	Penhora Avaliação Alienação forçada	Por impugnação, nas hipóteses previstas em lei, após a penhora	Arts. 523-527, CPC

> **IMPORTANTE**
>
> O cumprimento da sentença não poderá ser promovido em face do fiador, do coobrigado ou do corresponsável que não tiver participado da fase de conhecimento (art. 513, § 5º, CPC).

2. REGIME GERAL DO CUMPRIMENTO DE SENTENÇA

a) O cumprimento da sentença que reconhece o dever de pagar quantia, provisório ou definitivo, far-se-á a requerimento do exequente (art. 513, § 1º, CPC).

Se esse requerimento for formulado após um ano do trânsito em julgado da sentença, a intimação será feita na pessoa do devedor, por meio de carta com aviso de recebimento encaminhada ao endereço constante dos autos, considerando-se intimado se entregue no endereço fornecido que não foi atualizado.

b) O devedor será intimado para cumprir a sentença (art. 513, CPC):
   i) pelo *Diário da Justiça*, na pessoa de seu advogado constituído nos autos;
   ii) por carta com aviso de recebimento, quando representado pela Defensoria Pública ou quando não tiver procurador constituído nos autos, ressalvada a hipótese de intimação por edital abaixo mencionada;
   iii) por meio eletrônico, quando, no caso do § 1º do art. 246, não tiver procurador constituído nos autos;
   iv) por edital, quando, citado na forma do art. 256, tiver sido revel na fase de conhecimento.

> **IMPORTANTE**
>
> Considera-se realizada a intimação no endereço físico ou eletrônico quando o devedor houver mudado de endereço sem prévia comunicação ao juízo, observado o disposto no parágrafo único do art. 274, CPC.

c) Quando o juiz decidir relação jurídica sujeita a condição ou termo, o cumprimento da sentença dependerá de demonstração de que se realizou a condição ou de que ocorreu o termo.

d) Competência:
   i) dos tribunais, nas causas de sua competência originária;
   ii) o juízo que decidiu a causa em primeiro grau de jurisdição ou o domicílio atual do executado, ou, ainda, no local onde se situem os bens passíveis de penhora ou no local de cumprimento da obrigação de fazer ou de não fazer, providenciando-se a remessa dos autos ao novo juízo;
   iii) o juízo cível competente, quando se tratar de sentença penal condenatória, de sentença arbitral, de sentença estrangeira ou de acórdão proferido pelo Tribunal Marítimo. Ou seja, o domicílio atual do executado, ou ainda no local onde se situem os bens passíveis de penhora ou no local de cumprimento da obrigação de fazer ou de não fazer, providenciando-se a remessa dos autos ao novo juízo.

> **IMPORTANTE**
>
> Para cumprimento dos títulos executivos resultantes do juízo de delibação (homologação de sentença estrangeira ou exequátur nas cartas rogatórias), será competente a Justiça Federal de primeiro grau, nos termos do art. 109, X, CF.

3. CUMPRIMENTO PROVISÓRIO DE SENTENÇA (ART. 520, CPC)

É possível a execução provisória da sentença cível. É necessário o preenchimento dos seguintes requisitos:

a) sentença cível ainda não transitada em julgado;
b) impugnação por recurso não dotado de efeito suspensivo.

A execução provisória segue *por conta e risco do credor* (se reformada ou anulada decisão condenatória, o cumprimento provisório ficará sem efeito) e se processa por simples petição, se o processo for eletrônico ou por carta de sentença, se o processo for físico, a qual será instruída com as peças estabelecidas no art. 522, CPC.

Como forma de garantir futuros prejuízos ao devedor, no caso, o levantamento de depósito em dinheiro e a prática de atos que importem transferência de posse ou alienação de propriedade ou de outro direito real, ou dos quais possa resultar grave dano ao executado, há a necessidade de caução a ser oferecida pelo credor.

É dispensada a caução na execução provisória (art. 521, CPC):

a) se o crédito for de natureza alimentar, independentemente de sua origem;
b) se o credor demonstrar situação de necessidade;
c) se pender o agravo do art. 1.042, CPC;
d) se a sentença a ser provisoriamente cumprida estiver em consonância com a súmula da jurisprudência do Supremo Tribunal Federal ou do Superior Tribunal de Justiça, ou em conformidade com acórdão proferido no julgamento de casos repetitivos.

Porém a exigência de caução será mantida quando da dispensa possa resultar manifesto risco de grave dano de difícil ou incerta reparação.

> **IMPORTANTE**
>
> A decisão que fixa o preceito cominatório é passível de cumprimento provisório, devendo ser depositada em juízo, permitido o levantamento do valor após o trânsito em julgado da sentença favorável à parte.

Esquema: petição requerendo cumprimento provisório de sentença

```
EXCELENTÍSSIMO SENHOR DOUTOR (conforme autoridade competente, nos termos do art. 516, CPC)
    [Espaço de dez linhas para despacho judicial]
```

Autos n°...

[Espaço de uma linha]

CREDOR, já qualificado nos autos supramencionados, que têm como parte adversária DEVEDOR, já qualificado, por seu advogado, vem, à Vossa Excelência, requerer o CUMPRIMENTO PROVISÓRIO DA SENTENÇA de fls. ..., conforme o abaixo mencionado:

1) Na sentença / decisão de fls. ..., foi o devedor condenado a (descrever a obrigação). Conforme se verifica a decisão de fls. ..., foi impugnada por recurso recebido apenas no efeito devolutivo e não tendo sido deferida a tutela antecipada recursal pleiteada pelo recorrente (decisão de fls. ...).

2) Sendo assim, requer-se a instauração do cumprimento provisório da sentença, determinando seu cumprimento, nos termos do art. 520, CPC.

3) [Caso haja interesse ou necessidade de se levantar o dinheiro ou de proceder a atos de alienação de bens, oferecer a caução, descrevendo o valor ou o bem sobre o qual deverá recair, ou, ainda, apresentar o fiador].

[Espaço de uma linha]

Termos em que,

pede deferimento.

[Espaço de uma linha]

Local e data.

[Espaço de uma linha]

Advogado...

CÁLCULO DO VALOR COBRADO (se for requerida a cobrança de pagar dinheiro, nos termos do art. 524, CPC)

[Espaço de uma linha]

Valor determinado na sentença de fls. ...: R$ ...

Correção monetária, a partir da data ...: R$ ...

Juros, conforme a sentença de fls. ..., tendo termo inicial a data... e final a data...: R$ ...

Total: R$ ...

Descontos obrigatórios: R$ ...

Indicam-se para a penhora os seguintes bens (descrever os bens).

4. A PETIÇÃO DE REQUERIMENTO DO CUMPRIMENTO DE SENTENÇA

No caso de título executivo judicial, é necessária mera petição do credor, informando o inadimplemento da parte. Se o título executivo contiver obrigação de pagar quantia, o requerimento é indispensável para início da fase executória.

Tal petição deverá ter os seguintes requisitos:

Endereçamento	a) sentença cível: ao juízo da instância originária perante o qual se processou a causa; b) demais títulos: ao juízo competente, nos termos das regras de competência previstas na Constituição Federal e no Código de Processo Civil.
Legitimidade	Ativa: do credor (vencedor da demanda) ou seus sucessores; Passiva: do devedor (derrotado) ou seus sucessores.
Fundamento	a) existência do título líquido, certo e exigível; b) existência de inadimplemento do devedor, após o prazo de cumprimento voluntário (obrigação de pagar dinheiro) ou após prazo razoável (obrigação de dar, fazer ou não fazer).
Requerimento	a) se sentença cível: intimação para cumprimento, determinação dos atos executórios necessários (penhora, se obrigação de pagar; incidência de multa ou outro instrumento, se obrigação de dar, fazer ou não fazer); b) demais títulos: citação do devedor da demanda e atuação dos meios executórios necessários.

IMPORTANTE

1) Na obrigação de pagar, o prazo para cumprimento voluntário é de 15 dias, contados da intimação para pagamento. Não havendo o pagamento no prazo, incide multa de 10% sobre o valor da causa.
2) São devidos honorários advocatícios no cumprimento de sentença (art. 85, § 1º, CPC), salvo se for contra a Fazenda Pública que ensejar expedição de precatório, desde que não tenha sido impugnada (art. 85, § 7º); na obrigação de pagar, os honorários serão devidos apenas se não houver o pagamento voluntário no prazo de 15 dias, e será no valor de 10% (art. 523, § 1º).

Esquema: petição requerimento de cumprimento de sentença para pagamento de quantia

EXCELENTÍSSIMO SENHOR DOUTOR (autoridade competente nos termos do art. 516, CPC);

[Espaço de dez linhas para despacho judicial]

Autos nº...

[Espaço de uma linha]

CREDOR, já qualificado nos autos supramencionados, que tem como parte adversária DEVEDOR, já qualificado, por seu advogado, vem, à Vossa Excelência, requerer o CUMPRIMENTO DA SENTENÇA de fls. ..., transitada em julgado em [data], intimando-se o devedor, na forma da lei, a pagar o valor devido, devidamente atualizado conforme o cálculo anexado, no prazo de 15 dias, sob pena de multa de 10% e determinação de honorários e advogado, além da expedição do mandado de penhora e avaliação.

Espaço de uma linha]

Termos em que,
pede deferimento.

[Espaço de uma linha]

Local e data.

[Espaço de uma linha]

Advogado...

CÁLCULO DO VALOR COBRADO (art. 524, CPC)
[Espaço de uma linha]
Valor determinado na sentença de fls. ...: R$ ...
Correção monetária, a partir da data ...: R$ ...
Juros, conforme a sentença de fls. ...: R$ ...
Multa de 10% (dez por cento): R$ ...
Total: R$ ...

O não cumprimento da obrigação de fazer, não fazer ou entregar coisa se noticia por simples petição ao órgão competente, com requerimento da incidência de multa ou expedição de mandado de busca e apreensão, conforme o caso.

Esquema: petição inicial de cumprimento de título judicial

EXCELENTÍSSIMO SENHOR DOUTOR (autoridade competente nos termos do art. 516, CPC);
[Espaço de dez linhas para despacho judicial]
Autos nº...
[Espaço de uma linha]

CREDOR, (nacionalidade, estado civil ou menção a existência de união estável, profissão, RG e CPF, endereço, endereço eletrônico), ou

CREDOR, pessoa jurídica, (inscrição no CNPJ, endereço da sede, indicação e qualificação do representante legal),

Pelo advogado abaixo assinado, que receberá suas intimações no endereço ..., endereço eletrônico, vem à Vossa Excelência, requerer o CUMPRIMENTO DE TÍTULO EXECUTIVO JUDICIAL

Em face de DEVEDOR (nacionalidade, estado civil ou menção a existência de união estável, profissão, RG e CPF, endereço, endereço eletrônico), ou

DEVEDOR, pessoa jurídica, (inscrição no CNPJ, endereço da sede, indicação e qualificação do representante legal), nos termos abaixo mencionados

[Espaço de uma linha]

1) [apontar qual é o título, como ele se formou, e informar que preenche todos os requisitos legais que autorizam sua cobrança, tais como o trânsito em julgado, o valor da execução ou a prestação a ser cumprida, o inadimplemento do devedor etc.]

2) Dessa forma, e preenchidos os requisitos legais, requer-se a citação do executado para cumprimento da prestação no prazo assinalado por este juízo ou para pagamento no prazo de 15 dias, sob pena de multa de 10% e acréscimo de honorários de advogado, sem prejuízo da expedição de mandado de penhora e avaliação.

Protesta provar o alegado por todos os meios em direito admitidos, requerendo-se a juntada de certidão da sentença / cópia declarada autêntica por este advogado.

Dá-se à causa o valor de R$ ... (conforme as regras do art. 292, CPC)

Termos em que,

pede deferimento.

[Espaço de uma linha]

Local e data.

[Espaço de uma linha]

Advogado...

CÁLCULO DO VALOR COBRADO (art. 524, CPC)

[Espaço de uma linha]

Valor determinado na sentença de fls.: R$ ...

Correção monetária, a partir da data ...: R$ ...

Juros, conforme a sentença de fls.: R$ ...

Multa de 10% (dez por cento): R$ ...

Total: R$ ...

> Obs.: Se o título executivo judicial for ilíquido, deverá haver sua prévia liquidação. Veja os detalhes no capítulo referente ao tema nesta mesma obra.

5. INCIDENTES NO CUMPRIMENTO DE SENTENÇA

Além dos incidentes previstos no rito da ação de execução, podem ser requeridos por simples petição os seguintes atos:

a) o pagamento do débito pelo devedor (art. 526, CPC), no qual há o cumprimento espontâneo da prestação, antes de qualquer provocação do credor;

b) revisão de multa, nas tutelas específicas (art. 537, § 1º, CPC), caso seja inadequada, por excesso de onerosidade ou insuficiente, ou ainda no caso de cumprimento parcial da obrigação.

CAPÍTULO 3

LIQUIDAÇÃO

1. DEFINIÇÃO

Caso o título executivo judicial contenha condenação genérica (não especificado o *quantum debeatur*), deverá o credor providenciar a fase prévia e obrigatória de liquidação (arts. 509 e ss., CPC).

Trata-se de fase do processo antecedente e preparatória ao cumprimento da decisão judicial, no qual se determinará o valor a ser pago pelo devedor (*quantum debeatur*).

Na liquidação, não pode ser rediscutida a lide ou modificada a sentença (art. 509, § 4º, CPC). É decidida por decisão interlocutória, a ser impugnada por agravo de instrumento (art. 1.015, parágrafo único, CPC).

A liquidação poderá ser realizada na pendência de recurso, processando-se em autos apartados no juízo de origem, cumprindo ao liquidante instruir o pedido com cópias das peças processuais pertinentes (art. 512, CPC)

2. MODALIDADES DE LIQUIDAÇÃO

Espécie	Cabimento
Liquidação por cálculo (art. 509, § 2º, CPC)	Mera apresentação de cálculos aritméticos, a ser apresentada pelo credor com seu pedido de cumprimento de sentença.
Liquidação por arbitramento (art. 510, CPC)	É a fixação do valor devido por meio de perícia, envolvendo elementos já conhecidos nos autos, sendo desnecessária a alegação de outros fatos. O procedimento será o da prova pericial.
Liquidação pelo procedimento comum (art. 511, CPC)	A liquidação depende de alegação e comprovação de fatos que não foram objeto do litígio, relacionados apenas à quantificação do montante em dinheiro devido pelo devedor ao credor. O devedor será intimado na pessoa de seu advogado ou da sociedade de advogados para apresentar contestação no prazo de 15 dias, tomando a demanda o procedimento comum.

3. LIQUIDAÇÃO DE TÍTULO EXECUTIVO EXTRAJUDICIAL

Via de regra, o título executivo extrajudicial deve ser líquido, sob pena de não ser apto à execução extrajudicial.

Porém, nas hipóteses em que a obrigação específica é convertida em perdas e danos (art. 809, § 2º; art. 816, parágrafo único; art. 823, parágrafo único) e na hipótese de benfeitorias indenizáveis feitas na coisa pelo executado ou por terceiros de cujo poder ela houver sido tirada (art. 810, CPC), a liquidação deverá ser realizada.

Para tanto, seguem-se as regras estabelecidas para a liquidação de título executivo judicial, tratadas neste tópico.

4. OBSERVAÇÕES QUANTO À LIQUIDAÇÃO POR CÁLCULO

a) O excesso na cobrança é matéria alegável em sede de impugnação.

b) *Se necessários documentos*, o juiz mandará intimar devedor ou terceiro para apresentá-los, sob pena de valer o cálculo apresentado pelo credor.

c) *Se juiz considerar o cálculo exorbitante*, a penhora será realizada no montante tido como adequado pelo juiz. Pode o magistrado se valer de contabilista do juízo para efetuar contas no prazo de 30 dias ou no prazo fixado pelo julgador (art. 524, §§ 1º a 3º, CPC).

IMPORTANTE

Nos termos da Súmula nº 344, do Superior Tribunal de Justiça, a liquidação por forma diversa da estabelecida na sentença não ofende a coisa julgada.

---

5. O PASSO A PASSO DA LIQUIDAÇÃO: PREENCHENDO SEUS REQUISITOS

a) A escolha do rito de liquidação:
   i) se houver necessidade de cálculos aritméticos, a liquidação será por cálculos e comporá o requerimento de cumprimento de sentença, dispensando-se petição própria para essa finalidade;
   ii) se tiver sido apreciada a totalidade do dano, com exceção de seu valor, a liquidação será por arbitramento;
   iii) se no problema houver menção a que situações novas devem ser apreciadas oportunamente, não havendo maiores investigações sobre o dano causado, a liquidação será pelo procedimento comum.

b) Preenchendo os requisitos do requerimento de liquidação.

Endereçamento	Ao órgão competente para a execução, nos termos do art. 516, CPC.
Legitimidade	Ativa: do credor, ou seus sucessores; Passiva: do devedor (ou seus sucessores).
Fundamento	a) existência de pedido genérico e necessidade de sua liquidação; b) se liquidação por arbitramento: demonstração da necessidade de mera perícia para o caso, com a apresentação de quesitos e nomeação de assistente técnico; c) se liquidação pelo procedimento comum: a petição deverá seguir a estrutura de petição inicial, atentando-se para não alegar matéria já decidida na causa.
Requerimento	a) intimação da parte contrária (citação, se o título executivo judicial não tiver se originado no juízo cível); b) se liquidação por arbitramento: prazo para impugnação da adequação do arbitramento, apresentação de assistente técnico e quesitos; c) se liquidação pelo procedimento comum: intimação para apresentar contestação no prazo de 15 dias, na pessoa do advogado ou sociedade de advogados, sobre os fatos objeto da liquidação.

CAPÍTULO 4

IMPUGNAÇÃO

1. DEFINIÇÃO E PRAZO

No cumprimento de sentença de obrigação de pagar dinheiro, o devedor se defende pela apresentação de impugnação, no prazo de 15 dias, contados do vencimento do prazo para pagamento, conforme estabelece o art. 525, CPC.

Assim, se o prazo para pagamento começou a fluir no dia 1º de um mês (imaginando que seja dia útil), contam-se 15 dias úteis para pagamento. Em não havendo pagamento, no 16º dia útil começam a correr mais 15 dias úteis para a impugnação.

2. CONTEÚDO (ART. 525, § 1º, CPC)

a) falta ou nulidade da citação, na fase de conhecimento, caso o processo tenha corrido à revelia;
b) ilegitimidade de parte;
c) inexigibilidade do título ou inexigibilidade da obrigação (seja por iliquidez, por inobservância de termo ou condição e, ainda, se o título judicial tiver fundamento em lei ou ato normativo considerado inconstitucional pelo Supremo Tribunal Federal ou cuja interpretação ou aplicação empregada tenha sido considerada pelo Supremo Tribunal Federal como incompatível com a Constituição Federal);
d) penhora incorreta ou avaliação errônea, cabendo ao impugnante demonstrar o valor correto;
e) excesso de execução (havendo a necessidade de comprovação) ou cumulação indevida de execuções;
f) incompetência absoluta ou relativa do juízo da execução;
g) qualquer causa extintiva, impeditiva ou modificativa da obrigação, desde que superveniente à sentença (ex.: prescrição, decadência, transação posterior ao título executivo).

> **IMPORTANTE**
>
> a) Não é requisito para a admissibilidade da impugnação a realização da penhora.
> b) É possível ao devedor alegar em impugnação qualquer matéria de ordem pública, como as estabelecidas no art. 337 do CPC (como é o caso da incompetência absoluta do juízo) ou qualquer nulidade absoluta ocorrida até o momento da impugnação.
> c) Pode-se também apresentar arguição de suspeição ou impedimento do juízo.

3. EFEITO SUSPENSIVO À IMPUGNAÇÃO

Como regra, a impugnação não tem efeito suspensivo, o que quer dizer que sua apresentação não paralisa os atos de execução. Será concedido tal efeito mediante:

a) requerimento do devedor;
b) garantia do juízo por penhora, caução ou depósito;
c) relevância do fundamento;
d) possibilidade de grave dano ou de difícil reparação ao devedor no caso de prosseguimento da execução.

> **IMPORTANTE**
>
> Mesmo que tenha sido concedido efeito suspensivo pelo juiz, pode o credor requerer o seu afastamento, oferecendo caução (garantia) suficiente do débito. Ou seja, deverá o credor oferecer fiador (caução fidejussória) ou bem de sua propriedade (caução real) para tanto.

4. PROCEDIMENTO DA IMPUGNAÇÃO

O procedimento da impugnação não é regulado pela lei. Sugere a doutrina que seja o seguinte:

a) apresentação da petição de impugnação;
b) realização de juízo de admissibilidade quanto aos requisitos, legitimidade, existência de penhora e avaliação de pedido de efeito suspensivo da execução, cabendo a rejeição liminar pelo juiz;
c) intimação do credor para oferecer defesa (prazo de 15 dias);
d) eventual réplica, se houver juntada de documentos ou alegação de fato extintivo, impeditivo ou modificativo do direito alegado pelo devedor;
e) análise de cabimento de outras provas e sua determinação;
f) decisão, acolhendo ou rejeitando a impugnação;

g) caso a impugnação seja rejeitada ou, se acolhida, não resulte na extinção da execução, o recurso cabível será o de agravo de instrumento (art. 1.015, parágrafo único, CPC). Se houver a extinção da execução, o recurso cabível será apelação.

> **IMPORTANTE**
>
> a) Aplica-se ao cumprimento de sentença, caso apresentada impugnação pelo devedor, o regime da desistência da execução estabelecido pelo art. 775, CPC.
> b) Aplica-se à impugnação o prazo diferenciado para litisconsortes com advogados diferentes, sendo o processo físico, nos termos do art. 229, CPC (art. 525, § 3º, CPC).
> c) As disposições dos arts. 525, §§ 14 e 15, e 535, §§ 7º e 8º somente se aplicam às decisões transitadas em julgado após a entrada em vigor do CPC de 2015 (art. 1.057, CPC).

5. O PASSO A PASSO DA IMPUGNAÇÃO: PREENCHENDO SEUS REQUISITOS

Os requisitos da impugnação devem ser preenchidos conforme a descrição no problema, observado o seguinte:

Endereçamento	Ao juízo que determinou a penhora.
Legitimidade para a impugnação	Ativa: do devedor (ou sucessores); Passiva: do credor (ou sucessores).
Fatos	Narrar os fatos que dão sustentação para as hipóteses do art. 525, CPC.
Direito	Demonstrar que os fatos se subsumem à hipótese legal.
Efeito suspensivo	Demonstrar o preenchimento dos requisitos legais (art. 525, § 6º, CPC).
Requerimento	Poderá ser de: a) nulidade do título executivo: nos casos de ausência ou vício de citação e de inexigibilidade por inconstitucionalidade do fundamento do título; ou b) nulidade da execução: nos demais casos estabelecidos no art. 525, CPC; c) condenação em custas e honorários, em caso de procedência da impugnação; d) intimação da parte contrária, para apresentação de resposta.

Esquema: impugnação

EXCELENTÍSSIMO SENHOR DOUTOR JUIZ [do cumprimento da sentença] DA ...ª VARA CÍVEL DA COMARCA

ou

EXCELENTÍSSIMO SENHOR DOUTOR JUIZ FEDERAL DA ...ª VARA FEDERAL DA SEÇÃO JUDICIÁRIA DE...

[Espaço de dez linhas para despacho judicial]

Autos n°...

[Espaço de uma linha]

    DEVEDOR, já qualificado, nos autos do processo, supramencionado, que lhe move CREDOR, vem, respeitosamente, por seu advogado, cujo endereço para intimações é..., à Vossa Excelência, apresentar sua IMPUGNAÇÃO, nos termos dos arts. 525 e ss. do Código de Processo Civil, conforme abaixo expõe.

[Espaço de duas linhas]

    I - DO CABIMENTO DA PRESENTE IMPUGNAÇÃO

[Espaço de uma linha]

    A presente defesa é cabível, já que preenchidos seus requisitos legais, quais sejam:

    a) cobrança de título executivo judicial, qual seja [apontar qual é ele];

    b) realização de penhora, conforme se verifica da certidão de folhas... dos presentes autos;

    c) observância do prazo de 15 dias, o que se depreende da data da apresentação da presente petição.

[Espaço de duas linhas]

    II - DOS FUNDAMENTOS DA PRESENTE IMPUGNAÇÃO

[Espaço de uma linha]

[Mencionar os fundamentos da impugnação, nos termos do rol do art. 525, Código de Processo Civil]

[Espaço de duas linhas]

    III - DO REQUERIMENTO DE EFEITO SUSPENSIVO À PRESENTE IMPUGNAÇÃO

[Espaço de uma linha]

    Nos termos do art. 525, § 6°, Código de Processo Civil, poderá ser atribuído efeito suspensivo à impugnação, se presentes os requisitos legais de relevância dos fundamentos e o prosseguimento da execução ser possível de causar ao devedor grave dano ou de difícil reparação.

    No caso presente, os requisitos se encontram preenchidos da seguinte forma:

    a) relevante fundamento: como acima demonstrado [resumir o fundamento da impugnação];

    b) possibilidade de grave dano ou de difícil reparação: o qual consiste em [descrever qual é o dano grave ou de difícil reparação].

[Espaço de duas linhas]

IV – DO REQUERIMENTO

[Espaço de uma linha]

Do exposto, requer-se à Vossa Excelência que seja deferida a presente impugnação, para fins de extinguir a execução, por fundamento de [para o caso de falta ou nulidade de citação, inexigibilidade de título ou ilegitimidade das partes OU para decretar a nulidade da penhora ou para decretar a nulidade da avaliação OU reconhecer o excesso de execução], limitando o ato ao valor de R$ [valor a ser demonstrado pelo impugnante].

[Espaço de uma linha]

Termos em que,

pede deferimento.

[Espaço de uma linha]

Local e data

[Espaço de uma linha]

Advogado...

[juntar o cálculo, caso se alegue excesso de execução – art. 525, § 4º, CPC].

CAPÍTULO 5

EXECUÇÃO DE TÍTULO EXECUTIVO EXTRAJUDICIAL – RITOS E INCIDENTES

1. OS RITOS DE EXECUÇÃO DE TÍTULO EXECUTIVO EXTRAJUDICIAL

Tipo de obrigação	Meios executórios	Defesa	Procedimento
Entrega de coisa	Multa cominatória e meios instrumentais	Embargos à execução	Art. 806 e ss., CPC
Fazer e não fazer	Multa cominatória e meios instrumentais	Embargos à execução	Art. 814 e ss., CPC
Execução por quantia certa contra devedor solvente	Penhora Avaliação Expropriação (art. 825, CPC)	Embargos à execução	Art. 824 e ss. CPC

Como se trata de ação autônoma, deverá a execução ser proposta por petição inicial, com os seguintes requisitos:

Endereçamento	Ao juízo cível competente, nos termos das regras de competência previstas na Constituição Federal e no Código de Processo Civil.
Legitimidade	Ativa: do credor. Passiva: do devedor.
Fundamento	a) existência do título líquido, certo e exigível; b) existência de inadimplemento do devedor, por advento do termo, da condição suspensiva ou findo o prazo assinalado em notificação.
Requerimento	Varia conforme o tipo de obrigação a ser satisfeita: a) obrigação de dar coisa certa ou coisa incerta, sendo a escolha do credor: citação para entrega da coisa em 15 dias, sob pena de busca e apreensão ou de imissão na posse, ou apresentação de embargos de devedor;

Requerimento	b) obrigação de dar coisa incerta, sendo a escolha do devedor: citação para entrega da coisa por ele escolhida em 15 dias, sob pena de a escolha passar a ser do credor, ou apresentação de embargos de devedor; c) obrigação de fazer: citação para cumprimento da obrigação no prazo estipulado pelo juiz, sob pena de multa, ou apresentação de embargos de devedor; d) obrigação de pagar quantia: citação para pagamento em três dias, com desconto de 50% da verba honorária, sob pena de penhora, ou apresentação de embargos de devedor no prazo de 15 dias.
Documentos indispensáveis	Além da procuração, documentos de identificação do exequente e comprovante das custas, deverá a inicial ser acompanhada dos seguintes documentos (art. 798, CPC): a) o título executivo cobrado (se for título de crédito, deverá ser o original, se o processo for físico); b) demonstrativo atualizado do valor devido; c) prova da ocorrência do termo ou da condição, se for o caso; d) prova do adimplemento da sua contraprestação ou de assegurar seu cumprimento, se for o caso.
Obrigação alternativa	Se no título executivo constar obrigação alternativa cuja escolha incumba ao devedor, deverá ser requerida a citação do devedor para fazer a escolha, no prazo de 10 dias ou em outro assinalado pelo juiz (art. 800, CPC). Caso não haja a escolha, caberá esta ao credor (art. 800, § 1º, CPC). Se a escolha couber ao credor, deverá ele apontá-la na petição inicial (art. 800, § 2º, CPC).
Outras providências a cargo do credor	a) requerer a intimação do credor pignoratício, hipotecário, anticrético ou fiduciário, quando a penhora recair sobre bens gravados por penhor, hipoteca, anticrese ou alienação fiduciária; b) requerer a intimação do titular de usufruto, uso ou habitação, quando a penhora recair sobre bem gravado por usufruto, uso ou habitação; c) requerer a intimação do promitente comprador, quando a penhora recair sobre bem em relação ao qual haja promessa de compra e venda registrada; d) requerer a intimação do promitente vendedor, quando a penhora recair sobre direito aquisitivo derivado de promessa de compra e venda registrada; e) requerer a intimação do superficiário, enfiteuta ou concessionário, em caso de direito de superfície, enfiteuse, concessão de uso especial para fins de moradia ou concessão de direito real de uso, quando a penhora recair sobre imóvel submetido ao regime do direito de superfície, enfiteuse ou concessão; f) requerer a intimação do proprietário de terreno com regime de direito de superfície, enfiteuse, concessão de uso especial para fins de moradia ou concessão de direito real de uso, quando a penhora recair sobre direitos do superficiário, do enfiteuta ou do concessionário; g) requerer a intimação da sociedade, no caso de penhora de quota social ou de ação de sociedade anônima fechada, para o fim previsto no art. 876, § 7º; h) pleitear, se for o caso, medidas urgentes; i) proceder à averbação em registro público do ato de propositura da execução e dos atos de constrição realizados, para conhecimento de terceiros (art. 828, CPC).

Tutela provisória	São compatíveis com a execução, devendo observar os requisitos estabelecidos em lei. Podem ser requeridas na petição inicial (p. ex., tutela cautelar de sequestro, busca e apreensão e outra) ou ao longo da demanda.

IMPORTANTE

De regra, a execução de título executivo extrajudicial será de competência da justiça estadual.

Haverá exceção caso qualquer das partes tenha direito a foro especial. Também há títulos executivos que podem ter como credor ou devedor a União ou demais pessoas que devem ter suas causas processadas perante a Justiça Federal (art. 109, Constituição Federal).

2. INCIDENTES NA EXECUÇÃO

Conforme o rito da execução, pode haver diversos incidentes. Salvo as matérias que devem ser objeto de embargos à execução, todas as demais serão apresentadas por petição dirigida ao juízo da execução e serão decididas por decisão interlocutória, impugnável por agravo de instrumento (art. 1.015, parágrafo único, CPC).

São alguns exemplos:

a) execução para entrega de coisa: revisão da multa (art. 806, § 1º, CPC); expedição de mandado de entrega contra terceiro adquirente da coisa (art. 808, CPC), apuração de benfeitorias (art. 810, CPC), impugnação da escolha, na entrega de coisa incerta (art. 812, CPC);

b) execução de obrigação de fazer ou não fazer: revisão do valor da multa (art. 814, parágrafo único, CPC), satisfação da prestação às custas do executado (art. 816, CPC), realização por terceiro às custas do executado (art. 817 e ss., CPC);

c) execução por quantia certa: arresto de bens e citação do devedor por edital (art. 830, CPC), discussão sobre a impenhorabilidade de bem (art. 833, CPC), discussão sobre a ordem de penhora (art. 835, CPC), modificações da penhora (art. 847 e ss., CPC), arguição de excesso de penhora de dinheiro (art. 854, § 3º, CPC), depósito do valor referente na penhora de crédito (art. 856, CPC), licitação entre pretendentes à adjudicação (art. 877, § 3º, CPC) etc.

IMPORTANTE

É possível ao devedor requerer o parcelamento do montante devido na execução por quantia certa, nos termos do art. 916, CPC.

> Deverá o devedor apresentar petição no prazo dos embargos à execução, na qual reconhece o valor devido e faz proposta de parcelamento em até seis vezes, devendo depositar 30% do valor devido, acrescido de custas e de honorários de advogado. Será ouvido o credor em cinco dias, após deliberará o juiz.

3. SUSPENSÃO DA EXECUÇÃO (ART. 921, CPC)

a) nas hipóteses dos arts. 313 e 315, no que couber;
b) no todo ou em parte, quando recebidos com efeito suspensivo os embargos à execução;
c) quando o executado não possuir bens penhoráveis;
d) se a alienação dos bens penhorados não se realizar por falta de licitantes e o exequente, em 15 dias, não requerer a adjudicação nem indicar outros bens penhoráveis;
e) quando concedido o parcelamento de que trata o art. 916.

No caso de não haver bens penhoráveis, a suspensão será decretada por um ano. Se não houver indicação de bens, os autos serão arquivados e se iniciará a prescrição intercorrente.

Ocorrida a prescrição intercorrente, poderá o devedor, por simples petição, requerer a extinção do processo.

4. EXTINÇÃO DA EXECUÇÃO (ART. 924, CPC)

Só produz efeito quando declarada por sentença que reconhecer que:

a) a petição inicial for indeferida;
b) a obrigação for satisfeita;
c) o executado obtiver, por qualquer outro meio, a extinção total da dívida;
d) o exequente renunciar ao crédito;
e) ocorrer a prescrição intercorrente.

Nos casos dos itens (b) a (e), o requerimento pode ser formulado por simples petição, caso seja matéria posterior aos embargos à execução.

Esquema: petição inicial – execução de título extrajudicial

```
    EXCELENTÍSSIMO SENHOR DOUTOR JUIZ DE DIREITO DA ...ª VARA CÍVEL DA
COMARCA DE ... ESTADO DE ...
```

Ou

EXCELENTÍSSIMO SENHOR DOUTOR JUIZ FEDERAL DA ...ª VARA FEDERAL... DA SUBSEÇÃO JUDICIÁRIA DE...

[Espaço de dez linhas para despachos judiciais]

CREDOR, nacionalidade..., estado civil..., profissão..., RG n°... e CPF n°...

ou

CREDOR, pessoa jurídica de direito privado, devidamente inscrita no CNPJ/MF sob o n°..., com sede na..., representada por seu administrador Sr. ..., [nacionalidade], [estado civil], portador da cédula de identidade RG n°..., devidamente inscrito no CPF/MF sob o n°...,

Pelo advogado abaixo assinado, que receberá intimações no endereço..., vem, respeitosamente, à Vossa Excelência ajuizar a presente

AÇÃO DE EXECUÇÃO [por qual é, conforme o título executivo apresentado]

em face de DEVEDOR, nacionalidade..., profissão..., estado civil..., RG n°... e CPF n°...

ou

DEVEDOR, pessoa jurídica de direito privado, devidamente inscrita no CNPJ/MF sob o n°..., com sede na ..., pelas razões de fato e de direito a seguir expostas:

[Espaço de duas linhas]

I – DAS RAZÕES DE FATO E DE DIREITO

[Espaço de uma linha]

Tem o exequente em seu favor crédito a receber consistente no título executivo [descrever qual é o título], no qual consta o dever do executado em entregar a prestação nele contida, qual seja [descrever a obrigação estabelecida no título].

[Espaço de duas linhas]

II – DO PEDIDO

[Espaço de uma linha]

Diante de todo o exposto, requer-se:

a) a citação do executado, por meio de oficial de justiça, para que cumpra a prestação contida no título executivo, qual seja, [por a prestação, nos termos do quadro acima mencionado];

b) a condenação do executado ao pagamento de custas e honorários advocatícios devendo os últimos, serem fixados pelo juiz ao despachar a medida inicial.

Dá-se à causa o valor de R$ ... [valor da prestação devida]

[Espaço de uma linha]

Nesses termos,

pede deferimento.

[Espaço de uma linha]

Local e data.

[Espaço de uma linha]

Advogado...

[Se for a execução em dinheiro, deverá ser juntado cálculo, nos termos do art. 524, CPC, do valor atualizado devido].

CAPÍTULO 6

EMBARGOS À EXECUÇÃO, EMBARGOS DE RETENÇÃO E AÇÃO DE NULIDADE DE ARREMATAÇÃO

1. EMBARGOS À EXECUÇÃO (EMBARGOS DO DEVEDOR OU EMBARGOS DO EXECUTADO)

Na execução não existe um momento próprio para defesa, já que o processo de execução visa a atos de satisfação de direito. O contraditório e a ampla defesa são exercidos em uma ação própria, os embargos à execução.

A ação de embargos à execução pode ser definida como ação proposta pelo devedor contra o credor, a fim de impugnar o crédito do último. Tem natureza jurídica de ação incidental de conhecimento, declaratória ou constitutiva.

2. REQUISITOS

Os embargos à execução são apresentados por petição inicial, a qual apresentará os seguintes requisitos:

Momento de apresentação	No prazo de 15 dias, contados da data da juntada aos autos do mandado de citação.
	Mais de um executado: o prazo para cada um deles embargar conta-se a partir da juntada do respectivo mandado citatório, salvo em se tratando de cônjuges.
	Aos embargos do executado não se aplica o prazo dobrado para litisconsortes que sejam representados por procuradores distintos (art. 915, § 3º, CPC).
Endereçamento	Juízo perante o qual tramita a execução (art. 914, CPC). Em havendo citação, penhora ou avaliação na execução por carta precatória, os embargos poderão ser oferecidos no juízo deprecante ou no juízo deprecado, indiferentemente.
	A competência para julgamento dos embargos de devedor é, em regra, do juízo deprecante (juízo perante o qual se processa a execução). Entretanto, o juízo deprecado julgará os embargos de devedor se versarem unicamente sobre vícios ou defeitos da penhora, da avaliação ou da alienação dos bens efetuadas no juízo deprecado, ou de atos que foram praticados sob sua ordem.

Partes	Embargante: executado. Embargado: exequente.
Causa de pedir	Nos termos do art. 917, CPC, nos embargos, poderá o executado alegar: a) nulidade da execução, por não ser executivo o título apresentado; b) penhora incorreta ou avaliação errônea; c) excesso de execução ou cumulação indevida de execuções, devendo o devedor apontar o valor que entende correto e apresentar memória de cálculo, sob pena de rejeição liminar dos embargos ou de não conhecimento desse fundamento (art. 917, §§ 3º e 4º, CPC); d) retenção por benfeitorias necessárias ou úteis, nos casos de título para entrega de coisa certa; e) incompetência absoluta ou relativa do juízo da execução; f) qualquer matéria que lhe seria lícito deduzir como defesa em processo de conhecimento.
Pedido	De procedência dos embargos de devedor, para, conforme o fundamento acima mencionado, obter, respectivamente: a) extinção da execução, por ausência de título executivo; b) nulidade da penhora ou da avaliação, determinando-se a realização de novo ato; c) redução do valor cobrado para o montante efetivamente devido; d) indenização pelas benfeitorias realizadas; e) remessa dos autos ao juízo competente; f) extinção da execução, nulidade da execução ou outro pedido compatível. É cabível pedido de condenação do embargado nas custas processuais e honorários de advogado.
Valor da causa	O valor da cobrança, ou, em caso de excesso de execução, o valor da diferença entre o valor correto e o valor cobrado.
Cientificação do embargado	Será requerida a citação na pessoa do advogado para apresentação de contestação aos embargos, a ser ofertada no prazo de 15 dias.

IMPORTANTE

Não é requisito para a apresentação dos embargos devedora execução a existência de penhora, depósito ou caução (art. 914, CPC).

3. PROCEDIMENTO

a) *Rejeição liminar dos embargos à execução* (art. 918, CPC):
i) quando intempestivos;

ii) nos casos de indeferimento da petição inicial e de improcedência liminar do pedido;

iii) quando manifestamente protelatórios, ou seja, evidentemente infundados e apresentados com o intuito de atrapalhar o correto andamento da execução. Nesse caso, o juiz imporá multa de até 20% (vinte por cento) sobre o valor da execução.

b) *Efeitos dos embargos à execução* (art. 919, CPC).

Como regra, os embargos à execução não terão efeito suspensivo. Ou seja, apresentados os embargos, o curso da execução se mantém normalmente, com a realização da penhora, a avaliação e a excussão do bem.

Entretanto, os embargos à execução poderão ter efeito suspensivo se presentes os seguintes requisitos:

i) requerimento do embargante;

ii) demonstração de relevantes fundamentos;

iii) evidência de que o prosseguimento da execução manifestamente possa causar ao executado grave dano de difícil ou incerta reparação;

iv) desde que a execução já esteja garantida por penhora, depósito ou caução suficientes.

> **IMPORTANTE**
>
> O STJ tem entendimento de que os requisitos são cumulativos, entendimento esse acompanhado por parte expressiva da doutrina.

A concessão de efeito suspensivo não impedirá a efetivação dos atos de penhora e de avaliação dos bens. Também poderá ser o efeito suspensivo parcial, quando o efeito suspensivo disser respeito apenas à parte do objeto da execução, prosseguindo quanto à parte restante.

A decisão relativa aos efeitos dos embargos poderá ser modificada ou revogada a qualquer tempo, a requerimento da parte e por decisão fundamentada, cessando as circunstâncias que a motivaram.

A concessão de efeito suspensivo aos embargos oferecidos por um dos executados não suspenderá a execução contra os que não embargaram se o fundamento disser respeito exclusivamente ao embargante.

c) *Sentença e recursos*. A sentença proferida em ação de embargos à execução tem conteúdo constitutivo, caso a alegação se volte a modificar, extinguir ou criar relação jurídica que embasa o processo de execução. Será declaratória se declarar nulidade da execução ou do título executivo, total ou parcialmente.

São cabíveis os recursos de apelação, contra a sentença, a qual será admitida apenas no efeito devolutivo (art. 1.012, III, CPC).

O recurso de embargos de declaração também é cabível das sentenças e, em segunda instância, são cabíveis todos os recursos do regime geral do Código de Processo Civil. As decisões interlocutórias são passíveis de agravo de instrumento, conforme o art. 1.015, parágrafo único, CPC.

d) *Litigância de má-fé*. A cobrança de multa ou de indenizações decorrentes de litigância de má-fé será promovida no próprio processo de execução, em autos apensos, operando-se por compensação ou por execução. A disposição vale para procedimento de má-fé de qualquer das partes.

e) *Desistência da execução e efeitos sobre os embargos à execução* (art. 775, parágrafo único, CPC). Tem o credor o direito de desistir da execução por ele ajuizada a qualquer tempo, desistência esta que pode ser total ou parcial.

Caso ainda não tiver havido oposição de embargos, a execução será extinta, sem a anuência do executado. Porém, caso já oferecidos os embargos, será observado o seguinte regime:

i) caso os embargos versem apenas sobre questões processuais, os embargos serão extintos sem oitiva do devedor, devendo o exequente arcar com as custas e os honorários de advogado despendidos pelo executado para a oposição da medida;

ii) nos demais casos, a extinção da execução e dos embargos dependerá da anuência do executado.

IMPORTANTE

Esse regime também se aplica ao cumprimento de sentença, caso apresentada impugnação pelo devedor.

f) *Indenização em caso de reconhecimento de inexistência da obrigação* (art. 776, CPC). No caso de os embargos serem providos para declarar inexistente, no todo ou em parte, a obrigação que deu lugar à execução, o credor será condenado a ressarcir ao devedor os danos que este sofreu, por sentença transitada em julgado.

IMPORTANTE

Também é cabível a arguição de impedimento ou suspeição do juízo quando do oferecimento dos embargos à execução.

4. PASSO A PASSO DOS EMBARGOS À EXECUÇÃO: PREENCHENDO SEUS REQUISITOS

Os requisitos dos embargos de devedor devem ser preenchidos conforme a descrição no problema, observado o seguinte:

Endereçamento	Juízo que determinou a citação do devedor para a execução, atentando-se se há citação por carta precatória.
Partes	Embargante: executado (devedor). Embargado: exequente (credor).
Causa de pedir	Apontar a matéria de defesa, nos termos do art. 917, CPC, narrando os fatos referentes à hipótese.
Efeito suspensivo	Se cabível, demonstrar o cabimento do efeito suspensivo aos embargos à execução, pelo preenchimento dos requisitos legais, quais sejam, requerimento do embargante, demonstração de relevantes fundamentos, evidência de que o prosseguimento da execução, manifestamente, possa causar ao executado grave dano de difícil ou incerta reparação e que a execução já esteja garantida por penhora, depósito ou caução suficientes.
Pedido	a) deferimento do efeito suspensivo aos embargos de devedor, já que presentes os requisitos legais para a medida; b) procedência dos embargos de devedor para, conforme o fundamento identificado no problema, a extinção da execução ou nulidade da execução ou excesso de execução.
Valor da causa	O valor do benefício.
Cientificação do embargado	Será requerida a citação na pessoa do advogado para apresentação de contestação aos embargos, a ser ofertada no prazo de 15 dias.

Esquema: petição inicial de embargos à execução

```
EXCELENTÍSSIMO SENHOR DOUTOR JUIZ [ÓRGÃO COMPETENTE] DA COMARCA DE ...
ou
EXCELENTÍSSIMO SENHOR DOUTOR JUIZ FEDERAL DA SEÇÃO JUDICIÁRIA DE ...
[Espaço de dez linhas para despacho judicial]
Distribuição por dependência aos autos n°...
[Espaço de uma linha]
                DEVEDOR, nacionalidade, estado civil,
profissão, RG n°..., CPF n°..., residente e domiciliado no endereço...
     ou
                DEVEDOR, pessoa jurídica de direito privado,
inscrita no CNPJ sob o n°..., com sede no endereço, por seu representante
legal, nome..., nacionalidade..., estado civil..., profissão..., RG n°...,
CPF n°..., residente e domiciliado no endereço...,
```

por seu advogado, que receberá intimações no endereço..., vem, respeitosamente, à Vossa Excelência, propor o presente

EMBARGOS À EXECUÇÃO

Em face do CREDOR, [Nacionalidade, estado civil, profissão, RG n°..., CPF n°..., residente e domiciliado no endereço...]

ou

CREDOR, pessoa jurídica de direito privado, inscrita no CNPJ sob o n°..., com sede no endereço, por seu representante legal, nome..., nacionalidade..., estado civil..., profissão..., RG n°..., CPF n°..., residente e domiciliado no endereço...

pelos motivos de fato e de direto que a seguir expõe:

[Espaço de duas linhas]

I - DOS FATOS

[Espaço de uma linha]

[Narrar os fatos como descritos no problema, que evidenciam a existência do direito do devedor de resistir à execução, nos termos do art. 917, CPC]

[Espaço de duas linhas]

II - DO DIREITO

[Espaço de uma linha]

[Apresentar o fundamento jurídico do pedido, fazendo a relação entre os fatos e sua qualificação jurídica, demonstrando a necessidade jurisdicional para os embargos em virtude de ato judicial que culminou na citação do embargante, ou determinou penhora, depósito, arresto, sequestro, alienação judicial, arrecadação, arrolamento, inventário, ou partilha de bens, do embargante]

[Espaço de duas linhas]

III - DO PEDIDO DE EFEITO SUSPENSIVO

[Espaço de uma linha]

[Demonstração do preenchimento dos requisitos legais do efeito suspensivo, acima referidos]

[Espaço de duas linhas]

IV - DO PEDIDO

[Espaço de uma linha]

De todo o exposto, requer-se:

a) a citação do embargado na pessoa de seu advogado, para que, no prazo de 15 dias, apresente a defesa que entender cabível, sob pena de sofrer os efeitos da revelia;

b) a concessão de efeito suspensivo aos presentes embargos, já que demonstrado o preenchimento dos requisitos legais para tanto;

c) ao final o julgamento procedente dos embargos do devedor, para fins de [determinar a providência que favoreça o requerente] e a condenação do embargado ao pagamento de custas e honorários advocatícios.

[Espaço de duas linhas]

V – DAS PROVAS
[Espaço de uma linha]

Protesta provar o alegado por todos os meios de prova em direito admitidos, consistentes nos documentos juntados, oitiva do Réu em depoimento pessoal, oitiva de testemunhas, perícias e todas as que se fizerem necessárias ao longo da presente demanda.

[Espaço de duas linhas]

VI – DO VALOR DA CAUSA
[Espaço de uma linha]

Dá-se à causa o valor de ... [valor da execução]

[Espaço de uma linha]

Termos em que,

pede deferimento.

[Espaço de uma linha]

Local e data.

[Espaço de uma linha]

Advogado...

5. AÇÃO DE INVALIDAÇÃO, INEFICÁCIA OU RESOLUÇÃO DE ARREMATAÇÃO

Nos termos do art. 903, § 1º, CPC, a arrematação poderá ser:

a) invalidada, quando realizada por preço vil (art. 903, § 1º, c/c o art. 891, CPC) ou com outro vício;
b) considerada ineficaz, se ocorrida uma das hipóteses do art. 804, em relação às pessoas ali referidas;
c) resolvida, se não for pago o preço ou se não for prestada caução.

O prejudicado terá o prazo de 10 dias, contados do aperfeiçoamento da arrematação (art. 903, § 2º, CPC) para, por simples petição, levar o caso ao conhecimento do juízo, que decidirá a questão, após o devido contraditório.

Caso não se observe o prazo, deverá o prejudicado ajuizar ação de conhecimento, pelo procedimento comum, para invalidar, declarar sua ineficácia ou sua resolução, ou seja, a ação anulatória de arrematação.

6. O PASSO A PASSO DA AÇÃO DE INVALIDAÇÃO, INEFICÁCIA OU RESOLUÇÃO DE ARREMATAÇÃO

Trata-se de petição inicial, devendo seguir os requisitos do art. 319, CPC:

Endereçamento	Juízo perante o qual ocorreu a arrematação.
Partes	Autor: prejudicado pela arrematação inválida, ineficaz ou resolvida. Réu: todos aqueles que se beneficiaram da arrematação, incluindo o arrematante, na condição de litisconsorte necessário.
Causa de pedir	Apontar a causa de invalidação, ineficácia ou resolução da arrematação, nos termos do art. 903, § 1º, CPC.
Tutela provisória	Pode ser deduzido pedido de tutela provisória antecipada, para suspender os efeitos, desde que preenchidos os requisitos legais.
Pedido	De procedência do pedido, para invalidar, declarar a ineficácia ou a resolução da arrematação, pedido de tutela provisória.
Valor da causa	O valor do benefício.
Citação	Nas formas previstas para o procedimento comum.

Obs.: Veja, nesta obra, os esquemas referentes à petição inicial para corretamente elaborar a manifestação acima mencionada.

7. EMBARGOS DE RETENÇÃO POR BENFEITORIAS

Os embargos à execução de retenção por benfeitorias, previsto no arts. 917, IV e §§ 5º e 6º, do CPC, são cabíveis no caso de título para entrega de coisa certa.

Será objeto dessa ação o direito de retenção pelo possuidor de boa-fé, ou seja, será exigido pelo devedor o reembolso dos valores despendidos por conta de benfeitorias necessárias e de benfeitorias úteis autorizadas pelo exequente, nos termos do art. 1.219, CC.

As benfeitorias voluptuárias, de mero embelezamento, poderão ser levantadas caso não sejam pagas, se o ato for possível sem a destruição da coisa.

Em sede de embargos de retenção, serão apurados os valores devidos a títulos de frutos colhidos e de danos causados pelo devedor, a serem fixados por perito nomeado pelo juiz, que deverá apresentar seu laudo no prazo fixado judicialmente.

Apurados esses valores, poderá o credor requerer a compensação dos valores cobrados pelo devedor.

O exequente que desejar se imitir na posse do bem deverá prestar caução ou depositar o valor devido ao executado ou o saldo remanescente depois de realizada a compensação de valores supramencionada. Poderá tomar essa medida a qualquer tempo.

8. O PASSO A PASSO DOS EMBARGOS DE RETENÇÃO POR BENFEITORIAS

Endereçamento	Juízo que determinou a citação do devedor para a execução, atentando-se se há citação por carta precatória.
Partes	Embargante: executado (devedor). Embargado: exequente (credor).
Causa de pedir	Apontar a causa do direito de retenção, apontando-se a boa-fé do possuidor e as benfeitorias necessárias e úteis passíveis de indenização, nos termos do art. 1.219, CC.
Pedido	Procedência dos embargos de retenção, para reconhecer o direito de deter a coisa até o total reembolso dos valores gastos.
Valor da causa	O valor do benefício.
Cientificação do embargado	Será requerida a citação na pessoa do advogado para apresentação de contestação aos embargos (art. 920, I, CPC).
Processamento	Após o prazo de defesa, o juiz julgará imediatamente o pedido ou designará audiência, após a qual, proferirá sentença (art. 920, II e III, CPC). No que couber, será aplicado o procedimento comum.

Esquema: petição de embargos de retenção por benfeitorias

EXCELENTÍSSIMO SENHOR DOUTOR JUIZ DE DIREITO DA ...ª VARA CÍVEL DA COMARCA DE ...

ou

EXCELENTÍSSIMO SENHOR DOUTOR JUIZ FEDERAL DA ...ª VARA FEDERAL... DA SUBSEÇÃO JUDICIÁRIA DE...

[Espaço de dez dias para despacho judicial]

Distribuição por dependência aos autos n°...

[Espaço de uma linha]

DEVEDOR, nacionalidade, estado civil, profissão, RG n°..., CPF n°..., residente e domiciliado no endereço...

ou

DEVEDOR, pessoa jurídica de direito privado, inscrita no CNPJ sob o n°..., com sede no endereço, por seu representante legal, nome..., nacionalidade..., estado civil..., profissão..., RG n°..., CPF n°..., residente e domiciliado no endereço...,

por seu advogado, que receberá intimações no endereço..., vem, respeitosamente, à Vossa Excelência, propor o presente

EMBARGOS DE RETENÇÃO POR BENFEITORIAS

em face de CREDOR, (nacionalidade, estado civil, profissão, RG n°..., CPF n°..., residente e domiciliado no endereço... OU CREDOR, pessoa jurídica de direito privado, inscrita no CNPJ sob o nº..., com sede no endereço, por seu representante legal, nome..., nacionalidade..., estado civil..., profissão..., RG nº..., CPF nº..., residente e domiciliado no endereço...

pelos motivos de fato e de direto que a seguir expõe:

[Espaço de duas linhas]

I - DOS FATOS

[Espaço de uma linha]

[Narrar os fatos como descritos no problema, que evidenciam o cabimento da medida]

[Espaço de duas linhas]

II - DO DIREITO

[Espaço de uma linha]

[Demonstrar as causas jurídicas: existência de boa-fé e realização de benfeitorias necessárias ou úteis]

[Espaço de duas linhas]

III - DO PEDIDO

[Espaço de uma linha]

De todo o exposto, requer-se:

a) a citação do embargado na pessoa de seu advogado, nos termos do art. 920 do Código de Processo Civil, para que, no prazo de 15 dias, apresente a defesa que entender cabível, sob pena de sofrer os efeitos da revelia;

b) ao final, o julgamento procedente dos embargos de retenção por benfeitorias, para reconhecer o direito de deter a coisa até o total reembolso dos valores gastos, condenando-se o exequente-embargado no pagamento das custas e honorários de advogado.

[Espaço de duas linhas]

IV - DAS PROVAS

[Espaço de uma linha]

Protesta provar o alegado por todos os meios de prova em direito admitidos, consistentes nos documentos juntados, oitiva do Réu em depoimento pessoal, oitiva de testemunhas, perícias e todas as que se fizerem necessárias ao longo da presente demanda.

[Espaço de duas linhas]

V - DO VALOR DA CAUSA

[Espaço de uma linha]

Dá-se à causa o valor de ... [valor da execução]
[Espaço de uma linha]

Termos em que,

pede deferimento.
[Espaço de uma linha]

Local e data.
[Espaço de uma linha]

Advogado...

CAPÍTULO 7

OUTROS MEIOS DE DEFESA DO DEVEDOR

Além dos embargos de devedor, são cabíveis outras medidas para a tutela dos interesses do executado.

1. DEFESAS POR SIMPLES PETIÇÃO

Em diversas oportunidades, o CPC estabelece que é viável a alegação de determinadas matérias de defesa em cumprimento de sentença ou em execução por simples petição nos autos.

São exemplos o art. 525, § 11, CPC (matérias supervenientes à impugnação), art. 917, § 1º, CPC (impugnação de incorreção de penhora ou de avaliação), entre outras.

Caso seja assinalado prazo para a manifestação, deve ser ele observado. Se não, deverá o interessado se manifestar o mais rápido possível, como dever de boa-fé.

As petições serão elaboradas observando-se os seguintes requisitos:

Endereçamento	Juízo perante o qual se processa a execução. Se a execução se processar por carta, ao juízo deprecante ou deprecado.
Partes	Requerente: executado. Requerido: exequente.
Causa de pedir	Apresenta a matéria de defesa, como determinado pelo CPC.
Pedido	Deferimento da medida pleiteada.
Cientificação do exequente	Será requerida a intimação do exequente para se manifestar sobre a alegação no prazo de cinco dias ou em outro assinalado pelo juiz.

2. AÇÕES AUTÔNOMAS

Pode o devedor se valer de ações de conhecimento autônomas, cujo objeto é a desconstituição do título executivo ou anulação da execução. São as chamadas *defesas heterotópicas*.

> **IMPORTANTE**
>
> Nos termos do art. 784, § 1º, CPC, a propositura de qualquer ação relativa ao débito constante do título executivo não inibe o credor de promover-lhe a execução, sendo que a apresentação da ação autônoma não suspenderá o andamento da execução já proposta por prejudicialidade, devendo o interessado obter tutela antecipada com esse efeito.

a) *Ações cabíveis contra o título executivo judicial.* São admitidas as seguintes ações para a desconstituição do título ou nulidade da execução:

Tipo de título	Ação autônoma
Sentença transitada em julgado, decidida no mérito, com um dos defeitos do art. 966, CPC.	Ação rescisória (art. 966, CPC).
Acordo extrajudicial homologado judicialmente.	Ação anulatória.
Sentença penal condenatória transitada em julgado.	Revisão criminal.
Sentença arbitral.	Ação de conhecimento, declaratória de nulidade ou constitutiva negativa.

b) *Ações admitidas contra título executivo extrajudicial.* Podem ser utilizadas diversas categorias de ação, que se voltem a desconstituir o título executivo (ação declaratória de inexistência de relação jurídica ou ação desconstitutiva de contrato ou de obrigação).

Trata-se de ações de conhecimento, que seguirão os requisitos mencionados no capítulo referente à petição inicial.

3. EXCEÇÕES OU OBJEÇÕES DE (PRÉ) EXECUTIVIDADE

a) *Definição e cabimento.* São criações doutrinárias, já devidamente acatadas pela jurisprudência. Trata-se de apresentação de defesa por petição nos autos da execução ou durante a fase de cumprimento de sentença, sem a necessidade de penhora.

Seu cabimento, o CPC anterior, foi reconhecido pela jurisprudência, conforme se verifica da Súmula nº 393 do Superior Tribunal de Justiça, que apesar de se referir à execução fiscal, é aplicável a qualquer execução:

"A exceção de pré-executividade é admissível na execução fiscal relativamente às matérias conhecíveis de ofício que não demandem dilação probatória" (STJ, Súmula nº 393, 1ª Seção, j. 23.09.2009, *DJe* 07.10.2009).

Mesmo diante das alterações trazidas pelo Código de Processo Civil, há entendimento doutrinário segundo o qual tal incidente ainda seria cabível na execução, independentemente da natureza do título ou do conteúdo da obrigação.

Isso porque, como o vício a ser suscitado é grave o suficiente para extinguir a demanda executiva sem maiores delongas, não haveria a necessidade de instaurar ação autônoma ou apresentar impugnação para tal finalidade.

b) *Objeto e objetivo*. Podem ser apresentadas em exceção de pré-executividade:
   i) matérias reconhecíveis de ofício;
   ii) matérias que não demandem dilação probatória.

A alegação pode se referir a todo o crédito ou a ato da execução que represente nulidade absoluta deste.

Seu objetivo será a decretação de nulidade de execução ou a extinção desta, conforme o caso, cabendo condenação em honorários, caso acatada.

São exemplos: a prescrição da execução, a decadência do direito cobrado, a nulidade da citação para execução etc.

c) *Procedimento*. Como essas defesas não são legalmente previstas, o procedimento adotado para elas é a apreciação imediata do pedido, cabendo a pronta rejeição do pleito, seguindo-se a intimação do credor para manifestação no prazo assinalado pelo juiz (não havendo prazo assinalado, aplica-se a regra do geral, sendo o prazo de cinco dias) e decisão. Também podem causar a extinção da execução ou cumprimento de sentença, cabendo honorários ao advogado do devedor.

d) *Passo a passo da exceção de pré-executividade*. De acordo com o problema, a exceção de pré-executividade deverá preencher os seguintes requisitos:

Endereçamento	Juízo perante o qual se processa a execução. Se a execução se processar por carta, ao juízo deprecante ou deprecado.
Partes	Requerente: executado. Requerido: exequente.
Causa de pedir	Apontar a matéria de defesa, que não dependa de outra prova documental e que possa ser reconhecida de ofício pelo juízo (prescrição, decadência, nulidade da execução por defeito de citação etc.).
Pedido	De deferimento da exceção de pré-executividade, para, conforme o fundamento identificado no problema, extinção da execução, nulidade da execução.
Cientificação do exequente	Será requerida a intimação do exequente para se manifestar sobre a alegação no prazo de cinco dias.

Esquema: exceção de pré-executividade

```
EXCELENTÍSSIMO SENHOR DOUTOR JUIZ DE DIREITO DA VARA DA COMARCA DE...
(CIDADE)
    ou
```

EXCELENTÍSSIMO SENHOR DOUTOR JUIZ FEDERAL DA VARA... DA SEÇÃO JUDICIÁRIA DE...

[Espaço de dez linhas para pronunciamento judicial]

Autos n°...

[Espaço de uma linha]

DEVEDOR, já qualificado, por seu advogado, que receberá intimações no endereço..., nos autos da [EXECUÇÃO / CUMPRIMENTO DE SENTENÇA] ajuizada pelo CREDOR, vem, respeitosamente, à Vossa Excelência, apresentar a presente EXCEÇÃO DE PRÉ-EXECUTIVIDADE, pelos motivos abaixo expostos.

[Espaço de duas linhas]

I - DOS FATOS

[Espaço de uma linha]

[Narrar de acordo com o problema]

[Espaço de duas linhas]

II - DO DIREITO

[Espaço de uma linha]

Descrever que o defeito apontado nos fatos é matéria que pode ser conhecida de ofício e que não depende de dilação probatória, podendo fulminar o título executivo ou estabelecer a nulidade da execução.

[Espaço de duas linhas]

III - DO PEDIDO

[Espaço de uma linha]

Posto isso, é a presente para requerer a extinção da presente execução já que inviável seu prosseguimento nos termos acima expostos, condenando-se o exequente ao pagamento do ônus da sucumbência e dos honorários de advogado.

[Espaço de uma linha]

Termos em que,

pede deferimento.

[Espaço de uma linha]

Local e data.

[Espaço de uma linha]

Advogado...

CAPÍTULO 8

EXECUÇÕES ESPECIAIS

1. GENERALIDADES

Algumas obrigações são objeto de rito especial de execução. No Código de Processo Civil, são previstas duas modalidades: a execução de alimentos e a execução contra a Fazenda Pública. Merece também breve menção o regime da execução fiscal, tratado em legislação própria (Lei nº 6.830/1980).

Abaixo, trazemos um quadro com as modificações que têm as execuções especiais em relação aos procedimentos já apresentados. São aplicáveis em caráter subsidiário as normas gerais da execução por quantia certa aos ritos descritos a seguir.

2. EXECUÇÃO DE ALIMENTOS

Cabimento	Determinação judicial ou extrajudicial de pagamento de alimentos.
Competência	a) título judicial: ao juízo da ação de alimentos (há decisões judiciais que admitem a execução de título judicial no domicílio atual do alimentando, caso haja mudança deste); b) título extrajudicial: domicílio do alimentando (art. 53, II, CPC).
Legitimidade	Credor: alimentando. Devedor: alimentante.
Prazo prescricional	Dois anos (art. 206, § 2º, CC).

Meios executórios	Tipo legal	Descrição	Cabimento
	Arts. 528, § 8º, e 913, CPC	Cobrança de quantia certa, podendo tramitar como cumprimento de sentença (título executivo judicial) ou execução por quantia.	a) para as prestações antigas (superiores a três meses de atraso); b) para todo o crédito, se esta for a escolha do credor.
	Arts. 528, §§ 1º a 5º, e 911, CPC	Rito especial, de citação para pagamento em três dias, sob pena de prisão.	Cabível para as três últimas parcelas de pensão, provisórios ou definitivos, e as vincendas ao longo do processo.
	Arts. 529 e 912, CPC	Desconto em folha de pagamento – é exaurimento de um dos outros ritos.	Para alimentantes empregados, servidores públicos, aposentados ou pensionistas.
Meios de defesa do executado	**Rito**	**Defesa**	
	Arts. 528, § 8º, e 913, CPC	Impugnação, se título executivo for judicial. Embargos de devedor, se título executivo for extrajudicial.	
	Arts. 528, §§ 1º a 5º, e 911, CPC	Justificativa de não pagamento, a ser apresentada em três dias, na qual pode o devedor alegar dificuldades financeiras e propor parcelamento.	

IMPORTANTE

1) Caso o alimentante dificulte ou retarde o cumprimento da decisão judicial, o juiz oficiará o Ministério Público para apuração da prática de crime de abandono material.
2) O CPC de 2015 revogou os arts. 16 a 18 da Lei nº 5.478/1968, que tratavam de execução de alimentos.

3. EXECUÇÃO CONTRA A FAZENDA PÚBLICA

Cabimento	Exigência de prestação em dinheiro sendo devedor a Fazenda Pública.
Competência	a) devedor União, autarquia ou fundação federal: Justiça Federal de primeira instância;
	b) devedor estado ou município, respectivas autarquias e fundações: Justiça Estadual de primeira instância (observar, na Lei de Organização Judiciária do Estado, a existência de vara especial para a Fazenda Pública);
	c) devedor Distrito Federal: Vara Distrital.
Legitimidade	Ativa: credor. Passiva: ente público.

Meios executórios	Expedição de requisição de pequeno valor (RPV) ou precatório (art. 100, Constituição Federal).
Meios de defesa	a) título executivo judicial: impugnação, nos termos do art. 535, CPC, no prazo de 30 dias; b) título executivo extrajudicial: embargos à execução, no prazo de 30 dias (art. 910, CPC).
Procedimento	Conforme o título executivo apresentado, será o estabelecido nos arts. 534 e ss., CPC (título executivo judicial), ou no art. 910, CPC (título executivo extrajudicial).

4. EXECUÇÃO FISCAL

Cabimento	Cobrança de créditos em dinheiro, tributários ou não, de titularidade da Fazenda Pública (art. 39, Lei nº 4.320/1964).
Competência	a) credor União, autarquia ou fundação federal: Justiça Federal de primeira instância (normalmente, há vara especializada em execuções fiscais); b) devedor estado ou município, respectivas autarquias e fundações: Justiça Estadual de primeira instância (normalmente, há vara especializada em execuções fiscais).
Legitimidade	Ativa: Fazenda credora. Passiva: pessoa física ou jurídica.
Meios executórios	Penhora, avaliação e alienação.
Meios de defesa	Embargos à execução fiscal (art. 16, Lei nº 6.830/1980), tendo como pressuposto a garantia do juízo. Os embargos podem ter efeito suspensivo, nos termos do art. 919, CPC. Exceção de pré-executividade. Ações autônomas de impugnação ao crédito cobrado.
Procedimento	É regulado pela nº Lei 6.830/1980, sendo especial em relação ao Código de Processo Civil, o qual é aplicado subsidiariamente.

IMPORTANTE

A Lei de Execuções Fiscais prevê, em seu art. 34, um recurso chamado embargos infringentes.
Trata-se de recurso dirigido ao próprio juiz da causa, sendo a execução fiscal de valor menor ou igual a 50 ORTNs (não é cabível, para essas causas, o recurso de apelação). Seu objeto é a reforma ou anulação da decisão. Do julgamento desse recurso, cabem apenas embargos de declaração e, se for o caso, recurso extraordinário.

Parte VII
Ações autônomas de impugnação de decisões judiciais

CAPÍTULO 1

AÇÃO RESCISÓRIA

1. CONSIDERAÇÕES INICIAIS E DEFINIÇÃO

É ação de processo de conhecimento, que se desenvolve por procedimento especial, de competência da instância recursal, a qual se presta a desconstituir coisa julgada formada, por haver na demanda ou na própria decisão os vícios previstos em lei.

2. LEGITIMIDADE (ART. 967, CPC)

a) Quem foi parte no processo ou o seu sucessor a título universal ou singular.
b) O terceiro juridicamente interessado.
c) O Ministério Público:
   i) se não foi ouvido no processo em que lhe era obrigatória a intervenção.
   ii) quando a decisão rescindenda é o efeito de simulação ou de colusão das partes, a fim de fraudar a lei.
   iii) em outros casos em que se imponha sua atuação.
d) Aquele que não foi ouvido no processo em que lhe era obrigatória a intervenção.

> **IMPORTANTE**
>
> O Ministério Público atuará no processamento da ação rescisória, caso se constate uma das hipóteses do art. 178, CPC.

3. COMPETÊNCIA

Pode ser sintetizada no quadro abaixo:

Decisão a ser rescindida	Competência
Sentença não recorrida ou cuja apelação não foi conhecida.	Tribunal competente para o recurso

Decisão a ser rescindida	Competência
Acórdão de apelação, embargos infringentes ou embargos de declaração.	Tribunal que proferiu a decisão
Acórdão proferido em sede de recurso especial ou recurso ordinário constitucional, que tenha se pronunciado sobre o mérito do recurso.	Superior Tribunal de Justiça
Julgados das ações originárias do Superior Tribunal de Justiça para as quais não tenha havido recurso conhecido pelo Supremo Tribunal Federal (art. 105, I, *e*, Constituição Federal).	Superior Tribunal de Justiça
Acórdão proferido em sede de recurso extraordinário ou recurso ordinário constitucional que tenha se pronunciado sobre o mérito do recurso.	Supremo Tribunal Federal
Julgados das ações originárias do Supremo Tribunal Federal (art. 102, I, *j*, Constituição Federal).	Supremo Tribunal Federal

4. OBJETO

Podem ser objeto de ação rescisória sentenças ou acórdãos que preencham os seguintes requisitos:

a) tenham proferido decisões de mérito (art. 487, CPC) ou de decisão que não trate do mérito (art. 485, CPC), que impeça a nova propositura da demanda ou a admissibilidade do recurso correspondente (art. 966, *caput* e § 2º, CPC);

b) tenha advindo trânsito em julgado dessa decisão;

c) nesses atos esteja presente uma das hipóteses prescritas nos incisos do art. 966, CPC;

d) seja observado o prazo decadencial que é de dois anos, contados do trânsito em julgado da última decisão proferida no processo, salvo prescrições especiais (art. 975, CPC).

Pode a ação rescisória se restringir a um capítulo da decisão (art. 966, § 3º, CPC). É o caso, por exemplo, de a sentença decidir dois pedidos e a nulidade atingir apenas um deles.

5. HIPÓTESES

O rol do art. 966 é *taxativo*, porque ali são previstas hipóteses que retiram a qualidade de coisa julgada de uma decisão judicial (sentença ou acórdão). Ou seja, sendo a medida excepcional, não se pode dar à norma extensão indevida.

Por consequência, veda-se o uso da analogia e a interpretação analógica e extensiva para criar hipóteses não previstas em lei. São elas:

Hipótese legal	Descrição	Exemplos
Prevaricação, concussão ou corrupção do juiz	São modalidades de crime praticado por funcionário público, descritos no Código Penal, aos quais também se sujeita o juiz: a) Prevaricação: o ato de "retardar ou deixar de praticar, indevidamente, ato de ofício, ou praticá-lo contra disposição expressa de lei para satisfazer interesse ou sentimento pessoal" (art. 319, CP). b) Concussão: "exigir, para si ou para outrem, direta ou indiretamente, ainda que fora da função ou antes de assumi-la, mas em razão dela, vantagem indevida" (art. 316, CP). c) Corrupção passiva: "solicitar ou receber, para si ou para outrem, direta ou indiretamente, ainda que fora da função ou antes de assumi-la, mas em razão dela, vantagem indevida, ou aceitar promessa de tal vantagem" (art. 317, CP). É suficiente a prática da conduta descrita em seu tipo básico para haver causa para ação rescisória.	Juiz exige dinheiro do autor para proferir sentença que lhe é favorável (corrupção ativa) ou aceita valores com essa finalidade (corrupção passiva).
Impedimento ou incompetência absoluta do juiz	a) Haverá impedimento se estiver presente qualquer das causas do art. 144, CPC. b) Haverá incompetência absoluta se as normas de competência em relação a matéria, pessoa ou função não forem observadas (art. 62, CPC). Também ocorrerá se outras normas cogentes sobre competência não forem observadas.	a) Juiz que é parte no processo. b) Ação de competência da Justiça Federal é julgada pela Justiça Estadual fora das hipóteses que a Constituição Federal autoriza.
Resultar de dolo ou coação da parte vencedora em detrimento da parte vencida ou, ainda, de simulação ou colusão entre as partes, a fim de fraudar a lei	a) Dolo e coação são vícios no negócio jurídico e vêm regidos pelos arts. 145 e ss. e arts. 151 e ss., CC. O dolo ou a coação alegados devem ser a causa da vitória no processo, como é o caso de parte vencedora ter dificultado dolosamente a atuação do adversário ou influenciado dolosamente a atuação do juiz. Também é necessária a demonstração de nexo de causalidade entre o dolo ou a coação e o resultado a que chegou a sentença. b) Conluio para fraudar a lei: prevista no art. 142, CPC, é a utilização do processo para fins ilícitos, que não seriam obtidos por outra via que não fosse a utilização da via judicial.	a) Uso indevido da citação por edital, em conhecendo o autor o paradeiro do réu. b) Ação de indenização de dano inexistente, feita apenas para fundamentar o pagamento do réu ao autor, com o intuito de prejudicar credores.
Ofensa à coisa julgada	Constata-se a existência de coisa julgada proferida anteriormente. Não importa o resultado do julgamento da ação já transitada em julgado.	Existência de ação anterior que já condenou o réu a pagar os danos causados ao autor.

Hipótese legal	Descrição	Exemplos
Violação manifesta à norma jurídica	A decisão que nega vigência à lei em vigor ou se pauta por interpretação completamente oposta e manifestamente errônea ou a proferida com absoluto menosprezo ao modo e forma estabelecidos em lei para a sua prolação. Também se admite essa hipótese contra decisão baseada em enunciado de súmula, acórdão ou precedente (art. 927, CPC), em que não tenha sido considerada a existência de distinção entre a questão discutida no processo e o padrão decisório que lhe deu fundamento, cabendo a demonstração dessa situação ao autor da ação rescisória (art. 966, §§ 5º e 6º, CPC).	a) Proferimento de sentença *ultra*, *citra* ou *extra petita*, por ofensa ao art. 492, CPC. b) Nulidade de citação e falta de intervenção do Ministério Público.
Falsidade de prova	Constata-se que o julgamento foi baseado em prova falsa. A prova falsa deve ter sido determinante no julgamento, não havendo outro elemento de convicção nos autos capaz de levar à mesma conclusão. Pode ser apurada a falsidade por qualquer meio, seja na própria ação rescisória ou em ação autônoma, tanto civil quanto criminal, desde que nesta figurem as mesmas partes e que haja coisa julgada sobre a decisão.	a) Recibo de pagamento falso. b) Falso testemunho.
Documento novo	Obtém a parte derrotada prova documental cuja existência era desconhecia ou de que não era capaz de fazer uso, suficiente, por si só, para assegurar um pronunciamento judicial em seu favor. Deve ser demonstrado que a parte desconhecia o documento ou não tinha possibilidade de acesso a ele no momento processual oportuno.	Documento pertencente à parte falecida, desconhecida de seus herdeiros, que fundamentava o pagamento da dívida objeto de cobrança em ação judicial.
Confissão, desistência ou transação inválidas	Não se confunde com a hipótese de ação anulatória (art. 966, § 4º, CPC). A sentença de mérito é baseada em transação inválida; hipótese assemelhada à falsidade de prova e ao documento novo, significando que o acolhimento ou não da pretensão do autor se pautou em negócio jurídico inválido firmado entre as partes.	Confissão obtida por coação ou transação maculada por dolo de uma das partes.
Erro de fato	Ocorrerá caso a sentença admita fato inexistente ou considere inexistente fato efetivamente ocorrido, fato este determinante para a decisão. São requisitos para a sua configuração: a) sentença deve estar baseada no erro de fato; b) sobre ele não pode ter havido controvérsia entre as partes;	Em ação de responsabilidade civil, desconsiderar fato incontroverso ou afirmar fato não apresentado por qualquer das partes.

Hipótese legal	Descrição	Exemplos
Erro de fato	c) sobre ele não pode ter havido pronunciamento judicial; d) que o fato seja aferível da prova já produzida na demanda originária (neste ponto, a rescisória não admite provas novas).	

6. PRAZO DECADENCIAL (ART. 975, CPC)

Como regra geral, o prazo decadencial é de dois anos, contados do trânsito em julgado da última decisão proferida no processo.

O prazo se prorroga até o primeiro dia útil imediatamente subsequente quando terminar em férias forenses, recesso, feriados ou em dia que não houver expediente forense.

> **IMPORTANTE**
>
> Imaginando que a sentença transitou em julgado em 27 de março de 2019, o prazo para ação rescisória se encerrou em 27 de março de 2021. Como essa data foi um sábado, o prazo se prorrogou para o dia 29 de março de 2021.

Há, contudo, duas regras especiais:

a) Se a ação rescisória se fundar em prova nova (art. 966, VII, CPC), o termo inicial será o da descoberta da prova. Há previsão de prazo de cinco anos para a descoberta da prova, contados do trânsito em julgado da última decisão proferida no processo.

> **EXEMPLO**
>
> Se o feito transitou em julgado em 31 de março de 2016, o prazo para a descoberta da prova foi 31 de março de 2021.

Imaginando que a prova nova tenha sido descoberta em 29 de março de 2021, o prazo para ajuizamento da rescisória será 29 de março de 2023, se esse dia for dia útil.

b) Na hipótese de simulação ou de colusão das partes, o prazo começa a contar, para o terceiro prejudicado e para o Ministério Público, que não interveio no processo, a partir do momento em que têm ciência da simulação ou da colusão.

> **EXEMPLO**
>
> Se o Ministério Público teve ciência da simulação de processo no dia 17 de abril de 2019, seu prazo para ação rescisória se encerrou em 17 de abril de 2021, caso essa data tenha sido dia útil.
> Se findo o prazo decadencial, o vício não poderá ser mais alegado. Por isso, a doutrina menciona a formação da *coisa soberanamente julgada* ao fim do prazo para ação rescisória.

> **IMPORTANTE**
>
> A nulidade de citação ou sua inexistência pode ser objeto de impugnação à execução, se o processo em que se originou o título correu à revelia (art. 525, § 1º, I, CPC).

7. PROCEDIMENTO

O procedimento a ser adotado é o seguinte:

a) *Petição inicial*: deve preencher os requisitos dos arts. 319, 320 e 968, CPC. Deve haver necessariamente o pedido de rescisão do julgado (pedido rescindendo) e, se for o caso, de rejulgamento da causa (pedido rescisório), se possível, dando nova solução à demanda.

b) *Pressuposto específico*: a comprovação do depósito de 5% sobre o valor da causa, a título de caução, que será revertido em prol da outra parte, caso seja considerada a demanda por unanimidade inadmissível ou improcedente (art. 968, II, CPC). São dispensados do depósito a União Federal, os estados, o Distrito Federal, os municípios, as respectivas autarquias e fundações de direito público, o Ministério Público, a Defensoria Pública e o beneficiário da gratuidade processual.

> **IMPORTANTE**
>
> A ação rescisória não suspende a execução da sentença rescindenda (art. 969, CPC). Para tal finalidade, poderá ser pleiteada tutela provisória de urgência (antecipada, via de regra) se demonstrada a existência dos requisitos legais, como expressamente determina a parte final do art. 969, *in fine*, CPC.

c) *Despacho inicial*: a petição inicial poderá ser indeferida nos casos do art. 968, § 3º, CPC (nos casos do art. 330, CPC, ou da não realização do depósito). Se deferida a exordial, será expedida a ordem de citação, assinalando-se prazo judicial, que pode ter limite mínimo de 15 dias e limite máximo de 30 dias para apresentação de resposta, ficando a critério do julgador (art. 970, CPC).

d) *Produção de provas*: caso seja necessária a instrução probatória, pode-se delegar ao órgão que proferiu a decisão rescindenda, fixando prazo de um a três meses para a devolução dos autos.

e) *Razões finais*: encerrada a instrução, ou caso não seja ela necessária, será concedido prazo para razões finais, sucessivamente de 10 dias (art. 973, CPC).

f) *Julgamento*: terá o procedimento estabelecido pelos arts. 929 e ss., CPC (capítulo referente à ordem dos processos no Tribunal) e nos regimentos internos.

g) *Resultado do julgamento*: se procedente a ação, a sentença será rescindida, decidindo-se novamente a causa, se for feito pedido nesse sentido. Se for a demanda considerada por unanimidade dos votos como inadmissível ou se improcedente o pedido, a multa reverterá ao réu, sem prejuízo das multas por má-fé processual (art. 974, parágrafo único, CPC).

h) *Recursos cabíveis*: a decisão proferida em sede de ação rescisória é passível de embargos de declaração, recurso especial e recurso extraordinário, conforme as hipóteses de cabimento de cada recurso.

8. O PASSO A PASSO DA AÇÃO RESCISÓRIA: PREENCHENDO SEUS REQUISITOS

Os requisitos da ação rescisória devem ser preenchidos conforme a descrição no problema, observado o seguinte:

Requisito	Como preenchê-lo	Observações
Competência	Observar a decisão a ser impugnada e o órgão prolator.	Ver situações no quadro da seção três deste capítulo.
Partes	São as mesmas participantes da causa originária, estando no polo ativo da ação rescisória aquele que se beneficiar com a rescisão do julgado e, no polo passivo, a parte contrária na causa.	Exemplo: na causa originária, julgada procedente, era o autor Pedro e o réu, João. O réu pretende a rescisão do julgado e será o autor da ação rescisória e o réu será Pedro, o autor da ação na qual houve o trânsito em julgado.
Causa de pedir	Fatos: que demonstrem o vício identificado no julgado. Direito: demonstração de que os fatos narrados se enquadram na hipótese do art. 966 identificada.	Ver os exemplos do quadro referente, da seção cinco, deste capítulo.
Tutela provisória	Demonstrar o preenchimento dos requisitos legais, com a finalidade de paralisar o cumprimento da decisão a ser rescindida.	Verificar os capítulos referentes à tutela provisória nesta obra.

Requisito	Como preenchê-lo	Observações
Pedido	Rescindendo: de rescisão do julgado. É obrigatório em qualquer ação rescisória. Rescisório: de novo julgamento, quando este for possível.	Para verificar se é cabível o pedido rescisório, verifique se o vício é identificável apenas na decisão transitada em julgado. Nesse caso, nova decisão é possível, não havendo qualquer supressão de instância, como regra. Porém, se há vício no procedimento que gerou a sentença ou o acórdão, o processo originário deverá ser anulado, o que tornará inviável nova decisão imediata.
Valor da causa	Do benefício objetivado pelo autor da ação rescisória.	Ver o art. 292, CPC.
Citação do réu	Pelas formas do art. 246, CPC.	O prazo para defesa é fixado pelo relator, nos termos do art. 970, CPC, em um mínimo de 15 e um máximo de 30 dias. Aplicam-se os efeitos da revelia, se constatadas hipóteses do art. 344 e ss., CPC.

Esquema: ação rescisória

```
EXCELENTÍSSIMO SENHOR DOUTOR [autoridade competente – regras da Constituição Federal e do Código de Processo Civil]

    [Espaço de dez linhas para despacho judicial]

                    AUTOR, nacionalidade..., estado civil...,
profissão..., RG n°... e CPF n°..., residente e domiciliado no endereço...
    ou
                    AUTOR, pessoa jurídica de direito privado,
devidamente inscrita no CNPJ/MF sob o n°... com sede no endereço...
representada por seu administrador Sr. ..., nacionalidade, estado civil,
portador da cédula de identidade RG n°..., devidamente inscrito no CPF/
MF sob o n°...,
                    Pelo advogado abaixo assinado, que receberá
intimações no endereço..., vem, respeitosamente, à Vossa Excelência ajuizar
a presente
                    AÇÃO RESCISÓRIA, com pedido de tutela de
urgência de evidência
                    em face de RÉU, nacionalidade, profissão,
estado civil, RG n°... e CPF n°..., residente e domiciliado no endereço...
    ou
                    RÉU, pessoa jurídica de direito privado,
devidamente inscrita no CNPJ/MF sob o n°..., com sede no endereço...,
```

pelas razões de fato e de direito a seguir expostas:

[Espaço de duas linhas]

I – DOS FATOS

[Espaço de uma linha]

[Narrar os fatos, atentando para a descrição da formação de coisa julgada material ou de coisa julgada formal nas hipóteses do art. 966, § 2º, CPC, a data deste ato, e os fatos que caracterizam um dos vícios dos incisos do art. 966, CPC]

[Espaço de duas linhas]

II – DO DIREITO

[Espaço de uma linha]

[Apresentar o fundamento jurídico do pedido, fazendo a relação entre os fatos e sua qualificação jurídica de forma a apresentar como conclusão a existência de um dos vícios do art. 966, CPC]

[Espaço de duas linhas]

III – DA TUTELA PROVISÓRIA

[Espaço de uma linha]

[Demonstração do preenchimento dos requisitos da tutela provisória pretendida nos termos dos fatos narrados, a fim de suspender a execução do julgado ou outro que adequadamente atenda ao interesse da parte.]

[Espaço de duas linhas]

IV – DO PEDIDO

[Espaço de uma linha]

De todo o exposto, requer-se:

a) a concessão de tutela de urgência ao Autor, já que preenchidos seus requisitos legais, no sentido de (providência pleiteada);

b) a citação do Réu por carta, para a apresentação de defesa no prazo a ser fixado por Vossa Excelência, nos termos do art. 970 do Código de Processo Civil, sob pena de sofrer os efeitos da revelia;

c) a procedência do pedido para: (1) rescindir o julgado transitado em julgado, já que presente o vício contido no art. 966, inciso (verificar qual é), Código de Processo Civil; e (2) se compatível com o caso proposto, pedido de nova decisão;

d) a condenação do réu nos ônus da sucumbência e dos honorários de advogado.

[Espaço de duas linhas]

V – DO DEPÓSITO

[Espaço de uma linha]

Neste ato, demonstra-se a realização do depósito de 5% do valor da causa, determinado pelo art. 968, II, do Código de Processo Civil.

[Espaço de duas linhas]

VI – DAS PROVAS

[Espaço de uma linha]

Protesta provar o alegado por todos os meios de prova em direito admitidos, consistentes nos documentos juntados, oitiva do Réu em depoimento pessoal, oitiva de testemunhas, perícias e todas as que se fizerem necessárias ao longo da presente demanda.

[Espaço de duas linhas]

VII – DO VALOR DA CAUSA

[Espaço de uma linha]

Dá-se à causa o valor de R$...

[Espaço de uma linha]

Termos em que,

pede deferimento.

[Espaço de uma linha]

Local e data.

[Espaço de uma linha]

Advogado...

CAPÍTULO 2

AÇÃO ANULATÓRIA (ART. 966, § 4º, CPC)

1. REGIME JURÍDICO DA AÇÃO ANULATÓRIA

Objetivo	Cassar os atos de disposição de direitos, praticados no processo e homologados pelo juízo, bem como os atos homologatórios praticados no curso da execução.
Vícios apuráveis	Vício de consentimento, vícios sociais, nulidades processuais.
Competência	Do juízo de primeira instância perante o qual se processou a demanda. Se a demanda for daquelas de competência originária, na instância em que se iniciou.
Rito	Comum.
Petição inicial	Preencherá os requisitos do art. 319 e ss. CPC.
Tutela provisória	Poderá ser requerida, para fins de suspensão dos efeitos do ato praticado ou do processo, se presentes os requisitos legais.
Defesa	Pelos meios compatíveis com o rito escolhido.
Sentença	Será constitutiva negativa, para reconhecer o vício que contamina o ato.

2. OBJETO

São passíveis de ação anulatória os atos de disposição de direitos, praticados pelas partes ou por outros participantes do processo e homologados pelo juízo, bem como os atos homologatórios praticados no curso da execução.

São exemplos: acordos entre as partes para a dilação do prazo, negócios jurídicos processuais relacionados a ônus da prova e prazos, entre outros.

3. O PASSO A PASSO DA AÇÃO ANULATÓRIA: PREENCHENDO SEUS REQUISITOS

Os requisitos da ação anulatória devem ser preenchidos conforme a descrição no problema, observado o seguinte:

Requisito	Como preenchê-lo
Competência	Do juízo perante o qual se processou a demanda que terá o ato anulado.
Partes	São as mesmas participantes da causa originária, estando no polo ativo da ação anulatória aquele que se beneficiar com a anulação do ato homologado e, no polo passivo, a parte contrária na causa.
Causa de pedir	Fatos: que demonstrem o vício identificado no ato (erro, dolo, coação, fraude contra credores etc.). Direito: demonstração de que os fatos narrados se enquadram na hipótese do art. 966, § 4º, CPC.
Pedido	Procedência do pedido, para anular o ato viciado e, se for o caso, proferimento de nova decisão.
Valor da causa	Do benefício objetivado pelo autor da ação anulatória.
Citação do réu	Pelas formas do art. 246, CPC.

Esquema: ação anulatória

EXCELENTÍSSIMO SENHOR DOUTOR [autoridade competente – regras da Constituição Federal e Código de Processo Civil]

[Espaço de dez linhas para despacho judicial]

AUTOR nome completo..., [nacionalidade], [estado civil], [profissão], RG nº..., CPF nº... [endereço], ou

AUTOR, pessoa jurídica, inscrita no CNPJ sob nº..., cuja sede se situa no endereço, a ser representada por seu sócio / gerente / mandatário...

por seu advogado, que receberá intimações no [endereço], vem, respeitosamente, à Vossa Excelência, propor a presente

AÇÃO ANULATÓRIA, com pedido de tutela antecipada, nos termos do art. 966, § 4º, do Código de Processo Civil,

Em face de RÉU nome completo..., nacionalidade..., estado civil..., profissão..., RG nº..., CPF nº..., residente e domiciliado no endereço..., ou

Réu, pessoa jurídica, inscrita no CNPJ sob nº..., cuja sede se situa no endereço, a ser representada por seu sócio / gerente / mandatário...

pelos motivos de fato e de direto que a seguir expõe:

[Espaço de duas linhas]

I – DOS FATOS

[Espaço de uma linha]

[Narrar os fatos, respondendo às questões Como? Onde? Por quê? Quando? Quanto? Para quê?, caracterizando o ato judicial não decisório ou meramente homologatório que se pretende anular e o vício dos atos civis que o maculou]
[Espaço de duas linhas]

II - DO DIREITO
[Espaço de uma linha]
[Apresentar o fundamento jurídico do pedido, fazendo a relação entre os fatos e sua qualificação jurídica de forma a apresentar como conclusão a necessidade de ser anulado o ato judicial]
[Espaço de duas linhas]

III - DA TUTELA PROVISÓRIA
[Espaço de uma linha]
[Demonstração do preenchimento dos requisitos da tutela provisória, nos termos dos fatos narrados, para fins de suspender a execução do julgado]
[Espaço de duas linhas]

IV - DO PEDIDO
[Espaço de uma linha]

De todo o exposto, requer-se:

a) a concessão de tutela de urgência antecipada / cautelar / de evidência ao Autor, já que preenchidos seus requisitos legais, no sentido de [providência pleiteada];

b) a citação do Réu por carta, para comparecer à audiência de mediação; ou

c) a citação do Réu por carta, para apresentar defesa, já que o Autor não tem interesse na audiência de conciliação e mediação;

d) a procedência do pedido para anular o ato impugnado, já que viciado com o defeito de [conforme narrado no problema];

e) a condenação do Réu nos ônus da sucumbência e dos honorários de advogado.

[Espaço de duas linhas]

V - DAS PROVAS
[Espaço de uma linha]
Protesta provar o alegado por todos os meios de prova em direito admitidos, consistentes nos documentos juntados, oitiva do Réu em depoimento pessoal, oitiva de testemunhas, perícias e todas as que se fizerem necessárias ao longo da presente demanda.

[Espaço de duas linhas]

VI - DO VALOR DA CAUSA

[Espaço de uma linha]

Dá-se à causa o valor de...

[Espaço de uma linha]

Termos em que,

pede deferimento.

[Espaço de uma linha]

Local e data.

[Espaço de uma linha]

Advogado...

CAPÍTULO 3

MANDADO DE SEGURANÇA – MANDADO DE SEGURANÇA CONTRA ATO JUDICIAL

1. DEFINIÇÃO

Em algumas situações concretas, não há remédio recursal adequado para evitar danos à parte causados por decisão judicial ilegal. Nessas situações, tem uso o mandado de segurança.

Conceitua-se mandado de segurança como ação constitucional, prevista no art. 5º, LXIX, da Constituição Federal, que se volta a atacar ato ilegal ou praticado com abuso de poder de autoridade pública ou de agente de pessoa jurídica, no exercício de atribuições do Poder Público, que lesione ou ameace de lesão, direito líquido e certo, individual ou coletivo, da parte, contra o qual não caiba *habeas corpus* nem *habeas data*.

Seu procedimento é tratado na Lei nº 12.016/2009 (LMS).

2. NÃO CABIMENTO DO MANDADO DE SEGURANÇA

Não será cabível o mandado de segurança nas seguintes hipóteses:

a) contra os atos de gestão comercial praticados pelos administradores de empresas públicas, de sociedade de economia mista e de concessionárias de serviço público (art. 1º, § 2º, LMS);

b) de ato de que caiba recurso administrativo com efeito suspensivo, independentemente de caução (art. 5º, I, LMS);

> **IMPORTANTE**
>
> A Súmula nº 429 do Supremo Tribunal Federal estabelece que "a existência de recurso administrativo com efeito suspensivo não impede o uso do mandado de segurança contra omissão da autoridade".

c) de decisão judicial da qual caiba recurso com efeito suspensivo (art. 5º, II, LMS);
d) de decisão judicial transitada em julgado (art. 5º, III, LMS);
e) contra lei em tese (Súmula nº 266 do Supremo Tribunal Federal).

3. ELEMENTOS DA PETIÇÃO INICIAL DO MANDADO DE SEGURANÇA

A petição inicial do mandado de segurança terá, nos termos do art. 6º, LMS, combinado com os requisitos do art. 319, CPC.

Competência	A da pessoa jurídica de direito público à qual a autoridade está vinculada. As empresas de economia mista federais têm seus atos julgados pela Justiça Estadual, por força do art. 109, I, CF. Deve-se atentar para a competência originária dos Tribunais, verificando-se a Constituição Federal (autoridades federais) e as Constituições Estaduais (autoridades estaduais e municipais).
Legitimidade ativa	a) Titular do direito. b) Quando o direito ameaçado ou violado couber a várias pessoas, qualquer delas poderá requerer o mandado de segurança (art. 1º, § 3º, da Lei nº 12.016/2009). c) Terceiro que tenha direito em condições idênticas à do titular: pode impetrar MS caso o titular não o faça em prazo razoável, se o seu titular não o fizer, no prazo de 30 dias, quando notificado judicialmente (art. 3º da Lei nº 12.016/2009).
Legitimidade passiva	Considera-se autoridade coatora aquela que tenha praticado o ato impugnado ou da qual emane a ordem para a sua prática (art. 6º, § 3º, da Lei nº 12.016/2009). São equiparados os representantes ou órgãos de partidos políticos e os administradores de entidades autárquicas, bem como os dirigentes de pessoas jurídicas ou as pessoas naturais no exercício de atribuições do poder público, somente no que diz respeito a essa atribuição. Considerar-se-á federal a autoridade coatora se as consequências de ordem patrimonial do ato contra o qual se requer o mandado houverem de ser suportadas pela União ou entidade por ela controlada (art. 2º da Lei nº 12.016/2009).
Litisconsórcio ativo	É admitido, até o despacho inicial (art. 10, § 2º, da Lei nº 12.016/2009).
Litisconsórcio passivo necessário	Pessoa jurídica de direito público a quem se liga a autoridade. Terá ela a legitimidade para recorrer.
Causa de pedir	Alegação e demonstração: a) de lesão ou ameaça de lesão (ameaça séria, fundada); b) do ato ilegal ou praticado com abuso de poder por autoridade ou equiparado; c) a direito líquido e certo do impetrante;

Causa de pedir	d) se o caso, a condição de prejudicado indireto pelo ato, quanto a seu interesse processual específico. Súmula nº 625 do Supremo Tribunal Federal: "Controvérsia sobre matéria de direito não impede concessão de mandado de segurança".
Pedido	Concessão da segurança para suprir a ilegalidade ou o abuso de autoridade.
Prazo decadencial	Poderá ser impetrado, independentemente de recurso hierárquico, contra omissões da autoridade, no prazo de 120 dias, após sua notificação judicial ou extrajudicial (art. 23 da Lei nº 12.016/2009).
Valor da causa	Benefício material a ser aferido pela demanda.
Intimação da autoridade	Requerimento de intimação da autoridade, para apresentar informações no prazo de 10 dias e da pessoa jurídica de direito público a quem a autoridade pertence (art. 7º, I, da Lei nº 12.016/2009).

4. PEDIDO LIMINAR

Consiste no requerimento de providência que suspenda o ato que deu motivo ao pedido ou que supra a omissão ilegal da autoridade, se presentes os seguintes requisitos (art. 7º, III, LMS):

a) houver fundamento relevante;
b) do ato impugnado puder resultar a ineficácia da medida, caso seja finalmente deferida, sendo facultado exigir do impetrante caução, fiança ou depósito, com o objetivo de assegurar o ressarcimento à pessoa jurídica.

Do deferimento ou do indeferimento da liminar, é cabível o recurso de agravo (art. 7º, § 1º, LMS).

IMPORTANTE

Não será concedida medida liminar nas seguintes hipóteses (art. 7º, § 2º, LMS):
a) que tenha por objeto a compensação de créditos tributários;
b) em que haja a entrega de mercadorias e bens provenientes do exterior;
c) em que haja a reclassificação ou a equiparação de servidores públicos;
d) em que haja a concessão de aumento ou a extensão de vantagens ou pagamento de qualquer natureza.

À tutela provisória requerida contra a Fazenda Pública aplica-se o disposto nos arts. 1º ao 4º da Lei nº 8.437, de 30 de junho de 1992, e no art. 7º, § 2º, LMS.

Os efeitos da liminar deferida, salvo se revogada ou cassada, persistirão até a prolação da sentença (art. 7º, § 3º, LMS).

A medida liminar perderá seus efeitos se, concedida a medida, o impetrante criar obstáculo ao normal andamento do processo ou deixar de promover, por mais de três dias úteis, os atos e as diligências que lhe cumprirem (art. 8º).

O não cumprimento da liminar ou da sentença caracteriza crime de desobediência (art. 26, LMS).

5. EFEITOS DA SENTENÇA DO MANDADO DE SEGURANÇA

No mandado de segurança, o objetivo é desfazer imediatamente o ato impugnado. A sentença tem caráter mandamental. Não é cabível mandado de segurança com efeito meramente declaratório.

Nos termos da Súmula nº 271 do Supremo Tribunal Federal: "Concessão de mandado de segurança não produz efeitos patrimoniais em relação a período pretérito, os quais devem ser reclamados administrativamente ou pela via judicial própria".

Da decisão deverá ser intimado o representante do ente público (art. 13, LMS).

6. OUTROS ASPECTOS PROCEDIMENTAIS RELEVANTES

a) O Ministério Público participará da causa como *custos legis*, tendo prazo de manifestação de 10 dias (art. 12). Os autos irão à conclusão com ou sem parecer, a qual deverá ser necessariamente proferida em 30 dias (art. 12, parágrafo único, LMS).

b) No caso em que o documento necessário à prova do alegado encontre-se em repartição ou estabelecimento público, ou em poder de autoridade que recuse fornecê-lo por certidão, o juiz ordenará, preliminarmente, por ofício, a exibição desse documento, em original ou em cópia autêntica, e marcará para cumprimento da ordem o prazo de 10 dias. Se a autoridade que tiver procedido dessa maneira for a própria coatora, a ordem far-se-á no próprio instrumento da notificação. O escrivão extrairá cópias do documento para juntá-las à segunda via da petição.

c) A inicial será desde logo indeferida, por decisão motivada, quando não for o caso de mandado de segurança ou lhe faltar algum dos requisitos legais ou quando decorrido o prazo legal para a impetração.

d) É possível a extinção do mandado de segurança sem julgamento de mérito, sendo possível renovar a impetração, respeitado o prazo decadencial (art. 6º, §§ 5º e 6º, LMS).

e) Concedida a ordem, a sentença estará sujeita obrigatoriamente ao duplo grau de jurisdição (reexame necessário do art. 496 do CPC – art. 14, § 1º, LMS).

f) Não impede ação que pleiteie os direitos e respectivos efeitos patrimoniais (art. 19, LMS).

g) Não haverá condenação em honorários advocatícios sem prejuízo da aplicação de sanções no caso de litigância de má-fé (art. 25, LMS – Súmula nº 512 do Supremo Tribunal Federal, e Súmula nº 105 do Superior Tribunal de Justiça).

h) São cabíveis os recursos de apelação (com apenas efeito devolutivo), agravo de instrumento (da decisão liminar), recursos especial e extraordinário e embargos de declaração.

i) A sentença que conceder o mandado de segurança pode ser executada provisoriamente, salvo nos casos em que for vedada a concessão da medida liminar (art. 14, § 3º, LMS).

j) O pagamento de vencimentos e vantagens pecuniárias assegurados em sentença concessiva de mandado de segurança a servidor público da administração direta ou autárquica federal, estadual e municipal somente será efetuado relativamente às prestações que se vencerem a contar da data do ajuizamento da inicial (art. 14, § 4º, LMS).

l) É admissível a suspensão da liminar ou da sentença, a requerimento de pessoa jurídica de direito público interessada ou do Ministério Público, e para evitar grave lesão à ordem, à saúde, à segurança e à economia pública, o presidente do Tribunal ao qual couber o conhecimento do respectivo recurso. Seu regime é estabelecido no art. 15, LMS.

Esquema: mandado de segurança

EXCELENTÍSSIMO SENHOR DOUTOR JUIZ DE DIREITO DA VARA DA FAZENDA PÚBLICA DA COMARCA DE [CIDADE]

ou

EXCELENTÍSSIMO SENHOR DOUTOR JUIZ FEDERAL DA VARA DA SEÇÃO JUDICIÁRIA DE...

[Espaço de dez linhas para despacho judicial]

IMPETRANTE, nacionalidade..., estado civil..., profissão... portador da cédula de identidade RG nº..., inscrito no CPF/MF sob nº..., residente e domiciliado na Rua ..., São Paulo, Capital,

ou

IMPETRANTE, pessoa jurídica de direito privado, devidamente inscrita no CNPJ/MF sob o nº... com sede no endereço... representada por seu administrador Sr. ... nacionalidade, estado civil), portador da cédula de identidade RG nº..., devidamente inscrito no CPF/MF sob o nº...,

por seu advogado, cujo endereço para intimações é a Rua..., vem, respeitosamente, à Vossa Excelência, impetrar o presente

MANDADO DE SEGURANÇA COM PEDIDO LIMINAR

Em face da Autoridade Coatora e Pessoa Jurídica referente, pelos motivos de fato e de direito a seguir expostos:

[Espaço de duas linhas]

I – DOS FATOS

[Espaço de uma linha]

[Narrar de acordo com o problema]
[Espaço de duas linhas]

II - DO DIREITO
[Espaço de uma linha]
[Demonstrar qual o direito líquido e certo do impetrante, com sua justificativa jurídica, bem como o ato da autoridade que o lesionou ou o ameaçou de lesão, com sua ilegalidade]

III - DO PEDIDO LIMINAR
[Espaço de uma linha]
[Demonstrar o risco de dano irreparável e a relevância do fundamento jurídico]
[Espaço de duas linhas]

IV - DO PEDIDO
[Espaço de uma linha]
Posto isso, é a presente para requerer:
a) a concessão da medida liminar, para fins de [pleito liminar];
b) a intimação da autoridade coatora, para prestar suas informações no prazo legal e a intimação do Ministério Público para dar seu parecer;
c) o regular processamento e, ao final, a concessão da segurança pleiteada, para fins de [o benefício buscado pelo impetrante].
[Espaço de duas linhas]

V - DAS PROVAS
[Espaço de uma linha]
Protesta-se provar o alegado por todos os meios de prova em direito admitidos, especialmente pelos documentos que acompanham a presente e documentos novos.
[Espaço de duas linhas]

VI - DO VALOR DA CAUSA
[Espaço de uma linha]
Dá-se à causa o valor de R$ ... (se o dado constar do problema), para os devidos fins.
[Espaço de uma linha]

                        Termos em que,
                    pede deferimento.
[Espaço de uma linha]
                        Local e data.
[Espaço de uma linha]
                        Advogado...

7. MANDADO DE SEGURANÇA COLETIVO

É o mandado de segurança com a função de proteger direitos coletivos ou individuais homogêneos. Pode ser impetrado por:

a) partido político com representação no Congresso Nacional, na defesa de seus interesses legítimos relativos a seus integrantes ou à finalidade partidária;
b) organização sindical, entidade de classe ou associação legalmente constituída e em funcionamento há, pelo menos, um ano, em defesa de direitos líquidos e certos da totalidade, ou de parte, dos seus membros ou associados, na forma dos seus estatutos e desde que pertinentes às suas finalidades, dispensada, para tanto, autorização especial.

8. DIREITOS PROTEGIDOS PELO MANDADO DE SEGURANÇA COLETIVO

a) Coletivos, assim entendidos, para efeito desta lei, os transindividuais, de natureza indivisível, de que seja titular grupo ou categoria de pessoas ligadas entre si ou com a parte contrária por uma relação jurídica básica.
b) Individuais homogêneos, assim entendidos, para efeito desta lei, os decorrentes de origem comum e da atividade ou situação específica da totalidade ou de parte dos associados ou membros do impetrante.

9. COISA JULGADA EM MANDADO DE SEGURANÇA COLETIVO

No mandado de segurança coletivo, a sentença fará coisa julgada limitadamente aos membros do grupo ou da categoria substituídos pelo impetrante.

O mandado de segurança coletivo não induz litispendência para as ações individuais, mas os efeitos da coisa julgada não beneficiarão o impetrante a título individual se não requerer a desistência de seu mandado de segurança no prazo de 30 dias a contar da ciência comprovada da impetração da segurança coletiva.

10. LIMINAR EM MANDADO DE SEGURANÇA COLETIVO

No mandado de segurança coletivo, a liminar só poderá ser concedida após a audiência do representante judicial da pessoa jurídica de direito público, que deverá se pronunciar no prazo de 72 horas.

11. O MANDADO DE SEGURANÇA CONTRA ATO JUDICIAL

Sendo o juiz ou o relator autoridade pública, praticado ato ilegal ou com abuso de direito que lesione ou ameace direito líquido e certo da parte, seria cabível o uso de mandado de segurança para seu saneamento.

Contudo, o uso do mandado de segurança contra ato judicial é excepcional. É usado apenas se presentes os seguintes requisitos:

a) inexistência de meio idôneo de impugnação (ou seja, o ato judicial é irrecorrível ou é atacável por recurso sem efeito suspensivo – Súmula nº 267 do Supremo Tribunal Federal);

b) decisão teratológica (grande e evidente ilegalidade);

c) existência de direito líquido e certo, amparado por prova pré-constituída.

IMPORTANTE

Não se admite mandado de segurança contra decisão transitada em julgado (art. 5º, III, da Lei nº 12.016/2009).

"A impetração de segurança por terceiro, contra ato judicial, não se condiciona à interposição de recurso" (Súmula nº 202 do Superior Tribunal de Justiça).

12. EXEMPLOS DE CABIMENTO DE MANDADO DE SEGURANÇA CONTRA ATO JUDICIAL – JURISPRUDÊNCIA DO SUPERIOR TRIBUNAL DE JUSTIÇA

a) Impetração por terceiro que, não citado, não pôde fazer uso do recurso cabível (AgRg no AgRg no RMS nº 22.536/RS) ou que recebe ordem para praticar ato ilegal (RMS nº 24.422/SP).

b) Deferimento de conversão em renda, quando parte dos depósitos pertencem à impetrante, como reconhecido por decisão transitada em julgado (REsp. nº 1.125.652/SP).

c) Cabimento do recurso em mandado de segurança para os Tribunais de Justiça controlarem atos praticados pelos membros ou presidente das Turmas Recursais dos Juizados Especiais Cíveis e Criminais (RMS nº 26.665/DF).

d) Nulidade de penalidade arbitrada a perito (RMS nº 21.546/SP).

e) Negativa do relator de submeter a julgamento colegiado agravo interno (EDcl no AgRg nos EDcl no RMS nº 24.722/RN).

f) Desrespeito à coisa julgada em decisão proferida em nova demanda (RMS nº 25.018/MG).

13. COMPETÊNCIA E PROCEDIMENTO

A competência será a da instância recursal que tiver competência para eventual recurso, observadas as regras constitucionais de competência em relação aos tribunais superiores.

A autoridade coatora será o magistrado, relator do recurso ou ação de competência originária, ou câmara que proferiu a decisão que se quer impugnar.

14. A COMPETÊNCIA PARA JULGAMENTO DE MANDADO DE SEGURANÇA CONTRA ATO JUDICIAL

Órgão que proferiu a decisão	Órgão competente para julgar o mandado de segurança contra ato judicial
Supremo Tribunal Federal	Supremo Tribunal Federal (art. 102, I, d, Constituição Federal).
Superior Tribunal de Justiça	Superior Tribunal de Justiça (art. 105, I, b, Constituição Federal).
Tribunal Regional Federal Juiz Federal	Tribunal Regional Federal (art. 108, I, c, Constituição Federal).
Tribunais de Justiça Juízes Estaduais	Tribunais de Justiça (art. 125, Constituição Federal – princípio da paridade das formas).
Juizado Especial	a) Turma Recursal (STJ, Recurso em Mandado de Segurança nº 10.334). b) Para os mandados de segurança impetrados para assegurar a competência dos Juizados Especiais, no entanto, a competência é do Tribunal de Justiça (STJ, Recurso em Mandado de Segurança nº 33.155/MA).

IMPORTANTE

Se o juiz estadual estiver exercendo competência federal, será competente para o mandado de segurança o Tribunal Regional Federal, nos termos do art. 108, II, CF.

15. O PASSO A PASSO DO MANDADO DE SEGURANÇA CONTRA ATO JUDICIAL: PREENCHENDO SEUS REQUISITOS

Os requisitos do mandado de segurança contra ato judicial devem ser preenchidos conforme a descrição no problema, observado o seguinte:

Requisito	Como preenchê-lo.
Competência	Ver quadro da seção 14 deste capítulo.
Partes	Impetrante: o prejudicado pelo ato judicial. Impetrado, julgador da causa (juiz, relator ou colegiado, conforme o caso).

Causa de pedir	Fatos: que demonstrem o vício identificado no julgado e que traduzam a desnecessidade de produção de qualquer outro meio de prova que não a documental. Direito: demonstração de que os fatos correspondem ao conceito de direito líquido e certo e de que o ato judicial deve ser anulado, porque gravemente viciado, e não há outro meio para tanto.
Pedido	Concessão da segurança para anular o ato viciado.
Valor da causa	Do benefício objetivado pelo autor do mandado de segurança.
Cientificação da autoridade impetrada	O juiz será cientificado para apresentar informações, e o órgão a que está ligado também o será.

Esquema: mandado de segurança contra ato judicial

EXCELENTÍSSIMO SENHOR DOUTOR DESEMBARGADOR PRESIDENTE / MINISTRO PRESIDENTE [conforme autoridade que proferiu o ato]

[Espaço de dez linhas para despacho judicial]

IMPETRANTE, nacionalidade..., estado civil..., profissão..., portador da cédula de identidade RG n°... SSP/SP, inscrito no CPF/MF sob n°..., residente e domiciliado na Rua ..., São Paulo, Capital,

ou

IMPETRANTE, pessoa jurídica de direito privado, devidamente inscrita no CNPJ/MF sob o n°... com sede no endereço... representada por seu administrador Sr. ... nacionalidade, estado civil, portador da cédula de identidade RG n°..., devidamente inscrito no CPF/MF sob o n°...,

MANDADO DE SEGURANÇA CONTRA ATO JUDICIAL, COM PEDIDO LIMINAR,

Em face de ato do Juízo da Vara [Estadual / Federal / do Relator] dos autos n°... do Tribunal, pelos motivos de fato e de direito a seguir expostos:

[Espaço de duas linhas]

I - DOS FATOS

[Espaço de uma linha]

[Narrar de acordo com o problema]

[Espaço de duas linhas]

II - DO DIREITO

[Espaço de uma linha]

[Demonstrar a presença de:

a) inexistência de meio idôneo de impugnação [ou seja, o ato judicial é irrecorrível ou é atacável por recurso sem efeito suspensivo];

b) decisão teratológica (grande e evidente ilegalidade);

c) existência de direito líquido e certo, amparado por prova pré-constituída].

[Espaço de duas linhas]

III – DO PEDIDO LIMINAR

[Espaço de uma linha]

[Demonstrar o risco de dano irreparável e a relevância do fundamento jurídico]

[Espaço de duas linhas]

IV – DO PEDIDO

[Espaço de uma linha]

Posto isso, é a presente para requerer:

a) a concessão da medida liminar, para fins de [pleito liminar];

b) a intimação da autoridade coatora, para prestar suas informações no prazo legal e a intimação do Ministério Público para dar seu parecer;

c) o regular processamento e, ao final, a concessão da segurança pleiteada, para fins de [providência pleiteada pelo impetrante].

[Espaço de duas linhas]

V – DAS PROVAS

[Espaço de uma linha]

Protesta-se provar o alegado, por todos os meios de prova em direito admitidos, especialmente pelos documentos que acompanham a presente e documentos novos.

[Espaço de duas linhas]

VI – DO VALOR DA CAUSA

[Espaço de uma linha]

Dá-se à causa o valor de R$... [se o dado constar do problema], para os devidos fins.

[Espaço de uma linha]

```
                        Termos em que,
                   pede deferimento.
[Espaço de uma linha]
                        Local e data.
[Espaço de uma linha]
                            Advogado...
```

CAPÍTULO 4

RECLAMAÇÃO
(ARTS. 988-993, CPC)

1. DEFINIÇÃO

Reclamação é o instrumento processual cujo objetivo é garantir com que as decisões de um Tribunal sejam observadas pelos julgadores de hierarquia inferior. Volta-se, assim, a garantir a competência hierárquica dos Tribunais.

Quanto à sua natureza, existem entendimentos nos quais a reclamação é ação judicial autônoma e/ou de que seria medida judicial *sui generis*.

A reclamação não é recurso. Por isso, o regime recursal não se aplica à reclamação. Assim, para evitar o trânsito em julgado da decisão, deverá ser apresentado recurso.

Porém, a apresentação de recurso não inviabiliza a apresentação de reclamação contra a mesma decisão, já que terão as medidas objetivos jurídicos diferentes (apesar de, na prática, serem meios de afastar a decisão desfavorável a uma das partes).

O recurso se presta a corrigir o *error in procedendo* ou o *error in judicando* (obter a anulação ou a reforma da decisão proferida, seja por reanálise dos fatos ou por reanálise da tese jurídica), enquanto a reclamação se volta a garantir que o julgador siga as determinações do tribunal superior.

2. CABIMENTO DA RECLAMAÇÃO

Está previsto no art. 988, CPC:
a) preservar a competência do tribunal;
b) garantir a autoridade das decisões do tribunal;
c) garantir a observância de enunciado de súmula vinculante e de decisão do Supremo Tribunal Federal em controle concentrado de constitucionalidade;
d) garantir a observância de precedente de incidente de resolução de demandas repetitivas ou de incidente de assunção de competência.

> **IMPORTANTE**
>
> Nas duas últimas hipóteses, também se compreendem a aplicação indevida da tese jurídica e a sua não aplicação aos casos que a ela correspondam.

Porém, não se admite reclamação (art. 966, § 5º, CPC):

a) proposta após o trânsito em julgado da decisão reclamada;
b) proposta perante o Supremo Tribunal Federal ou o Superior Tribunal de Justiça para garantir a observância de precedente de repercussão geral ou de recurso especial em questão repetitiva, quando não esgotadas as instâncias ordinárias.

3. COMPETÊNCIA DA RECLAMAÇÃO

Poderá ser proposta perante qualquer tribunal e seu julgamento compete ao órgão jurisdicional cuja competência se busca preservar ou cuja autoridade se pretenda garantir.

Assim, para preservar o cumprimento de súmula vinculante, pode-se apresentar a reclamação diretamente no Supremo Tribunal Federal ou no Tribunal de segunda instância. Nesse último caso, a reclamação deverá ser encaminhada ao Supremo Tribunal Federal, já que é deste a autoridade que se pretende garantir.

4. LEGITIMIDADE E INTERESSE PROCESSUAL DA RECLAMAÇÃO

Será legitimado ativo para a reclamação:

a) as partes do processo no qual a decisão foi proferida;
b) do Ministério Público, nas hipóteses de sua atuação.

Será legitimado passivo o oponente. Já o interesse processual se liga ao proveito da medida, ou seja, a parte deve ter sido desfavorecida pela decisão judicial a ser objeto de reclamação.

No caso do Ministério Público atuando como fiscal da ordem jurídica, o interesse está ligado à proteção do interesse estabelecido no art. 178, CPC.

5. SUSPENSÃO DO PROCESSO OU DO ATO IMPUGNADO

É possível ser requerida a suspensão do processo ou do ato impugnado, mediante a demonstração de risco de dano irreparável.

6. PROCEDIMENTO DA RECLAMAÇÃO (ART. 988, §§ 1º E 2º, ARTS. 989 A 993, CPC)

a) Petição instruída com prova documental, dirigida ao presidente do tribunal.
b) Autuação e distribuição ao relator do processo principal.
c) Requisição de informações a autoridade a quem for imputado o ato impugnado, que as prestará no prazo de 10 dias.
d) Se necessário, o relator suspenderá o processo ou ato impugnado par evitar dano irreparável.
e) Citação do beneficiário da decisão impugnada, que terá 15 dias para apresentar contestação.
f) Qualquer interessado poderá impugnar o pedido do reclamante (o interessado deverá demonstrar seu interesse jurídico na questão).
g) O Ministério Público será ouvido nas reclamações que não tiver formulado, após o decurso do prazo de defesa e de impugnação por interessados. Terá vista pessoal E deverá se manifestar em cinco dias.
h) Julgamento da reclamação, conforme estabelecido pelos art. 929 e ss. e Regimento Interno do Tribunal.

7. PARTICULARIDADES SOBRE A RECLAMAÇÃO REFERENTE A SÚMULA VINCULANTE

São trazidos pelo art. 7º da Lei nº 11.417/2006:

a) Quanto ao cabimento, será admitida reclamação ao Supremo Tribunal Federal da decisão judicial ou do ato administrativo que contrariar enunciado de súmula vinculante, negar-lhe vigência ou aplicá-lo indevidamente, sem prejuízo dos recursos ou de outros meios admissíveis de impugnação.
b) Contra omissão ou ato da administração pública, o uso da reclamação só será admitido após esgotamento das vias administrativas.
c) Ao julgar procedente a reclamação, o Supremo Tribunal Federal anulará o ato administrativo ou cassará a decisão judicial impugnada, determinando que outra seja proferida com ou sem aplicação da súmula, conforme o caso.

8. EFEITO DA RECLAMAÇÃO

Julgando procedente a reclamação, o tribunal cassará a decisão exorbitante de seu julgamento ou determinará medida adequada à solução da controvérsia.

O presidente determinará o imediato cumprimento da decisão, lavrando-se o acórdão posteriormente.

Em caso de desrespeito à súmula vinculante, o Supremo Tribunal Federal anulará o ato administrativo ou cassará a decisão judicial reclamada.

9. PASSO A PASSO DA RECLAMAÇÃO – PREENCHENDO SEUS REQUISITOS

Competência	a) para apresentação: qualquer tribunal; b) para julgamento: do Tribunal cuja competência se quer preservar ou cuja autoridade se pretenda garantir (observar as regras de competência originária estabelecidas na Constituição Federal).
Endereçamento	Excelentíssimo Senhor Doutor Ministro Presidente do Colendo Supremo Tribunal Federal / Superior Tribunal de Justiça. Excelentíssimo Senhor Doutor Desembargador Presidente do Egrégio Tribunal de Justiça do Estado de... Excelentíssimo Senhor Doutor Desembargador Federal Presidente do Egrégio Tribunal Regional Federal da 1ª-5ª Região.
Partes	Legitimidade ativa: da parte prejudicada pelo ato e do Ministério Público, caso atue como parte ou como fiscal da ordem jurídica. Legitimidade passiva: favorecido pela decisão impugnada.
Causa de pedir – tese a ser desenvolvida	Apontar os motivos da violação da competência ou da autoridade da decisão, conforme os incisos do art. 988, CPC.
Pedido	Cassação da decisão ou determinação da medida adequada para a preservação da competência.
Demais requisitos	A reclamação, dirigida ao presidente do Tribunal, instruída com prova documental, será autuada e distribuída ao relator da causa principal, sempre que possível. Não se exige a juntada do acórdão do Supremo Tribunal Federal desrespeitado (AgRg na Rcl nº 872-SP, *DJ* 03.02.2006).

Esquema: reclamação

```
EXCELENTÍSSIMO SENHOR DOUTOR MINISTRO PRESIDENTE DO COLENDO SUPREMO
TRIBUNAL FEDERAL / SUPERIOR TRIBUNAL DE JUSTIÇA
    OU Excelentíssimo Senhor Doutor Desembargador Presidente do Egrégio
Tribunal de Justiça do Estado de... OU
    Excelentíssimo Senhor Doutor Desembargador Federal Presidente do
Egrégio Tribunal Regional Federal da 1ª-5ª Região
    [Espaço de dez linhas]
```

Reclamante [qualificar], por seu advogado regularmente escrito da OAB/... sob o nº..., com escritório situado na [endereço], vem respeitosamente à presença de V. Excelência, com fundamento no art. 988 e seguintes do Código de Processo Civil [em caso de descumprimento de súmula vinculante – art. 7º da Lei nº 11.417/2006], propor

RECLAMAÇÃO, COM PEDIDO DE LIMINAR

Em face de Legitimado Passivo – [qualquer pessoa, órgão ou entidade a quem for imputada a prática do ato impugnado que descumpra a autoridade da decisão proferida ou não preserva a competência do Supremo Tribunal Federal].

Uma vez que por seu [ato / decisão] violou a autoridade das decisões do Supremo Tribunal Federal ou não preservou a competência do Supremo Tribunal Federal, conforme se comprovará.

[Espaço de duas linhas]

I – DA COMPETÊNCIA PARA O JULGAMENTO DA PRESENTE RECLAMAÇÃO

[Espaço de uma linha]

[Explicar resumidamente a competência do Tribunal, de acordo com a natureza da decisão proferida e com as normas da Constituição Federal]

[Espaço de duas linhas]

II – DA LEGITIMIDADE ATIVA

[Espaço de uma linha]

[Explicar os motivos que o legitimado tem para propor a Reclamação – o porquê foi atingido por decisões contrárias ao entendimento firmado pelo Tribunal em questão]

[Espaço de duas linhas]

III – DA LEGITIMIDADE PASSIVA

[Espaço de uma linha]

[Apontar quem é o favorecido pela ordem objeto de reclamação]

[Espaço de duas linhas]

IV – DOS FATOS ENSEJADORES DA RECLAMAÇÃO

[Espaço de uma linha]

[Demonstrar os fatos que ocasionaram a afronta à autoridade da decisão ou quem não preservou a competência, nos termos de uma das hipóteses do art. 988, CPC]

[Espaço de duas linhas]

V – DO DIREITO

[Espaço de uma linha]

[Demonstrar o cabimento da reclamação no caso e sua comprovação]
[Espaço de duas linhas]

VI - DA SUSPENSÃO DO ATO IMPUGNADO
[Espaço de uma linha]
[Evidenciar que o processo ou o ato impugnado deverá ser suspenso, por haver risco de dano irreparável, demonstrando qual é esse risco]
[Espaço de duas linhas]

VII - DOS PEDIDOS E REQUERIMENTOS
[Espaço de uma linha]

Ante o exposto, requer-se a este Colendo Supremo Tribunal:

a) a suspensão em caráter liminar do processo ou do ato impugnado, para evitar dano irreparável comprovado, conforme estabelece o art. 989, II, do Código de Processo Civil;

b) a requisição de informações da autoridade reclamada a quem for imputada a prática do ato impugnado, que as prestará no prazo de 10 dias, conforme art. 989, I, do Código de Processo Civil;

c) a intimação do membro do Ministério Público, para que se manifeste acerca do pedido apresentado, no prazo de cinco dias, após o decurso do prazo para informações, nos termos do art. 991 do Código de Processo Civil;

d) que seja julgada procedente a presente reclamação, a fim de tornar definitiva a liminar e cassando a decisão / o ato exorbitante do julgamento deste C. Tribunal, ou que seja determinada outra medida adequada para a preservação de sua competência, conforme o art. 992 do Código de Processo Civil;

e) que esta reclamação, dirigida ao Presidente do Tribunal, instruída com prova documental, seja autuada e distribuída ao Ministro-relator da causa principal, sempre que possível.

Dá-se o valor da causa R$...

[Espaço de uma linha]

Nesses termos,

pede deferimento.

[Espaço de uma linha]

Local, data.

[Espaço de uma linha]

Advogado...

Parte VIII
Recursos

CAPÍTULO 1

TEORIA GERAL DOS RECURSOS

1. RECURSOS

É o remédio voluntário idôneo a ensejar, dentro de um mesmo processo, a reforma, a invalidação, o esclarecimento ou a integração da decisão judicial que se impugna (BARBOSA MOREIRA, José Carlos. *Comentários ao Código de Processo Civil*. 17. ed. Rio de Janeiro: Forense, 2013. p. 233, vol. V).

2. OBJETO DOS RECURSOS

É proporcionar o reexame de decisões interlocutórias e sentenças. Os despachos são irrecorríveis (art. 1001, CPC), assim como os atos meramente ordinatórios (art. 203, § 4º, CPC).

3. ALGUMAS CLASSIFICAÇÕES DOS RECURSOS

Quanto à categoria	Quanto à fundamentação	Âmbito (art. 1.002, CPC)
Ordinário (recursos comuns).	Fundamentação livre (pode ser adotado qualquer fundamento).	Parcial (impugna-se parte do julgado).
Extraordinário (cabíveis apenas em determinadas situações).	Vinculado (os fundamentos são estabelecidos em lei, taxativamente).	Total (impugna-se totalmente a decisão).

4. PRINCÍPIOS NORTEADORES DA SISTEMÁTICA RECURSAL

a) *Duplo grau de jurisdição*: é a possibilidade de impugnação da decisão judicial para seu reexame pelo mesmo ou outro órgão de jurisdição.

b) *Taxatividade*: trata-se da enumeração dos recursos em rol taxativo por lei (*numerus clausus*). Ou seja, apenas será considerado recurso aquilo que lei federal (art. 22, I, CF) qualificar como tal.

> **IMPORTANTE**
>
> 1) Não são recursos a correição parcial, a remessa necessária e o pedido de reconsideração.
> 2) Lei federal pode prever outros recursos que não os previstos no CPC. É o caso da Lei de Execução Fiscal (Lei nº 6.830/1980), que prevê um recurso chamado *embargos infringentes* em seu art. 34, dirigido ao juízo da causa nas execuções cujo montante seja de até 50 ORTNs.

c) *Singularidade*: apenas pode ser apresentado um único tipo de recurso para cada tipo de decisão judicial. Como exceção, há a imposição de apresentação conjunta os recursos especial e extraordinário, quando ambos forem cabíveis (art. 1.029, CPC).

d) *Proibição do reformatio in pejus:* não é admissível prejudicar a situação da parte recorrente, não sendo lícito ao tribunal agravar sua sucumbência.

e) *Fungibilidade*: possibilidade de um recurso interposto ser recebido como outro, diante dos seguintes requisitos: *existência de dúvida objetiva* (ou seja, divergência na doutrina e na jurisprudência sobre o tema); *inexistência de erro grosseiro* (observar todas as formalidades legais); e *observância do prazo menor* (segundo a jurisprudência predominante).

> **IMPORTANTE**
>
> No CPC são previstos expressamente a fungibilidade entre embargos de declaração e agravo interno (art. 1.024, § 3º, CPC) e entre recurso especial e recurso extraordinário (arts. 1.032 e 1.033, CPC).

5. REQUISITOS DE ADMISSIBILIDADE DOS RECURSOS

São exigidos para todos os recursos:

a) *cabimento*: adequação entre o recurso apresentado e a decisão ou conteúdo de decisão que se quer impugnar;

b) *legitimidade recursal*: autorização dada a uma pessoa (ou pessoas) para apresentar recurso;

> **IMPORTANTE**
>
> Têm legitimidade recursal ativa, ou seja, podem interpor recurso, nos termos do art. 996, CPC: *a parte* (autor, réu, litisconsorte ou terceiros intervenientes já admitidos no feito); o *Ministério Público* (como parte ou *custos legis* – art. 178, CPC) e o *terceiro*

> *prejudicado*, ou seja, aquele que poderia ter intervindo no processo como assistente e não o fez, cabendo a ele demonstrar o prejuízo que sofreu nas razões de recurso. Terá legitimidade recursal passiva, ou seja, deverá responder ao recurso, como regra, a parte contrária. Se o recurso for do Ministério Público ou de terceiro, deverão ser ouvidas ambas as partes.

c) *interesse recursal*: haverá interesse em recorrer se constatada a presença de necessidade da via recursal e utilidade do recurso interposto para melhorar a situação do recorrente. Corresponde à sucumbência (derrota na pretensão);

d) *tempestividade* (art. 1.003, § 5º, CPC): deverá o recorrente observar o prazo previsto em lei para apresentação do recurso. Assim, excetuados os embargos de declaração, o prazo para interpor os recursos e para responder-lhes é de 15 dias;

e) *preparo*: é necessário o pagamento das custas para a apresentação de recurso, devendo a comprovação do pagamento, acompanhar a petição de interposição (art. 1.007, CPC). Compõem o preparo: a taxa judiciária e os portes de remessa e de retorno (esses dois últimos quando exigidos pela lei de custas). A penalidade para o não pagamento das custas é denominada deserção;

f) *regularidade formal*: deverá o recorrente observar as formalidades previstas em lei para a aceitação do recurso. Os recursos devem ser oferecidos por escrito, com as referentes razões de recurso (motivos para recorrer), subscrito necessariamente por advogado devidamente constituído nos autos;

g) *causas impeditivas ou extintivas do direito de recorrer*: são requisitos negativos (não podem ser verificados na hipótese concreta, sob pena de o recurso ser extinto).

> **IMPORTANTE**
>
> Consistem na *renúncia ao direito de recorrer* (manifestação do desinteresse em oferecer recurso, anteriormente à interposição deste – art. 999, CPC); na *desistência do recurso* (ocorre quando, tendo já sido interposto o recurso, o recorrente manifesta desinteresse em vê-lo julgado, não sendo necessária a concordância da outra parte – art. 998, CPC); e na *aquiescência ou aceitação da decisão judicial* (concordância, expressa ou tácita, com a decisão proferida – art. 1.000, CPC).

6. REGIME JURÍDICO DAS CUSTAS RECURSAIS

a) O preparo deve ser comprovado no ato da interposição do recurso, na guia própria e no valor fixado em lei. O preparo inclui o porte de remessa e retorno quando exigido (não há essas duas custas para os autos eletrônicos – art. 1.007, § 3º, CPC).

b) São dispensados de preparo, inclusive porte de remessa e de retorno, os recursos interpostos pelo Ministério Público, pela União, pelo Distrito Federal, pelos estados, pelos municípios, e respectivas autarquias, e pelos que gozam de isenção legal.
c) No caso de não recolhimento do preparo, inclusive porte de remessa e de retorno, será o recorrente intimado, na pessoa de seu advogado, para realizar o recolhimento em dobro, sob pena de deserção.
d) Caso haja recolhimento a menor ou em guia inadequada, a parte será intimada, na pessoa de seu advogado, para complementação em cinco dias, sob pena de deserção. Não se permite nova complementação (art. 1.007, §§ 5º e 7º, CPC).
e) Provando o recorrente justo impedimento, o relator relevará a pena de deserção, por decisão irrecorrível, fixando-lhe prazo de cinco dias para efetuar o preparo (art. 1.007, § 6º, CPC).

> **IMPORTANTE**
>
> São devidos honorários nos recursos interpostos (art. 85, § 1º, CPC).

7. COMPETÊNCIA PARA APRESENTAÇÃO E JULGAMENTO DOS RECURSOS

A autoridade competente para apresentação e julgamento do recurso é determinada pela Constituição Federal, pela lei processual que disciplina o processamento do recurso, pela Lei de Organização Judiciária e pelos regimentos internos dos Tribunais.

Conforme o tipo de recurso, ele poderá ser apresentado perante uma autoridade, mas será julgado por outra. É o caso da apelação, que é apresentada perante o juízo que proferiu a sentença, mas que é julgado pelo Tribunal referente.

Por sua vez, há recursos que são dirigidos e julgados pela mesma autoridade. É o caso dos embargos de declaração, que são apresentados ao juiz e por ele são decididos.

> **IMPORTANTE**
>
> Nos casos em que o juiz estadual exercer competência da Justiça Federal, nos termos do art. 109, § 3º, CF, os recursos de agravo de instrumento e apelação serão decididos pelo Tribunal Regional Federal referente (art. 109, § 4º, CF).

8. EFEITOS DOS RECURSOS

São as consequências jurídicas da interposição dos recursos:

a) *evitar preclusão/coisa julgada*: é o efeito que decorre da apresentação tempestiva do recurso, proporcionando a continuidade do processo, com o adiamento da produção da coisa julgada ou da preclusão. Todos os recursos têm esse efeito;
b) *devolutivo*: é o efeito que possibilita o proferimento de nova decisão do Poder Judiciário sobre o tema objeto do recurso. Todos os recursos têm efeito devolutivo, decorrente de sua própria natureza, variando o âmbito da devolução conforme o recurso apresentado;
c) *suspensivo*: é o efeito previsto em lei ou concedido por decisão judicial que adia os efeitos da decisão impugnada até o julgamento do recurso (art. 995, CPC).

> **IMPORTANTE**
>
> Efeito suspensivo não impede a liquidação da sentença cível condenatória, nos termos do art. 512, CPC.

Também são apontados pela doutrina os seguintes efeitos:
a) retratação: dá a oportunidade de o julgador que proferiu a decisão recorrida voltar atrás em sua decisão e, assim, tornar desnecessário o recurso apresentado (admitido para alguns recursos apenas, dependendo de determinação legal expressa);
b) expansivo: é a possibilidade de a decisão recorrida atingir objeto diferente daquele impugnado (expansão objetiva) ou pessoa diferente da impugnada (expansão subjetiva – no caso do litisconsórcio unitário, nos termos do art. 1.005, CPC);
c) substitutivo: nos termos do art. 1.008, CPC, a decisão que apreciar o mérito do recurso, se referente este à reforma do julgado, substitui o pronunciamento judicial recorrido. A substituição ocorre nos termos do efeito devolutivo que teve o recurso;
d) translativo: é o que autoriza ao Tribunal conhecer de matérias de ordem pública, mesmo que não suscitadas pelas partes até o momento de apresentação do recurso.

9. JUÍZO DE ADMISSIBILIDADE

Consiste na avaliação pelo órgão judiciário competente da presença dos requisitos de admissibilidade. Caso o recurso não preencha os requisitos mencionados, será julgado "não conhecido", restando intacta a decisão recorrida.

10. JUÍZO DE MÉRITO

Refere-se à apreciação da irresignação do recorrente. Por mérito recursal entende-se o objeto do recurso, ou seja, a impugnação da decisão recorrida.

A impugnação poderá ser total ou parcial e ainda poderá se referir a:

Defeito	Em que consiste	Exemplo
Error in judicando (erro de decisão).	O juiz aplicou mal o direito, apreciando equivocadamente as provas ou interpretando e/ou aplicando erroneamente a norma jurídica.	O réu, derrotado na causa, trouxe provas de que não tinha a obrigação de pagar ao autor, provas que foram desconsideradas pelo juízo. O autor, derrotado na causa, entende aplicável ao caso concreto determinada norma jurídica, o que não foi a posição adotada pelo juiz na sentença.
Error in procedendo (erro de procedimento).	Há nulidade no processo ou na decisão proferida, a qual deverá ser saneada, e não o foi, pelo julgador.	O juiz não atentou para o vício de citação do réu. O juiz não atentou para a não intimação obrigatória do Ministério Público.

11. RECURSO ADESIVO (ART. 997, §§ 1º E 2º, CPC)

Não se trata de espécie recursal autônoma, mas de uma das formas de interposição dos recursos de apelação, do recurso especial e do recurso extraordinário, em caso de haver sucumbência recíproca (ou seja, de haver derrota do autor e do réu).

Deve o recurso adesivo preencher todos os requisitos de admissibilidade do recurso se apresentado na forma principal (cabimento, interesse recursal, legitimidade recursal, tempestividade, preparo, forma e ausência de fato impeditivo ou extintivo).

O recurso adesivo deve ser apresentado no prazo para resposta do recurso apresentado pelo adversário. Somente pode ser usada a forma adesiva caso não tenha sido apresentado o recurso cabível no prazo devido.

O conhecimento do recurso adesivo fica condicionado ao conhecimento do recurso principal.

12. RECURSO DE TERCEIRO PREJUDICADO

É dada legitimidade a terceiro para apresentar recurso cabível, caso haja interesse jurídico na causa.

O recurso do terceiro prejudicado segue o mesmo regime jurídico do recurso apresentado pelas partes, devendo ser demonstrada a possibilidade de a decisão sobre a relação jurídica submetida à apreciação judicial atingir direito de que se afirme titular ou que possa discutir em juízo como substituto processual.

13. A FORMA DOS RECURSOS: A PETIÇÃO DE INTERPOSIÇÃO E A PETIÇÃO DE RAZÕES RECURSAIS

Como regra, os recursos são apresentados por petição escrita, composta de duas partes:

a) petição de interposição: dirigida ao julgador que proferiu a decisão recorrida, na qual o recorrente manifesta sua intenção de apresentar o recurso;

b) petição de razões: dirigida ao tribunal competente para a revisão do julgamento, na qual o recorrente apresenta o preenchimento dos requisitos de admissibilidade e os motivos de reforma ou anulação da decisão judicial objeto de impugnação.

14. CONTAGEM DO PRAZO PARA RECORRER (ART. 1.003, CPC)

a) O prazo para interposição de recurso conta-se da data em que os advogados, a sociedade de advogados, a Advocacia Pública, a Defensoria Pública ou o Ministério Público são intimados da decisão.

b) Considera-se feita a intimação realizada em audiência quando nesta for proferida a decisão.

c) Aplica-se o disposto no art. 231, I a VI, CPC ao prazo de interposição de recurso pelo réu contra decisão proferida anteriormente à citação.

d) Para aferição da tempestividade do recurso remetido pelo correio, será considerada como data de interposição a data de postagem.

e) No prazo para interposição de recurso, a petição será protocolada em cartório ou conforme as normas de organização judiciária, ressalvado o disposto em regra especial.

IMPORTANTE

O recorrente comprovará a ocorrência de feriado local no ato de interposição do recurso (art. 1.003, § 6º, CPC).

CAPÍTULO 2

APELAÇÃO
(ARTS. 1.009-1.014, CPC)

1. A ADMISSIBILIDADE DA APELAÇÃO

Para ser admitida a apelação, deverão ser respeitados os seguintes requisitos de admissibilidade:

Cabimento	Contra sentença (art. 1.009, CPC), ou seja, a decisão que extinguir o feito sem julgamento de mérito (art. 485, CPC), ou que resolve o mérito da causa (art. 487, CPC).
Legitimidade recursal	A apelação poderá ser apresentada pelas partes, pelo terceiro prejudicado e pelo Ministério Público.
Interesse recursal	Pela sucumbência (total ou parcial) no caso da parte, pelo prejuízo ou dano para o terceiro e pela defesa do interesse público, no caso do Ministério Público na atuação como custos legis.
Prazo (tempestividade)	15 dias contados da intimação da sentença (art. 1.003, CPC). Os prazos diferenciados são aplicáveis.
Preparo	É exigido.
Regularidade formal	Deve ser apresentada por petição escrita, consistente em duas partes: a) petição de interposição, dirigida ao juízo da causa, com a identificação do recorrente e com expressão do intuito de recorrer; b) razões, dirigidas ao Tribunal competente, com os fundamentos de fato e de direito do pedido de anulação ou reforma da decisão *a quo*, e requerimento expresso de nova decisão.
Ausência de causa extintiva/impeditiva do direito de recorrer	É aplicável a regra geral, ou seja, deve haver a inexistência de aceitação ou renúncia ao direito de recorrer ou de desistência do recurso apresentado, para que seja julgado no mérito.
Forma adesiva	Admite e segue os mesmos requisitos de admissibilidade da apelação.

Impugnação das decisões interlocutórias não passíveis de recurso autônomo (art. 1.009, §§ 1º a 3º, CPC)	As questões resolvidas na fase de conhecimento, se a decisão a seu respeito não comportar agravo de instrumento, não são cobertas pela preclusão e devem ser suscitadas em preliminar de apelação, eventualmente interposta contra a decisão final, ou nas contrarrazões. Se tais questões forem suscitadas em contrarrazões, o recorrente será intimado para, em 15 dias, manifestar-se a respeito delas. Porém, se as matérias para as quais for cabível agravo de instrumento (art. 1.015, CPC) forem objeto da sentença, serão impugnáveis por apelação (art. 1.009, § 3º, CPC), assim como o capítulo da sentença que confirma, concede ou revoga tutela provisória (art. 1.013, § 5º, CPC).

2. EFEITOS DA APELAÇÃO

a) Evitar a formação de coisa julgada (formal ou material) em relação à sentença impugnada.

b) Efeito devolutivo (art. 1.013, CPC).

c) De efeito suspensivo, como regra (art. 1.012, *caput*, CPC).

> **IMPORTANTE**
>
> A admissibilidade de juízo de retratação na apelação depende de previsão expressa em lei. São exemplos o indeferimento da petição inicial (art. 331, CPC), a improcedência liminar do pedido (art. 332, § 3º, CPC) e a apelação em caso de extinção do processo sem resolução do mérito (art. 485, § 7º, CPC).

3. PARTICULARIDADES DO EFEITO DEVOLUTIVO DA APELAÇÃO

O efeito devolutivo da apelação é o que tem maior amplitude. Nos termos do art. 1.013, CPC, a apelação devolverá ao tribunal o conhecimento da matéria impugnada pelo apelante. Além disso, poderão ser conhecidas:

a) Todas as questões suscitadas e discutidas no processo, ainda que não tenham sido solucionadas, desde que relativas ao capítulo impugnado.

b) Quando o pedido ou a defesa tiver mais de um fundamento e o juiz acolher apenas um deles, a apelação devolverá ao tribunal o conhecimento dos demais.

4. AUTORIZAÇÃO PARA JULGAMENTO DE MÉRITO DA CAUSA NO CASO DE EXTINÇÃO DE PROCESSO SEM JULGAMENTO DE MÉRITO

O Tribunal está autorizado a prosseguir no julgamento da causa nos seguintes casos (art. 1.013, §§ 3º e 4º, CPC):

a) reformar sentença que extinguir o processo sem resolução de mérito;

b) decretar a nulidade da sentença por não ser ela congruente com os limites do pedido ou da causa de pedir;
c) constatar a omissão no exame de um dos pedidos, hipótese em que poderá julgá-lo;
d) decretar a nulidade de sentença por falta de fundamentação;
e) reformar sentença que reconheça a decadência ou a prescrição examinando as demais questões.

5. PARTICULARIDADES DO EFEITO SUSPENSIVO DA APELAÇÃO

Por sua vez, o efeito suspensivo decorre do simples ato de interposição do recurso, dispensando requerimento do recorrente.

Há alguns casos, entretanto, nos quais a apelação não é recebida no efeito suspensivo. São eles previstos no art. 1.012, § 1º, CPC:

a) homologar a divisão ou a demarcação;
b) condenar a pagar alimentos;
c) extinguir sem resolução de mérito ou julgar improcedente os embargos à execução;
d) julgar procedente o pedido de instituição de arbitragem;
e) confirmar, conceder ou revogar tutela provisória;
f) decretar a interdição.

> **IMPORTANTE**
>
> Nos termos do art. 1.012, § 3º, I, CPC, é possível ser formulado requerimento ao relator para que conceda efeito suspensivo à apelação nas hipóteses em que o recurso não for dotado legalmente desse efeito, descritas no art. 1.012, § 1º, CPC (acima mencionadas), e na legislação extravagante (como é o caso da apelação em mandado de segurança – art. 14, § 3º, Lei nº 12.016/2009).

6. MÉRITO RECURSAL

O recurso de apelação poderá objetivar a reforma da decisão (*error in iudicando*) ou anulação do processo ou nulidade da sentença (*error in procedendo*). Poderá versar sobre toda a sentença ou parte dela.

7. CONTRARRAZÕES

Após a apresentação de apelação, será intimado o adversário para apresentar suas contrarrazões, no prazo de 15 dias. Nessa oportunidade, o apelado poderá impugnar as decisões interlocutórias que não puderam ser objeto de recurso em apartado.

A forma das contrarrazões é a mesma da apelação, cabendo ao apelado defender o acerto da decisão recorrida.

8. A APELAÇÃO E AS HIPÓTESES DOS ARTS. 331 E 332, § 3º, CPC

No caso de indeferimento da petição inicial (art. 331, CPC) e da improcedência liminar (art. 332, § 3º, CPC), o processamento da apelação terá as particularidades abaixo mencionadas:

a) *Indeferimento da inicial (art. 331, CPC)*: No caso de a petição inicial ser indeferida, poderá o juiz reformar sua decisão, para admitir a petição inicial, no prazo de cinco dias após a apresentação do recurso pelo autor. Caso mantido o indeferimento, o juiz mandará citar o réu para responder ao recurso.

Sendo a petição inicial admitida por força do julgamento do recurso, o prazo de defesa do réu começará a correr do retorno dos autos. Se for o caso, será designada audiência para mediação ou conciliação (art. 334, CPC), após a qual começará a contar o prazo de defesa.

b) *Improcedência liminar (art. 332, § 3º, CPC)*: Neste caso, poderá também o juiz reconsiderar a decisão, no prazo de cinco dias após a apresentação da apelação. Caso contrário, o juiz determinará a citação do réu para apresentar suas contrarrazões de apelação, no prazo de 15 dias.

As contrarrazões terão conteúdo de contestação, devendo nela o réu apresentar toda a matéria de defesa.

9. PASSO A PASSO DA APELAÇÃO: PREENCHENDO SEUS REQUISITOS

Petição a ser apresentada	Terá necessariamente duas partes: a petição de interposição e a petição de razões recursais (art. 1.010, CPC).
Endereçamento	a) petição de interposição: dirigida ao juízo da causa, com os requisitos do art. 1.010, CPC; b) razões de apelação, dirigida ao Tribunal competente.
Legitimidade e interesse recursais	Será o apelante o sucumbente (o derrotado). Atentar para a legitimação de terceiro ou do Ministério Público.
Mérito recursal	Poderá ser referente a: a) *reforma*: a sucumbência do recorrente consiste em um resultado desfavorável, resultante da análise das provas dos autos ou do direito aplicável à espécie. Deve o apelante demonstrar que as provas não foram adequadamente apreciadas ou que a tese jurídica apontada pelo magistrado não representa a melhor solução para a causa; b) *nulidade*: a sucumbência do recorrente consiste em um resultado desfavorável, resultante de nulidade da sentença ou do processo. É o caso do proferimento de sentença *extra petita* (diferente do pedido – nulidade da sentença) ou de nulidade de citação do réu revel.

Requerimento	Poderá ser de: a) reforma, caso a pretensão do apelante seja o proferimento de nova decisão pelo Tribunal, que lhe seja favorável; b) nulidade, caso a pretensão do apelante seja de decretação de nulidade da sentença ou do processo, retornando o processo para o juízo *a quo* para novo processamento do feito (nulidade do processo) ou proferimento de nova sentença.

IMPORTANTE

a) Deve-se verificar se a apelação será recebida apenas no efeito devolutivo (art. 1.013, § 3º, CPC) e se é o caso de pedido de efeito suspensivo (art. 1.012, CPC).
b) Verificar a existência de decisões que possam ter prejudicado o recorrente e que não puderam ser objeto de agravo de instrumento e as alegue em tópico próprio, antes de tratar do mérito do recurso.

Esquema: apelação

Petição de interposição

EXCELENTÍSSIMO SENHOR DOUTOR JUIZ DE DIREITO DA ...ª VARA CÍVEL DA COMARCA DE ...

ou

EXCELENTÍSSIMO SENHOR DOUTOR JUIZ FEDERAL DA ...ª VARA FEDERAL ... DA SUBSEÇÃO JUDICIÁRIA DE ...

[Espaço de dez linhas para despacho judicial]

Autos nº...

[Espaço de uma linha]

Recorrente, pelo advogado devidamente constituído nos autos, que a esta subscreve, nos autos da AÇÃO, na qual contende com Recorrido, vem, respeitosamente, à Vossa Excelência, apresentar sua APELAÇÃO, cujas razões consistentes nas laudas anexadas, cuja juntada requer, com o seu regular processamento e posterior remessa à superior instância [Tribunal de Justiça do Estado de São Paulo / Tribunal Regional Federal].

Termos em que, demonstrando o recolhimento do preparo, nos termos do art. 1.007, Código de Processo Civil.

[Espaço de uma linha]

Pede deferimento.

[Espaço de uma linha]

Local, (data).

[Espaço de uma linha]

Advogado...

Petição de razões

VARA DA...

AÇÃO ...

AUTOS N° ...

APELANTE: ...

APELADO: ...

RAZÕES DE APELAÇÃO.

                      Egrégio Tribunal,

                      Colenda Câmara,

                      Eminentes Julgadores.

[Espaço de duas linhas]

I – BREVE RELATO DO PROCESSADO

[Espaço de uma linha]

[Resumir brevemente o ocorrido nos no caso]

[Espaço de duas linhas]

II – PRELIMINARMENTE. DA NULIDADE / REFORMA DA DECISÃO INTERLOCUTÓRIA DE FLS.

[Espaço de uma linha]

                    Tendo em vista o disposto no art. 1.009, § 1°, do Código de Processo Civil, não são atingidas pela preclusão as decisões interlocutórias que não possam ser impugnadas por agravo de instrumento. E, no caso concreto, verifica-se que a decisão de fls. ..., que deferiu / indeferiu o pleito do Apelado / Apelante deve ser invalidada / reformada, pelos seguintes motivos:

[Expor os motivos pelos quais a decisão interlocutória deve ser invalidada ou reformada]

[Espaço de duas linhas]

III – RAZÕES DE ANULAÇÃO]

[Espaço de uma linha]

[Apenas se constatar vícios na sentença (extra, *infra* ou *ultra petita*, ausência de fundamentação) ou no processo (não deferimento de provas etc.)]

[Espaço de duas linhas]

IV – DAS RAZÕES DE REFORMA DA RESPEITÁVEL SENTENÇA DE FLS.

[Espaço de uma linha]

[Suscitar a discussão de mérito]
[Espaço de duas linhas]

    V – DO REQUERIMENTO
[Espaço de uma linha]
                     Posto isso, requer-se o conhecimento e provimento do presente recurso, para [anular / reformar] a sentença impugnada para (o que se pretende), como medida de JUSTIÇA!
[Espaço de uma linha]
                          Termos em que,
                            pede deferimento.
[Espaço de uma linha]
                             Local e data.
[Espaço de uma linha]
                              Advogado...

CAPÍTULO 3

AGRAVO DE INSTRUMENTO
(ARTS. 1.015-1.020, CPC)

1. A ADMISSIBILIDADE DO AGRAVO DE INSTRUMENTO

Para ser admitido o agravo de instrumento, deverão ser observados os seguintes requisitos de admissibilidade:

Cabimento	Em face das seguintes decisões interlocutórias (rol taxativo): a) tutelas provisórias; b) mérito do processo; c) rejeição da alegação de convenção de arbitragem; d) incidente de desconsideração da personalidade jurídica; e) rejeição do pedido de gratuidade da justiça ou acolhimento do pedido de sua revogação; f) exibição ou posse de documento ou coisa; g) exclusão de litisconsorte; h) rejeição do pedido de limitação do litisconsórcio; i) admissão ou inadmissão de intervenção de terceiros; j) concessão, modificação ou revogação do efeito suspensivo aos embargos à execução; l) redistribuição do ônus da prova nos termos do art. 373, § 1º; m) decisões interlocutórias proferidas na fase de liquidação de sentença ou de cumprimento de sentença, no processo de execução e no processo de inventário (art. 1.015, parágrafo único, CPC); n) outros casos expressamente referidos em lei.
Legitimidade recursal	Poderá ser apresentada pelas partes, por terceiro prejudicado e pelo Ministério Público.
Interesse recursal	Pela sucumbência (total ou parcial) no caso da parte, pelo prejuízo ou dano para o terceiro e pela defesa do interesse público, no caso do Ministério Público na atuação como *custos legis*.

Prazo (tempestividade)	15 dias (art. 1.003, § 5º, CPC) contados da intimação da decisão (art. 1.003, CPC). Os prazos diferenciados são aplicáveis.
Ausência de causa extintiva/impeditiva do direito de recorrer	É aplicável a regra geral, ou seja, deve haver a inexistência de aceitação ou renúncia ao direito de recorrer ou de desistência do recurso apresentado, para que seja julgado no mérito.
Regularidade formal	É apresentado por petição escrita, dirigida diretamente ao Tribunal *ad quem*, apontando-se as razões de reforma ou nulidade da decisão recorrida. Para ser conhecido, o agravo de instrumento deve: a) na petição de razões, informar o nome das partes, a exposição do fato e do direito, as razões do pedido de reforma ou de invalidação da decisão e o próprio pedido, além do endereço completo dos advogados constantes do processo; b) estar instruído com as peças essenciais, apontadas no art. 1.017, CPC (cópias da decisão agravada, da certidão da respectiva intimação e das procurações outorgadas aos advogados do agravante e do agravado e, facultativamente, com outras peças, que o agravante entender úteis), além do comprovante do pagamento das custas; c) interpor o recurso nas formas previstas no art. 1.017, § 2º, CPC; d) comunicar ao juízo *a quo* de sua interposição, com a apresentação da petição de recurso e do rol das peças que o instruíram, obrigatoriamente, se os autos forem físicos, no prazo de três dias (art. 1.018, § 2º, CPC), sob pena de seu recurso ser inadmitido, caso o tema seja arguido e provado pelo agravado (art. 1.018, § 3º, CPC).
Preparo	É exigido, devendo ser demonstrado seu pagamento no momento da interposição do recurso (art. 1.017, § 1º, CPC).

As matérias que não sejam objeto de agravo de instrumento deverão ser alegadas como preliminar de apelação, conforme determina o art. 1.009, § 1º, CPC.

2. MÉRITO RECURSAL

Será a reforma ou a anulação da decisão interlocutória impugnada, que causou gravame à parte prejudicada. Poderá objetivar a reforma da decisão (*error in iudicando*) ou anulação do processo ou nulidade da sentença (*error in procedendo*). Poderá versar sobre toda a decisão ou parte dela.

3. EFEITOS

Impedimento de preclusão da decisão interlocutória, devolutivo e que possibilita a retratação ao magistrado.

É possível a realização de pedido de atribuição de efeito suspensivo ou de tutela antecipada recursal, nos termos do art. 1.019, I, CPC. Devem estar preenchidos os requisitos de risco de dano grave, de difícil ou impossível reparação e demonstração da probabilidade de provimento do recurso (art. 995, parágrafo único, CPC).

4. PROCESSAMENTO

a) Recebido o recurso e imediatamente distribuído, será encaminhado ao relator, que poderá rejeitar liminarmente o recurso, se constatada uma das situações do art. 932, III e IV, CPC.
b) Caso admitido o recurso, será apreciado o pedido de efeito suspensivo ou tutela antecipada recursal, caso realizado.
c) Será intimado o agravado para apresentar contraminuta no prazo de 15 dias, intimação que será feita por carta com aviso de recebimento, dirigida ao advogado da parte ou a ela pessoalmente, caso ainda não haja advogado constituído.

5. PASSO A PASSO DO AGRAVO DE INSTRUMENTO: PREENCHENDO SEUS REQUISITOS

Petição a ser apresentada	Terá necessariamente duas partes: a petição de interposição e a petição de razões recursais.
Endereçamento	a) petição de interposição: dirigida ao presidente do Tribunal competente para o recurso, como apontado no problema; b) razões de agravo: dirigidas à câmara ou à turma competente.
Legitimidade e interesse recursais	Será o agravante o sucumbente (o derrotado). Atentar para a legitimidade de terceiro ou do Ministério Público.
Demonstração do cabimento	Demonstrar a presença de uma das situações previstas no art. 1.015, CPC.
Tutela antecipada recursal (efeito suspensivo ou efeito ativo)	Com fundamento nos art. 995, parágrafo único, e art. 1.019, I, CPC, devendo o agravante precisar exatamente qual é a situação que autoriza o efeito suspensivo ou a concessão da tutela antecipada recursal e fazer requerimento específico a esse respeito.
Mérito recursal	Conforme o problema, poderá ser referente a: a) reforma: a sucumbência do recorrente consiste em um resultado desfavorável, resultante da análise das provas dos autos ou do direito aplicável à espécie. Deve o recorrente demonstrar que as provas não foram adequadamente apreciadas ou que a tese jurídica apontada pelo magistrado não representa a melhor solução para a causa; b) nulidade: a sucumbência do recorrente consiste em um resultado desfavorável, proveniente de nulidade da sentença ou do processo. É o caso de não intimação do advogado sobre a decisão proferida pelo juízo.
Requerimento	Poderá ser de: a) reforma, caso a pretensão do recorrente seja o proferimento de nova decisão pelo Tribunal, que lhe seja favorável; b) nulidade, caso a pretensão do recorrente seja de decretação de nulidade da decisão interlocutória ou do processo, retornando o processo para o juízo *a quo* para novo processamento do feito (nulidade do processo) ou proferimento de nova decisão.

Esquema: agravo de instrumento

Petição de interposição

EXCELENTÍSSIMO SENHOR DOUTOR DESEMBARGADOR PRESIDENTE DO EGRÉGIO TRIBUNAL DE JUSTIÇA DO ESTADO DE ...

ou

EXCELENTÍSSIMO SENHOR DOUTOR DESEMBARGADOR PRESIDENTE DO EGRÉGIO TRIBUNAL REGIONAL FEDERAL DA ... REGIÃO

[Espaço de dez linhas para despacho judicial]

AGRAVANTE, por seu advogado ao final assinado, nos autos da (NOME DA AÇÃO), que tem como parte adversária AGRAVADO não se conformando, *data venia*, com a r. decisão que [resumir a decisão recorrida], vem interpor AGRAVO DE INSTRUMENTO com PEDIDO DE EFEITO SUSPENSIVO, cuja minuta é consubstanciada nas laudas a seguir.

Informa que o preparo segue anexado, conforme determina o art. 1.007, Código de Processo Civil. A fim de cumprir o disposto no art. 1.016, IV, Código de Processo Civil, informa:

a) POR PARTE DA AGRAVANTE: advogado, cujo endereço é...

b) POR PARTE DO AGRAVADO: advogado, cujo endereço é...

Também, nos termos do art. 1.017 do Código de Processo Civil, lista as peças integrantes do traslado, da qual consta a integralidade dos autos originários, podendo-se verificar as peças essenciais, como adiante listado:

1) Procuração aos representantes do Agravado-Autor.

2) Decisão impugnada.

3) Certidão de publicação da decisão agravada.

4) Demais documentos essenciais para a compreensão da causa, quais sejam: ...

[Espaço de uma linha]

Termos em que,

pede deferimento.

[Espaço de uma linha]

Local e data.

[Espaço de uma linha]

Advogado...

Petição de razões

ORIGEM:
AUTOS N°...
AGRAVANTE:...
AGRAVADO:...

MINUTA DE AGRAVO DE INSTRUMENTO
[Espaço de cinco linhas]

Egrégio Tribunal,

Colenda Câmara,

Eminentes Julgadores.

[Espaço de duas linhas]

I – BREVE RELATO DO PROCESSADO
[Espaço de uma linha]
[Resumir o ocorrido, nos termos do problema proposto]
[Espaço de duas linhas]

II – DO CABIMENTO DO PRESENTE AGRAVO DE INSTRUMENTO
[Espaço de uma linha]
[Demonstrar que o recurso se dirige a impugnar decisão proferida nos termos do art. 1.015, CPC]
[Espaço de duas linhas]

III – DAS RAZÕES DE NULIDADE DA DECISÃO DE FLS.
[Espaço de uma linha]
[Caso se verifique a existência de nulidade da decisão ou do processo, como a ausência de fundamentação da decisão interlocutória, cerceamento de defesa ou outro]
[Espaço de duas linhas]

IV – DAS RAZÕES DE REFORMA DA DECISÃO DE FLS.
[Mencionar as razões de fato e de direito que sustentam a pretensão do agravante]
[Espaço de duas linhas]

V – DA CONCESSÃO DE TUTELA ANTECIPADA RECURSAL
[se for o caso de providência urgente, conforme mencionado no problema, requerer a antecipação de tutela recursal, com fundamento no art. 995, parágrafo único, CPC, mencionando como relevante fundamento breve resumo da tese favorável ao agravante e como dano de grave ou difícil reparação o fato que tiver o condão de prejudicar o interesse do Agravante como descrito no problema]
[Espaço de duas linhas]

VI – DO REQUERIMENTO

Posto isso, requer-se o conhecimento e o provimento do presente recurso, a fim de [anular / reformar] a decisão proferida na instância *a quo* para [conforme o problema], como medida de JUSTIÇA!

[Espaço de uma linha]

Termos em que,

pede deferimento.

[Espaço de uma linha]

Local e data.

CAPÍTULO 4

AGRAVO INTERNO (ART. 1.021, CPC)

1. A ADMISSIBILIDADE DO AGRAVO INTERNO

Para ser admitido o agravo, deverão ser respeitados os seguintes requisitos de admissibilidade:

Cabimento	Contra decisão proferida pelo relator.
Legitimidade recursal	Da parte que teve seu recurso ou ação originária julgada monocraticamente.
Interesse recursal	Pela sucumbência (total ou parcial).
Prazo (tempestividade)	15 dias contados da intimação da decisão (art. 1.003, CPC). Os prazos diferenciados são aplicáveis.
Ausência de causa extintiva/impeditiva do direito de recorrer	É aplicável a regra geral, ou seja, deve haver a inexistência de aceitação ou renúncia ao direito de recorrer ou de desistência do recurso apresentado, para que seja julgado no mérito.
Regularidade formal	A petição do recurso será dirigida ao relator e deverá apontar especificamente os fundamentos da decisão agravada.
Mérito recursal	Será a reforma ou a anulação da decisão interlocutória impugnada, que causou gravame à parte prejudicada. Poderá objetivar a reforma da decisão (*error in iudicando*) ou anulação do processo ou nulidade da sentença (*error in procedendo*). Poderá versar sobre toda a decisão ou parte dela.
Efeitos	Impedimento de preclusão da decisão interlocutória, devolutivo e de possibilitar a retratação ao magistrado.
Processamento	a) intimação do agravado para oferecer contraminuta no prazo de 15 dias; b) inclusão na pauta de julgamento para apreciação pela turma julgadora; c) não se admite a mera reprodução dos fundamentos da decisão agravada para rejeitar o agravo interno.

Agravo protelatório	Será considerado protelatório o agravo interno que for manifestamente inadmissível ou improcedente em votação unânime. Será o agravante condenado no pagamento de multa fixada entre 1% e 5% do valor atualizado da causa. O pagamento da multa é requisito para a admissibilidade de qualquer outro recurso, exceção feita à Fazenda Pública e do beneficiário da gratuidade, que pagarão a penalidade ao final do processo.

2. PASSO A PASSO DO AGRAVO INTERNO: PREENCHENDO SEUS REQUISITOS

Petição a ser apresentada	Terá necessariamente duas partes: a petição de interposição e a petição de razões recursais.
Endereçamento	a) petição de interposição: dirigida ao relator da causa; b) minuta de agravo: dirigida ao órgão colegiado.
Legitimidade e interesse recursais	Será daquele que teve seu recurso ou ação originária decidida pelo relator, tendo sucumbido nessa decisão.
Mérito recursal	Poderá ser referente a: a) reforma: a sucumbência do recorrente consiste em um resultado desfavorável, impugnando especificadamente o fundamento da decisão recorrida; b) nulidade: a sucumbência do recorrente consiste em um resultado desfavorável, resultante de nulidade da decisão ou do processo. É o caso de não intimação do advogado sobre a decisão proferida pelo juízo.
Requerimento	Conforme o problema, poderá ser de: a) reforma, caso a pretensão do recorrente seja o proferimento de nova decisão pelo Tribunal, que lhe seja favorável; b) nulidade, caso a pretensão do recorrente seja de decretação de nulidade da decisão interlocutória ou do processo, retornando o processo para o juízo *a quo*, para novo processamento do feito (nulidade do processo) ou proferimento de nova decisão.

Esquema: agravo interno
Petição de interposição

EXCELENTÍSSIMO SENHOR DOUTOR DESEMBARGADOR RELATOR – (NOME DO ÓRGÃO) DO TRIBUNAL DE JUSTIÇA DO ESTADO DE ...

ou

EXCELENTÍSSIMO SENHOR DOUTOR DESEMBARGADOR FEDERAL RELATOR – (NOME DO ÓRGÃO) DO TRIBUNAL REGIONAL FEDERAL DA 1ª-5ª REGIÃO.

[Espaço de dez linhas para despacho judicial]

AGRAVANTE, por seu advogado ao final assinado, nos autos da (NOME DA AÇÃO), que tem como parte adversária AGRAVADO, não se conformando com a r. decisão que [resumir a decisão] requerida nos autos da ação em referência, vem interpor AGRAVO INTERNO, cuja minuta é consubstanciada nas laudas a seguir.

[Espaço de uma linha]

Termos em que,

pede deferimento.

[Espaço de uma linha]

Local e data.

[Espaço de uma linha]

Advogado...

Petição de razões

ORIGEM:
AUTOS N°...
AGRAVANTE:...
AGRAVADO:...
MINUTA DE AGRAVO INTERNO
[Espaço de cinco linhas]

Egrégio Tribunal,

Colenda Câmara,

Eminentes Julgadores.

[Espaço de duas linhas]

I - BREVE RELATO DO PROCESSADO
[Espaço de uma linha]
[Narrar brevemente processado]
[Espaço de duas linhas]

II - DAS RAZÕES DE [ANULAÇÃO / REFORMA] DA DECISÃO DE FLS.
[Espaço de uma linha]
[Apresentar as razões pelas quais a decisão do relator proferida com base no art. 932, III a VI, é nula ou deve ser reformada].
[Espaço de duas linhas]

III - DO REQUERIMENTO
[Espaço de uma linha]

Posto isso, requer-se o conhecimento e o provimento do presente recurso, a fim de [anular / reformar] a decisão proferida pelo Sr. Relator, para fins de [conforme o problema], como medida de JUSTIÇA!

[Espaço de uma linha]

Termos em que,

pede deferimento.

[Espaço de uma linha]

Local e data.

[Espaço de uma linha]

Advogado...

CAPÍTULO 5

EMBARGOS DE DECLARAÇÃO
(ARTS. 1.022-1.026, CPC)

1. REQUISITOS DE ADMISSIBILIDADE DOS EMBARGOS DE DECLARAÇÃO

Cabimento	É cabível contra qualquer decisão judicial que tenha um (ou mais) dos seguintes defeitos: a) obscuridade: é a falta de clareza da sentença ou do acórdão (que pode consistir na simples ambiguidade resultante do emprego de palavras de acepção dupla ou múltipla até a completa ininteligibilidade da decisão); b) contradição: na sentença ou no acórdão se incluíram proposições entre si inconciliáveis (seja motivação, na parte decisória, ou no confronto entre razões de decidir e o dispositivo); c) omissão: deixou-se de apreciar questões relevantes para o julgamento, ou seja, que de alguma forma influam ou possam influir, suscitadas pelas partes ou examináveis de ofício.[1] Também haverá omissão se o julgado não se manifestar sobre tese firmada em julgamento de casos repetitivos ou em incidente de assunção de competência aplicável ao caso sob julgamento ou se a sentença incorrer em um dos defeitos de fundamentação apontados no art. 489, § 1º, CPC. d) corrigir erro material.
Legitimidade recursal	Poderá ser apresentada pelas partes, por terceiro prejudicado e pelo Ministério Público.
Interesse recursal	De qualquer dos legitimados, em havendo um (ou mais) dos defeitos mencionados acima.
Prazo (tempestividade)	Cinco dias contados da intimação da sentença ou do acórdão (art. 1.003, CPC). Os prazos diferenciados são aplicáveis, inclusive o destinado aos litisconsortes com diferentes advogados, em sendo o processo físico (art. 229, CPC).

---

[1] Esses conceitos foram adaptados das lições de José Carlos Barbosa Moreira, *Comentários ao Código de Processo Civil*, vol. V, p. 536-543.

Preparo	Não é exigido (art. 1.023, CPC).
Regularidade formal	Deve ser apresentado por petição escrita, dirigida ao julgador da causa, na qual deve o recorrente apontar precisamente qual é o defeito (obscuridade, contradição ou omissão) que consta da sentença ou do acórdão.
Ausência de causa extintiva/impeditiva do direito de recorrer	É aplicável a regra geral, ou seja, deve haver a inexistência de aceitação ou renúncia ao direito de recorrer ou de desistência do recurso apresentado, para que seja julgado no mérito.

> **IMPORTANTE**
>
> Se interposto contra decisão monocrática ou contra acórdão, o órgão julgador conhecerá dos embargos de declaração como agravo interno se entender ser este o recurso cabível, desde que determine previamente a intimação do recorrente para, no prazo de cinco dias, complementar as razões recursais, de modo a ajustá-las às exigências do art. 1.021, § 1º, CPC.

2. EFEITOS

Os embargos de declaração são dotados de efeito *devolutivo*, porém restrito, reabrindo a discussão apenas em relação ao ponto obscuro, contraditório ou omisso. Além desse efeito, os embargos de declaração são dotados de efeitos específicos:

a) *interrupção do prazo para os demais recursos (art. 1.026, CPC)*: Com a apresentação de embargos de declaração, o prazo para a interposição de qualquer outro recurso da mesma decisão é devolvido por inteiro, após o julgamento dos embargos. Esse efeito beneficia ambas as partes do processo, independentemente de qual apresentou o recurso.

Esse efeito se estendeu aos embargos de declaração no Juizado Especial Cível (art. 53, § 1º, Lei nº 9.099/1996).

> **IMPORTANTE**
>
> Os embargos de declaração não têm efeito suspensivo (art. 1.026, CPC), sendo possível a formulação de pedido de efeito suspensivo ou de tutela antecipada recursal (art. 1.026, § 1º, CPC).

b) *infringente*: Não se prestam os embargos de declaração à modificação do conteúdo do julgado, mas apenas à integração do julgado. Em casos excepcionais, poderá ser permitida a alteração do julgado (excepcional efeito infringente ou modificativo), para sanar contradição ou suplantar a omissão, ou seja, como consequência necessária do provimento dos embargos de declaração.

> **IMPORTANTE**
>
> Caso haja possibilidade de o acolhimento dos embargos de declaração modificarem o julgado, deverá ser o adversário intimado para apresentar sua manifestação no prazo de cinco dias.

3. EMBARGOS DE DECLARAÇÃO MODIFICATIVOS E RECURSO JÁ INTERPOSTO PELO ADVERSÁRIO

Caso haja modificação da decisão embargada decorrente do julgamento dos embargos de declaração e a parte adversária já tiver interposto recurso contra a decisão, será a ela concedido o prazo de 15 dias, contados da intimação da decisão dos embargos de declaração, para completar ou alterar suas razões de recurso.

> **IMPORTANTE**
>
> Se os embargos de declaração forem rejeitados e já tiver sido interposto recurso pela parte adversária contra a decisão original, esse último será processado independentemente de ratificação.

4. EMBARGOS DE DECLARAÇÃO PROTELATÓRIOS (ART. 1.026, § 2º, CPC)

Caso o julgador considere que os embargos de declaração são manifestamente protelatórios, o juiz ou o tribunal condenará o embargante a pagar ao embargado multa não excedente a 2% do valor atualizado da causa.

Se reiterados os embargos de declaração protelatórios, a multa será elevada a até 10%, sendo seu depósito pré-requisito para a interposição do recurso cabível, o qual deverá ser comprovado no ato da interposição do recurso seguinte. Exceção é feita à Fazenda Pública e ao beneficiário da gratuidade processual, que recolherão o valor no final da causa.

5. EMBARGOS DE DECLARAÇÃO COM FINS DE PREQUESTIONAMENTO

A fim de preencher o requisito *prequestionamento* exigível nos recursos especial e extraordinário, admite a jurisprudência o uso de embargos de declaração (Súmula nº 356, STF; Súmula nº 211, STJ). E, nos termos da Súmula nº 98 do Superior Tribunal de Justiça: *embargos de declaração manifestados com notório propósito de prequestionamento não têm caráter protelatório.*

Conforme estabelece o art. 1.025, CPC, consideram-se incluídos no acórdão os elementos que o embargante suscitou, para fins de prequestionamento, ainda que os embargos de declaração sejam inadmitidos ou rejeitados, caso o tribunal superior considere existentes erro, omissão, contradição ou obscuridade.

6. PASSO A PASSO DOS EMBARGOS DE DECLARAÇÃO: PREENCHENDO SEUS REQUISITOS

Endereçamento	a) embargos de declaração contra decisão de primeira instância: ao juízo da causa; b) contra decisão monocrática: relator (que julgará monocraticamente); c) contra acórdão: relator do acórdão.
Legitimidade e interesse recursais	Será o recorrente o prejudicado pelo defeito (contradição, obscuridade ou omissão).
Mérito recursal	Apresentação específica de qual defeito macula a sentença ou o acórdão.
Requerimento	Provimento do recurso para ser saneado o defeito, esclarecendo a obscuridade, eliminando a contradição, decidindo-se o ponto omisso ou corrigindo o erro material.

Esquema: embargos de declaração

```
        EXCELENTÍSSIMO SENHOR DOUTOR JUIZ DE DIREITO DA VARA CÍVEL DA COMARCA
DE...
        ou
        EXCELENTÍSSIMO SENHOR DOUTOR JUIZ FEDERAL DA SUBSEÇÃO JUDICIÁRIA DE
...
        ou
        EXCELENTÍSSIMO SENHOR DOUTOR DESEMBARGADOR RELATOR [recurso] DO TRI-
BUNAL ...
        [Espaço de dez linhas para despacho judicial]
        Autos n°...
        [Espaço de uma linha]
                        EMBARGANTE, pelo advogado devidamente
constituído nos autos, que a esta subscreve, nos autos da [AÇÃO] acima
mencionada, que tem como parte adversária EMBARGADO, vem, respeitosamente,
à Vossa Excelência, interpor EMBARGOS DE DECLARAÇÃO, com fundamento no art.
1.022 e ss., Código de Processo Civil, cujas razões são abaixo expostas.
        [Demonstrar a existência da obscuridade, contradição ou omissão]
```

Posto isso, requer o conhecimento e o provimento dos presentes embargos de declaração para fins de esclarecer o julgado, suprimindo-se a [obscuridade / contradição / omissão; erro material apontada].

Termos em que,

pede deferimento.

[Espaço de uma linha]

Local e data.

[Espaço de uma linha]

Advogado...

CAPÍTULO 6

RECURSO ORDINÁRIO CONSTITUCIONAL
(ARTS. 1.027-1.028, CPC)

1. A ADMISSIBILIDADE DO RECURSO ORDINÁRIO CONSTITUCIONAL

Prevê a Constituição Federal (arts. 102, II, e 105, II) recurso aos *writs* constitucionais e ações especiais de competência originária dos Tribunais *com amplo efeito devolutivo e semelhante no conteúdo e no processamento à apelação.*

É o chamado recurso ordinário constitucional, que poderá ser de competência de julgamento do Supremo Tribunal Federal ou do Superior Tribunal de Justiça, conforme a hipótese de cabimento.

Para ser admitido o recurso ordinário constitucional, deverão ser respeitados os seguintes requisitos de admissibilidade:

Cabimento	No Supremo Tribunal Federal (art. 102, II, CF; e art. 1.027, I, CPC): a) decisão que julgar o *habeas corpus*, o mandado de segurança, o *habeas data* e o mandado de injunção, se forem julgados em única instância pelos tribunais superiores (Superior Tribunal de Justiça, Tribunal Superior Eleitoral, Tribunal Superior do Trabalho, Superior Tribunal Militar) e se a decisão for denegatória; b) crime político. No Superior Tribunal de Justiça (art. 105, II, CF; e art. 1.027, II, CPC): a) decisão que julgar *habeas corpus*, se forem julgados em única ou última instância pelos Tribunais de Justiça e Tribunais Regionais Federais e se a decisão for denegatória; b) decisão que julgar mandado de segurança, se forem julgados em única instância pelos Tribunais de Justiça e TRFs e se a decisão for denegatória; c) causas em que forem partes Estado estrangeiro ou organismo internacional e município ou pessoa residente ou domiciliada no país.
Legitimidade recursal	Poderá ser apresentado o recurso pelas partes, por terceiro prejudicado e pelo Ministério Público.

Interesse recursal	Pela sucumbência (total ou parcial) no caso da parte, pelo prejuízo ou dano para o terceiro e pela defesa do interesse público, no caso do Ministério Público na atuação como *custos legis*.
Prazo (tempestividade)	15 dias contados da intimação do acórdão (art. 1.003, CPC). Os prazos diferenciados são aplicáveis.
Preparo	É exigido e será realizado de acordo com os regimentos internos de cada uma das Cortes, de acordo com sua competência.
Regularidade formal	Deve ser apresentada por petição escrita, consistente em duas partes: a) petição de interposição, dirigida ao Tribunal *a quo*, com a identificação do recorrente e com expressão do intuito de recorrer; b) razões, dirigidas ao Tribunal Superior competente, com os fundamentos de fato e de direito do pedido de anulação ou reforma da decisão *a quo*, e requerimento expresso de nova decisão.
Ausência de causa extintiva/impeditiva do direito de recorrer	É aplicável a regra geral, ou seja, deve haver a inexistência de aceitação ou renúncia ao direito de recorrer ou de desistência do recurso apresentado, para que seja julgado no mérito.

> **IMPORTANTE**
>
> 1) No caso do recurso ordinário envolvendo Estado estrangeiro ou organismo internacional e município ou pessoa residente no país, as decisões interlocutórias serão impugnadas por agravo de instrumento, nas hipóteses previstas no art. 1.015, CPC.
> 2) O processamento do recurso está tratado no art. 1.028, CPC.

2. EFEITOS

a) Devolutivo, sendo amplo, abrangendo fatos e direito, admitindo conhecimento de matérias não alegadas (profundidade do efeito devolutivo), sendo expressamente admitida a continuidade de julgamento da causa madura, nos termos do art. 1.013, § 3º, CPC.

b) Não tem efeito suspensivo. O recorrente poderá fazer o pedido, nos termos do art. 995, parágrafo único, CPC, dirigindo o requerimento nos termos do art. 1.029, § 5º, CPC.

c) Interrupção da formação de coisa julgada.

3. MÉRITO RECURSAL

O recurso ordinário poderá objetivar a reforma da decisão (*error in iudicando*) ou anulação do processo ou nulidade da sentença (*error in procedendo*). Poderá versar sobre toda a decisão ou parte dela.

4. PASSO A PASSO DO RECURSO ORDINÁRIO CONSTITUCIONAL: PREENCHENDO SEUS REQUISITOS

Os requisitos do recurso ordinário constitucional devem ser preenchidos conforme a descrição no problema, observado o seguinte:

Petição a ser apresentada	Terá necessariamente duas partes: a petição de interposição e a petição de razões recursais.
Endereçamento	a) petição de interposição: dirigida ao Tribunal *a quo*, como apontado no problema; b) razões de apelação, dirigida ao Tribunal competente (Supremo Tribunal Federal ou Superior Tribunal de Justiça).
Legitimidade e interesse recursais	Será o recorrente o sucumbente (o derrotado). Atentar para menção a terceiro ou ao Ministério Público, para verificar se a legitimidade é destes. Será o recorrido a Fazenda (p. ex.: União, estado etc.) à qual a autoridade está vinculada.
Mérito recursal	Poderá ser referente a: a) reforma: a sucumbência do recorrente consiste em um resultado desfavorável, resultante da análise das provas dos autos ou do direito aplicável à espécie. Deve o apelante demonstrar que as provas não foram adequadamente apreciadas ou que a tese jurídica apontada pelo magistrado não representa a melhor solução para a causa; b) nulidade: a sucumbência do recorrente consiste em um resultado desfavorável, resultante de nulidade da sentença ou do processo. É o caso da não intimação do Ministério Público (nulidade do feito) ou do proferimento de sentença *extra petita* (diferente do pedido – nulidade da sentença).
Requerimento	Conforme o problema, poderá ser de: a) reforma, caso a pretensão do apelante seja o proferimento de nova decisão pelo Tribunal, que lhe seja favorável; b) nulidade, caso a pretensão do apelante seja de decretação de nulidade da sentença ou do processo, retornando o processo para o juízo *a quo* para novo processamento do feito (nulidade do processo) ou proferimento de nova sentença.

Esquema: recurso ordinário constitucional

Petição de interposição

```
EXCELENTÍSSIMO SENHOR DOUTOR RELATOR DA [AÇÃO] - TRIBUNAL...
[Espaço de dez linhas]
Autos n°...
[Espaço de uma linha]
                   Autor, pelo advogado devidamente constituído
```

nos autos, que a esta subscreve, nos autos do [AÇÃO], impetrado em face da [autoridade] vem, respeitosamente, à Vossa Excelência, apresentar seu RECURSO ORDINÁRIO CONSTITUCIONAL, cujas razões consistentes nas laudas anexadas, cuja juntada requer, com o seu regular processamento e posterior remessa à superior instância [Superior Tribunal de Justiça / Supremo Tribunal Federal].

[Espaço de uma linha]

Termos em que, demonstrando o recolhimento do preparo, nos termos do art. 1.007, Código de Processo Civil,

pede deferimento.

[Espaço de uma linha]

Local e data.

[Espaço de uma linha]

Advogado...

Petição de razões

TRIBUNAL ...
AÇÃO
AUTOS Nº
RECORRENTE:
RECORRIDO: UNIÃO / ESTADO DE ... / MUNICÍPIO DE... / AUTARQUIA...
RAZÕES DE RECURSO ORDINÁRIO.

Egrégio Tribunal,

Colenda Turma,

Eminentes Julgadores.

[Espaço de duas linhas]

I - BREVE RELATO DO PROCESSADO

[Espaço de uma linha]

[Resumir brevemente o ocorrido nos termos do problema]

[Espaço de duas linhas]

II - RAZÕES DE ANULAÇÃO

[Espaço de uma linha]

[Apenas se houver no problema vícios no acordão (*extra*, *infra* ou *ultra petita*, ausência de fundamentação) ou no processo (não deferimento de provas etc.)]

[Espaço de duas linhas]

III – DAS RAZÕES DE REFORMA DO R. ACÓRDÃO DE FLS.
[Espaço de uma linha]
[Suscitar a discussão de mérito]
[Espaço de duas linhas]

IV – DO REQUERIMENTO
[Espaço de uma linha]
Posto isso, requer-se o conhecimento e provimento do presente recurso, para [anular / reformar] o acórdão impugnado para [o que se pretende], como medida de JUSTIÇA!
[Espaço de uma linha]
Termos em que,
pede deferimento.
[Espaço de uma linha]
Local e data.
[Espaço de uma linha]
Advogado...

CAPÍTULO 7

RECURSO ESPECIAL, RECURSO EXTRAORDINÁRIO E AGRAVO

1. INTRODUÇÃO

O recurso especial, de competência do Superior Tribunal de Justiça, e o recurso extraordinário, de competência do Supremo Tribunal Federal, são recursos destinados apenas ao controle da interpretação de lei federal e da Constituição Federal, respectivamente.

Têm os recursos o mesmo tratamento na legislação infraconstitucional quanto a seus requisitos de admissibilidade e seu processamento:

a) para sua interposição, *é necessário que se tenham esgotado todos os recursos ordinários*;

b) são *recursos de fundamentação vinculada*, cujas hipóteses de cabimento são previstas diretamente pela Constituição Federal;

c) *são desprovidos de efeito suspensivo,* não impedindo que a decisão recorrida surta desde logo seus efeitos e seja passível de execução provisória;

d) têm como *requisito especial de admissibilidade o prequestionamento*, ou seja, a necessidade de invocação de questão federal/constitucional debatida na causa, de que o recorrente tira a conclusão de ter havido violação a direito constitucional ou a direito federal;

Se a questão foi discutida, mas não foi julgada, são cabíveis embargos de declaração com efeito de prequestionamento.

e) *ambos os recursos são limitados à apreciação de questões de direito.* Questões de fato, ligadas a problemas probatórios, não são passíveis de discussão nesses recursos. Nos termos da Súmula nº 279 do STF, "para simples reexame de prova não cabe recurso extraordinário". De semelhante teor, estabelece a Súmula nº 7 do STJ: *A pretensão de simples reexame de prova não enseja recurso especial*;

f) seu processamento é tratado em conjunto nos arts. 1.029 a 1.035, CPC;

g) são sujeitos a regime de admissibilidade no Tribunal *a quo* (art. 1.030, I, II e VI, do CPC), sendo passíveis de sobrestamento, caso o recurso repetitivo não tenha sido ainda apreciado (art. 1.030, IV, CPC);

h) autorizam a retratação do órgão julgador, caso o acórdão recorrido divergir de precedente de repercussão geral ou de recurso especial em questão repetitiva (art. 1.030, III, CPC).

2. RECURSO EXTRAORDINÁRIO – CABIMENTO (ART. 102, III, CF)

É cabível recurso extraordinário:

a) de decisão judicial, de qualquer grau de jurisdição;
b) de que não caiba mais recurso ordinário (única ou última instância);
c) nas seguintes hipóteses de cabimento, arroladas no art. 102, III, *a* a *c*, Constituição Federal:

Hipótese constitucional	Como se configura	Como demonstrar nas razões de recurso
Contrariar dispositivo da Constituição	A decisão recorrida deu interpretação incompatível com seu teor e/ou sua finalidade.	Deve haver demonstração nas razões de recurso da contrariedade ou negativa de vigência deve ser analiticamente realizada.
Declarar inconstitucionalidade de tratado ou lei federal	A lei federal ou o tratado internacional foi considerado contrário ao teor da Constituição Federal.	Deve haver demonstração nas razões de recurso da constitucionalidade da norma, de forma analítica.
Julgar válida a lei ou ato do governo local contestado em face desta Constituição	A lei local (estadual, distrital ou municipal), ao ser julgada válida, afasta a aplicação da Constituição Federal.	Deve haver demonstração nas razões de recurso do afastamento da Constituição Federal no caso concreto, de forma analítica. É obrigatória a prova do direito local discutido (art. 376, CPC).
Julgar válida lei local contestada em face de lei federal	A lei local (estadual, distrital ou municipal), ao ser julgada válida, afasta a aplicação de lei federal.	Deve haver demonstração nas razões de recurso do afastamento da lei federal no caso concreto, de forma analítica. É obrigatória a prova do direito local discutido (art. 376, CPC).

3. RECURSO EXTRAORDINÁRIO: DEMONSTRAÇÃO DE QUESTÃO DE REPERCUSSÃO GERAL

A fim de ser admitido o recurso extraordinário, além de todos os requisitos de admissibilidade mencionados a seguir, deverá o recorrente demonstrar, nos termos do art. 102, § 3º, Constituição Federal, a repercussão geral das questões constitucionais discutidas no caso, a fim de que o Tribunal examine a admissão do recurso, somente podendo recusá-lo pela manifestação de dois terços de seus membros. O regime jurídico da repercussão geral é tratado no art. 1.035, CPC.

Define o art. 1.035, § 1º, CPC, a questão de repercussão geral como aquela considerada relevante do ponto de vista econômico, político, social ou jurídico, que ultrapasse os interesses subjetivos da causa.

Ou seja, para haver repercussão geral, o mérito do recurso extraordinário deve:

a) afetar indiretamente um grande número de pessoas ou um grupo social específico, por servir como diretriz de interpretação e de decisão para casos semelhantes;
b) puder influenciar a conjuntura econômica, política, social ou jurídica vigente no momento do julgamento do recurso.

Nos termos do § 3º do mesmo dispositivo, haverá repercussão geral sempre que o recurso impugnar decisão que:

a) contrarie súmula ou jurisprudência dominante do Supremo Tribunal Federal;
b) tenha sido proferido em julgamento de casos repetitivos;
c) tenha reconhecido a inconstitucionalidade de tratado ou de lei federal, nos termos do art. 97 da Constituição Federal.

O recorrente deverá demonstrar, *em preliminar do recurso* (ou seja, em tópico próprio, a ser desenvolvido nas razões de recurso), para apreciação exclusiva do Supremo Tribunal Federal, a existência da repercussão geral, apontando, de forma fundamentada, a repercussão geral que tem o caso concreto.

A decisão que acolhe ou rejeita a repercussão geral é irrecorrível e o procedimento para sua apreciação é tratado nos §§ 4º a 11 do art. 1.035 do CPC.

4. RECURSO ESPECIAL – CABIMENTO

Será cabível recurso especial:

a) da *decisão de tribunal, de natureza jurisdicional*, proferida em sede de recurso ou ação originária ou ainda reexame necessário de segunda instância (não é cabível recurso especial das decisões dos colégios recursais dos Juizados Especiais Cíveis e Criminais – Lei nº 9.099/1995; dos Juizados Especiais Federais – Lei nº 10.259/2001; e dos Juizados da Fazenda Pública – Lei nº 12.153/2009);
b) de que não caiba mais recurso ordinário;
c) nas seguintes hipóteses de cabimento, arroladas no art. 105, III, *a* a *c*, Constituição Federal:

Hipótese constitucional	Como se configura	Como demonstrar nas razões de recurso
Contrariar tratado ou lei federal ou negar-lhes vigência	Contrariar tratado ou lei federal: dar interpretação incompatível com seu teor e/ou sua finalidade. Negar vigência a tratado ou lei federal: a decisão ignorou o mandamento da norma, não aplicando disposição que deveria ter sido aplicada.	Deve haver demonstração nas razões de recurso da contrariedade ou negativa de vigência a lei federal, a qual deverá ser analiticamente realizada, ou seja, demonstrando-se com argumentos jurídicos por que deve ser dada outra interpretação ao texto de lei que o adotado no acórdão recorrido.
Julgar válido ato do governo local contestado em face de lei federal	O ato administrativo (decreto, portaria etc.) local (estadual, distrital ou municipal), ao ser julgado válido, afasta a aplicação de lei federal.	Deve haver demonstração nas razões de recurso do afastamento da lei federal no caso concreto, de forma analítica. É obrigatória a prova do direito local discutido (art. 376, CPC).
Der a lei federal interpretação divergente da que haja atribuído outro tribunal	Há divergência entre os Tribunais, ou entre estes e o Superior Tribunal de Justiça, sobre a interpretação da norma aplicada ao caso concreto.	Neste caso, deve o recurso ser instruído com (art. 1.029, § 1º, CPC, e art. 255, Regimento Interno do Superior Tribunal de Justiça): a) a prova da divergência, feita por certidão ou cópia autenticada (incluindo *site* certificado – art. 1.029, CPC), com a citação do repositório de jurisprudência, oficial ou credenciado em que tiver sido publicada a decisão divergente (é necessária a juntada de cópia do inteiro teor do acórdão paradigma); b) realização do confronto analítico dos casos, com a menção expressa às circunstâncias que identifiquem ou assemelhem os casos confrontados, de forma a apontar onde está a divergência e em que ela pode ferir a uniforme interpretação do texto de lei federal.

5. DEMAIS REQUISITOS DE ADMISSIBILIDADE

Legitimidade recursal	Das partes, do Ministério Público e do terceiro prejudicado.
Interesse recursal	Caracteriza-se pela sucumbência, tendo havido resultado desfavorável ao recorrente, somada à constatação de uma das hipóteses previstas na Constituição Federal. Deverá ser demonstrada expressamente a hipótese de cabimento. Pode ocorrer de haver interesse no uso de ambos os recursos, ou apenas de um.

Prazo (tempestividade)	15 dias contados da intimação da decisão (art. 1.003, CPC). Os prazos diferenciados são aplicáveis.
Preparo	É exigido.
Regularidade formal	Deve ser apresentado por petição escrita, consistente em duas partes: a) petição de interposição, dirigida a Tribunal *a quo*, com a identificação do recorrente e com expressão do intuito de recorrer; b) razões, dirigidas ao Tribunal competente (STF ou STJ), com os fundamentos de fato e de direito, a demonstração do cabimento do recurso interposto e as razões do pedido de reforma ou invalidação da decisão recorrida (art. 1.029, I a III, CPC).
Ausência de causa extintiva/impeditiva do direito de recorrer	É aplicável a regra geral, ou seja, deve haver a inexistência de aceitação ou renúncia ao direito de recorrer ou de desistência do recurso apresentado, para que seja julgado no mérito.
Forma adesiva	Admite e segue os mesmos requisitos de admissibilidade da apelação.

> **IMPORTANTE**
>
> É possível que uma mesma decisão possa ser impugnada por recurso especial e por recurso extraordinário. Nesses casos, deverão ser apresentados simultaneamente os dois recursos, em petições separadas, cada qual com o seu fundamento específico.

6. O PREQUESTIONAMENTO DE QUESTÃO CONSTITUCIONAL OU FEDERAL

Prequestionar significa constatar a existência de discussão prévia sobre a lei federal ou norma constitucional no julgamento que será objeto de recurso. Ou seja, a interpretação e/ou aplicação da regra legal ou constitucional já foi objeto de debate no julgamento impugnado. O requisito se justifica pelo fato de que a via extraordinária ou especial é destinada, especificamente, para assegurar a homogênea interpretação do texto constitucional ou de lei federal, como forma de pacificar entendimentos e levar a uma conclusão justa de uniforme em favor daqueles que defendem em juízo causas idênticas ou semelhantes.

> *Há controvérsia na doutrina sobre a natureza do prequestionamento: se configura requisito de admissibilidade autônomo ou se compõe o cabimento dos recursos extraordinário e especial.*

Por isso, não basta que a lei seja apresentada pelos recorrentes, mas, sim, deverá ser ela analisada e apreciada no julgamento da causa. Deverá haver debate entre as partes em torno de interpretações contrárias da mesma norma legal ou constitucional.

Por esse motivo, é possível o uso dos embargos de declaração para fins de prequestionamento. Assim, saneia-se omissão consistente na ausência do debate sobre a interpretação e aplicação da norma constitucional ou legal, possibilitando a prévia decisão sobre o tema a ser objeto do recurso.

> **IMPORTANTE**
>
> O art. 1.025, CPC admite o chamado prequestionamento ficto, ou seja, em que se consideram incluídos no acórdão os elementos que o embargante suscitou, para fins de prequestionamento, ainda que os embargos de declaração sejam inadmitidos ou rejeitados, caso o tribunal superior considere existentes erro, omissão, contradição ou obscuridade.

Como requisito de admissibilidade, deverá ser demonstrado seu preenchimento previamente à apresentação do mérito recursal, de forma fundamentada.

7. EFEITOS DA INTERPOSIÇÃO

São os mesmos para ambos os recursos:

a) efeito devolutivo: restringe-se à questão federal ou constitucional, pronunciando-se o Tribunal Superior competente sobre o tema, nos limites do cabimento constitucionalmente estabelecido;

b) não têm, como regra, efeito suspensivo, mas pode o recorrente pretender o efeito suspensivo ou a tutela antecipada recursal, nos termos do art. 996, parágrafo único, CPC, por requerimento dirigido:
   i) ao tribunal superior respectivo, no período compreendido entre a publicação da decisão de admissão do recurso e sua distribuição, ficando o relator designado para seu exame prevento para julgá-lo;
   ii) ao relator, se já distribuído o recurso;
   iii) ao presidente ou vice-presidente do tribunal recorrido, no período compreendido entre a interposição do recurso e a publicação da decisão de admissão do recurso, assim como no caso de o recurso ter sido sobrestado, nos termos do art. 1.037, CPC.

8. O MÉRITO RECURSAL

Em ambos os recursos, o mérito tem estreita ligação com o cabimento, devendo o Tribunal competente se pronunciar sobre o ponto suscitado pelo recorrente.

Assim, se o recurso extraordinário foi apresentado com fundamento na contrariedade à Constituição Federal (art. 102, III, *a*, CF), o Supremo Tribunal Federal analisará se o dispositivo da Constituição Federal apontado pelo recorrente foi, efetivamente, contrariado. Se o fundamento do recurso extraordinário foi a inconstitucionalidade de tratado federal, será analisado se o tratado é ou não constitucional, e assim por diante.

> *Há divergência sobre a possibilidade de apreciação de questão de ordem pública pela primeira vez em sede de recurso especial ou recurso extraordinário, por força da necessidade de prévia decisão para fins do cabimento do recurso.*

> **IMPORTANTE**
>
> 1) Apesar de os recursos especial e extraordinário serem de estrito direito, o julgamento do recurso extraordinário ou do recurso especial substitui a decisão contra a qual se recorreu, modificando-se o resultado da causa, caso o recurso seja provido.
> Apenas o conhecimento da causa ficará limitado à questão constitucional ou legal suscitada, já que ela se tornou determinante da vitória ou da derrota da parte recorrente (ou seja, sua apreciação é suficiente para modificar o resultado da demanda).
> 2) Caso o recurso especial ou o recurso extraordinário se voltem contra a nulidade processual (*error in procedendo*), a decisão anulará o processo, determinando o retorno dos autos à instância inferior para novo julgamento, se assim for o caso.

9. PASSO A PASSO DO RECURSO EXTRAORDINÁRIO: PREENCHENDO SEUS REQUISITOS

Os requisitos do recurso extraordinário devem ser preenchidos conforme a descrição no problema, observado o seguinte:

Petição a ser apresentada	Terá necessariamente duas partes: a petição de interposição e a petição de razões recursais.
Endereçamento	a) petição de interposição: dirigida ao juízo ou ao presidente do Tribunal *a quo*; b) razões de recurso: dirigida ao Supremo Tribunal Federal.
Legitimidade e interesses recursais	Será o recorrente o sucumbente (o derrotado). O recorrido será a parte adversária.
Cabimento	Deverá o recorrente demonstrar o cabimento do recurso, apontando especificamente a alínea do art. 102, III, Constituição Federal que enseja o recurso e demonstrando a presença da hipótese legal no caso concreto.
Prequestionamento	Deverá o recorrente demonstrar, fundamentadamente, que já houve discussão e decisão a respeito do tema constitucional objeto do recurso ou sobre o confronto de lei federal e local.
Repercussão geral	Deverá o recorrente demonstrar analiticamente a existência de repercussão geral no caso concreto, conforme acima asseverado.
Mérito recursal	a) a interpretação do texto constitucional dada no caso concreto está em desacordo com a Constituição Federal, sendo mais correta a tese favorável ao recorrente (art. 102, III, *a*, Constituição Federal); b) o tratado ou lei federal que beneficiam o recorrente são constitucionais, devendo ser afastada a inconstitucionalidade reconhecida (art. 102, III, *b*, Constituição Federal); c) a lei ou ato do governo local, contrários ao interesse do recorrente, não deveriam ser julgados válidos em face da Constituição, devendo ser reconhecida sua inconstitucionalidade (art. 102, III, *c*, Constituição Federal); d) a lei local contrária ao interesse do recorrente não deveria ser julgada válida em face de lei federal, devendo ser reconhecida sua ilegalidade (art. 102, III, *d*, Constituição Federal).

Requerimento	Poderá ser de: a) reforma, caso a pretensão do recorrente seja o proferimento de nova decisão pelo Tribunal, que lhe seja favorável; b) nulidade, caso a pretensão do recorrente seja de decretação de nulidade da sentença ou do processo, retornando o processo para o juízo *a quo* para novo processamento do feito (nulidade do processo) ou proferimento de nova sentença.

Esquema: recurso extraordinário
Petição de interposição

EXCELENTÍSSIMO SENHOR DOUTOR DESEMBARGADOR PRESIDENTE / EGRÉGIO TRIBUNAL DE JUSTIÇA DO ESTADO DE...

ou

EXCELENTÍSSIMO SENHOR DOUTOR DESEMBARGADOR FEDERAL PRESIDENTE DO TRIBUNAL REGIONAL FEDERAL DA ... REGIÃO

[Espaço de dez linhas para despacho judicial]

Autos n°...

[Espaço de uma linha]

RECORRENTE, pelo advogado devidamente constituído nos autos, que a esta subscreve, nos autos da AÇÃO, que tem como parte adversária RECORRIDO vem, respeitosamente, à Vossa Excelência, não tendo se conformado com a decisão proferida nos autos supramencionados, interpor RECURSO EXTRAORDINÁRIO, constantes das laudas anexadas, com fundamento no art. 102, III, Constituição Federal alínea (por qual é) cuja juntada requer, processando-se o presente e o seu posterior encaminhamento ao Egrégio Supremo Tribunal Federal.

Termos em que, com a demonstração do pagamento das custas do recurso e dos portes de remessa e retorno,

[Espaço de uma linha]

pede deferimento.

Local e data.

[Espaço de uma linha]

Advogado...

Petição de razões

TRIBUNAL DE JUSTIÇA DO ESTADO...

ou

TRIBUNAL REGIONAL FEDERAL DA ... REGIÃO

RECURSO N°...

RECORRENTE:

RECORRIDO:

RAZÕES DE RECURSO EXTRAORDINÁRIO.

[Espaço de cinco linhas]

Excelsa Corte,

Colenda Turma,

Eminentes Ministros:

[Espaço de duas linhas]

I – DO ACÓRDÃO RECORRIDO

[Espaço de uma linha]

[Mencionar, como descrito no problema, o processamento da causa e apresentar o conteúdo da decisão recorrida]

[Espaço de duas linhas]

II – DO CABIMENTO. DA ADMISSIBILIDADE DO RECURSO PELA ALÍNEA [mencionar qual é] DO ART. 102, III, DO TEXTO CONSTITUCIONAL

[Espaço de uma linha]

[Demonstrar o cabimento do recurso, atentando para o seguinte:

a) enquadramento da situação presente no acórdão com uma das alíneas do art. 102, III, Constituição Federal (é suficiente mencionar a correspondência mencionada, pois as razões de provimento do recurso serão objeto do mérito recursal);

b) existência de prequestionamento, ou seja, de prévio debate sobre o tema no acórdão recorrido. Caso haja no problema menção a embargos de declaração com fins de prequestionamento, mencionar o resultado de seu julgamento;

c) não se prestar o recurso à reanálise de provas, mas tão somente ao questionamento da interpretação do texto constitucional exposto no v. acórdão.]

[Espaço de duas linhas]

III – DA REPERCUSSÃO GERAL NA DISCUSSÃO DA MATÉRIA OBJETO DO PRESENTE RECURSO

[Espaço de uma linha]

Demonstrar a existência de repercussão geral, nos termos do art. 102, § 3º, da Constituição Federal, e art. 1.035, Código de Processo Civil.

[Evidenciar qual é a relevância jurídica, política, econômica e social da interpretação do texto constitucional e por que ela afeta um número indeterminado de pessoas.]

[Espaço de duas linhas]

IV – DO MÉRITO RECURSAL

[Espaço de uma linha]

Desenvolver as razões de provimento do recurso, ou seja, as razões pelas quais:

a) a interpretação do texto constitucional dada no caso concreto está em desacordo com a Constituição Federal, sendo mais correta a tese favorável ao recorrente (art. 102, III, *a*, Constituição Federal);

b) o tratado ou a lei federal que beneficiam o recorrente são constitucionais, devendo ser afastada a inconstitucionalidade reconhecida (art. 102, III, *b*, Constituição Federal);

c) a lei ou ato do governo local, contrários ao interesse do recorrente, não deveriam ser julgados válidos em face da Constituição, devendo ser reconhecida sua inconstitucionalidade (art. 102, III, *c*, Constituição Federal);

d) a lei local contrária ao interesse do recorrente não deveria ser julgada válida em face de lei federal, devendo ser reconhecida sua ilegalidade (art. 102, III, *d*, Constituição Federal).

[Espaço de duas linhas]

V – DO REQUERIMENTO

[Espaço de uma linha]

Posto isso, requer-se: (a) conhecimento do recurso extraordinário já que presentes seus requisitos, (b) o seu total provimento, nos termos supramencionados, para [resumir o mérito recursal], revertendo o ônus da sucumbência, (c) a condenação do Recorrido nas custas e nos honorários de advogado.

[Espaço de uma linha]

Termos em que,

pede deferimento.

[Espaço de uma linha]

Local e data.

[Espaço de uma linha]

Advogado...

10. PASSO A PASSO DO RECURSO ESPECIAL: PREENCHENDO SEUS REQUISITOS

Os requisitos do recurso especial devem ser preenchidos conforme a descrição no problema, observado o seguinte:

Petição a ser apresentada	Terá necessariamente duas partes: a petição de interposição e a petição de razões recursais.
Endereçamento	a) petição de interposição: dirigida ao Tribunal *a quo*, como apontado no problema (nos tribunais, a competência para o juízo de admissibilidade do recurso extraordinário é, em regra, do presidente do Tribunal); b) razões de recurso: dirigidas ao Superior Tribunal de Justiça.

Legitimidade e interesse recursais	Será o recorrente o sucumbente (o derrotado). O recorrido será a parte adversária.
Cabimento	Deverá o recorrente demonstrar o cabimento do recurso, apontando especificamente a alínea do art. 105, III, Constituição Federal que enseja o recurso e demonstrando a presença da hipótese legal no caso concreto.
Prequestionamento	Deverá o recorrente demonstrar, fundamentadamente, que já houve discussão e decisão a respeito do tema referente à interpretação e à aplicação de lei federal objeto do recurso ou sobre o confronto de lei federal e ato do governo local.
Mérito recursal	Demonstração de que: a) a interpretação do texto de lei federal dada no caso concreto está em desacordo com seu real sentido ou o texto não foi observado em sua mais básica interpretação, sendo mais correta a tese favorável ao recorrente (art. 105, III, *a*, Constituição Federal); b) os atos do governo local contrários ao interesse do recorrente não deveriam ser julgados válidos em face de lei federal, devendo ser reconhecida sua ilegalidade (art. 105, III, *b*, Constituição Federal); c) há interpretação divergente entre dois tribunais distintos, referente à norma federal, devendo prevalecer a interpretação do outro tribunal, mais favorável ao recorrente (art. 105, III, *c*, Constituição Federal). A divergência deve ser demonstrada da seguinte forma (art. 255, Regimento Interno do Superior Tribunal de Justiça): i) ser juntada aos autos, cópia de repertório autorizado e reconhecido pelo Superior Tribunal de Justiça, em cópia autenticada (sendo suficiente para tanto a assinatura do advogado nos documentos); ii) demonstração das circunstâncias que assemelhem ou identifiquem os casos confrontados, realizando o confronto analítico das razões de decidir (não é suficiente confrontar as ementas).
Requerimento	Poderá ser de: a) reforma, caso a pretensão do recorrente seja o proferimento de nova decisão pelo Tribunal, que lhe seja favorável; b) nulidade, caso a pretensão do recorrente seja de decretação de nulidade da sentença ou do processo, retornando o processo para o juízo *a quo* para novo processamento do feito (nulidade do processo) ou proferimento de nova sentença.

Esquema: recurso especial
Petição de interposição

EXCELENTÍSSIMO SENHOR DOUTOR DESEMBARGADOR PRESIDENTE / EGRÉGIO TRIBUNAL DE JUSTIÇA DO ESTADO DE...
    ou
EXCELENTÍSSIMO SENHOR DOUTOR DESEMBARGADOR FEDERAL PRESIDENTE DO TRIBUNAL REGIONAL FEDERAL DA ... REGIÃO
    [Espaço de dez linhas para despacho judicial]

Autos n°...
[Espaço de uma linha]

RECORRENTE, pelo advogado devidamente constituído nos autos, que a esta subscreve, nos autos da AÇÃO, que tem como parte adversária RECORRIDO vem, respeitosamente, à Vossa Excelência, não tendo se conformado com a decisão proferida nos autos supramencionados, interpor RECURSO ESPECIAL, constantes das laudas anexadas, com fundamento no art. 105, III, Constituição Federal alínea [por qual é] cuja juntada requer, processando-se o presente e o seu posterior encaminhamento ao Egrégio Superior Tribunal de Justiça.

Termos em que, com a demonstração do pagamento das custas do recurso e dos portes de remessa e retorno,

pede deferimento.

[Espaço de uma linha]

Local e data.

[Espaço de uma linha]

Advogado...

Razões de recurso

TRIBUNAL DE JUSTIÇA DO ESTADO...
ou
TRIBUNAL REGIONAL FEDERAL DA ... REGIÃO
RECURSO N°...
RECORRENTE: ...
RECORRIDO: ...
RAZÕES DE RECURSO ESPECIAL.

Excelsa Corte,

Colenda Turma,

Eminentes Ministros:

[Espaço de duas linhas]

I - DO ACÓRDÃO RECORRIDO

[Espaço de uma linha]

[Mencionar, como descrito no problema, o processamento da causa e apresentar o conteúdo da decisão recorrida]

[Espaço de duas linhas]

II - DO CABIMENTO. DA ADMISSIBILIDADE DO RECURSO PELA ALÍNEA [mencionar qual é] DO ART. 105, III, DO TEXTO CONSTITUCIONAL

[Espaço de uma linha]

[Demonstrar o cabimento do recurso, atentando para o seguinte:

a) enquadramento da situação presente no acórdão com uma das alíneas do art. 105, III, Constituição Federal (é suficiente mencionar a correspondência mencionada, pois as razões de provimento do recurso serão objeto do mérito recursal);

b) existência de prequestionamento, ou seja, de prévio debate sobre o tema no acórdão recorrido. Caso haja no problema menção a embargos de declaração com fins de prequestionamento, mencionar o resultado de seu julgamento;

c) não se prestar o recurso à reanálise de provas, mas tão somente ao questionamento da interpretação do texto de lei federal exposta no v. acórdão.]

[Espaço de duas linhas]

III - DO MÉRITO RECURSAL

[Espaço de uma linha]

Desenvolver as razões de provimento do recurso, ou seja, as razões pelas quais:

a) a interpretação do texto de lei federal dada no caso concreto está em desacordo com seu real sentido ou o texto não foi observado em sua mais básica interpretação, sendo mais correta a tese favorável ao recorrente (art. 105, III, *a*, Constituição Federal);

b) os atos do governo local contrários ao interesse do recorrente não deveriam ser julgados válidos em face de lei federal, devendo ser reconhecida sua ilegalidade (art. 105, III, *b*, Constituição Federal);

c) há interpretação divergente entre dois tribunais distintos, referente à norma federal, devendo prevalecer a interpretação do outro tribunal, mais favorável ao recorrente (art. 105, III, *c*, Constituição Federal). A divergência deve ser demonstrada da seguinte forma (art. 255, Regimento Interno do Superior Tribunal de Justiça):

i) ser juntada aos autos cópia de repertório autorizado e reconhecido pelo Superior Tribunal de Justiça, em cópia autenticada (sendo suficiente para tanto a assinatura do advogado nos documentos);

ii) demonstração das circunstâncias que assemelhem ou identifiquem os casos confrontados, realizando o confronto analítico das razões de decidir (não é suficiente confrontar as ementas).

[Espaço de duas linhas]

IV - DO REQUERIMENTO

[Espaço de uma linha]

Posto isso, requer-se: (a) conhecimento do recurso especial já que presentes seus requisitos, (b) o seu total provimento, nos termos supramencionados, para (resumir o mérito recursal), revertendo o ônus da sucumbência, (c) a condenação do Recorrido nas custas e nos honorários de advogado.

[Espaço de uma linha]

       Termos em que,

        pede deferimento.

[Espaço de uma linha]

        Local e data.

[Espaço de uma linha]

        Advogado...

11. DA INADMISSÃO DO RECURSO EXTRAORDINÁRIO OU DO RECURSO ESPECIAL OU SEU SOBRESTAMENTO NA ORIGEM

Conforme a causa, verifica-se o recurso cabível:

Causa	Recurso Cabível
Indeferimento com base nos incisos I e III do art. 1.030, CPC	Agravo interno, nos termos do art. 1.021, CPC (art. 1.030, § 2º, CPC)
Indeferimento com base no inciso V do art. 1.030, CPC	Agravo do art. 1.042, CPC (art. 1.030, § 1º, CPC)

12. O AGRAVO DO ART. 1.042, CPC

Cabimento	Decisão de presidente ou de vice-presidente do tribunal *a quo* que inadmitir recurso extraordinário ou recurso especial, salvo quando fundada na aplicação de precedente de repercussão geral e de recurso especial repetitivo.
Razões de recurso	Serão dirigidas ao presidente ou ao vice-presidente do tribunal de origem e independem do pagamento de custas e despesas postais. Serão aplicáveis ao agravo o regime da repercussão geral e dos recursos especiais repetitivos, inclusive quanto à possibilidade de sobrestamento e de juízo de retratação.
Processamento	a) O agravado será intimado, de imediato, para oferecer resposta no prazo de 15 dias. b) Após o prazo de resposta, não havendo retratação, o agravo será remetido ao tribunal superior competente. c) Havendo apenas um agravo, o recurso será remetido ao tribunal competente, e, havendo interposição conjunta, os autos serão remetidos ao Superior Tribunal de Justiça. d) Concluído o julgamento do agravo pelo Superior Tribunal de Justiça e, se for o caso, do recurso especial, independentemente de pedido, os autos serão remetidos ao Supremo Tribunal Federal para apreciação do agravo a ele dirigido, salvo se estiver prejudicado.

Julgamento	O agravo poderá ser julgado, conforme o caso, conjuntamente com o recurso especial ou extraordinário, assegurada, neste caso, sustentação oral, observando-se, ainda, o disposto no regimento interno do tribunal respectivo.

13. PASSO A PASSO DO AGRAVO DO ART. 1.042, CPC

Petição a ser apresentada	Terá necessariamente duas partes: a petição de interposição e a petição de razões recursais, qual será encartada nos próprios autos do processo originário.
Endereçamento	a) petição de interposição: dirigida ao presidente do tribunal *ad quem* competente; b) razões de recurso: dirigidas à turma julgadora.
Legitimidade e interesse recursais	Será o recorrente o sucumbente (o derrotado, nos termos do problema). Atentar para menção a terceiro ou ao Ministério Público, para verificar se a legitimidade é destes. O recorrido será a parte adversária.
Tempestividade	O prazo é de 15 dias.
Mérito recursal	Demonstração do cabimento e dos motivos pelos quais o recurso rejeitado na origem deve ser conhecido.
Requerimento	Conforme o problema, poderá ser de: a) reforma, caso a pretensão do recorrente seja o proferimento de nova decisão pelo Tribunal, que lhe seja favorável; b) nulidade, caso a decisão ou julgamento tenha vício de nulidade (falta de intimação da parte, falta de fundamentação etc.).
Fecho	Termos em que, pede deferimento, local e data, advogado...

IMPORTANTE

Para as decisões do relator do recurso especial ou do recurso extraordinário com o conteúdo dos incisos III e IV do art. 932, é cabível o recurso de agravo interno.

CAPÍTULO 8

EMBARGOS DE DIVERGÊNCIA
(ARTS. 1.043-1.044, CPC)

1. A ADMISSIBILIDADE DOS EMBARGOS DE DIVERGÊNCIA (ART. 1.043, CPC)

Para serem admitidos os embargos de divergência, deverão ser respeitados os seguintes requisitos de admissibilidade:

Cabimento	É embargável o acórdão de órgão fracionário que: a) em recurso extraordinário ou em recurso especial, divergir do julgamento de qualquer outro órgão do mesmo tribunal, sendo os acórdãos, embargado e paradigma, de mérito; b) em recurso extraordinário ou em recurso especial, divergir do julgamento de qualquer outro órgão do mesmo tribunal, sendo os acórdãos, embargado e paradigma, relativos ao juízo de admissibilidade; c) em recurso extraordinário ou em recurso especial, divergir do julgamento de qualquer outro órgão do mesmo tribunal, sendo um acórdão de mérito e outro que não tenha conhecido do recurso, embora tenha apreciado a controvérsia; d) nos processos de competência originária, divergir do julgamento de qualquer outro órgão do mesmo tribunal. Poderão ser confrontadas teses jurídicas contidas em julgamento de recursos e de ações de competência originária e entre acórdãos da mesma turma, desde que tenha havido alteração de mais da metade de seus membros.
Legitimidade recursal	O recurso poderá ser apresentado pelas partes, por terceiro prejudicado e pelo Ministério Público.
Interesse recursal	Em caso de sucumbência.
Prazo (tempestividade)	15 dias contados da intimação do acórdão. Os prazos diferenciados são aplicáveis.
Preparo	É exigido, conforme o regimento interno de cada Tribunal.

Regularidade formal	Os embargos de divergência serão interpostos por petição escrita, dirigida ao relator do recurso, com as razões recursais dirigidas à turma julgadora, nas quais deve haver a demonstração da divergência, na forma do art. 1.043, § 4º, CPC, além dos motivos de adoção do voto divergente.
Ausência de causa extintiva/impeditiva do direito de recorrer	É aplicável a regra geral, ou seja, deve haver a inexistência de aceitação ou renúncia ao direito de recorrer ou de desistência do recurso apresentado, para que seja julgado no mérito.
Previsão regimental	Cabe aos regimentos internos dos tribunais tratar do processamento deste recurso (art. 1.044, *caput*, CPC). O rito está previsto nos: a) art. 330 e ss., Regimento Interno do Supremo Tribunal Federal; b) arts. 266, 266-A, 266-B, 266-C, 266-D e 267, Regimento Interno do Superior Tribunal de Justiça.

2. EFEITOS DOS EMBARGOS DE DIVERGÊNCIA

Os embargos de divergência são dotados de efeito *devolutivo*, devolvendo a questão objeto de divergência para novo julgamento. Se parcial a divergência, a devolução será limitada a esta.

É possível realizar pedido de efeitos suspensivo ou de tutela antecipada recursal, nos moldes previstos para o recurso especial e para o recurso extraordinário.

3. EFEITO DE INTERRUPÇÃO DE PRAZO (ART. 1.044, CPC)

A interposição de embargos de divergência no Superior Tribunal de Justiça interrompe o prazo para interposição de recurso extraordinário por qualquer das partes.

Se os embargos de divergência forem desprovidos ou não alterarem a conclusão do julgamento anterior, o recurso extraordinário interposto pela outra parte antes da publicação do julgamento dos embargos de divergência será processado e julgado independentemente de ratificação.

4. MÉRITO RECURSAL

É o requerimento de prevalência da decisão divergente (*error in iudicando*), reformando-se a decisão recorrida.

5. PASSO A PASSO DOS EMBARGOS DE DIVERGÊNCIA: PREENCHENDO SEUS REQUISITOS

Os requisitos dos embargos de divergência devem ser preenchidos conforme a descrição no problema, observado o seguinte:

Petição a ser apresentada	Poderá ser elaborada em uma única peça ou em duas partes: a petição de interposição e a petição de razões recursais.
Endereçamento	Ao relator do voto vencedor.

Legitimidade e interesse recursais	Será o recorrente o sucumbente (o derrotado, nos termos do problema). Atentar para menção a terceiro ou ao Ministério Público, para verificar se a legitimidade é destes.
Mérito recursal	Será a discussão sobre o julgamento divergente proferido por outra turma do Superior Tribunal de Justiça (contra julgamento de recurso especial) ou do Supremo Tribunal Federal (contra julgamento de recurso extraordinário), de recurso e de ação originária, ou ainda de recurso da própria turma, desde que tenha havido modificação substancial de sua composição, o qual deverá prevalecer no caso concreto. É imprescindível a juntada de cópia do acórdão divergente, nos termos do art. 1.043, § 4º, CPC.
Requerimento	Será de reforma da decisão recorrida, com a prevalência do voto proferido em sentido distinto.

Esquema: embargos de divergência

EXCELENTÍSSIMO SENHOR DOUTOR RELATOR DA AÇÃO / RECURSO DO EGRÉGIO SUPERIOR TRIBUNAL DE JUSTIÇA

ou

EXCELENTÍSSIMO SENHOR DOUTOR RELATOR DA AÇÃO / RECURSO DO SUPREMO TRIBUNAL FEDERAL

[Espaço de dez linhas]

Autos nº...

[Espaço de uma linha]

EMBARGANTE, pelo advogado devidamente constituído nos autos, que a esta subscreve, nos autos da [AÇÃO / RECURSO] acima mencionada, que tem como parte adversária EMBARGADO, vem, respeitosamente, à Vossa Excelência, interpor EMBARGOS DE DIVERGÊNCIA, com fundamento nos arts. 1.043 e 1.044, Código de Processo Civil (art. 330 e ss., Regimento Interno do Supremo Tribunal Federal; arts. 266, 266-A, 266-B, 266-C, 266-D e 267, Regimento Interno do Superior Tribunal de Justiça), cujas razões são abaixo expostas.

[Demonstrar a existência da divergência entre a decisão recorrida e a proferida por outra turma, nos termos do art. 1.043, I a IV e §§ 1º a 3º, a qual é favorável aos interesses do recorrente e que deve prevalecer.

A demonstração deve ser analítica, ou seja, apontando-se os pontos de semelhança entre os casos e as diferenças quanto à interpretação das normas ou análise de outras questões relevantes. Deve o recorrente defender a prevalência da decisão proferida pela outra turma, que lhe é favorável.

Referir a juntada de cópia do acórdão paradigma, nos termos do art. 1.043, § 4º, CPC].

Posto isso, requer o conhecimento e o provimento dos presentes embargos de divergência para fins de fazer prevalecer o entendimento proferido pela ... Turma deste Colendo Tribunal.

                    Pede deferimento.
[Espaço de uma linha]
                         Local e data.
[Espaço de uma linha]
                         Advogado...

PARTE IX
PROCEDIMENTOS ESPECIAIS EM LEI EXTRAVAGANTE

CAPÍTULO 1

AÇÕES DE ALIMENTOS, ALIMENTOS GRAVÍDICOS, OFERTA E EXONERAÇÃO DE ALIMENTOS

1. ALIMENTOS

Alimentos são as verbas devidas para a manutenção de uma pessoa que não tenha condições de prover a própria sobrevivência.

Podem ser:

a) *legais*: devidos em razão do dever de recíproca assistência em virtude das relações de parentesco (art. 1.694, CC);
b) *voluntários:* quando decorrentes de ato de disposição de vontade, por ato entre vivos ou decorrente de falecimento;
c) *indenizatórios*: devidos como recomposição pela prática de ato ilícito à vítima ou a seus dependentes, no caso de morte daquela.

2. AÇÃO DE ALIMENTOS (LEI Nº 5.478/1968)

Objetivo	A fixação de alimentos em favor do alimentando, em virtude de vínculo preestabelecido de parentesco.
Requisitos	Demonstração das necessidades do alimentando e das possibilidades dos alimentantes.
Legitimidade	Ativa: do parente necessitado. Passiva: do parente obrigado.
Liminar	É cabível, por força de disposição expressa do art. 4º, Lei nº 5.478/1968.
Justiça gratuita	Sendo o alimentando pobre, poderá requerer a gratuidade processual por simples requerimento na petição inicial, nos termos do art. 1º, §§ 2º a 4º, Lei nº 5.478/1968. No mais, será observado o que determinam os arts. 98 e ss., CPC.

Procedimento	Determinação dos alimentos provisórios, citação do réu, para comparecimento a audiência de tentativa de conciliação, instrução e julgamento, oportunidade em que será apresentada a defesa e serão ouvidas as testemunhas trazidas pelas partes.

3. PASSO A PASSO DA AÇÃO ESPECIAL DE ALIMENTOS

Competência	Do domicílio ou da residência do alimentando (art. 53, II, CPC).
Partes	Ativa: pretendente à pensão. Passiva: do devedor dos alimentos.
Causa de pedir	a) demonstração do vínculo de parentesco entre as partes; b) necessidades do alimentando; c) possibilidades do alimentante.
Liminar	Para deferir os alimentos provisórios.
Pedido	a) procedência do pedido, para condenar o alimentante a pagar os alimentos devidos ao alimentando, deferimento dos benefícios da justiça gratuita (se cabíveis), desconto em folha, se alimentante for empregado, servidor público ou aposentado; b) intimação do Ministério Público, caso haja interesse de incapazes (art. 178, II, CPC); c) condenação do réu nos ônus da sucumbência; d) gratuidade processual, se for o caso.
Provas	Todos os meios em direito admitidos.
Citação do réu	Para comparecimento em audiência, nos termos do art. 695, CPC.
Valor da causa	Doze prestações de alimentos (art. 292, III, CPC).

IMPORTANTE

1) Onde houver, será competente o juízo da família e das sucessões. Onde não houver, deve ser verificado o órgão competente de acordo com as normas de organização judiciária vigentes.
2) Nos termos da Súmula nº 621 do STJ: "Os efeitos da sentença que reduz, majora ou exonera o alimentante do pagamento retroagem à data da citação, vedadas a compensação e a repetibilidade".

Esquema: ação especial de alimentos

EXCELENTÍSSIMO SENHOR DOUTOR JUIZ DE DIREITO DA ...ª VARA DA FAMÍLIA E SUCESSÕES DA COMARCA DE...

ou

EXCELENTÍSSIMO SENHOR DOUTOR JUIZ DE DIREITO DA ...ª VARA CÍVEL DA COMARCA DE...

[Espaço de dez linhas para despacho judicial]

    AUTOR, nacionalidade..., estado civil..., profissão..., RG nº... e CPF nº..., residente e domiciliado no endereço...

ou

    AUTOR, menor absolutamente incapaz, representado por [sua mãe, seu pai, seu avô, seu guardião...] NOME..., nacionalidade..., estado civil..., profissão..., RG nº... e CPF nº..., residentes e domiciliados no endereço...

    Pelo advogado abaixo assinado, que receberá intimações no endereço..., vem, respeitosamente, à Vossa Excelência ajuizar a presente

    AÇÃO DE ALIMENTOS, fundamentados no art. 1.694 e ss., Código Civil e Lei nº 5.478/1968,

    em face de RÉU, nacionalidade, profissão, estado civil, RG nº... e CPF nº..., residente e domiciliado no endereço, pelas razões de fato e de direito a seguir expostas:

[Espaço de duas linhas]

  I – DOS FATOS

[Narração dos fatos que apontem:

a) a relação de parentesco entre as partes;

b) as necessidades do alimentando;

c) as possibilidades do alimentante.]

[Espaço de duas linhas]

  II – DO DIREITO

[Demonstração do direito aos alimentos, nos termos do art. 1.694 e ss., Código Civil]

[Espaço de duas linhas]

  III – DOS ALIMENTOS PROVISÓRIOS

[Espaço de uma linha]

    Requerer a fixação dos alimentos provisórios liminarmente, a fim de garantir o direito de sustento do alimentando.

    Por todo o exposto, requer-se:

    a) a concessão da gratuidade processual ao alimentando, já que pessoa pobre na acepção jurídica do termo, direito assegurado pelo art. 1º, §§ 2º a 4º, Lei nº 5.478/1968, e do art. 98 e ss. do Código de Processo Civil;

    b) o deferimento dos alimentos provisórios no valor de R$ ...;

c) a intimação do membro do Ministério Público para acompanhar a presente demanda (se a causa envolver incapazes);

d) a citação do Réu para comparecimento em audiência de conciliação, instrução e julgamento, na qual poderá apresentar a defesa que entender cabível e ouvir até três testemunhas;

e) a procedência do presente pedido, para condenar o Réu no pagamento de alimentos ao Autor no valor de R$...;

f) a condenação do Réu ao pagamento dos honorários advocatícios, bem como ao ressarcimento das despesas processuais.

[Espaço de duas linhas]

IV – DAS PROVAS

Protesta provar o alegado por todos os meios em direito admitidos, especialmente pelos documentos que acompanham a presente, documentos novos, depoimento pessoal do Réu, oitiva de testemunhas a ser oportunamente arroladas, perícias, e demais meios que se fizerem necessários ao longo da demanda.

[Espaço de duas linhas]

V – DO VALOR DA CAUSA

[Espaço de uma linha]

Dá-se à causa o valor de R$ ...

[Espaço de uma linha]

Termos em que,

pede deferimento.

[Espaço de uma linha]

Local e data.

[Espaço de uma linha]

Advogado...

[Espaço de uma linha]

4. OS ALIMENTOS GRAVÍDICOS

Nos termos da Lei nº 11.804/2008, foi reconhecido o direito à grávida de pleitear alimentos ao futuro pai, desde que haja indícios de paternidade.

Os alimentos gravídicos envolvem os valores suficientes para cobrir as despesas adicionais do período de gravidez e que sejam dela decorrentes, da concepção ao parto, inclusive as referentes a alimentação especial, assistência médica e psicológica, exames complementares, internações, parto, medicamentos e demais prescrições preventivas e terapêuticas indispensáveis, a juízo do médico, além de outras que o juiz considere pertinentes (art. 2º, Lei nº 11.804/2008).

Os alimentos gravídicos ficam convertidos em alimentos definitivos até que uma das partes solicite a sua revisão (art. 6º, parágrafo único, Lei nº 11.804/2008).

O procedimento é o mesmo da Lei nº 5.478/1968, suplementado pelas disposições do Código de Processo Civil.

5. OFERTA DE ALIMENTOS

Poderá o devedor de alimentos se antecipar a qualquer providência judicial do credor e, por medida judicial, oferecer os alimentos que entende devidos. Os requisitos são os mesmos da ação especial de alimentos, e o procedimento é o da Lei nº 5.478/1968.

6. A REVISÃO E A EXONERAÇÃO DE ALIMENTOS

Nos termos do art. 1.699, Código Civil, se, fixados os alimentos, sobrevier mudança na situação financeira de quem os supre, ou na de quem os recebe, poderá o interessado reclamar ao juiz, conforme as circunstâncias, exoneração, redução ou majoração do encargo.

A revisão, para mais ou para menos, e a exoneração de alimentos são requeridos nos próprios autos. Caso haja mudança de endereço do alimentando, a ação poderá ser ajuizada no novo domicílio.

Seu procedimento é o mesmo da Lei nº 5.478/1968.

IMPORTANTE

A execução de alimentos foi tratada nesta obra em capítulo próprio.

7. PASSO A PASSO DAS AÇÕES DE OFERTA, REVISÃO OU EXONERAÇÃO DE ALIMENTOS (LEGITIMIDADE DO ALIMENTANTE)

Competência	Do domicílio do réu (art. 46, CPC). Se o réu for incapaz, será o domicílio de seu representante (art. 50, CPC).
Partes	Ativa: alimentante. Passiva: alimentando.
Causa de pedir	a) demonstração da obrigação alimentar existente; b) emonstração da alteração das condições materiais do alimentante, no caso da revisão ou da exoneração.
Pedido	a) oferta de alimentos: procedência do pedido, para fixar os alimentos no montante pretendido pelo autor, com eventual expedição de ofício ao empregador/órgão público para que realize o pagamento da pensão;

Pedido	b) revisão ou exoneração de alimentos: procedência do pedido, para rever a obrigação alimentar, para diminuir/exonerar os alimentos devidos, expedição de ofício ao empregador/órgão público para diminuir/exonerar o encargo; c) em todos os casos: condenação em custas processuais e honorários de advogado; d) intimação do Ministério Público, caso haja interesse de incapazes (art. 178, II, CPC).
Provas	Todos os meios em direito admitidos.
Citação do réu	Para comparecimento em audiência.
Valor da causa	Doze prestações de alimentos (art. 292, II, CPC).

Esquema: ação revisional ou exoneratória de alimentos (legitimidade do alimentante)

EXCELENTÍSSIMO SENHOR DOUTOR JUIZ DE DIREITO DA ...ª DA FAMÍLIA E SUCESSÕES DA COMARCA DE...

ou

EXCELENTÍSSIMO SENHOR DOUTOR JUIZ DE DIREITO DA ...ª VARA CÍVEL DA COMARCA DE...

[Espaço de dez linhas para despacho judicial]

AUTOR, nacionalidade..., estado civil..., profissão..., RG nº... e CPF nº..., residente e domiciliado no endereço...

Pelo advogado abaixo assinado, que receberá intimações no endereço..., vem, respeitosamente, à Vossa Excelência ajuizar a presente

AÇÃO REVISIONAL / EXONERATÓRIA DE ALIMENTOS, fundamentados no art. 1.699, Código Civil, e na Lei nº 5.478/1968,

em face de RÉU, nacionalidade, profissão, estado civil, RG nº... e CPF nº..., residente e domiciliado no endereço,

ou

RÉU, menor absolutamente incapaz, representado por [sua mãe, seu pai, seu avô, seu guardião...] NOME..., nacionalidade..., estado civil..., profissão..., RG nº... e CPF nº..., residentes e domiciliados no endereço...

pelas razões de fato e de direito a seguir expostas:

[Espaço de duas linhas]

I - DOS FATOS

[Espaço de uma linha]

[Narração dos fatos que apontem:
a) a obrigação alimentar já existente;
b) a modificação da situação financeira do alimentante, de forma a diminuir ou exonerar a obrigação alimentar.]

[Espaço de duas linhas]

II – DO DIREITO
[Espaço de uma linha]

Demonstração do direito a revisão / exoneração de alimentos, nos termos do art. 1.699 e ss., Código Civil.

[Espaço de duas linhas]

III – DO PEDIDO
[Espaço de uma linha]

Por todo o exposto, requer-se:

a) a citação do Réu para comparecimento em audiência de conciliação, instrução e julgamento, na qual poderá apresentar a defesa que entender cabível e ouvir até três testemunhas;

b) a intimação do membro do Ministério Público para acompanhar a presente demanda (se a causa envolver incapazes);

c) a procedência do presente pedido, para revisar o valor dos alimentos para o valor de R$ ..., ou exonerar o devedor da obrigação alimentar;

d) a condenação do Réu ao pagamento dos honorários advocatícios, bem como ao ressarcimento das despesas processuais.

[Espaço de duas linhas]

IV – DAS PROVAS
[Espaço de uma linha]

Protesta provar o alegado por todos os meios em direito admitidos, especialmente pelos documentos que acompanham a presente, documentos novos, depoimento pessoal do Réu, oitiva de testemunhas a serem oportunamente arroladas, perícias, e demais meios que se fizerem necessários ao longo da demanda.

[Espaço de duas linhas]

V – DO VALOR DA CAUSA
[Espaço de uma linha]

Dá-se à causa o valor de R$ ...

[Espaço de uma linha]

Termos em que,

pede deferimento.

[Espaço de uma linha]

Local e data.

[Espaço de uma linha]

Advogado...

[Espaço de uma linha]

8. DISPOSIÇÕES REFERENTES ÀS AÇÕES DE FAMÍLIA OBSERVÁVEIS AOS PROCEDIMENTOS DE ALIMENTOS (ARTS. 693 E SS., CPC)

a) Nas ações de família, todos os esforços serão empreendidos para a solução consensual da controvérsia, devendo o juiz dispor do auxílio de profissionais de outras áreas de conhecimento para a mediação e a conciliação.

b) A requerimento das partes, o juiz pode determinar a suspensão do processo enquanto os litigantes se submetem a mediação extrajudicial ou a atendimento multidisciplinar.

c) Recebida a petição inicial e, se for o caso, tomadas as providências referentes à tutela provisória, o juiz ordenará a citação do réu para comparecer à audiência de mediação e conciliação.

d) O mandado de citação conterá apenas os dados necessários à audiência e deverá estar desacompanhado de cópia da petição inicial, assegurado ao réu o direito de examinar seu conteúdo a qualquer tempo.

e) A citação ocorrerá com antecedência mínima de 15 dias da data designada para a audiência e será feita na pessoa do réu, por correio, oficial de justiça (é obrigatória essa forma se o réu for incapaz), sendo essa última por carta, caso necessário.

f) Na audiência, as partes deverão estar acompanhadas de seus advogados ou de defensores públicos.

g) A audiência de mediação e conciliação poderá dividir-se em tantas sessões quantas sejam necessárias para viabilizar a solução consensual, sem prejuízo de providências jurisdicionais para evitar o perecimento do direito.

h) Não realizado o acordo, passarão a incidir, a partir de então, as normas do procedimento comum ou especial, conforme o caso.

i) Nas ações de família, o Ministério Público somente intervirá quando houver interesse de incapaz e deverá ser ouvido previamente à homologação de acordo.

j) Quando o processo envolver discussão sobre fato relacionado a abuso ou a alienação parental, o juiz, ao tomar o depoimento do incapaz, deverá estar acompanhado por especialista.

CAPÍTULO 2

SEPARAÇÃO, DIVÓRCIO E RECONHECIMENTO E DISSOLUÇÃO DE UNIÃO ESTÁVEL

1. ESPÉCIES DE SEPARAÇÃO

De acordo com a lei civil, haverá extinção da sociedade conjugal e dos deveres conjugais nas seguintes hipóteses:

Tipo de separação	Requisitos
Separação judicial litigiosa (art. 1.572, CC)	Quando há grave violação dos deveres do casamento (art. 1.566, I a V, CC), o que torna insuportável a vida em comum.
Separação judicial falência (art. 1.572, § 1º, CC)	Quando há separação de fato há pelo menos um ano e há impossibilidade da vida em comum.
Separação judicial remédio (art. 1.572, § 2º, CC)	Quando o outro cônjuge estiver acometido de doença mental grave manifestada após o casamento, que torne impossível a continuidade da vida em comum, desde que haja comprovação de que a doença seja incurável após duração de dois anos.

IMPORTANTE

É entendimento majoritário – e acompanhado pelo Código de Processo Civil de 2015 – que a separação ainda existe no ordenamento jurídico brasileiro, em que pese a facilitação dos requisitos para o divórcio estabelecidos pela EC nº 66/2010.

2. REQUISITOS PARA O DIVÓRCIO

Com a alteração implementada pela Emenda Constitucional nº 66/2010, o divórcio pode ser obtido a qualquer tempo, sem o preenchimento de qualquer requisito quanto a tempo de casamento ou motivo de separação. Poderá ser consensual ou litigioso (caso uma das partes resista).

3. REGIME JURÍDICO DA SEPARAÇÃO/DIVÓRCIO LITIGIOSO

É regido pela Lei nº 6.515/1977:

Objetivo	Pôr fim à sociedade conjugal/ao casamento.
Cabimento	Demonstração de uma das hipóteses anteriores.
Legitimidade	Ativa: de qualquer dos cônjuges. Passiva: do outro cônjuge.
Defesa	Veiculada por contestação. Conforme o caso, afastar a culpa ou a doença mental. É cabível reconvenção para que o cônjuge réu reverta a culpa na separação ou no divórcio.
Procedimento	Seguirá o procedimento comum (art. 34, *in fine*, Lei nº 6.515/1977), com as alterações estabelecidas no art. 693 e ss., CPC.
Tutela provisória	Poderá ser requerida em caráter antecedente ou incidental, com natureza antecipada ou cautelar, na petição inicial, para determinar a separação de corpos (art. 1.562, CC), alimentos provisórios, guarda de filhos, arrolamento de bens, ou outra medida necessária para a proteção do direito do autor.
Intervenção do Ministério Público	a) se houver interesse de incapaz (art. 698, CPC); b) nas ações de família em que figure como parte vítima de violência doméstica e familiar, nos termos da Lei nº 11.340, de 7 de agosto de 2006 (Lei Maria da Penha).
Ação personalíssima	Caso faleça uma das partes antes do ajuizamento da demanda, haverá a extinção do casamento por falecimento, não havendo interesse processual na separação ou no divórcio. Caso faleça uma das partes durante a ação, esta será extinta, sem resolução de mérito, já que intransmissível. Eventuais direitos patrimoniais e punições contra o cônjuge supérstite deverão ser discutidas no inventário ou em ação autônoma.

4. PASSO A PASSO DA AÇÃO DE SEPARAÇÃO E DE DIVÓRCIO LITIGIOSO

Competência	Do domicílio do guardião de filho incapaz, último domicílio do casal, caso não haja filho incapaz, ou do domicílio do réu, se nenhuma das partes residir no antigo domicílio do casal (art. 53, I, CPC).
Partes	Autor: cônjuge interessado. Réu: outro cônjuge.

Causa de pedir	Na separação: demonstrar uma das hipóteses do art. 1.572, CC. Pode haver pretensão à partilha de bens e de pensão ao cônjuge inocente, uso do nome, além de estipulação de guarda e pensão alimentícia aos filhos menores. No divórcio: que não há mais interesse em manter o casamento e há resistência do outro cônjuge.
Tutela provisória	De urgência ou de evidência, com a demonstração dos requisitos para a medida.
Pedido	Procedência do pedido, para deferir a separação ou divórcio (conforme a causa de pedir).
Provas	Todos os meios em direito admitidos.
Citação do réu	Nos termos do art. 247, I, pessoal por oficial de justiça, devendo ser feita na pessoa do réu. O mandado de citação não será instruído com a petição inicial, franqueando-se ao réu o direito de examinar os autos do processo. Será citado para comparecer à audiência de mediação e conciliação. Caso frustrada, terá início o prazo de defesa, nos termos do art. 334, CPC.
Valor da causa	Arbitrado. Se houver partilha: dos bens a serem partilhados. Se houver pedido de alimentos: 12 parcelas de pensão. Se cumulados: soma dos valores.

Esquema: separação ou divórcio judicial

EXCELENTÍSSIMO SENHOR DOUTOR JUIZ DE DIREITO DA ...ª VARA DA FAMÍLIA E SUCESSÕES DA COMARCA DE...

ou

EXCELENTÍSSIMO SENHOR DOUTOR JUIZ DE DIREITO DA ...ª VARA CÍVEL DA COMARCA DE...

[Espaço de dez linhas para despacho judicial]

AUTOR, nacionalidade..., estado civil..., profissão..., RG nº... e CPF nº..., residente e domiciliado no endereço..., pelo advogado abaixo assinado, que receberá intimações no endereço..., vem, respeitosamente, à Vossa Excelência ajuizar a presente

AÇÃO DE SEPARAÇÃO / DIVÓRCIO JUDICIAL, fundamentados no art. 1.571 e ss., Código Civil, e na Lei nº 6.515/1977,

em face de RÉU, nacionalidade, profissão, estado civil, RG nº... e CPF nº..., residente e domiciliado no endereço, pelas razões de fato e de direito a seguir expostas:

[Espaço de duas linhas]

I – DOS FATOS

[Espaço de uma linha]

[a) do casamento: apontar a data do casamento e o regime de bens;

b) dos filhos comuns: mencionar se houve o nascimento de filhos, as idades e os endereços (se menores, juntar certidão de nascimento);

c) do patrimônio: mencionar o patrimônio constituído, com a descrição dos bens, valores e demonstração da propriedade ou posse;

d) da separação ou do divórcio: narração dos fatos que apontem os motivos da separação litigiosa, falência ou remédio do divórcio, conforme apresentado nos quadros acima.]

[Espaço de duas linhas]

II - DO DIREITO

[Espaço de uma linha]

[Demonstração do direito à separação ou ao divórcio.

Mencionar, se houver pretensão neste sentido, a proposta de pensão ao cônjuge inocente, uso de nome, guarda dos filhos, pensão a estes e partilha dos bens. Se não houver, mencionar expressamente que os temas serão tratados em ação própria.]

[Espaço de duas linhas]

III - DO PEDIDO

[Espaço de uma linha]

Por todo o exposto, requer-se:

a) a citação do réu para comparecer à audiência de mediação e conciliação, nos termos do art. 695, CPC;

b) a procedência do presente pedido, para decretar a separação / o divórcio do casal;

c) (se for o caso) determinar pensão aos filhos menores no valor de R$..., guarda e pensão aos filhos menores nos termos acima fixados (neste caso, requerer a intimação do Ministério Público);

d) a partilha de bens havidos por força do regime de casamento, como acima explicitado;

e) (se for o caso) o autor voltará a usar seu nome de solteiro, requerendo-se expedição de mandado de averbação para essa finalidade;

f) a condenação do Réu ao pagamento dos honorários advocatícios, bem como ao ressarcimento das despesas processuais.

[Espaço de duas linhas]

IV - DAS PROVAS

[Espaço de uma linha]

Protesta provar o alegado por todos os meios em direito admitidos, especialmente pelos documentos que acompanham a presente, documentos novos, depoimento pessoal do Réu, oitiva de testemunhas a serem oportunamente arroladas, perícias, e demais meios que se fizerem necessários ao longo da demanda.

[Espaço de duas linhas]

```
        V - DO VALOR DA CAUSA
[Espaço de uma linha]
                    Dá-se à causa o valor de R$ ...
[Espaço de uma linha]
                            Termos em que,
                        pede deferimento.
[Espaço de uma linha]
                            Local e data.
[Espaço de uma linha]
                            Advogado...
[Espaço de uma linha]
```

5. RECONHECIMENTO E EXTINÇÃO DE UNIÃO ESTÁVEL

Nos termos do art. 226, § 6º, CF, e dos arts. 1.723 e ss., CC, é reconhecida como entidade familiar a união estável entre duas pessoas configurada na convivência pública, contínua e duradoura e estabelecida com o objetivo de constituição de família.

Para o ajuizamento da ação de reconhecimento e dissolução de união estável:

a) deverá ser demonstrada a convivência pública, contínua e duradoura das partes;
b) deverá ser demonstrada o estabelecimento com o objetivo de constituição de família (casal estável, mesmo sem filhos);
c) não deverá haver nenhum dos impedimentos do art. 1.521, CC (art. 1.723, § 1º, CC), sob pena de a união ser caracterizada como concubinato (art. 1.727, CC).

A união estável se prova por todos os meios em direito admitidos, como a escritura pública para tal finalidade, inscrições para fins previdenciários, outros documentos, testemunhos etc.

IMPORTANTE

A ação é admissível mesmo quando falecido um dos conviventes, para fins de reconhecimento de direitos sucessórios.

6. REGIME JURÍDICO DA AÇÃO DE RECONHECIMENTO E EXTINÇÃO DE UNIÃO ESTÁVEL

| Objetivo | Reconhecer a existência de união estável entre as partes, seu rompimento e assegurar os direitos patrimoniais e assistenciais dela decorrentes. |

Legitimidade	Ativa: de qualquer dos conviventes. Passiva: do outro convivente, ou seus herdeiros, caso falecido o convivente.
Defesa	Veiculada por contestação. É cabível reconvenção do réu para a proteção de seus direitos.
Procedimento	Seguirá o procedimento comum, com as alterações estabelecidas nos art. 693 e ss., CPC.
Tutela provisória	Poderá ser requerida com natureza cautelar ou antecipada, em caráter antecedente ou incidental, na petição inicial, para determinar a separação de corpos (art. 1.562, CC), alimentos provisórios, guarda de filhos, arrolamento de bens, ou outra medida necessária para a proteção do direito do autor.
Intervenção do Ministério Público	a) se houver interesse de incapaz (art. 698, CPC); b) nas ações de família em que figure como parte vítima de violência doméstica e familiar, nos termos da Lei nº 11.340/2006 (Lei Maria da Penha).

> **IMPORTANTE**
>
> Tal regime se aplica à ação de anulação ou nulidade de casamento. As causas de nulidade ou anulação do casamento estão previstas no art. 1.548 e ss. do CC, que será o conteúdo da causa de pedir.

7. PASSO A PASSO DA AÇÃO DE RECONHECIMENTO E EXTINÇÃO DE UNIÃO ESTÁVEL

Competência	Do domicílio do guardião de filho incapaz, último domicílio do casal, caso não haja filho incapaz ou do domicílio do réu, se nenhuma das partes residir no antigo domicílio do casal (art. 53, I, CPC).
Partes	Autor: do convivente interessado. Réu: outro convivente ou seus herdeiros, caso falecido aquele.
Causa de pedir	Existência de união estável, porque cumpridos os requisitos do art. 1.723, CC. Dissolução, por infração dos deveres entre os conviventes.
Tutela provisória	De urgência ou de evidência, com a demonstração dos requisitos para a medida.
Pedido	Procedência do pedido, para reconhecer a existência de união estável e, se for o caso, sua dissolução, tratando-se de partilha dos bens, guarda, direito de visitas e pensão aos filhos incapazes.
Provas	Todos os meios em direito admitidos.
Citação do réu	Nos termos do art. 247, I, pessoal por oficial de justiça, devendo ser feita na pessoa do réu. O mandado de citação não será instruído com a petição inicial, franqueando-se ao réu o direito de examinar os autos do processo. Será citado para comparecer à audiência de mediação e conciliação. Caso frustrada, terá início o prazo de defesa, nos termos do art. 334, CPC.

Valor da causa	Arbitrado. Se houver partilha: dos bens a serem partilhados. Se houver pedido de alimentos: 12 parcelas de pensão. Se cumulados: soma dos valores.

IMPORTANTE

Na hipótese de reconhecimento e dissolução de união estável *post mortem*, poderá ser requerido pedido de tutela provisória de reserva de quinhão, caso a condição de herdeiro seja contestada.

Esquema: ação de reconhecimento e dissolução de união estável

EXCELENTÍSSIMO SENHOR DOUTOR JUIZ DE DIREITO DA ...ª VARA DA FAMÍLIA E SUCESSÕES DA COMARCA DE...

ou

EXCELENTÍSSIMO SENHOR DOUTOR JUIZ DE DIREITO DA ...ª VARA CÍVEL DA COMARCA DE...

[Espaço de dez linhas para despacho judicial]

AUTOR, nacionalidade..., estado civil..., profissão..., RG nº... e CPF nº..., residente e domiciliado no endereço..., pelo advogado abaixo assinado, que receberá intimações no endereço..., vem, respeitosamente, à Vossa Excelência ajuizar a presente

AÇÃO DE RECONHECIMENTO E DISSOLUÇÃO DE UNIÃO ESTÁVEL, fundamentados no art. 1.723 e ss., Código Civil, e no art. 693 e ss. do Código de Processo Civil,

em face de RÉU, nacionalidade, profissão, estado civil, RG nº... e CPF nº..., residente e domiciliado no endereço, pelas razões de fato e de direito a seguir expostas:

[Espaço de duas linhas]

I - DOS FATOS

[Espaço de uma linha]

[a) da união estável: demonstrar o preenchimento dos fatos aos quais se aplica o art. 1.723, CC;

b) dos filhos comuns: mencionar se houve o nascimento de filhos, as idades e os endereços (se menores, juntar certidão de nascimento);

c) do patrimônio: mencionar o patrimônio constituído, com a descrição dos bens, valores e demonstração da propriedade ou posse;

d) do rompimento: narração dos fatos que apontem os motivos do rompimento da união.]

[Espaço de duas linhas]

II - DO DIREITO

[Espaço de uma linha]

[Demonstração do direito ao reconhecimento da união estável, já que preenchidos seus requisitos legais e das causas autorizadoras de sua dissolução.

Mencionar, se houver pretensão neste sentido, a proposta de pensão ao cônjuge inocente, uso de nome, guarda dos filhos, pensão a estes e partilha dos bens. Se não houver, mencionar expressamente que os temas serão tratados em ação própria.

Ou que o Autor, convivente, tem direitos sucessórios em relação ao convivente falecido.]

[Espaço de duas linhas]

III - TUTELA PROVISÓRIA

[Espaço de uma linha]

Se o caso, fazer requerimento da tutela provisória necessária para a adequada proteção do direito do Autor.

IV - DO PEDIDO

[Espaço de uma linha]

Por todo o exposto, requer-se:

a) a citação do Réu para comparecer à audiência de mediação e conciliação, nos termos do art. 695, CPC;

b) a procedência do presente pedido, para reconhecer a união estável existente entre as partes e (se o caso) decretar sua dissolução, por culpa do Réu;

c) (se for o caso) determinar pensão aos filhos menores no valor de R$..., guarda e pensão aos filhos menores nos termos acima fixados (neste caso, requerer a intimação do Ministério Público);

d) a partilha de bens havidos por força do regime de casamento, como acima explicitado;

e) (se for o caso) o Autor voltará a usar seu nome de solteiro, requerendo-se expedição de mandado de averbação para essa finalidade;

f) a condenação do Réu ao pagamento dos honorários advocatícios, bem como ao ressarcimento das despesas processuais.

[Espaço de duas linhas]

V - DAS PROVAS

[Espaço de uma linha]

Protesta provar o alegado por todos os meios em direito admitidos, especialmente pelos documentos que acompanham a presente, documentos novos, depoimento pessoal do Réu, oitiva de testemunhas a serem oportunamente arroladas, perícias, e demais meios que se fizerem necessários ao longo da demanda.

[Espaço de duas linhas]

```
          VI - DO VALOR DA CAUSA
[Espaço de uma linha]
                    Dá-se à causa o valor de R$ ...
[Espaço de uma linha]
                         Termos em que,
                         pede deferimento.
[Espaço de uma linha]
                         Local e data.
[Espaço de uma linha]
                         Advogado...
[Espaço de uma linha]
                         Rol de testemunhas
```

8. SEPARAÇÃO E DIVÓRCIO CONSENSUAL. EXTINÇÃO CONSENSUAL DE UNIÃO ESTÁVEL (ARTS. 731-733, CPC)

Em havendo mútuo consentimento, podem as partes pretender separação e divórcio consensual e a extinção consensual da união estável.

Poderá ser requerido ao juízo do domicílio de qualquer das partes, havendo o acordo quanto à pensão alimentícia ao cônjuge, estipulação quanto a partilha de bens, guarda e pensão aos filhos menores (art. 731, CPC).

Para a separação e o divórcio consensual, o rito é estipulado pela Lei nº 6.515/1977, com as alterações do art. 731, CPC: petição inicial, tratando da divisão dos bens e da proteção aos filhos, distribuição da petição inicial, que, em até cinco dias, deverão comparecer em juízo independentemente de intimação, acompanhadas de seu(s) advogado(s), para confirmação da vontade em audiência. Ouvidas as partes e o Ministério Público, será homologado o divórcio, sendo emitida certidão para o cartório de registro civil perante o qual ocorreu o casamento e, a requerimento das partes, formal de partilha para o registro perante o competente cartório de registro de imóveis.

Na extinção consensual de união estável, observa-se o procedimento geral de jurisdição voluntária, com os acréscimos feitos pelo art. 731, CPC.

Esquema: separação/divórcio consensual

```
    EXCELENTÍSSIMO SENHOR DOUTOR JUIZ DE DIREITO DA ...ª VARA DA FAMÍLIA
E SUCESSÕES DA COMARCA DE...
    ou
    EXCELENTÍSSIMO SENHOR DOUTOR JUIZ DE DIREITO DA ...ª VARA CÍVEL DA
COMARCA DE...
    [Espaço de dez linhas para despacho judicial]
```

CÔNJUGE 1, nacionalidade..., estado civil..., profissão..., RG n°... e CPF n°..., residente e domiciliado no endereço..., e CÔNJUGE 2, nacionalidade..., estado civil..., profissão..., RG n°... e CPF n°..., residente e domiciliado no endereço..., pelo advogado abaixo assinado, que receberá intimações no endereço..., vem, respeitosamente, à Vossa Excelência ajuizar a presente
AÇÃO DE SEPARAÇÃO / DIVÓRCIO CONSENSUAL, fundamentados no art. 731 e ss. do Código de Processo Civil e pela Lei n° 6.515/1977, nos seguintes termos:

[Espaço de duas linhas]

I - DO CASAMENTO

[Espaço de uma linha]

[Apontar a data do casamento e o regime de bens (mencionando a juntada de certidão de casamento atualizada)]

[Espaço de duas linhas]

II - DOS FILHOS COMUNS

[Espaço de uma linha]

[Mencionar se houve o nascimento de filhos, as idades e os endereços (se menores, juntar certidão de nascimento)]

[Espaço de duas linhas]

III - DO PATRIMÔNIO

[Espaço de uma linha]

[Mencionar o patrimônio constituído, com a descrição dos bens, valores e demonstração da propriedade ou posse]

[Espaço de duas linhas]

IV - DO DIVÓRCIO

[Espaço de uma linha]

[Os interessados expressam, neste ato, sua vontade livre e desembaraçada de pôr fim ao casamento realizado]

[Espaço de duas linhas]

V - DO REQUERIMENTO

[Espaço de uma linha]

[Por todo o exposto, requerem os interessados a homologação do presente pedido de separação / divórcio consensual, deferindo-se a pensão alimentícia, a partilha dos bens, a guarda dos filhos comuns, o regime de visitas e a pensão a eles devida como proposta, após a oitiva do Ministério Público]

[Espaço de duas linhas]

           VI - DAS PROVAS
[Espaço de uma linha]
[Protesta provar o alegado por todos os meios em direito admitidos, especialmente pelos documentos que acompanham a presente, documentos novos, depoimento pessoal dos interessados, oitiva de testemunhas a serem oportunamente arroladas, perícias, e demais meios que se fizerem necessários ao longo da demanda]
[Espaço de duas linhas]

           VII - DO VALOR DA CAUSA
[Espaço de uma linha]
                   Dá-se à causa o valor de R$ ...
[Espaço de uma linha]
                          Termos em que,
                        pede deferimento.
[Espaço de uma linha]
                          Local e data.
[Espaço de uma linha]
                          Advogado...
[Espaço de uma linha]
                        Rol de testemunhas

IMPORTANTE

Caso seja necessário requerer os benefícios da gratuidade processual para qualquer das partes nas ações acima mencionadas, deve ser seguido o procedimento do art. 98 e ss., CPC.

9. SEPARAÇÃO E DIVÓRCIO EXTRAJUDICIAL E EXTINÇÃO CONSENSUAL DE UNIÃO ESTÁVEL – REQUISITOS (ART. 733, CPC)

a) Não haver nascituro ou filhos incapazes.
b) Acordo quanto à partilha, à pensão alimentícia e à retomada pelo cônjuge de seu nome de solteiro ou à manutenção do nome adotado quando se deu o casamento.
c) Realização de escritura pública, com a representação de advogado ou defensor público, perante o cartório de títulos e documentos.
d) Registro da escritura perante o registro civil e, se for o caso, perante o registro de imóveis.

> **IMPORTANTE**
>
> O Conselho Nacional de Justiça firmou entendimento segundo o qual é aplicável a gratuidade a tais expedientes, mesmo sem a previsão expressa (Consulta CNJ 0006042-02.2017.2.00.0000).

10. DISPOSIÇÕES REFERENTES ÀS AÇÕES DE FAMÍLIA OBSERVÁVEIS AOS PROCEDIMENTOS DE SEPARAÇÃO, DIVÓRCIO, INVALIDAÇÃO DE CASAMENTO E UNIÃO ESTÁVEL (ART. 693 E SS., CPC)

a) Nas ações de família, todos os esforços serão empreendidos para a solução consensual da controvérsia, devendo o juiz dispor do auxílio de profissionais de outras áreas de conhecimento para a mediação e a conciliação.

b) A requerimento das partes, o juiz pode determinar a suspensão do processo enquanto os litigantes se submetem a mediação extrajudicial ou a atendimento multidisciplinar.

c) Recebida a petição inicial e, se for o caso, tomadas as providências referentes à tutela provisória, o juiz ordenará a citação do réu para comparecer à audiência de mediação e conciliação.

d) O mandado de citação conterá apenas os dados necessários à audiência e deverá estar desacompanhado de cópia da petição inicial, assegurado ao réu o direito de examinar seu conteúdo a qualquer tempo.

e) A citação ocorrerá com antecedência mínima de 15 dias da data designada para a audiência e será feita na pessoa do réu, por correio, oficial de justiça (é obrigatória essa forma se o réu for incapaz), sendo essa última por carta, caso necessário.

f) Na audiência, as partes deverão estar acompanhadas de seus advogados ou de defensores públicos.

g) A audiência de mediação e conciliação poderá dividir-se em tantas sessões quantas sejam necessárias para viabilizar a solução consensual, sem prejuízo de providências jurisdicionais para evitar o perecimento do direito.

h) Não realizado o acordo, passarão a incidir, a partir de então, as normas do procedimento comum ou especial, conforme o caso.

i) Nas ações de família, o Ministério Público somente intervirá quando houver interesse de incapaz e deverá ser ouvido previamente à homologação de acordo.

j) Quando o processo envolver discussão sobre fato relacionado a abuso ou a alienação parental, o juiz, ao tomar o depoimento do incapaz, deverá estar acompanhado por especialista.

CAPÍTULO 3

AÇÃO DE INVESTIGAÇÃO DE MATERNIDADE OU PATERNIDADE

1. OS FILHOS HAVIDOS DURANTE O CASAMENTO

Nos termos do art. 1.597, CC, há a presunção de que os filhos havidos durante o casamento de um homem e de uma mulher são filhos de ambos.

2. OS FILHOS HAVIDOS DE OUTRAS RELAÇÕES

Como a presunção de maternidade e de paternidade não é estendida a outros tipos de vínculos, os filhos nascidos dessas relações poderão ser reconhecidos (art. 1.609, CC):

a) espontaneamente, por ato de pai e mãe, que comparecem ao Cartório de Registro Civil e assim se declaram;
b) por escritura pública ou escrito particular, a ser arquivado em cartório;
c) por testamento;
d) por manifestação direta perante o juiz, em qualquer tipo de demanda judicial;
e) por sentença transitada em julgado em ação com essa finalidade.

3. DIREITO À IDENTIDADE BIOLÓGICA

Conforme estabelece o art. 48 do Estatuto da Criança e do Adolescente, é direito destes conhecerem sua identidade biológica, tendo reconhecidos seu pai e sua mãe biológicos, e os interessados poderão se valer da via judicial para essa finalidade.

4. PODER FAMILIAR

Reconhecido o filho menor, espontaneamente ou não, o pai ou a mãe estarão incumbidos do exercício do poder familiar, nos termos do art. 1.634, CC, exceto se houver a suspensão ou a destituição deste.

5. RECONHECIMENTO JUDICIAL DA PATERNIDADE – LEI Nº 8.560/1992, O REGIME JURÍDICO DA MEDIDA

Objetivo	Reconhecer impositivamente a paternidade.
Requisitos	Demonstração de que, do relacionamento sexual entre o réu e a genitora, adveio o nascimento do(a) autor(a). Pode ser cumulado com alimentos.
Legitimidade	Autor: filho (se menor, devidamente representado ou assistido). Réu: suposto pai.
Defesa	Por contestação, sendo possível defesa preliminar e de mérito.
Procedimento	É o comum.

> **IMPORTANTE**
>
> A recusa à realização do exame de compatibilidade de código genético (DNA) gerará presunção de paternidade, a ser apreciada em conjunto com o contexto probatório (art. 2º-A, parágrafo único, Lei nº 8.560/1992).

6. PASSO A PASSO DA AÇÃO DE INVESTIGAÇÃO DE PATERNIDADE

Competência	Do domicílio do réu ou alimentando, se cumulado com alimentos (art. 53, II, CPC).
Partes	Autor: filho (se menor, devidamente representado ou assistido). Réu: suposto pai.
Causa de pedir	Descrição do relacionamento amoroso ou sexual, o qual coincidiu com o período da concepção do autor. Necessidades do alimentando e possibilidade do alimentante, se houver pedido de alimentos.
Tutela provisória	De urgência ou evidência, provados os requisitos legais.
Pedido	Procedência do pedido, para reconhecer a paternidade do autor em relação ao réu, condenando-o no pagamento de pensão alimentícia.
Provas	Todos os meios em direito admitidos.
Citação do réu	Pessoal, por oficial de justiça (art. 247, I, CPC), para comparecer em audiência, nos termos do art. 695, CPC.
Valor da causa	A ser arbitrado. Se houver pedido de alimentos, 12 pensões de alimentos.
Intervenção do Ministério Público	Se o autor for menor ou incapaz, nos termos do art. 178, II, CPC.

> **IMPORTANTE**
>
> a) Caso o suposto pai tenha falecido, é possível o ajuizamento da demanda, em face dos herdeiros, a ser cumulada com o pedido de petição de herança.
> b) A ação de investigação de paternidade não prescreve, mas a pretensão à herança é passível de prescrição.
> c) Pode ser investigada a maternidade, caso haja dúvidas quanto a esta.

Esquema: ação de investigação de paternidade

EXCELENTÍSSIMO SENHOR DOUTOR JUIZ DE DIREITO DA ...ª VARA DA FAMÍLIA E SUCESSÕES DA COMARCA DE...

ou

EXCELENTÍSSIMO SENHOR DOUTOR JUIZ DE DIREITO DA ...ª VARA CÍVEL DA COMARCA DE...

[Espaço de dez linhas para despacho judicial]

AUTOR, nacionalidade..., estado civil..., profissão..., RG nº... e CPF nº..., residente e domiciliado no endereço...,

ou

AUTOR, menor absolutamente incapaz, representado por [sua mãe, seu pai, seu avô, seu guardião...] NOME..., nacionalidade..., estado civil..., profissão..., RG nº... e CPF nº..., residentes e domiciliados no endereço...

pelo advogado abaixo assinado, que receberá intimações no endereço..., vem, respeitosamente, à Vossa Excelência ajuizar a presente

AÇÃO DE INVESTIGAÇÃO DE PATERNIDADE CUMULADA COM ALIMENTOS, fundamentados no art. 1.607 e ss., Código Civil, e Lei nº 8.560/1992,

em face de RÉU, nacionalidade, profissão, estado civil, RG nº... e CPF nº..., residente e domiciliado no endereço, pelas razões de fato e de direito a seguir expostas:

[Espaço de duas linhas]

I – DOS FATOS

[Espaço de uma linha]

[Narrar os fatos que revelem a relação entre a genitora do investigando e o suposto pai, com a coincidência do período da concepção do Autor. Demonstração dos requisitos para concessão de alimentos]

[Espaço de duas linhas]

II – DO DIREITO

[Espaço de uma linha]

[Demonstração do direito ao reconhecimento da paternidade e do direito a alimentos]
[Espaço de duas linhas]

III - DO PEDIDO
[Espaço de uma linha]
Por todo o exposto, requer-se:

a) a citação do Réu para comparecer à audiência de mediação e conciliação, nos termos do art. 695, CPC;

b) a intimação do Ministério Público para acompanhar a presente demanda, se tiver interesse de incapaz (art. 698);

c) a procedência do presente pedido, para reconhecer a paternidade do Autor em relação ao Réu, condenando-se o réu no pagamento de pensão alimentícia no valor de R$ ...;

d) a condenação do Réu ao pagamento dos honorários advocatícios, bem como ao ressarcimento das despesas processuais.
[Espaço de duas linhas]

IV - DAS PROVAS
[Espaço de uma linha]
Protesta provar o alegado por todos os meios em direito admitidos, especialmente pelos documentos que acompanham a presente, documentos novos, depoimento pessoal do Réu, oitiva de testemunhas a serem oportunamente arroladas, perícias, e demais meios que se fizerem necessários ao longo da demanda.
[Espaço de duas linhas]

V - DO VALOR DA CAUSA
[Espaço de uma linha]
Dá-se à causa o valor de R$
[Espaço de uma linha]
Termos em que,
pede deferimento.
[Espaço de uma linha]
Local e data.
[Espaço de uma linha]
Advogado...
[Espaço de uma linha]

7. AÇÃO NEGATÓRIA DE PATERNIDADE

Preenchendo os requisitos da petição inicial.

Competência	Do domicílio do réu (se menor, domicílio de seu representante – art. 50, CPC).
Partes	Autor: pai. Réu: filho.
Causa de pedir	Descrição dos fatos que levam à conclusão de que o réu não pode ser filho do autor e o motivo que, por erro, dolo ou coação, levaram o autor a reconhecer filho que não era seu. Se há estipulação de alimentos, justificar que a ausência do vínculo de paternidade afasta a obrigação alimentar.
Pedido	Procedência do pedido, para declarar que o réu não é filho do autor e, se o caso, a exoneração dos alimentos fixados em favor do réu.
Provas	Todos os meios em direito admitidos.
Citação do réu	Para comparecer à audiência de tentativa de conciliação ou mediação. Será citado para comparecer à audiência de mediação e conciliação. Caso frustrada, terá início o prazo de defesa, nos termos do art. 334, CPC.
Valor da causa	A ser arbitrado.
Intervenção do Ministério Público	Se o réu for incapaz (art. 178, II, CPC).

8. DISPOSIÇÕES REFERENTES ÀS AÇÕES DE FAMÍLIA OBSERVÁVEIS AOS PROCEDIMENTOS DE FILIAÇÃO (ART. 693 E SS., CPC)

a) Nas ações de família, todos os esforços serão empreendidos para a solução consensual da controvérsia, devendo o juiz dispor do auxílio de profissionais de outras áreas de conhecimento para a mediação e a conciliação.

b) A requerimento das partes, o juiz pode determinar a suspensão do processo enquanto os litigantes se submetem a mediação extrajudicial ou a atendimento multidisciplinar.

c) Recebida a petição inicial e, se for o caso, tomadas as providências referentes à tutela provisória, o juiz ordenará a citação do réu para comparecer à audiência de mediação e conciliação.

d) O mandado de citação conterá apenas os dados necessários à audiência e deverá estar desacompanhado de cópia da petição inicial, assegurado ao réu o direito de examinar seu conteúdo a qualquer tempo.

e) A citação ocorrerá com antecedência mínima de 15 dias da data designada para a audiência e será feita na pessoa do réu, por correio, oficial de justiça (é obrigatória esta forma se o réu for incapaz), sendo essa última por carta, caso necessário.

f) Na audiência, as partes deverão estar acompanhadas de seus advogados ou de defensores públicos.

g) A audiência de mediação e conciliação poderá dividir-se em tantas sessões quantas sejam necessárias para viabilizar a solução consensual, sem prejuízo de providências jurisdicionais para evitar o perecimento do direito.

h) Não realizado o acordo, passarão a incidir, a partir de então, as normas do procedimento comum ou especial, conforme o caso.

i) Nas ações de família, o Ministério Público somente intervirá quando houver interesse de incapaz e deverá ser ouvido previamente à homologação de acordo.

j) Quando o processo envolver discussão sobre fato relacionado a abuso ou a alienação parental, o juiz, ao tomar o depoimento do incapaz, deverá estar acompanhado por especialista.

CAPÍTULO 4

LOCAÇÃO – AÇÃO DE DESPEJO

1. REGIME JURÍDICO DA MEDIDA

Objetivo	Retomada do imóvel pelo locador.
Cabimento	a) Denúncia cheia: há descumprimento por parte do locatário de obrigações contratuais ou legais (arts. 9º, 23 e 47, Lei nº 8.245/1991). b) Denúncia vazia: não há descumprimento de qualquer dever por parte do locatário, mas há a ocorrência de hipótese prevista em lei (arts. 46, § 2º, e 47, V, Lei nº 8.245/1991).
Cumulação	Comporta o despejo a cumulação com a cobrança de aluguéis e acessórios de locação. Nesse caso, será citado o locatário para responder ao pedido de rescisão, e o locatário e os fiadores para responderem ao pedido de cobrança, devendo ser apresentado, com a inicial, cálculo discriminado do valor do débito.
Legitimidade	Ativa: do locador. Passiva: do locatário.
Interessados	Se houver sublocação, deverá haver a intimação do sublocatário, que poderá integrar a lide, caso queira, como assistente (art. 59, § 2º, Lei nº 8.245/1991).
Liminar	Para desocupação em 15 dias, independentemente da audiência da parte contrária e desde que prestada a caução no valor equivalente a três meses de aluguel nas hipóteses estabelecidas no art. 59, § 1º, Lei nº 8.245/1991.
Defesa	As cabíveis no procedimento comum. No caso de despejo por falta de pagamento, poderá o locatário requerer o depósito dos valores devidos no prazo fixado para a desocupação liminar, a serem calculados na forma do art. 62, II, Lei nº 8.245/1991.

Procedimento	Seguirá o procedimento comum. Julgada procedente a ação de despejo, o juiz determinará a expedição de mandado de despejo, que conterá o prazo de 30 dias para a desocupação voluntária, salvo as hipóteses estabelecidas no art. 63, § 1º, Lei nº 8.245/1991, em que a desocupação será de 15 dias. A execução provisória do despejo exige caução correspondente a seis a 12 meses do valor do aluguel. A apelação não tem efeito suspensivo (art. 58, V, Lei nº 8.245/1991).

IMPORTANTE

Entendeu o Superior Tribunal de Justiça que o fiador que não integrou a relação processual na ação de despejo não responde pela execução da cobrança (Súmula nº 268).

2. PASSO A PASSO DO DESPEJO

Competência	Do foro de eleição; em não existindo, o de situação da coisa (art. 58, Lei nº 8.245/1991).
Partes	Ativa: do locador. Passiva: do locatário (se cumulada com cobrança, deve ser incluído no polo passivo o fiador).
Causa de pedir	Demonstração da existência de hipótese de denúncia cheia ou de denúncia vazia. Deve ser pedida a desocupação liminar, se cabível. Demonstrar o débito e apresentar memória de cálculo, para fins de cobrança.
Pedido	Procedência do pedido, para decretação do despejo e, se houver cobrança, condenar os réus no pagamento dos valores devidos, ordem expressa para ingresso na residência, nos termos da parte final do art. 212, § 3º, CPC, para cumprimento do despejo e condenação nas custas processuais e honorários de advogado.
Provas	Todos os meios em direito admitidos.
Citação do réu	Para contestar a ação em 15 dias e, se o despejo tiver como causa a falta de pagamento, para purgação da mora no mesmo prazo.
Valor da causa	12 parcelas de aluguel.

IMPORTANTE

O contrato escrito de aluguel é título executivo extrajudicial (art. 784, VIII, CPC).

Esquema: despejo

EXCELENTÍSSIMO SENHOR DOUTOR JUIZ DE DIREITO DA ...ª VARA CÍVEL DA COMARCA DE ...

ou

EXCELENTÍSSIMO SENHOR JUIZ FEDERAL DA ...ª VARA FEDERAL DA SEÇÃO JUDICIÁRIA DE...

[Espaço de dez linhas para despacho judicial]

LOCADOR, [nacionalidade], [estado civil], [profissão], RG n°... e CPF n°..., residente e domiciliado no endereço...

ou

LOCADOR, pessoa jurídica de direito privado, devidamente inscrita no CNPJ/MF sob o n°..., com sede no endereço... representada por seu administrador Sr. ... [nacionalidade], [estado civil], portador da cédula de identidade RG n°..., devidamente inscrito no CPF/MF sob o n°...

Pelo advogado abaixo assinado, que receberá intimações no endereço..., vem, respeitosamente, à Vossa Excelência ajuizar a presente

AÇÃO DE DESPEJO, fundamentada no art. 59 e ss. da Lei n° 8.245/1991 em face de LOCATÁRIO, [nacionalidade], [profissão], [estado civil], RG n°... e CPF n°..., residente e domiciliado no endereço

ou

LOCATÁRIO, pessoa jurídica de direito privado, devidamente inscrita no CNPJ/MF sob o n°..., com sede no endereço...,

pelas razões de fato e de direito a seguir expostas:

[Espaço de duas linhas]

I – DOS FATOS

[Espaço de uma linha]

[Narrar os fatos que configuram hipótese de denúncia cheia ou vazia. Se houver pretensão a cobrança, apontar precisamente quais valores não foram pagos e qual o período de não pagamento]

[Espaço de duas linhas]

II – DO DIREITO

[Espaço de uma linha]

[Demonstrar o fundamento jurídico da pretensão]

[Espaço de duas linhas]

III – DO DESPEJO LIMINAR

[Espaço de uma linha]

[Demonstrar a existência de uma das hipóteses do art. 59, § 1°, para fins de obtenção do despejo liminar]

[Espaço de duas linhas]

IV – DO PEDIDO

[Espaço de uma linha]

Diante do exposto, o Autor requer à Vossa Excelência:

a) O deferimento do despejo liminar, já que presente a hipótese legal autorizadora.

b) A citação do Réu por carta para, no prazo de 15 dias, apresentar a defesa que entender cabível, sob pena de sofrer os efeitos da revelia.

c) Os benefícios do art. 172, § 2°, do Código de Processo Civil ao Oficial de Justiça para o cumprimento das diligências necessárias para a execução da presente demanda.

d) A procedência do presente pedido, para deferir o despejo do Réu (e condenar no pagamento de R$..., conforme memória de cálculo juntada).

e) A condenação do Réu em custas processuais e honorários de advogado.

[Espaço de duas linhas]

V – DAS PROVAS

[Espaço de uma linha]

Protesta pela produção de todas as provas admitidas em Direito, principalmente pelos documentos que instruem a presente, bem como outros que se fizerem necessários no decurso da demanda.

[Espaço de duas linhas]

VI – DO VALOR DA CAUSA

[Espaço de uma linha]

Dá-se à causa o valor de R$...

[Espaço de uma linha]

Termos em que,

pede deferimento.

[Espaço de uma linha]

Local e data.

[Espaço de uma linha]

Advogado...

CAPÍTULO 5

LOCAÇÃO – AÇÃO DE CONSIGNAÇÃO DE ALUGUÉIS E ENCARGOS DE LOCAÇÃO

1. REGIME JURÍDICO DA MEDIDA

Objetivo	Dar quitação ao locatário do pagamento dos aluguéis e encargos de locação, diante de obstáculo causado pelo locador para o pagamento.
Hipóteses (art. 67, V, Lei nº 8.245/1991) (*contrario sensu*)	a) ter havido recusa ou mora em receber os valores devidos; ou b) haver injusta recusa.
Requisitos (art. 336, CC)	Preenchimento dos demais requisitos do pagamento (pessoas, modo, objeto e tempo).
Petição inicial (art. 67, I e II, Lei nº 8.245/1991)	Especificação dos aluguéis e acessórios a serem depositados, pedido de depósito de valor, no prazo de 24 horas, e pedido de citação do credor para levantar o depósito ou oferecer defesa, pedido de continuidade dos depósitos.
Defesa	Na contestação, o réu poderá alegar (art. 67, V, da Lei nº 8.245/1991) que: a) não houve recusa ou mora em receber a quantia devida; b) foi justa a recusa; c) o depósito não se efetuou no prazo ou no lugar do pagamento; d) o depósito não é integral (hipótese em que a demanda ganha natureza dúplice). Cabe, na contestação, a alegação das matérias do art. 337, CPC, já que de ordem pública. Também são cabíveis as exceções de incompetência, suspeição e impedimento. É cabível, em sede de reconvenção, o pedido de despejo e a cobrança da diferença dos valores depositados e os devidos.

Procedimento	a) não havendo defesa: liberação do locatário e condenação do locador em custas e honorários correspondentes a 20% do valor dos depósitos;
	b) em havendo defesa: procedimento comum ordinário.

> **IMPORTANTE**
>
> A consignação das chaves do imóvel (recusa do locador em receber o imóvel a ser devolvido pelo locador) se desenvolve pelo rito do art. 539 e ss., CPC.

2. PASSO A PASSO DA CONSIGNAÇÃO EM PAGAMENTO DE ALUGUÉIS OU ENCARGOS DE LOCAÇÃO

Competência	Foro de eleição ou, em não havendo, foro de situação da coisa (art. 58, II, Lei nº 8.245/1991).
Partes	Autor: locatário. Réu: locador.
Causa de pedir	Demonstração da existência de relação de locação e de que houve injusta recusa no recebimento dos aluguéis.
Pedido	Pedido de depósito valor, no prazo de 24 horas, e pedido de citação do credor para levantar o depósito ou oferecer defesa, pedido de continuidade dos depósitos, condenação do credor no pagamento das custas e dos honorários advocatícios.
Provas	Todos os meios em direito admitidos.
Citação do réu	Pelo correio ou por oficial de justiça, para levantar o depósito ou apresentar defesa.
Valor da causa	12 parcelas de alocação.

Esquema: consignação em pagamento

EXCELENTÍSSIMO SENHOR DOUTOR JUIZ DE DIREITO DA ...ª VARA CÍVEL DA COMARCA DE ...

ou

EXCELENTÍSSIMO SENHOR DOUTOR JUIZ FEDERAL DA ...ª VARA CÍVEL DA SEÇÃO JUDICIÁRIA DE ...

[Espaço de dez linhas]

                LOCATÁRIO, nacionalidade..., estado civil..., profissão..., RG nº... e CPF nº..., residente e domiciliado no endereço...

ou

LOCATÁRIO, pessoa jurídica de direito privado, devidamente inscrita no CNPJ/MF sob o nº ..., com sede no endereço... representada por seu administrador Sr. ... [nacionalidade, estado civil], portador da cédula de identidade RG nº..., devidamente inscrito no CPF/MF sob o nº...,

pelo advogado abaixo assinado, que receberá intimações no endereço..., vem, respeitosamente, à Vossa Excelência ajuizar a presente

AÇÃO DE CONSIGNAÇÃO DE ALUGUÉIS E ENCARGOS DE LOCAÇÃO, fundamentada no art. 67 da Lei nº 8.245/1991, em face de

LOCADOR, nacionalidade, profissão, estado civil, RG nº ... e CPF nº ..., residente e domiciliado no endereço

ou

LOCADOR, pessoa jurídica de direito privado, devidamente inscrita no CNPJ/MF sob o nº ..., com sede no endereço..., pelas razões de fato e de direito a seguir expostas:

[Espaço de duas linhas]

I – DOS FATOS
[Espaço de uma linha]
[Apresentar, como no problema, os fatos relacionados com a existência da relação de locação e da injusta recusa do locador em receber os aluguéis e encargos de locação]
[Espaço de duas linhas]

II – DO DIREITO
[Espaço de uma linha]
[Demonstrar que houve injusta recusa e de que o pagamento será feito nos termos da avença quanto a pessoas, objeto, modo e tempo]
[Espaço de duas linhas]

III – DO PEDIDO
[Espaço de uma linha]

Por todo o exposto, requer-se:

a) a autorização para a realização do depósito no prazo de 24 horas;

b) a citação do Réu por carta para o levantamento do valor depositado ou para apresentação da defesa que entender cabível, sob pena de ser considerado o autor liberado da obrigação;

c) a procedência do presente pedido, para declarar extinta a obrigação, exonerando-se o autor da prestação e condenando-se o réu nas custas processuais e honorários de advogado.

[Espaço de duas linhas]

IV – DAS PROVAS

[Espaço de uma linha]

      Protesta provar o alegado por todos os meios em direito admitidos, especialmente pelos documentos que acompanham a presente, documentos novos, depoimento pessoal do Réu, oitiva de testemunhas a ser oportunamente arroladas, perícias, e demais meios que se fizerem necessários ao longo da demanda.

[Espaço de duas linhas]

  V – DO VALOR DA CAUSA

[Espaço de uma linha]

      Dá-se à causa o valor de R$ ...

[Espaço de uma linha]

       Termos em que,

     pede deferimento.

[Espaço de uma linha]

       Local e data.

[Espaço de uma linha]

       Advogado...

CAPÍTULO 6

LOCAÇÃO – AÇÃO REVISIONAL DE ALUGUEL

1. REGIME JURÍDICO DA MEDIDA

Objetivo	Reajustar o valor do aluguel diante da resistência da outra parte em fazê-lo.
Cabimento	Inadequação do valor do aluguel, seja porque muito inferior ou muito superior ao praticado nas mesmas condições no mercado, em havendo pelo menos três anos de vigência do contrato de locação (art. 19 da Lei nº 8.245/1991). Não caberá ação revisional na pendência de prazo para desocupação do imóvel (arts. 46, § 2º, e 57), ou quando tenha sido este estipulado amigável ou judicialmente.
Legitimidade	Poderá ser do locador ou do locatário, conforme a pretensão concreta.
Aluguel provisório	Ao designar a audiência de conciliação, o juiz, se houver pedido e com base nos elementos fornecidos tanto pelo locador como pelo locatário, ou nos que indicar, fixará aluguel provisório, que será devido desde a citação, nos seguintes moldes: a) em ação proposta pelo locador, o aluguel provisório não poderá ser excedente a 80% do pedido; b) em ação proposta pelo locatário, o aluguel provisório não poderá ser inferior a 80% do aluguel vigente.
Procedimento	Será o comum. Pode o réu pleitear a revisão do aluguel provisório em sua defesa, hipótese na qual haverá a interrupção do prazo para recurso da decisão que estabeleceu os aluguéis provisórios. O aluguel fixado na sentença retroage à citação, e as diferenças devidas durante a ação de revisão, descontados os aluguéis provisórios satisfeitos, serão pagas corrigidas, exigíveis a partir do trânsito em julgado da decisão que fixar o novo aluguel. A execução das diferenças será feita nos autos da ação de revisão. Na ação de revisão do aluguel, o juiz poderá homologar acordo de desocupação, que será executado mediante expedição de mandado de despejo.

2. PASSO A PASSO DA AÇÃO REVISIONAL DE ALUGUEL

Competência	Foro de eleição ou, em não havendo, foro de situação da coisa (art. 58, II, Lei nº 8.245/1991).
Partes	Ativa: locador ou o locatário. Passiva: locatário ou locador.
Causa de pedir	Demonstração de existência de contrato de locação e de que o valor por ele cobrado é inadequado ao mercado ou às condições do bem ou a outro fator econômico relevante, em havendo ao menos três anos de vigência do contrato (art. 19, Lei nº 8.245/1991).
Aluguel provisório	Requerer a determinação de aluguel provisório ao magistrado.
Pedido	Procedência do pedido, para fixar o aluguel no montante pretendido pelo autor, e a condenação em custas processuais e honorários de advogado.
Provas	Todos os meios em direito admitidos.
Citação do réu	Para comparecer à audiência de mediação ou conciliação. Caso haja manifestação de desinteresse por uma das partes, será observado o regime dos parágrafos do art. 334, CPC.
Valor da causa	12 prestações de aluguel.

Esquema:

EXCELENTÍSSIMO SENHOR DOUTOR JUIZ DE DIREITO DA ...ª VARA CÍVEL DA COMARCA DE ...

ou

EXCELENTÍSSIMO SENHOR DOUTOR JUIZ FEDERAL DA ...ª VARA CÍVEL DA SEÇÃO JUDICIÁRIA DE ...

[Espaço de dez linhas]

AUTOR, nacionalidade..., estado civil..., profissão..., RG nº... e CPF nº..., residente e domiciliado no endereço...

ou

AUTOR, pessoa jurídica de direito privado, devidamente inscrita no CNPJ/MF sob o nº ..., com sede no endereço ..., representada por seu administrador Sr. ... [nacionalidade, estado civil], portador da cédula de identidade RG nº ..., devidamente inscrito no CPF/MF sob o nº ...,

Pelo advogado abaixo assinado, que receberá intimações no endereço..., vem, respeitosamente, à Vossa Excelência ajuizar a presente

AÇÃO REVISIONAL DE ALUGUÉIS, fundamentada nos arts. 68 a 70 da Lei nº 8.245/1991, em face de

RÉU, nacionalidade, profissão, estado civil, RG nº... e CPF nº..., residente e domiciliado no endereço

ou

RÉU, pessoa jurídica de direito privado, devidamente inscrita no CNPJ/MF sob o n° ..., com sede no endereço ..., pelas razões de fato e de direito a seguir expostas:

[Espaço de duas linhas]

I - DOS FATOS
[Espaço de uma linha]
[Apresentar, como no problema, os fatos relacionados com a existência da relação de locação e da inadequação do valor do aluguel convencionado e o valor que o Autor entende adequado]
[Espaço de duas linhas]

II - DO DIREITO
[Espaço de uma linha]
[Demonstrar o direito a revisão do valor, nos termos do art. 19 da Lei n° 8.245/91 nos termos da legislação pertinente]
[Espaço de duas linhas]

III - DO ALUGUEL PROVISÓRIO
[Espaço de uma linha]
Requer-se a fixação do aluguel provisório no valor de R$ ..., nos termos do art. 68, II, Lei n° 8.245/1991.
[Espaço de duas linhas]

IV - DO PEDIDO
[Espaço de uma linha]
Por todo o exposto, requer-se:

a) a fixação do aluguel provisório no valor de R$ ...;

b) a citação do Réu por carta para comparecer à audiência de tentativa de conciliação, na qual poderá apresentar, por meio de advogado, a defesa que entender cabível, sob pena de sofrer os efeitos da revelia;

c) a procedência do presente pedido, para revisar o valor do aluguel para R$ ...;

d) a condenação do Réu nas custas processuais e honorários de advogado.

[Espaço de duas linhas]

V - DAS PROVAS
[Espaço de uma linha]

Protesta provar o alegado por todos os meios em direito admitidos, especialmente pelos documentos que acompanham a presente, documentos novos, depoimento pessoal do Réu, oitiva de testemunhas a serem oportunamente arroladas, perícias, e demais meios que se fizerem necessários ao longo da demanda.

[Espaço de duas linhas]

VI – DO VALOR DA CAUSA

[Espaço de uma linha]

Dá-se à causa o valor de R$ ...

[Espaço de uma linha]

Termos em que,

pede deferimento.

[Espaço de uma linha]

Local e data.

[Espaço de uma linha]

Advogado...

CAPÍTULO 7

LOCAÇÃO – AÇÃO RENOVATÓRIA DE LOCAÇÃO

1. REGIME JURÍDICO DA MEDIDA

Objetivo	Proteger o ponto comercial, garantindo a permanência do negócio no local onde se fixou.
Cabimento	a) haver locação comercial; b) nos termos do art. 51, Lei nº 8.245/1991, haver contrato escrito por prazo determinado, prazo mínimo do contrato ou da soma dos contratos ininterruptos ser de cinco anos e haver permanência no ramo por pelo menos três anos. Cabível também para locações em *shopping centers*.
Legitimidade	Ativa: locatário (em havendo sublocação total, o direito será do sublocatário). Passiva: locador.
Momento processual	No intervalo de um ano a seis meses antes do encerramento do contrato de locação (art. 51, § 5º, Lei nº 8.245/1991). Trata-se de prazo decadencial.
Defesa	Poderá o locador alegar, em sua contestação: a) não preencher o autor os requisitos estabelecidos na lei; b) não atender a proposta do locatário ao valor locativo real do imóvel na época da renovação, excluída a valorização trazida pelo locatário ao ponto ou ao lugar; c) ter proposta de terceiro para a locação, em condições melhores; d) não estar obrigado a renovar a locação, se (art. 52, Lei nº 8.245/1991): (i) por determinação do Poder Público, tiver de realizar no imóvel obras que importarem na sua radical transformação; ou para fazer modificações de tal natureza que aumente o valor do negócio ou da propriedade; (ii) o imóvel vier a ser utilizado por ele próprio ou para transferência de fundo de comércio existente há mais de um ano, sendo detentor da maioria do capital o locador, seu cônjuge, ascendente ou descendente.

Defesa	Poderá pedir fixação de aluguel provisório, nos termos do art. 72, § 4º, Lei nº 8.245/1991, e a desocupação do imóvel, caso a demanda seja julgada improcedente.
Procedimento	Será o comum. Renovada a locação, as diferenças dos aluguéis vencidos serão executadas nos próprios autos da ação e pagas de uma só vez. Não sendo renovada a locação, o juiz determinará a expedição de mandado de despejo, que conterá o prazo de 30 dias para a desocupação voluntária, se houver pedido na contestação.

2. PASSO A PASSO DA AÇÃO RENOVATÓRIA DE LOCAÇÃO

Competência	Foro de eleição ou, em não havendo, foro de situação da coisa (art. 58, II, Lei nº 8.245/1991).
Partes do processo	a) Regra geral: autor: locatário do imóvel; e réu: locador do imóvel. b) Em caso de ação renovatória em contrato de sublocação: autor: sublocatário do imóvel; e réu: locador e sublocador do imóvel.
Causa de pedir	Demonstrar o preenchimento dos requisitos legais para a renovação.
Pedido	Procedência do pedido, declarando a renovação compulsória da locação pelo tempo e nas condições do último contrato celebrado. Reajuste do valor da locação pelos índices monetários estabelecidos no contrato. Citação do réu para o oferecimento de contestação no prazo legal. Condenação do réu ao pagamento de custas e honorários advocatícios.
Valor da causa	Doze parcelas de aluguel (art. 58, III, Lei nº 8.245/1991).

Esquema: ação renovatória

EXCELENTÍSSIMO SENHOR DOUTOR JUIZ DE DIREITO DA ...ª VARA CÍVEL DA COMARCA DE ... ESTADO DE...

ou

EXCELENTÍSSIMO SENHOR DOUTOR JUIZ FEDERAL DA ...ª VARA CÍVEL DA SEÇÃO JUDICIÁRIA DE ... ESTADO DE...

[Espaço de dez linhas]

      AUTOR, nacionalidade..., estado civil..., profissão..., RG nº... e CPF nº..., residente e domiciliado no endereço...

ou

      AUTOR, pessoa jurídica de direito privado, devidamente inscrita no CNPJ/MF sob o nº ..., com sede no endereço ..., representada por seu administrador Sr. ..., nacionalidade..., estado civil..., portador da cédula de identidade RG nº..., devidamente inscrito no CPF/MF sob o nº ..., pelo advogado abaixo assinado, que receberá intimações no endereço..., vem, respeitosamente, à Vossa Excelência ajuizar a presente

AÇÃO RENOVATÓRIA DE LOCAÇÃO

em face de RÉU, nacionalidade..., profissão..., estado civil..., RG nº ... e CPF nº ..., residente e domiciliado no endereço ...

ou

RÉU, pessoa jurídica de direito privado, devidamente inscrita no CNPJ/ sob o nº ..., com sede no endereço ..., pelas razões de fato e de direito a seguir expostas.

[Espaço de duas linhas]

I – DOS FATOS

[Espaço de uma linha]

[Narrar os fatos como descritos no problema, que evidenciam a existência dos requisitos legais para a medida – art. 51, Lei nº 8.245/1991]

[Espaço de duas linhas]

II – DO DIREITO

[Espaço de uma linha]

[Apresentar o fundamento jurídico do pedido, fazendo a relação entre os fatos e sua qualificação jurídica, demonstrando que os requisitos da renovação estão cumpridos]

[Espaço de duas linhas]

III – DO PEDIDO

[Espaço de uma linha]

De todo o exposto, requer-se:

a) a citação do Réu por carta, para responder aos termos da presente, sob pena de sofrer os efeitos da revelia;

b) a procedência da presente demanda para declarar a renovação compulsória da locação pelo tempo e nas condições do último contrato celebrado, com o reajuste do valor da locação pelos índices monetários estabelecidos no contrato;

c) a condenação do Réu nos ônus da sucumbência e dos honorários advocatícios.

[Espaço de duas linhas]

IV – DAS PROVAS

[Espaço de uma linha]

Protesta provar o alegado por todos os meios de prova em direito admitidos, consistentes nos documentos juntados, oitiva do Réu em depoimento pessoal, oitiva de testemunhas, perícias, e todas as que se fizerem necessárias ao longo da presente demanda.

[Espaço de duas linhas]

V - DO VALOR DA CAUSA
[Espaço de uma linha]

Dá-se à causa o valor de [12 vezes o valor da locação].

Termos em que,

pede deferimento.

[Espaço de uma linha]

Local e data.

[Espaço de uma linha]

Advogado...

CAPÍTULO 8

JUIZADO ESPECIAL CÍVEL

1. O REGIME DO JUIZADO ESPECIAL

Trata-se de órgão jurisdicional vinculado à justiça comum estadual, que se destina à solução de lides de menor complexidade de fato.

2. COMPETÊNCIA MATERIAL DO JUIZADO ESPECIAL CÍVEL (ART. 3º, LEI Nº 9.099/1995)

a) Causas de até 40 salários mínimos.
b) Causas do art. 275, II, CPC de 1973.
c) Despejo para uso próprio.
d) Possessórias de imóveis de valor até 40 salários mínimos.
e) Execução de seus julgados e de títulos executivos extrajudiciais de até 40 salários mínimos.

> **IMPORTANTE**
>
> O art. 275, II, CPC foi mantido em vigor até que outra norma seja editada (art. 1.063, CPC).

3. COMPETÊNCIA TERRITORIAL NO JUIZADO ESPECIAL CÍVEL (ART. 4º, LEI Nº 9.099/1995)

a) Do domicílio do réu ou, a critério do autor, do local onde aquele exerça atividades profissionais ou econômicas ou mantenha estabelecimento, filial, agência, sucursal ou escritório.
b) Do lugar onde a obrigação deva ser satisfeita.
c) Do domicílio do autor ou do local do ato ou fato, nas ações para reparação de dano de qualquer natureza.

Em qualquer hipótese, poderá a ação ser proposta no foro previsto no item (a) *supra*.

4. CARACTERÍSTICAS DO JUIZADO ESPECIAL CÍVEL

a) É opção da parte autora.

b) Como autores admitem-se apenas a pessoa física, as microempresas (Lei Complementar nº 123/2006), as pessoas jurídicas qualificadas como Organização da Sociedade Civil de Interesse Público (Lei nº 9.790/1999) e as sociedades de crédito ao microempreendedor (art. 1º, Lei nº 10.194/2001).

c) É gratuito seu ajuizamento (art. 54, Lei nº 9.099/1995).

d) Como réu, admite-se apenas pessoa física ou jurídica particular.

e) Se a causa tiver valor de até 20 salários mínimos, dispensa-se a representação por advogado;

f) A citação é feita, como regra, por carta, para comparecimento em audiência de tentativa de conciliação, que poderá ser conduzida por conciliadores.

g) O não comparecimento do autor às audiências acarreta a extinção do feito (art. 51, I, Lei nº 9.099/1995) e o não comparecimento do réu acarreta sua revelia (art. 20, Lei nº 9.099/1995).

h) A fase de conhecimento tem os seguintes estágios: conciliação ou arbitragem (arts. 21 a 26, Lei nº 9.099/1995); resposta do réu, caso não haja conciliação (arts. 30 e 31); provas (arts. 32 a 37); e proferimento de sentença (arts. 38 a 41).

i) Como resposta do réu, não se admite reconvenção, sendo possível fazer pedido na própria contestação contra o autor (art. 31, Lei nº 9.099/1995).

j) Há sistema recursal próprio (arts. 41 a 50, Lei nº 9.099/1995), cabendo da sentença o recurso inominado (prazo de 10 dias), embargos de declaração e recurso extraordinário. *Sempre é necessário advogado para recorrer* e são devidas custas (art. 55, Lei nº 9.099/1995).

l) Tem rito próprio de execução (arts. 52 e 53, Lei nº 9.099/1995), aplicável às próprias decisões e títulos extrajudiciais até 40 salários mínimos (art. 3º, §§ 1º e 2º, Lei nº 9.099/1995).

> **IMPORTANTE**
>
> Nos termos do art. 12-A da Lei nº 9.099/1995, os prazos são computados apenas em dias úteis.

5. A PETIÇÃO INICIAL NO JUIZADO ESPECIAL CÍVEL

Observará os seguintes requisitos:

| Endereçamento | Com a observância das regras dos arts. 3º e 4º, Lei nº 9.099/1995. |

Partes	Autor: pessoa física ou pessoas jurídicas qualificadas como Organização da Sociedade Civil de Interesse Público (Lei nº 9.790/1999) e sociedades de crédito ao microempreendedor (art. 1º, da Lei nº 10.194/2001). Réu: pessoa física ou pessoa jurídica de direito privado.
Causa de pedir	Apresentar os fatos e o fundamento jurídico que fundamentem a pretensão.
Pedido	Procedência do pedido, para declarar, constituir ou condenar, sendo lícito o pedido genérico. Admite-se pedido alternativo e cumulado, desde que haja conexão e seja respeitado o limite de valor de 40 salários mínimos.
Citação	Para comparecimento em audiência de tentativa de conciliação, sob pena de sofrer os efeitos da revelia.
Provas	Todas aquelas em direito admitidas, exceto as perícias de grande complexidade.
Valor da causa	Até 40 salários mínimos, como regra.

Esquema: petição inicial do Juizado Especial Cível

EXCELENTÍSSIMO SENHOR DOUTOR JUIZ DE DIREITO DO JUIZADO ESPECIAL CÍVEL DA COMARCA DE ...

[Espaço de dez linhas para despacho judicial]

AUTOR, [nacionalidade], [estado civil], [profissão], RG nº... e CPF nº..., residente e domiciliado na Rua..., nº..., [cidade]

ou

AUTOR, microempresa / organização de interesse social / sociedade de crédito ao microempreendedor, devidamente inscrita no CNPJ/MF sob o nº... com sede na Rua..., nº..., [cidade], representada por seu administrador Sr. ... [nacionalidade], [estado civil], portador da cédula de identidade RG nº..., devidamente inscrito no CPF/MF sob o nº...,

Pelo advogado abaixo assinado, que receberá intimações na Rua..., nº..., [cidade], vem, respeitosamente, à Vossa Excelência propor a presente

AÇÃO [nome da demanda],

em face de RÉU, nacionalidade, profissão, estado civil, RG nº..., e CPF nº..., residente e domiciliado na Rua..., nº..., [cidade],

ou

RÉU, pessoa jurídica de direito privado, devidamente inscrita no CNPJ/MF sob o nº..., com sede na Rua..., nº..., [cidade],

pelas razões de fato e de direito a seguir expostas:

[Espaço de duas linhas]

I - DOS FATOS

[Espaço de uma linha]

[Narrar os fatos como descritos no problema, respondendo às questões Como? Onde? Por quê? Quando? Quanto? Para quê?]

[Espaço de duas linhas]

II - DO DIREITO

[Espaço de uma linha]

[Apresentar o fundamento jurídico do pedido, fazendo a relação entre os fatos e sua qualificação jurídica de forma a apresentar como conclusão a necessidade de ser atendida a pretensão do Autor]

[Espaço de duas linhas]

III - DO PEDIDO

[Espaço de uma linha]

De todo o exposto, requer-se:

a) a citação do Réu por carta, para comparecimento à audiência de tentativa de conciliação a ser designada por este juízo, sob pena de sofrer os efeitos da revelia;

b) a procedência do pedido para [nos termos do problema, conforme a pretensão seja declaratória, constitutiva ou condenatória, sendo lícito o pedido genérico].

[Espaço de duas linhas]

IV - DAS PROVAS

[Espaço de uma linha]

Protesta provar o alegado por todos os meios de prova em direito admitidos, consistentes nos documentos juntados, oitiva do Réu em depoimento pessoal, oitiva das testemunhas abaixo arroladas, perícia de (pôr a finalidade da perícia), apresentando abaixo o assistente técnico e os quesitos, e todas as que se fizerem necessárias ao longo da presente demanda.

[Espaço de duas linhas]

V - DO VALOR DA CAUSA

[Espaço de uma linha]

Dá-se à causa o valor de R$ [conforme regras do art. 292, CPC.]

[Espaço de uma linha]

Termos em que,

pede deferimento.

[Espaço de uma linha]

                              Local e data.
[Espaço de uma linha]
                              Advogado...
[Espaço de uma linha]
                              Rol de testemunhas.
[Espaço de uma linha]
                              Assistente técnico.
[Espaço de uma linha]
                              Quesitos.

6. A DEFESA NO JUIZADO ESPECIAL CÍVEL

A defesa terá a forma de contestação, podendo ser alegada defesa preliminar (art. 337, CPC), defesa de mérito direta e indireta (art. 30, Lei nº 9.099/1995). Não cabe reconvenção, sendo possível a dedução de pedido contraposto (art. 31, Lei nº 9.099/1995), fundados nos mesmos fatos. As arguições de suspeição e impedimento se processam nos termos do CPC.

Esquema: contestação no Juizado Especial
EXCELENTÍSSIMO SENHOR DOUTOR JUIZ DE DIREITO DO JUIZADO ESPECIAL CÍVEL DA COMARCA DE ...
[Espaço de dez linhas para despacho]
                              RÉU, já qualificado, nos autos da ação de [nome da ação] movida por AUTOR, vem, respeitosamente, à Vossa Excelência, apresentar CONTESTAÇÃO, nos termos dos arts. 30 e 31 da Lei nº 9.099/1995, pelos motivos de fato e de direito a seguir expostos:
[Espaço de duas linhas]

              I – PRELIMINARMENTE
[Espaço de uma linha]
Apresentar as preliminares dilatórias e peremptórias mencionadas no problema, seguindo a estrutura:
                              a) apresentação do defeito e identificação deste no caso dos autos;
                              b) consequência jurídica;
                              c) requerimento da providência, conforme o tipo da preliminar deduzida.
[Espaço de duas linhas]

              II – DO MÉRITO
[Espaço de uma linha]

a) apresentar a defesa de mérito direta:
i) apontar fato narrado pelo Autor;
ii) apresentação da versão do Réu;
iii) fundamentos jurídicos que sustentam a versão do Réu;
iv) provas existentes da versão do Réu.
b) Apresentar defesa de mérito indireta:
i) descrever fato narrado pelo Autor;
ii) apontar o fato novo de interesse do Réu;
iii) trazer seu fundamento jurídico;
iv) consequência jurídica ao direito do Autor;
v) provas do fato extintivo, impeditivo ou modificativo do direito do Autor.

[Espaço de duas linhas]

III - DO PEDIDO CONTRAPOSTO
[Espaço de uma linha]
a) apresentação da causa de pedir do pedido contraposto: apresentação dos fatos e do direito que entende ter o Réu;
b) pedido: pretensão dirigida contra o Autor, que deve preencher os requisitos do art. 322 e ss. do CPC.

[Espaço de duas linhas]

IV - DO REQUERIMENTO
[Espaço de uma linha]
Posto isso, requer o Réu o acolhimento das preliminares apontadas [caso existam no problema] e, caso assim não se entender, a improcedência da demanda e o acolhimento do pedido contraposto formulado.

[Espaço de duas linhas]

V - DAS PROVAS
[Espaço de uma linha]
Requer o Réu a produção de todas as provas em direito admitidas e que se mostrarem necessárias para a demonstração dos fatos narrados, especialmente os documentos que acompanham a presente, perícia, oitiva do Autor e das testemunhas a serem oportunamente arroladas.

[Espaço de uma linha]

Termos em que,

pede deferimento.

[Espaço de uma linha]

Local e data.

[Espaço de uma linha]

Advogado...

7. RECURSO INOMINADO

Cabimento	Da sentença, excetuada a homologatória de conciliação ou laudo arbitral (art. 41, Lei nº 9.099/1995).
Competência para julgamento	É do próprio juizado. O recurso será julgado por uma turma composta por três juízes togados, em exercício no primeiro grau de jurisdição, reunidos na sede do juizado (art. 41, § 1º, Lei nº 9.099/1995). Chama-se esse órgão Colégio Recursal.
Tempestividade	Será interposto no prazo de 10 dias, contados da ciência da sentença (art. 42, Lei nº 9.099/1995).
Preparo	Será feito, independentemente de intimação, nas 48 horas seguintes à interposição, sob pena de deserção (art. 42, § 1º, Lei nº 9.099/1995). O preparo compreenderá todas as despesas processuais, inclusive aquelas dispensadas em primeiro grau de jurisdição, ressalvada a hipótese de assistência judiciária gratuita (art. 54, parágrafo único, Lei nº 9.099/1995).
Regularidade formal	Será apresentado por petição escrita, da qual constarão as razões e o pedido do recorrente (art. 42, Lei nº 9.099/1995). As razões devem ser necessariamente subscritas por advogado (art. 41, § 2º, Lei nº 9.099/1995), mesmo que em primeiro grau a causa autorizasse a postulação em nome próprio (causas de valor inferior a 20 salários mínimos).
Processamento	Após o preparo, a secretaria intimará o recorrido para oferecer resposta escrita no prazo de 10 dias (art. 42, § 2º, Lei nº 9.099/1995). As partes poderão requerer a transcrição da gravação da fita magnética utilizada para gravar a audiência, correndo por conta do requerente as despesas respectivas (art. 44, Lei nº 9.099/1995). As partes serão intimadas da data da sessão de julgamento (art. 45, Lei nº 9.099/1995). O julgamento em segunda instância constará apenas da ata, com a indicação suficiente do processo, fundamentação sucinta e parte dispositiva (art. 46, 1ª parte, Lei nº 9.099/1995). Se a sentença for confirmada pelos próprios fundamentos, a súmula do julgamento servirá de acórdão (art. 46, 2ª parte, Lei nº 9.099/1995).
Efeitos	O recurso terá somente efeito devolutivo, podendo o juiz dar-lhe efeito suspensivo, para evitar dano irreparável para a parte (art. 43, Lei nº 9.099/1995).

Esquema: recurso inominado

EXCELENTÍSSIMO SENHOR DOUTOR JUIZ DE DIREITO DO JUIZADO ESPECIAL CÍVEL DA COMARCA DE...

[Espaço de dez linhas para despacho judicial]

Autos nº...

[Espaço de uma linha]

RECORRENTE, pelo advogado devidamente constituído nos autos, que a esta subscreve, nos autos da AÇÃO [nome da ação], que tem como oponente o RECORRIDO vem, respeitosamente, à Vossa Excelência, apresentar seu RECURSO, cujas razões consistentes nas laudas anexadas, cuja juntada requer, com o seu regular processamento e posterior remessa ao Colégio Recursal.

Termos em que, demonstrando o recolhimento do preparo, nos termos do art. 42 e parágrafos 1º e 2º, da Lei nº 9.099/1995.

Pede deferimento.

[Espaço de uma linha]

Local e data.

[Espaço de uma linha]

Advogado...

Petição de razões

JUIZADO ESPECIAL CÍVEL DA COMARCA DE...

AÇÃO...

AUTOS Nº...

RECORRENTE:...

RECORRIDO:...

RAZÕES DE RECURSO

[Espaço de cinco linhas]

Egrégio Colégio Recursal

Eminentes Julgadores.

[Espaço de duas linhas]

I – BREVE RELATO DO PROCESSADO

[Espaço de uma linha]

[Resumir brevemente o ocorrido nos termos do problema]

[Espaço de duas linhas]

II – RAZÕES DE ANULAÇÃO

[Espaço de uma linha]

[Apenas se houver no problema vícios na sentença (*extra*, *infra* ou *ultra petita*, ausência de fundamentação) ou no processo (não deferimento de provas etc.)]

[Espaço de duas linhas]

III – DAS RAZÕES DE REFORMA DA R. SENTENÇA DE FLS.

[Espaço de uma linha]

```
[Suscitar a discussão de mérito]
[Espaço de duas linhas]
```

        IV - DO REQUERIMENTO
```
[Espaço de uma linha]
```
                    Posto isso, requer-se o conhecimento e o provimento do presente recurso, para [anular / reformar] a sentença impugnada para [o que se pretende], como medida de JUSTIÇA!
```
[Espaço de uma linha]
```
                        Termos em que,

                        pede deferimento.
```
[Espaço de uma linha]
```
                        Local e data.
```
[Espaço de uma linha]
```
                        Advogado...

8. EMBARGOS DE DECLARAÇÃO

a) Cabimento: caberão embargos de declaração quando, na sentença ou acórdão, houver obscuridade, contradição, omissão ou erro material (art. 48, Lei nº 9.099/1995).

b) Tempestividade: os embargos de declaração serão interpostos no prazo de cinco dias, contados da ciência da decisão.

c) Regularidade formal: poderão ser interpostos por escrito ou oralmente.

d) Efeitos: além do efeito devolutivo, se os embargos de declaração forem interpostos contra sentença, haverá interrupção do prazo para recurso.

Nos demais pontos, aplica-se, por analogia, a regência dos embargos de declaração constante do CPC.

9. RECURSO EXTRAORDINÁRIO

É cabível recurso extraordinário das decisões proferidas pelo Colégio Recursal dos Juizados Especiais.

> **IMPORTANTE**
>
> Não é cabível recurso especial, pois, de acordo com o art. 105, III, Constituição Federal, esse recurso é cabível apenas de decisões proferidas por tribunais. Não é o Colégio Recursal um tribunal, já que é composto por juízes atuantes na primeira instância.

10. A EXECUÇÃO DE TÍTULO EXECUTIVO JUDICIAL NO JUIZADO ESPECIAL CÍVEL

Nos termos do art. 52, Lei nº 9.099/1995, a execução da sentença processar-se-á no próprio juizado, aplicando-se, no que couber, o disposto no CPC, com as seguintes alterações:

a) As sentenças serão necessariamente líquidas, contendo a conversão em Bônus do Tesouro Nacional (BTN) ou índice equivalente. Sendo assim, não haverá fase de liquidação nas ações do juizado especial.

b) Os cálculos de conversão de índices, de honorários, de juros e de outras parcelas serão efetuados por servidor judicial.

c) A intimação da sentença será feita, sempre que possível, na própria audiência em que for proferida. Nessa intimação, o vencido será instado a cumprir a sentença tão logo ocorra seu trânsito em julgado, e advertido dos efeitos do seu descumprimento, abrindo-se o prazo de cumprimento voluntário com o trânsito em julgado.

d) Não cumprida voluntariamente a sentença transitada em julgado, e tendo havido solicitação do interessado, que poderá ser verbal, proceder-se-á desde logo à execução.

e) Nos casos de obrigação de entregar, de fazer, ou de não fazer, o juiz, na sentença ou na fase de execução, cominará multa diária, arbitrada de acordo com as condições econômicas do devedor, para a hipótese de inadimplemento.

f) Não cumprida a obrigação, o credor poderá requerer a elevação da multa ou a transformação da condenação em perdas e danos, que o juiz de imediato arbitrará, seguindo-se a execução por quantia certa, incluída a multa vencida de obrigação de dar, quando evidenciada a malícia do devedor na execução do julgado.

g) Na obrigação de fazer, o juiz pode determinar o cumprimento por outrem, fixado o valor que o devedor deve depositar para as despesas, sob pena de multa diária.

h) Na alienação forçada dos bens, o juiz poderá autorizar o devedor, o credor ou terceira pessoa idônea a tratar da alienação do bem penhorado, a qual se aperfeiçoará em juízo até a data fixada para a praça ou leilão. Sendo o preço inferior ao da avaliação, as partes serão ouvidas. Se o pagamento não for à vista, será oferecida caução idônea, nos casos de alienação de bem móvel, ou hipotecado o imóvel.

i) É dispensada a publicação de editais em jornais, quando se tratar de alienação de bens de pequeno valor.

j) O devedor poderá oferecer embargos, nos autos da execução, versando sobre: falta ou nulidade da citação no processo, se ele correu à revelia; manifesto excesso de execução; erro de cálculo; causa impeditiva, modificativa ou extintiva da obrigação, superveniente à sentença.

11. A EXECUÇÃO DE TÍTULO EXECUTIVO EXTRAJUDICIAL NO JUIZADO ESPECIAL CÍVEL

A execução de título executivo extrajudicial, no valor de até 40 salários mínimos, é regulada pelo art. 53, Lei nº 9.099/1995. Ou seja, será seguido o procedimento previsto no CPC, com as seguintes modificações:

a) Efetuada a penhora, o devedor será intimado a comparecer à audiência de conciliação, quando poderá oferecer embargos (art. 52, IX, Lei nº 9.099/1995), por escrito ou verbalmente.

b) Na audiência, será buscado o meio mais rápido e eficaz para a solução do litígio, se possível com dispensa da alienação judicial, devendo o conciliador propor, entre outras medidas cabíveis, o pagamento do débito a prazo ou a prestação, a dação em pagamento ou a imediata adjudicação do bem penhorado.

c) Não apresentados os embargos em audiência, ou julgados improcedentes, qualquer das partes poderá requerer ao juiz a adoção de uma das alternativas do parágrafo anterior.

d) Não encontrado o devedor ou inexistindo bens penhoráveis, o processo será imediatamente extinto, devolvendo-se os documentos ao autor, que poderá repropor a execução enquanto não ocorrer a prescrição do direito.

12. EMBARGOS À EXECUÇÃO NO JUIZADO ESPECIAL

Se de título judicial, nesse caso, serão ofertados embargos nos próprios autos da execução; se de título extrajudicial, em ação de embargos de devedor.

De acordo com os enunciados do FONAJE:

a) "Na execução por título judicial o prazo para oferecimento de embargos será de quinze dias e fluirá da intimação da penhora" (Enunciado nº 142, que alterou o Enunciado nº 104).

b) "Os fundamentos admitidos para embargar a execução da sentença estão disciplinados no art. 52, IX, da Lei nº 9.099/1995, e não no art. 475-L do CPC, introduzido pela Lei nº 11.232/2005" (Enunciado nº 121 – menção ao CPC de 1973).

c) "É obrigatória a segurança do juízo pela penhora para apresentação de embargos à execução de título judicial ou extrajudicial perante o Juizado Especial" (Enunciado nº 117).

d) "Havendo dificuldade de pagamento direto ao credor, ou resistência deste, o devedor, a fim de evitar a multa de 10%, deverá efetuar depósito perante o juízo singular de origem, ainda que os autos estejam na instância recursal" (Enunciado nº 106).

e) "O art. 475, j, do CPC – Lei 11.323/2005 – aplica-se aos Juizados Especiais, ainda que o valor da multa somado ao da execução ultrapasse o valor de 40 salários mínimos" (Enunciado nº 97 – menção ao CPC de 1973).

CAPÍTULO 9

OUTRAS AÇÕES DE PROCEDIMENTO ESPECIAL

1. AÇÃO CIVIL PÚBLICA

Regida pela Lei nº 7.347/1985 e pelo art. 81 e ss. do Código de Defesa do Consumidor, a demanda tem o seguinte regime jurídico:

Direitos protegidos	Nos termos do parágrafo único do art. 81, CDC: a) interesses ou direitos difusos, assim entendidos, para efeitos deste código, os transindividuais, de natureza indivisível, de que sejam titulares pessoas indeterminadas e ligadas por circunstâncias de fato; b) interesses ou direitos coletivos, assim entendidos, para efeitos deste código, os transindividuais, de natureza indivisível de que seja titular grupo, categoria ou classe de pessoas ligadas entre si ou com a parte contrária por uma relação jurídica base; c) interesses ou direitos individuais homogêneos, assim entendidos os decorrentes de origem comum.
Legitimados	a) Ministério Público; b) Defensoria Pública; c) União, estados, Distrito Federal e municípios; d) autarquia, empresa pública, fundação ou sociedade de economia mista; e) associação que, concomitantemente: i) esteja constituída há pelo menos um ano nos termos da lei civil (requisito que pode ser afastado, nos termos do § 4º do art. 5º, Lei nº 7.347/1985, caso haja manifesto interesse social ou pela extensão do dano). ii) inclua, entre suas finalidades institucionais, a proteção ao meio ambiente, ao consumidor, à ordem econômica, à livre-concorrência ou ao patrimônio artístico, estético, histórico, turístico e paisagístico.
Competência	Local do dano (art. 2º, Lei nº 7.347/1985).
Procedimento	É o comum, com as alterações previstas na Lei nº 7.347/1985, na qual se prevê liminar e formas diferenciadas para o cumprimento da demanda.

Petição inicial	Cumprirá os requisitos do art. 319, CPC, tendo como autor exclusivamente os legitimados (não se admite litisconsórcio com não legitimado) e como réu qualquer pessoa, física ou jurídica, privada ou pública. A causa de pedir será a tutela de direitos difusos, coletivos ou individuais homogêneos. O pedido será de condenação em dinheiro ou em obrigação de fazer ou não fazer.
Defesa	A contestação admitirá preliminares e defesa de mérito. São admissíveis as exceções.
Sentença	Terá limitações territoriais, nos termos do art. 16, Lei nº 7.347/1985.
Coisa Julgada	Tem regime diferenciado, de acordo com o art. 103, CDC.
Execução	Em regra, será coletiva, por rito próprio. Os direitos individuais homogêneos e os coletivos podem comportar execução individual quanto à obrigação de indenizar danos.

2. AÇÃO POPULAR

Estabelecida na Constituição Federal, no art. 5º, LXXIII, e regulamentada pela Lei nº 4.717/1965, tem a demanda o seguinte regime jurídico:

Direitos protegidos	Patrimônio público ou de entidade de que o Estado participe, à moralidade administrativa, ao meio ambiente e ao patrimônio histórico e cultural.
Legitimado	Será legitimado ativo o cidadão, condição que se prova com o título de eleitor, ou com documento que a ele corresponda (art. 1º, § 3º, Lei nº 4.717/1965). Serão legitimados passivos a pessoa jurídica de direito público referente e todos os beneficiários ou participantes do ato lesivo, conforme o rol do art. 6º, Lei nº 4.717/1965.
Competência	De acordo com a organização judiciária de cada estado, se o for para as causas que interessem à União, ao Distrito Federal, ao estado ou ao município (art. 5º, Lei nº 4.717/1965).
Procedimento	É o comum, com as alterações previstas na Lei nº 4.717/1965, na qual se prevê liminar e formas diferenciadas para o cumprimento da demanda.
Petição inicial	Cumprirá os requisitos do art. 319, CPC, tendo como auto e réu os legitimados mencionados anteriormente. A causa de pedir será a anulação do ato lesivo, sendo considerado lesivo o ato que tiver um dos defeitos estabelecidos nos arts. 2º a 4º da Lei nº 4.717/1965. O pedido será de decretação de nulidade do ato e de condenação dos responsáveis em sua indenização.

Defesa	A contestação admitirá preliminares e defesa de mérito. São admissíveis as exceções. A pessoa jurídica de direito público poderá, ao ser citada, optar por auxiliar o autor popular, nos termos do art. 6º, § 3º, Lei nº 4.717/1965. Haverá duplo grau obrigatório em caso de improcedência ou extinção sem julgamento de mérito e, em caso de procedência, a apelação terá efeito suspensivo (art. 19, Lei nº 4.717/1965).
Sentença	Terá efeito *erga omnes* se procedente ou improcedente, exceto se a improcedência se der por falta de provas (art. 18, Lei nº 4.717/1965).
Coisa julgada	Se a ação for julgada improcedente por falta de provas, não será formada coisa julgada material, podendo ser reproposta a demanda por qualquer autor popular (art. 18, 2ª parte, Lei nº 4.717/1965).

3. AÇÃO DIRETA DE CONSTITUCIONALIDADE

Ação direta de inconstitucionalidade por omissão e ação declaratória de constitucionalidade (arts. 102, I, *a*, e 103, Constituição Federal, e Lei nº 9.868/1999):

Objetivo	ADI: Declarar a inconstitucionalidade de preceito de lei federal ou estadual (ou distrital, no exercício da competência estadual) em face da Constituição Federal. ADI por omissão: determinar a edição da norma necessária para o cumprimento da Constituição Federal (posição predominante na jurisprudência). ADC: Declarar a constitucionalidade de preceito de lei federal ou estadual (ou distrital, no exercício da competência estadual) cuja constitucionalidade tem sido contestada judicialmente.
Legitimados	a) o presidente da República; b) a Mesa do Senado Federal; c) a Mesa da Câmara dos Deputados; d) a Mesa de Assembleia Legislativa ou da Câmara Legislativa do Distrito Federal; e) o governador de estado ou do Distrito Federal; f) o procurador-geral da República; g) o Conselho Federal da Ordem dos Advogados do Brasil; h) partido político com representação no Congresso Nacional; i) confederação sindical ou entidade de classe de âmbito nacional. Não há réu, pois se trata de "lide objetiva".
Competência	Supremo Tribunal Federal.
Procedimento	É previsto na Lei nº 9.868/1999.

Petição inicial	Cumprirá os requisitos do art. 319, CPC, havendo: a) ADI: menção expressa ao dispositivo legal cuja inconstitucionalidade se quer ver reconhecida e pedido de suspensão cautelar do dispositivo, para desde logo retirar provisoriamente os efeitos da norma do sistema. b) ADI por omissão: a omissão inconstitucional total ou parcial quanto ao cumprimento de dever constitucional de legislar ou quanto à adoção de providência de índole administrativa e pedido cautelar para suspender a demanda em que se pleiteia a correção da omissão inconstitucional. c) ADC: menção expressa ao dispositivo legal cuja constitucionalidade se quer ver reconhecida, apontando-se a controvérsia existente sobre esse fato e pedido cautelar para suspender as demandas que contestam a norma.
Rito	Serão requeridas informações do órgão emissor da norma, manifestando-se após o advogado-geral da União e o procurador-geral da República.
Decisão	Terá caráter dúplice, ou seja, gerará o resultado contrário caso julgada improcedente.

BIBLIOGRAFIA

AMARAL SANTOS, Moacyr. *Primeiras linhas de direito processual civil*. 4. ed. São Paulo: Saraiva, 2008. v. 1.

AMARAL SANTOS, Moacyr. *Primeiras linhas de direito processual civil*. 4. ed. São Paulo: Saraiva, 2008. v. 2.

AMARAL SANTOS, Moacyr. *Primeiras linhas de direito processual civil*. 4. ed. São Paulo: Saraiva, 2008. v. 3.

ARRUDA ALVIM NETO, José Manuel de. *Manual de direito processual civil*. 9. ed. São Paulo: Editora Revista dos Tribunais, 2005. v. 1.

ASSIS, Araken de. *Manual da execução*. 16. ed. rev. e atual. São Paulo: Revista dos Tribunais, 2013.

ASSIS, Araken de. *Manual dos recursos*. 6. ed. rev. e atual. São Paulo: Revista dos Tribunais, 2006.

BARBOSA MOREIRA, José Carlos. *Comentários ao código de processo civil*: recursos. 13. ed. rev. e atual. Rio de Janeiro: Forense, 2006. v. 5.

BARBOSA MOREIRA, José Carlos. *O novo processo civil brasileiro*. 25. ed. rev. e atual. Rio de Janeiro: Forense, 2007.

CINTRA, Antonio Carlos de Araújo; GRINOVER, Ada Pellegrini; DINAMARCO, Cândido Rangel. *Teoria geral do processo*. 13. ed. rev. e atual. São Paulo: Malheiros, 2010.

DINAMARCO, Cândido Rangel. *Execução civil*. 7. ed. rev. e atual. São Paulo: Malheiros Editores, 2000.

DINAMARCO, Cândido Rangel. *Instituições de direito processual civil*. 6. ed. rev. e atual. São Paulo: Malheiros Editores, 2006. v. 1.

DINAMARCO, Cândido Rangel. *Instituições de direito processual civil*. 6. ed. rev. e atual. São Paulo: Malheiros Editores, 2006. v. 2.

DINAMARCO, Cândido Rangel. *Instituições de direito processual civil*. 6. ed. rev. e atual. São Paulo: Malheiros Editores, 2006. v. 3.

DINAMARCO, Cândido Rangel. *Instituições de direito processual civil*. 1. ed. São Paulo: Malheiros Editores, 2004. v. 4.

NERY JR., Nelson. *Princípios fundamentais*: teoria geral dos recursos. 6. ed. rev. e atual. São Paulo: Revista dos Tribunais, 2004.

NERY JR., Nelson; NERY, Rosa Maria de Andrade. *Código de processo civil e legislação processual civil extravagante em vigor*. 18. ed. rev. atual. e ampl. São Paulo: Revista dos Tribunais, 2019.

SILVA, Ovídio Araújo Baptista. *Curso de processo civil*. 4. ed. rev. e atual. Rio de Janeiro: Forense, 2008. v. 1.

SILVA, Ovídio Araújo Baptista. *Curso de processo civil*. 4. ed. rev. e atual. Rio de Janeiro: Forense, 2008. v. 2.

SILVA, Ovídio Araújo Baptista. *Curso de processo civil*. 4. ed. rev. e atual. Rio de Janeiro: Forense, 2008. v. 3.

THEODORO JR., Humberto. *Curso de direito processual civil*. 62. ed. Rio de Janeiro: Forense, 2021. v. 1.

THEODORO JR., Humberto. *Curso de direito processual civil*. 62. ed. Rio de Janeiro: Forense, 2021. v. 2.

THEODORO JR., Humberto. *Curso de direito processual civil*. 62. ed. Rio de Janeiro: Forense, 2021. v. 3.

WAMBIER, Luiz Rodrigues. *Curso avançado de processo civil*. 19. ed. São Paulo: Revista dos Tribunais, 2020. v. 1.

WAMBIER, Luiz Rodrigues. *Curso avançado de processo civil*. 19. ed. São Paulo: Revista dos Tribunais, 2020. v. 2.

WAMBIER, Luiz Rodrigues. *Curso avançado de processo civil*. 19. ed. São Paulo: Revista dos Tribunais, 2020. v. 3.

WAMBIER, Luiz Rodrigues. *Curso avançado de processo civil*. 17. ed. São Paulo: Revista dos Tribunais, 2020. v. 4.